2398

Eine Arbeitsgemeinschaft der Verlage

Beltz Verlag Weinheim und Basel
Böhlau Verlag Köln · Weimar · Wien
Wilhelm Fink Verlag München
A. Francke Verlag Tübingen und Basel
Paul Haupt Verlag Bern · Stuttgart · Wien
Verlag Leske + Budrich Opladen
Lucius & Lucius Verlagsgesellschaft Stuttgart
Mohr Siebeck Tübingen
C. F. Müller Verlag Heidelberg
Ernst Reinhardt Verlag München und Basel
Ferdinand Schöningh Verlag Paderborn · München ·Wien · Zürich
Eugen Ulmer Verlag Stuttgart
Vandenhoeck & Ruprecht Göttingen
WUV Facultas · Wien

Inhalt

In liebendem
Andenken an meine Eltern

Essau Indit († 09.05.1992)
Runyan Megat († 26.05.1992)

Vorwort und Danksagung

Mein Interesse für Angst bei Kindern und Jugendlichen entstand in den Jahren meiner Tätigkeit am Max-Planck Institut für Psychiatrie in München. Damals machte ich erste klinische Erfahrungen mit Erwachsenen mit Angststörungen und begann, auch auf diesem Gebiet zu forschen. In Übereinstimmung mit den Ergebnissen zahlreicher Studien, wurde mir in dieser Zeit Folgendes klar: (a) Angststörungen beginnen häufig im Jugendalter; (b) eine Angststörung in der Jugend erhöht das Risiko weiterer Störungen im Erwachsenenalter, und (c) früh beginnende Angststörungen tendieren dazu, chronisch zu werden. Darüber hinaus sind Ängste bzw. Angststörungen oft mit Langzeit-Beeinträchtigungen psychosozialer Art verbunden. Das Ausmaß dieser Probleme hat zu verstärkten Forschungsaktivitäten im Bereich der Angststörungen bei Kindern und Jugendlichen geführt. Infolgedessen wuchsen die wissenschaftlichen Arbeiten auf diesem Gebiet in großem Maße an. Daher ist das Ziel dieses Buches, einen umfassenden Überblick über den derzeitigen Forschungsstand im Hinblick auf Angst bei Kindern und Jugendlichen zu geben.

Das Buch ist in drei Teile gegliedert. Der erste Teil beinhaltet eine Einführung in das Gebiet Angststörungen, einschließlich Klassifikation, Erhebungsstrategien, Epidemiologie, psychosoziale Beeinträchtigung und Verlauf. Der zweite Teil besteht aus zwei Kapiteln und gibt einen umfassenden Überblick über die neuesten empirischen Befunde in Zusammenhang mit verschiedenen Theorien und Risikofaktoren von Angststörungen. Im dritten Teil werden zahlreiche psychologische Interventionen für Kinder und Jugendliche dargestellt.

Ich danke meinen zahlreichen Kollegen für ihre anregenden Ideen, kritischen Kommentare und dafür, dass sie mir in den verschiedenen Stadien dieses Buchprojektes das notwendige Material zur Verfügung gestellt haben. Viele dieser Kollegen haben mich auch durch ihre direkte Mitarbeit an meinen Forschungsprojekten unterstützt: Prof. Dr. Susan H. Spence (University of Queensland, Australien), Dr. Paula Barrett (Griffith University,

Australien), Prof. Mark Dadds (University of New South Wales, Australien), Prof. Dr. Peter M. Lewinsohn (Oregon Research Institute, USA), Prof. John R. Weisz (University of California at Los Angeles, USA), Prof. Thomas Ollendick (Virginia University, USA), Prof. Yuji Sakano (Waseda University, Japan), Prof. Peter Muris (Maastricht University, Niederlande).

Ebenfalls danke ich Britta Faßbender und Annika Brämswig für ihr aufmerksames Korrekturlesen. Auch möchte ich mich bei meinen vielen Kollegen und Studenten bedanken für ihr Feedback bezüglich des ersten Buches in dieser Serie der Klinischen Kinderpsychologie („Depression bei Kindern und Jugendlichen") und für die Ermunterung, das vorliegende Buch zu schreiben.

Ebenso gilt mein Dank meiner Assistentin und Freundin Dipl.-Psych. Judith Conradt, die mich in jeder Phase meines Vorhabens tatkräftig unterstützt hat und durch ihre Geduld und Hilfe entscheidend zur Entstehung dieses Buches beitrug. Schließlich möchte ich meiner Familie in Malaysia, Kanada und Deutschland für ihre unaufhörliche emotionale Unterstützung danken.

Münster, im Oktober 2002   Cecilia A. Essau

I Merkmale der Ängste, Furcht, Angststörungen

1 Einleitung

Affektzustand
Angst ist ein Affektzustand, der durch die Wahrnehmung von Gefahr oder Bedrohung in der Umwelt oder im Individuum ausgelöst wird. Sie ist eine universelle Erfahrung und damit Teil der menschlichen Existenz. Angst dient als biologisches Warnsystem, das bei Gefahr aktiviert wird. Als Reaktion auf eine Bedrohung richtet sie sich auf zukünftige Ereignisse. Bei dieser Bedrohung kann es sich um eine gefährliche Situation handeln, um fehlende Unterstützung oder um etwas Unbekanntes. Normale Angst bereitet das Individuum auf eine Reaktion zu seinem Schutz vor. So verhindert die Angst vor Schmerz, dass ein Kleinkind die heiße Herdplatte ein zweites Mal berührt. Ein geringes Maß an Angst kann bei der Bewältigung widriger Situationen hilfreich sein. Die Angst, bei einer Prüfung durchzufallen, führt dazu, dass sich der Prüfling vorbereitet.

Angst ist eine komplexe Erfahrung, die sich auf verschiedenen Ebenen ausdrückt. Sie hat körperliche, kognitive und behaviorale Komponenten (Tab. 1.1).

Das körperliche System: Wird eine Gefahr wahrgenommen oder erwartet, wird das sympathische Nervensystem aktiviert, und es entsteht die Kampf/Flucht-Reaktion. Diese Bezeichnung ist darauf zurückzuführen, dass sie den Körper auf Kampf- oder Fluchtaktivitäten vorbereitet. Die Aktivierung dieses Systems hat wichtige biochemische und körperliche Auswirkungen, die den Organismus handlungsbereit machen. Adrenalin und Noradrenalin werden freigesetzt. Die Herzfrequenz steigt an, durch die Beschleunigung des Blutkreislaufs und die erhöhte Abgabe von Sauerstoff an das Gewebe wird der Körper in Aktionsbereitschaft versetzt. Die Atmung wird tiefer und schneller, dadurch gelangt mehr Sauerstoff ins Gewebe. Das kann Gefühle von Atemnot, Erstickungsgefühle oder Schmerzen in der Brust hervorrufen. Die Blutzufuhr zum Kopf kann abnehmen, dadurch entstehen Schwindelgefühle, Sehstörungen und Erröten. Es kommt zu verstärktem Schwitzen, wodurch der Körper gekühlt

Tab. 1.1 Beispiele von Angstsymptomen (modifiziert nach Barrios/Hartmann 1997)

Körperlich		
Erhöhte Herzfrequenz	verstärkte Atmung	Magenbeschwerden
Erröten	Schwitzen	Mundtrockenheit
Müdigkeit	muskuläre Anspannung	Erbrechen
Übelkeit	Taubheitsgefühle	Kopfschmerzen
Hitze- oder Kälteschauer	Urinieren	getrübte Sicht
Kognitiv		
Black-out oder	Gedanken daran, verletzt	Konzentrationsschwierig-
Vergesslichkeit	zu werden	keiten
Gedanken an	Gedanken daran, verrückt	Gedanken daran, dumm
Verunreinigung	zu werden	zu erscheinen
Gedanken an Gefahr	Gedankenrasen	Selbstkritische Gedanken
Behavioral		
Vermeidungsverhalten	Zittern der Stimme	Daumenlutschen
Weinen oder Schreien	Zittern der Lippe	Vermeidung von Augen-
Nägelkauen	Stottern	kontakt
Starre Haltung	Zähneknirschen	Verkrampfte Kiefer-
		muskulatur

wird. Die Pupillen weiten sich, um mehr Licht einzulassen, was zu getrübter Sicht oder zur Wahrnehmung kleiner Punkte vor den Augen führen kann. Der Speichelfluss nimmt ab, es kann Mundtrockenheit auftreten. Eine Verringerung der Aktivität des Verdauungssystems kann zu Übelkeit führen. Die Muskeln spannen sich an, bereit zum Kampf oder zur Flucht, was zum Gefühl von Anspannung, Schmerzen und Zittern führen kann. Diese körperlichen Symptome sind bekannte Anzeichen von Angst. Insgesamt wird durch die Kampf/Flucht-Reaktion der gesamte Stoffwechsel aktiviert (Rapee et al. 1996).

Das kognitive System: Da das Hauptziel des Kampf/Flucht-Systems es ist, eine mögliche Gefahr zu signalisieren, wird dadurch sofort die Suche nach einer potenziellen Bedrohung eingeleitet. Die kognitiven Aspekte umfassen die Unsicherheit darüber, wie mit bestimmten Situationen umzugehen ist, sowie Unsicherheit in Bezug auf die Zukunft. Dazu gehören auch Sorge, die Erwartung einer Katastrophe und die Angst, mit bestimmten Umständen nicht fertig zu werden. Kinder mit Angststörungen haben Schwierigkeiten, sich auf alltägliche Aufgaben zu konzentrieren, denn ihre Aufmerksamkeit ist auf die ständige Suche nach einer Bedrohung oder einer Gefahr gerichtet. Wenn die Kinder keine Anzeichen von Gefahr entdecken, richten sie möglicherweise ihre Aufmerksamkeit nach innen: „Wenn da draußen nichts ist, das mich bedroht, dann muss etwas mit mir nicht in Ordnung sein". Oder sie verzerren die Situation: „Wenn ich es auch nicht finden kann, ich weiß, da ist etwas, wovor ich mich fürchten muss." Kinder mit Angststörungen erfinden Erklärungen für ihre Angst: „Jeder wird denken, dass ich ein Dummkopf bin, wenn ich etwas sage." Wird das kognitive System durch Angst aktiviert, führt das häufig zu Gefühlen von Furcht, Nervosität, Konzentrationsschwierigkeiten und Panik (Rapee et al. 1996).

Das behaviorale System: Die überwältigenden Impulse, die mit der Kampf/Flucht-Reaktion einhergehen, sind Aggression und der Wunsch, der Situation zu entfliehen (Rapee et al. 1996). Soziale Zwänge verhindern jedoch möglicherweise, dass diesen Impulsen nachgegeben wird. Durch Vermeidungsverhalten wird die Angst trotz momentaner Erleichterung aufrechterhalten. Vermeidungsverhalten wird negativ verstärkt. Das heißt, es wird bekräftigt, wenn es die Entfernung eines unangenehmen Ereignisses zur Folge hat. Infolgedessen versucht das Kind jedes Mal, wenn es mit einer angsterzeugenden Situation konfrontiert ist, schneller aus ihr herauszukommen, die Angst geht schneller vorbei, und das Vermeidungsverhalten des Kindes wird immer stärker.

Vermeidungs-verhalten

Bei Kindern kann sich Vermeidungsverhalten in Form von Weinen, Schreien oder Sichverstecken äußern, wie auch durch Anklammern und die Bitte an die Eltern, dem Kind zu helfen, um der gefürchteten Situation zu entkommen. Weitere Formen von Vermeidungsverhalten sind Ablenkung und Distanzierung. Ältere Kinder oder Jugendliche können bei Konfrontation mit angsterzeugenden Situationen versuchen, sich abzulenken (indem sie beispielsweise mit einem Stift oder mit ihrer Hand spielen) oder sich innerlich von der Situation zu distanzieren (z. B. in eine Ecke des Raumes starren).

1.1   Angst, Furcht, Phobie und Panik

Es ist wichtig, das Phänomen der Angst von drei damit zusammenhängenden Emotionen (Furcht, Phobie und Panik) zu unterscheiden. *Angst* ist ein Gefühlszustand, der gekennzeichnet ist durch negative Emotionen und körperliche Symptome von Anspannung. Der Begriff Angst leitet sich von dem lateinischen Wort „anxius" ab und definiert einen Zustand von Erregung und Belastung (Beck/Emery 1985). Er hat denselben Wortstamm wie das lateinische „angere", was so viel wie „bedrängen" oder „beengen" bedeutet. Wie Lewis (1971) bemerkte, bezieht sich die Bedeutung des Wortes „anxius" möglicherweise auf ein Beengungsgefühl, das ängstliche Menschen häufig erleben. Angst ist eine zukunftsorientierte Emotion, gekennzeichnet durch Befürchtungen und das Gefühl, zukünftige, möglicherweise bedrohliche Situationen nicht kontrollieren zu können. Angst stellt nicht in jedem Fall ein Krankheitssymptom dar. Die normale Angst ist ein Alarmzeichen für den Organismus, das ihn in die Lage versetzt, einer tatsächlichen oder vermuteten Bedrohung gegenüberzutreten und sie zu bewältigen bzw. zu beseitigen. Im Gegensatz zur Furcht und zur Phobie ist Angst ein diffuseres Gefühl von geringer Spezifität.

Furcht ist eine unmittelbare Alarmreaktion auf eine gegenwärtige Gefahr oder eine lebensbedrohliche Situation. Sie ist eine gegenwartsbezogene emotionale Reaktion, die sich durch starke Fluchttendenzen und eine Aktivierung des gesamten sympathischen Nervensystems auszeichnet. In den meisten Fällen ist Furcht bei Kindern eine adaptive Reaktion und spiegelt die Entstehung kognitiver Fähigkeiten wieder. Darüber hinaus ziehen Formen von Furcht meist keine intensiven oder anhaltenden Reaktionen nach sich und sind kurzlebiger Natur.

Eine *Phobie* zeichnet sich durch den intensiven Wunsch aus, die gefürchtete Situation zu vermeiden und ruft bei Konfrontation mit der Situation große Angst hervor (Beck/Emery 1985). Das Wort „Phobie" leitet sich aus dem griechischen Wort „phobos" ab, was so viel wie Furcht oder Schrecken bedeutet. Phobos war auch der Name einer griechischen Gottheit, von dem man annahm, dass er unter den Feinden der Griechen Furcht und Schrecken verbreitete. Eine Phobie unterscheidet sich in verschiedenen Punkten von einer Furcht. Nach Marks (1969) und Miller et al. (1974) ist eine Phobie den Erfordernissen der Situation nicht angemessen, kann nicht erklärt werden, ist jenseits

Angst

Furcht

Phobie

willentlicher Kontrolle, führt zur Vermeidung der gefürchteten Situation, bleibt über einen ausgedehnten Zeitraum bestehen, ist fehlangepasst und altersunspezifisch.

Panik   *Panik* ist eine plötzliche, überwältigende Periode intensiver Furcht oder Unbehagens, das mit körperlichen und kognitiven Symptomen einer Kampf/Flucht-Reaktion einhergeht (s. Kap. 2). Das Wort Panik geht auf den griechischen, ziegengestaltigen Naturgott Pan zurück. Pan erschreckte Reisende, die es wagten, seinen Schlaf am Wegesrand zu stören, und überraschte sie mit einem lauten Schrei. Dieser Schrei war so intensiv, dass er manchmal die Eindringlinge zu Tode erschreckte. So wurde das unerwartete und vernichtende Gefühl von großem Schrecken als „Panik" bekannt.

1.2   Normales Erleben

Da ein gewisses Maß von Furcht und Angst durchaus eine adaptive Emotion darstellt, ist es nicht überraschend, dass Emotion und Rituale, die ein Gefühl von Kontrolle erhöhen, während der Kindheit und Jugend häufig auftreten. Nur wenn sie übermäßig stark sind oder in einem entwicklungsunangemessenen Kontext stehen, geben sie Anlass zu Besorgnis.

1.2.1   Normale Rituale und Wiederholungsverhalten

ritualisiertes Verhalten   Rituale und ein starres Festhalten an der Wiederholung bestimmter Handlungen sind Merkmale der Zwangsstörung (s. Kap. 2). Ritualistische, sich wiederholende Aktivitäten sind bei Kindern in frühem Alter sehr verbreitet und keineswegs pathologisch. Sich wiederholendes, ritualisiertes Verhalten, starre Vorlieben und Abneigungen und das Bewusstsein von Einzelheiten und Unvollkommenheiten von Spielzeug oder Kleidung sind Beispiele für „normales" Verhalten von Kindern. Schon im Kleinkindalter zeigen Kinder sich wiederholendes, zwangsähnliches Verhalten. Rituale bei Kindern zeigen sich häufig in Zeiten des Übergangs (Schlafenszeit, Mahlzeiten, Baden). Der Wunsch, dieselbe Geschichte immer wieder anzuschauen ist ein gängiges Beispiel für das „Bestehen auf Gleichförmigkeit" und Wiederholungen, die für das Verhalten vieler Kinder charakteristisch sind.

Ein anderes Verhalten bei Kindern weist Parallelen zu Phä-

nomen der Zwangsstörung auf und bezieht sich auf die sensorische Wahrnehmung und das Gefühl von „Richtigkeit" (z. B. Dinge in eine bestimmte Ordnung zu bringen oder bestimmte Aufgaben zu erfüllen, bis gewisse subjektive, sensorisch wahrnehmbare Kriterien von „Richtigkeit" erfüllt sind; Leckman et al. 1994). So kann beispielsweise ein Kind darauf bestehen, dass die Karotten an einer bestimmten Stelle des Tellers liegen und das übrige Essen nicht berühren dürfen. Wenn die Karotten an einer anderen Stelle liegen, ist das Kind nicht zufrieden. Weitere Beispiele für das Bestehen auf „Richtigkeit" umfassen die Aufmerksamkeit in Bezug auf Einzelheiten: die Anordnung von Dingen in symmetrischen Mustern und die allgemeine Strukturierung der Umgebung. So besteht das Kind möglicherweise darauf, dass die Tür einen genau bestimmten Spalt breit offen gelassen wird.

Nach Gesell et al. (1974) ist zwangsähnliches Verhalten in frühem Kindesalter ein Mechanismus der Organisation und Anpassung an die Umwelt sowie der Bewältigung derselben. Piaget (1952) sah Wiederholungen im Kindesalter im Rahmen einer Entwicklung von reflexartigen zu absichtsvolleren, zielgerichte-

zwangsähnliches Verhalten

ten Aktivitäten, die zur Anpassung an eine sich verändernde Umwelt erforderlich sind. Anderen Autoren zufolge (z. B. Kopp 1989) dient sich wiederholendes und ritualistisches Verhalten dazu, das soziale und emotionale Bedürfnis des Kindes nach einem Gefühl von Selbstkontrolle und Emotionsregulation zu erfüllen.

Die Häufigkeit von zwangsähnlichem Verhalten ändert sich mit dem Alter. Gemäß Elternberichten auf der Basis des „Childhood Routines Inventory" zeigten die Zwei-, Drei- und Vierjährigen häufiger zwangsähnliches Verhalten als die Kinder, die jünger als ein Jahr oder älter als vier Jahre waren (Evans et al. 1997; Kasten 1.1). Das heißt, über 75 % der Kinder aus der Altersgruppe von 24 bis 35 und 36 bis 47 Monaten wiesen nach Elternberichten zwangsähnliches Verhalten auf (z. B. perfektionistisch zu befolgende Routinen zur Schlafenszeit, starke Vorlieben für bestimmte Speisen). Wie Tab. 1.2 zeigt, beginnt Wiederholungsverhalten früher als Verhaltensweisen, die auf „Richtigkeit" abzielen. Einigen Autoren zufolge (z. B. Berkson 1983) spiegelt das Wiederholungsverhalten möglicherweise eine frühe biologische Rhythmusabhängigkeit von Kindern wider. Auf „Richtigkeit" bezogenes Verhalten jedoch erfordert entwickeltere und absichtsvollere motorische, sensorische und Wahrnehmungsfähigkeiten, was den späteren Beginn dieser Verhaltensweisen erklären könnte.

Tab. 1.2 Durchschnittsalter (in Monaten) für den Beginn bestimmter Gewohnheiten im Kindesalter (nach Evans et al. 1997, 64; übers. v. d. Autorin)

Gewohnheit	Alter bei Beginn (Monate)
Sehr an einem bestimmten Ort hängen	13.9
Vorliebe für täglich wiederkehrende Abläufe	15.4
Feste Gewohnheiten zeigen	15.8
Starke Vorlieben für bestimmte Speisen und bestimmte Handlungen	17.1
Sich mit bestimmten Handlungen auf die Schlafenszeit vorbereiten, bestimmte Dinge auf eine festgelegte Art sagen oder tun	17.4

Bestimmte Handlungen immer wieder ausführen	18.1
Vorliebe dafür, Speisen auf eine bestimmte Art zu essen	18.7
Sehr aufmerksam auf bestimmte Einzelheiten zu Hause achten (z. B. Beschädigung von Spielzeug)	19.6
Vorliebe dafür, dass Dinge in einer bestimmten Ordnung oder auf eine bestimmte Art getan werden	21.0
Besonderes Achten auf Schmutz bzw. Sauberkeit	21.8
Dinge ordnen oder ein bestimmtes Verhalten ausführen, bis alles „richtig" ist	22.5
Vorliebe dafür, an einem Spiel oder einer Aktivität festzuhalten, eher als etwas Neues zu tun	22.9
Dinge in geraden Linien oder symmetrischen Mustern anordnen	23.7
Darauf bestehen, dass bestimmte Dinge an „ihrem Platz" sind	23.9
Dieselbe Sache immer wieder im Spiel darstellen	24.2
Dinge sammeln oder aufbewahren	25.3
Starke Vorlieben und Abneigungen, bestimmte Kleidung zu tragen	25.9
Forderungen stellen oder Entschuldigungen finden, um später ins Bett gehen zu dürfen	26.2

Evans et al. (1997) untersuchten die Prävalenz zwangsähnlichen Verhaltens bei kleinen Kindern. Eltern mit Kindern im Alter von acht bis 72 Monaten wurden mithilfe des Einwohnermeldeamts und veröffentlichter Geburtsanzeigen im Gebiet von New Haven, USA, rekrutiert. Nach der Geburt ihrer Kinder wurde brieflich mit den Eltern Kontakt aufgenommen und angefragt, ob sie daran interessiert seien, an einer Studie über die Entwicklung von Kindern teilzunehmen.

Anhand des „Childhood Routines Inventory", eines 19 Items umfassenden Eltern-Fragebogens, wurde zwangsähnliches Verhalten der Kinder erfasst. Dieses Instrument verfügt über drei Indizes für zwangsähnliches Verhalten: Wie stark/wie häufig zeigt ein Kind ritualisiertes Verhalten (Häufigkeit/Intensität), wann setzte das Verhalten ein (Beginn) und liegt zur Zeit zwangsähnliches Verhalten vor. Darüber hinaus sollten die Eltern angeben, ob dieses Verhalten ihnen jemals Anlass zu Besorgnis gegeben hat. Die Hauptergebnisse zeigten (Tab. 1.2), dass,

• zwangsähnliches Verhalten in der frühen Kindheit relativ häufig auftritt;
• zwangsähnliches Verhalten bei zwei- bis vierjährigen Kindern mit größerer Häufigkeit und stärkerer Intensität anzutreffen ist als bei älteren (älter als 4 Jahre) oder jüngeren (jünger als 1 Jahr) Kindern;
• wiederholungsorientiertes zwangsähnliches Verhalten früher auftritt als das Bestehen auf sinnlich wahrnehmbarer „Richtigkeit" (Abb.).

Diesen Ergebnissen zufolge scheint zwangsähnliches Verhalten in der frühen Kindheit relativ verbreitet zu sein und zur normalen Entwicklung zu gehören. Über ein gewisses Maß hinaus scheint zwangsähnliches, ritualisiertes Verhalten weniger häufig zu sein und könnte zu einer Zeit, in der eine größere Flexibilität zur Bewältigung komplexerer Aufgaben der späteren Kindheit erforderlich ist, auf einen starren Verhaltensstil hinweisen.

Anmerkungen: Just right = „Richtigkeit"; Repetitive behaviors = wiederholungsorientiertes zwangsähnliches Verhalten; Total CRI = Gesamte Scores der „Childhood Routines Inventory"

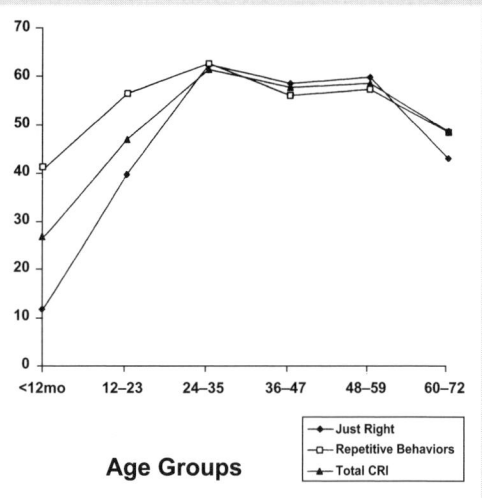

Abb.: Prozentsatz der Kinder mit zwangsähnlichem Verhalten nach Altersgruppen (nach Evans et al. 1997, 65)

Kasten 1.1 Häufigkeit und Entwicklung zwangsähnlichen Verhaltens bei Kindern

1.2.2   Normale Furcht

Die meisten Kinder erleben ein gewisses Maß an Furcht im Laufe ihrer Entwicklung. In der klassischen Arbeit von Jersild und Holmes (1935) berichteten Mütter im Durchschnitt von vier bis fünf Dingen, vor denen sich ihre zwei- bis sechsjährigen Kinder fürchteten. In der Studie von Lapouse und Monk (1959) berichteten 43 % der Mütter, dass sich ihre Kinder vor sieben oder mehr Dingen fürchteten. In einer neueren Studie von Muris et al. (2000) gaben 75.8 % der Vier- bis Zwölfjährigen an, sich vor mindestens einem Reiz zu fürchten, bei den meisten Kindern waren es mehrere Reize.

Die Art der Reize, die diese Furcht auslösen, verändern sich jedoch im Laufe der Kindheit. Aus Ängsten vor unmittelbar greifbaren Dingen werden Ängste vor zukünftigen Ereignissen, die weniger greifbar sind. Zum Beispiel wurde von den Kindern im Alter von vier bis sechs, sieben bis neun und zehn bis zwölf Jahren am häufigsten die Angst vor Tieren berichtet (Muris et al. 2000); am nächsthäufigsten trat bei den Vier- bis Sechs- und Sieben- bis Neunjährigen die Angst vor Phantasiegestalten auf, wohingegen die Zehn- bis Zwölfjährigen häufig Angst vor bedrohlichen sozialen Situationen hatten. Am dritthäufigsten lösten Umweltbedrohungen bei den Vier- bis Sechsjährigen Ängste aus, bei den Sieben- bis Neunjährigen handelte es sich um angsterzeugende Träume oder Filme, und bei den Zehn- bis Zwölfjährigen war es die Angst davor, entführt zu werden.

Ollendick et al. (1991) zufolge nimmt Furcht im Laufe des Kindesalters als Folge der kognitiven Entwicklung und der zunehmenden Fähigkeit, Gefahren in verschiedenen Situationen zu erkennen, unterschiedliche Formen an. Diese Autoren nehmen an, dass Furcht sich in dem Maße entwickelt, wie das Kind in der Lage ist, potenzielle Gefahren wahrzunehmen, aber weder die Situation vollständig begreift noch fähig ist, sie zu beherrschen. Daher ist Furcht adaptiv, weil sie zu Schutzreaktionen auf Reize führt, die weder verständlich noch beherrschbar sind. Eine solche Furcht als Bestandteil der normalen Entwicklung kann jedoch durch Bezugspersonen des Kindes so verstärkt werden, dass sie sich verfestigt und weiterhin fortbesteht, obwohl sie für das Kind keinen „Überlebenswert" mehr hat, da es die gefürchtete Situation längst meistern könnte.

Wie Tab. 1.3 zeigt, ruft in den ersten sechs Monaten extreme

Stimulierung, wie etwa laute Geräusche, Furcht hervor. In der zweiten Hälfte des ersten Lebensjahres tritt eine normale Furcht vor Trennung auf, das Kind fürchtet sich vor Fremden und vor Trennungen von Bezugspersonen. Im Kleinkindalter sind Phantasiegestalten oder übernatürliche Wesen eine Quelle der Furcht. In der mittleren Kindheit wird sich das Kind mehr und mehr der wirklichen Welt und der Welt, wie sie von den Medien dargestellt wird, bewusst. Und es beginnt, sich vor Naturkatastrophen wie Überschwemmungen oder Gewittern zu fürchten, oder es fürch-

Tab. 1.3 Ängste und Furcht in verschiedenen Altersstufen (modifiziert nach Morris/Kratochwill 1991)

Alter	Für die Entwicklung von Ängsten und Phobien relevante Kompetenzen und Befürchtungen	Ursachen der Angst/Furcht
Frühes Säuglingsalter (0–6 Monate)	Sensorische Fertigkeiten dominieren die Anpassung des Säuglings	Starke sensorische Stimuli; laute Geräusche
Spätes Säuglingsalter (6–12 Monate)	Senso-motorische Schemata verursachen und beeinflussen die Objekt-Konstanz	Fremde; Trennung
Kleinkindalter (2–4 Jahre)	Prä-operationales Denken; Fähigkeit, sich etwas vorzustellen, aber Unfähigkeit, zwischen Phantasie und Realität zu unterscheiden	Phantasiegestalten; potenzielle Einbrecher; die Dunkelheit
Frühe Kindheit (5–7 Jahre)	Konkretes operationales Denken; Fähigkeit, in konkreten logischen Begriffen zu denken	Natürliche Katastrophen (z. B. Feuer, Überflutungen, Gewitter); Verletzungen; Tiere; medienbasierte Ängste
„mittlere" Kindheit (8–11 Jahre)	Selbstwert konzentriert sich auf akademische und sportliche Leistungen in der Schule	Schlechte/geringe akademische und sportliche Leistungen
Adoleszenz (12–18 Jahre)	Formal-operationale Gedanken; Fähigkeit, zukünftige Gefahren vorwegzunehmen; Selbstwert leitet sich von Beziehungen zu Gleichaltrigen ab	Zurückweisung durch Gleichaltrige

tet sich vor Krankheitsepidemien, die in den Medien dargestellt werden. Während der Adoleszenz tritt Furcht vor der Ablehnung von Gleichaltrigen auf.

Mädchen scheinen in fast jedem Alter furchtsamer als Jungen zu sein; sie beurteilen sich selbst auch als furchtsamer und berichten intensivere und einschränkendere Gefühle von Furcht als Jungen (Ollendick et al. 1985). Obwohl Ängste mit dem Alter allgemein abnehmen, bleiben einige – wie beispielsweise schulbezogene Ängste – stabil, andere (z. B. soziale Ängste) nehmen möglicherweise zu.

1.2.3   Normale Besorgnis

Besorgnis ist eine kognitive Komponente von Angst und beinhaltet unkontrollierbare negative Gedanken bezüglich zukünftiger Ereignisse. Besorgnis gehört zu zukunftsorientierten Gedanken an einen beängstigenden Reiz in Abwesenheit desselben. Sie hat eine wichtige adaptive Funktion für eine normale Entwicklung. In gemäßigter Form kann sie dazu beitragen, dass Kinder sich auf

Besorgnis

Abb. 1.2: Bemühen um Kontrolle in der kindlichen Welt

zukünftige Ereignisse vorbereiten – z. B. indem sie für eine Klassenarbeit lernen.

Kinder aller Altersgruppen machen sich über verschiedene Dinge Sorgen. Orton (1982) berichtete, dass mehr als 70 % aller Grundschulkinder zehn oder mehr Dinge nannten, über die sie sich Sorgen machen. Ähnlich stellten Silverman et al. (1995) fest, dass Kinder im Alter von sieben bis zwölf Jahren durchschnittlich 7.64 Sorgen berichteten. In dieser Studie betrafen die am häufigsten genannten Sorgen die Gesundheit, Schule und körperliche Verletzungen. Parallel zu diesem Ergebnis wurden Sorgen über ihre Sicherheit und persönliche Unversehrtheit als am intensivsten beurteilt. Die gefürchteten Situationen gehörten jedoch zu denen, die am seltensten auftraten. Das heißt, obwohl sich die Kinder übermäßige Sorgen über ihre Sicherheit und persönliche Unversehrtheit machten, traten solch bedrohliche Situationen kaum auf. In einer Studie von Muris et al. (2000) berichteten 67.4 % der Kinder der Gesamtstichprobe mindestens eine Sorge. In einer anderen Studie gaben 68.9 % der acht- bis 13-jährigen Kinder an, sich „ab und zu" Sorgen zu machen (Muris et al. 1998). Die Kinder berichteten, sich an zwei bis drei Tagen in der Woche intensiv Sorgen zu machen. Die häufigsten Sorgen bezogen sich auf Schulleistungen, Gesundheit/Sterben und soziale Kontakte.

Obwohl sich Kinder jeden Alters Sorgen machen, ist die Art der Sorgen unterschiedlich. So teilten Vasey et al. (1994) Kinder in drei Altersgruppen ein (5–6, 8–9, 11–12) und stellten fest, dass bei den Fünf- bis Sechsjährigen die selbstbezogenen Sorgen am ausgeprägtesten waren. Jedoch nahmen diese Art von Sorgen mit zunehmendem Alter der Kinder in signifikantem Maße ab. In den beiden älteren Gruppen von Kindern bezogen sich die am häufigsten genannten Sorgen auf kompetentes Verhalten, soziale Bewertung und psychisches Wohlbefinden. Des Weiteren berichteten die älteren Gruppen von Kindern größere Bereiche, über die sie sich Sorgen machten. In einer Studie von Muris et al. (2000) bestand die größte Sorge der Vier- bis Sechsjährigen darin, von den Eltern getrennt zu werden. Diese Sorge verringerte sich jedoch, je älter die Kinder wurden. Ein umgekehrtes Muster zeigte sich bei Prüfungsleistungen: Keines der jüngeren Kinder machte sich darüber Sorgen, bei den Sieben- bis Neunjährigen war es die dritthäufigste Sorge und bei den Zehn- bis Zwölfjährigen die häufigste Sorge. Sorgen im Kindesalter scheinen von vorübergehender

Natur zu sein und das Alter des Kindes und seine Lebensumstände widerzuspiegeln.

Kinder mit Angststörungen sorgen sich nicht notwendigerweise mehr als andere Kinder, ihre Sorgen scheinen aber intensiver zu sein (Perrin/Last 1997; Weems et al. 2000). Intensive Sorgen darüber, „von fremden Menschen umgeben zu sein", „zur Schule zu gehen" oder darüber, „dass dem Kind oder seinen Eltern schlimme Dinge zustoßen", treten häufig bei Kindern mit Angststörungen auf. Bei anderen Kindern sind sie eher selten. Andere intensive Sorgen über Dinge wie persönliche Unversehrtheit, seine Sache gut zu machen oder darüber, in eine peinliche Situation zu geraten, treten in beiden Gruppen auf, häufiger jedoch bei Kindern mit Angststörungen. Intensive Besorgnis über schulische Belange, Schmerzen und Beschwerden oder sportliche Leistungen sind bei allen Kindern in gleichem Maße verbreitet. Mädchen nannten eine signifikant größere Anzahl von Sorgen als Jungen (Muris et al. 2000; Silverman et al. 1995). Untersuchungen zeigten jedoch Unterschiede in Bezug auf den Inhalt der berichteten Sorgen. In der Studie von Silverman et al. (1995) berichteten die Mädchen, sich häufiger über die Schule, Klassenkameraden, zukünftige Ereignisse und ihre äußere Erscheinung Sorgen zu machen. In der Studie von Muris et al. (2000) gaben Mädchen im Vergleich zu Jungen signifikant mehr Sorgen darüber an, entführt zu werden, wohingegen sich Jungen signifikant häufiger darüber sorgten, bestraft zu werden.

1.3   Angst und Phobien in verschiedenen Kulturen

Untersuchungen der kulturellen Aspekte von Angst bei Kindern sind von Bedeutung, da sich dadurch möglicherweise bestimmen lässt, welche Verhaltensmuster universell und welche spezifisch für bestimmte Gruppen oder Settings sind. Eine kulturvergleichende Perspektive kann dazu beitragen, die Validität gegenwärtiger Konzeptualisierungen von Angst bei Kindern zu klären. Jedoch wurde bisher nur in wenigen Studien die Rolle kultureller Einflüsse im Hinblick auf Angst bei Kindern und Jugendlichen untersucht.

kulturelle Einflüsse

In einer Reihe von Studien, die in verschiedenen Ländern mithilfe des „Revised Fear Survey Schedule for Children" (FSSC-R; Ollendick 1983) durchgeführt wurden, zeigten sich in den meisten

Ländern relativ ähnliche Werte. Eine Untersuchung der häufigsten Ängste ergab, dass auch kulturübergreifend diese Ängste viele Gemeinsamkeiten aufweisen. Hinsichtlich des Gesamtscores wiesen die Kinder in den Niederlanden die niedrigsten und die portugiesischen Kinder die höchsten Werte auf (Fonesca et al. 1994). Eine mögliche Erklärung dafür könnte sein, dass in romanischen Ländern Gefühle häufiger spontan ausgedrückt werden, während sie in nordischen Ländern eher kontrolliert bzw. verborgen werden.

Dong und seine Kollegen (1994) untersuchten Kinder und Jugendliche aus China und stellten bei den chinesischen Kindern und Jugendlichen größere Angst vor sozialer Beurteilung (z. B. vor Teilnahme an Prüfungen) als bei den Kindern aus westlichen Ländern fest, wobei ältere Kinder (11–13 Jahre) mehr Ängste als jüngere (7–10 Jahre) berichteten. Die Autoren nahmen an, dass dies möglicherweise auf das Erziehungsverhalten in China zurückzuführen ist. Das Erziehungsverhalten chinesischer Eltern wurde als restriktiv, überbehütend und emotional ausdruckslos beschrieben (Leung et al. 1991).

Zusammenfassend lässt sich sagen, dass die Unterschiedlichkeit der Ergebnisse die Erarbeitung einer zusammenhängenden Theorie kultureller Einflüsse auf Angst bei Kindern und Jugendlichen schwierig gestaltet.

In einer Untersuchung kultureller Einflüsse auf psychische Störungen im Kindesalter benutzten Weisz et al. (1987) Elterninformationen, um amerikanische Kinder mit Kindern aus Thailand zu vergleichen. Bei den untersuchten Störungen handelte es sich um internalisierende Störungen (z.B. Angst) sowie externalisierende Störungen (z.B. Aggression). Es wurde argumentiert, dass kulturell vermittelte Werte und Sozialisationspraktiken möglicherweise die Entwicklung bestimmter Probleme verhindern und andere Probleme begünstigen können. Darüber hinaus wurde angenommen, dass Amerika und Thailand sich im Hinblick auf internalisierende und externalisierende Probleme bei Kindern unterscheiden.

In der buddhistischen Tradition und in der thailändischen Gesellschaft sind Verbote gegen aggressive, grausame oder andere externalisierende Verhaltensweisen stärker verankert als in der amerikanischen Gesellschaft. So schrieb Moore (1974, 182, übers. v. d. Autorin): „Friedfertigkeit und Gewaltlosigkeit werden von den Thailändern wahrscheinlich am häufigsten als wichtigste aller persönlichen Tugenden genannt [...] Die meisten Äußerungen des Lobes oder der Bewunderung für eine Person beziehen sich auch auf ihre Friedfertigkeit. Die meisten negativen Urteile über eine Person umfassen Bemerkungen über ihre Streitlust und Aggressivität." Buddhistische Mönche sind als Vorbilder des Friedens und der Ruhe das kulturelle Ideal. Dieses Ideal spiegelt sich in Erziehungs- und Sozialisierungspraktiken wider. Aggressives, respektloses, verletzendes oder auf andere Weise externalisierendes Verhalten von Kindern wird von Eltern und anderen Erwachsenen in Thailand nicht toleriert (Suvannathat 1979). Stattdessen wird Kindern ein Kanon von Friedfertigkeit, Höflichkeit und Respekt vermittelt. Er wird durch den „Wai" symbolisiert, die tiefe, respektvolle Verbeugung, die soziale Interaktionen in Thailand dominiert. Das thailändische Ideal ist „krengchai", eine Haltung voller Bescheidenheit und Respekt, deren Ziel es ist, eine Störung anderer zu vermeiden.

Darüber hinaus werden möglicherweise internalisierende Verhaltensweisen durch thailändische Erziehungspraktiken gefördert (Suvannathat 1979). Auch sanktionieren die sozialen Werte der thailändischen Gesellschaft den starken, offenen Ausdruck von Emotionen und fördern Selbstkontrolle und die Beherrschung von Emotionen.

Vorgehen und Ergebnisse: Die Gesamtstichprobe umfasste 760 Kinder und Jugendliche (376 in Thailand und 384 in den USA) im Alter von sechs bis 17 Jahren, die in klinische Behandlung überwiesen worden

waren. Bei allen Kindern und Jugendlichen der Stichprobe wurde der schriftliche Bericht des Aufnahmegesprächs mit den Eltern ausgewertet und jedes Problem des Kindes wörtlich aufgezeichnet. Im Anschluss daran wurden die Probleme der Kinder als internalisierend, externalisierend oder als „andere" kodiert.

Die Ergebnisse zeigten, dass internalisierende Probleme in der thailändischen Stichprobe sehr viel häufiger als in der US-Stichprobe auftraten, bei Jugendlichen mit größerer Häufigkeit als bei Kindern. Besonders bemerkenswert war in der thailändischen Stichprobe die große Häufigkeit somatischer Beschwerden ohne bekannte körperliche Ursache. Externalisierende Probleme waren in den USA häufiger als in Thailand. In beiden Kulturen wurden Kinder häufiger wegen externalisierender Probleme an Kliniken überwiesen als Jugendliche, wobei Jungen häufiger als Mädchen überwiesen wurden.

Diese Ergebnisse stimmen mit der Annahme überein, dass die buddhistisch geprägten Traditionen der Gewaltlosigkeit, Höflichkeit und des Respekts und die damit einhergehenden Erziehungspraktiken die Entwicklung externalisierender Probleme bremsen.

Kasten 1.2 Externalisierende und internalisierende Verhaltensprobleme bei Kindern in Thailand und Amerika

Angst wird anormal, wenn:

- ihre Dauer und Intensität dem Potenzial einer Gefährdung nicht angemessen ist,
- sie in harmlosen Situationen oder ohne jegliche wahrnehmbare Bedrohung auftritt,
- sie überdauernden (chronischen) Charakter hat,
- das Individuum keine Möglichkeit der Erklärung, Reduktion oder Bewältigung der Angst hat und seine Lebensqualität massiv beeinträchtigt wird.

Kasten 1.3
Wann wird Angst
pathologisch?

1.4   Übungsfragen zum 1. Kapitel

1. Wie würden Sie „Angst" definieren?

2. Was sind die Merkmale von Ängsten?

3. Warum sind Rituale und Wiederholungsverhalten wichtig?

4. Wie unterscheiden sich Furcht und Phobie?

5. Worin unterscheiden sich Angst, Phobie und Panik?

6. Wie verändert sich Angst mit zunehmendem Alter?

7. Wann wird Angst pathologisch?

2 Beschreibung und Klassifikation von Angststörungen

Die am häufigsten eingesetzten Klassifikationssysteme für Angst- **Klassifikations-** störungen sind das Diagnostische und Statistische Manual Psy- **systeme** chischer Störungen (DSM-IV; American Psychiatric Association 1994 (APA); deutsche Version: Saß et al. 1996) und die Internationale Klassifikation psychischer Störungen (ICD; World Health Organization 1993; deutsche Version: Dilling et al. 1994). Im Gegensatz zu früheren Versionen beider Klassifikationssysteme stimmen die derzeitigen Fassungen in großen Teilen überein (Tab. 2.1). Sie unterscheiden sich in einigen Punkten.

Hauptunterschiede zwischen dem DSM-IV und der ICD-10 bestehen darin, dass in der ICD-10 die Angststörungen in (a) Phobische Angststörungen (F40) und (b) andere Angststörungen (F41) unterteilt sind, die die Panikstörung und die Generalisierte Angststörung umfassen. Im DSM-IV wird die Zwangsstörung als ein Subtyp von Angststörungen klassifiziert, während in der ICD-10 zwischen Ängsten und Zwängen unterschieden wird. Ein anderer wichtiger Unterschied ist, dass die ICD-10 eine Kategorie gemischter „Angst- und depressiver Störungen" beinhaltet, die das DSM-IV nicht enthält. Diese Kategorie ist für Fälle bestimmt, in denen Symptome von Angst und Depression vorliegen, wobei weder die Angst- noch die Depressionssymptome für sich genommen schwer genug sind, um die Diagnose einer Angststörung oder einer depressiven Störung zu rechtfertigen. Diese Kategorie ist zwar nicht in der Hauptklassifikation des DSM-IV vertreten, jedoch Bestandteil einer Liste von Kategorien, die in weiteren Studien untersucht werden sollen.

In der ersten Ausgabe des DSM (APA 1952) wurden Phobien **DSM-II, DSM-III,** zuerst als psychoneurotische Reaktionen identifiziert (Tab. 2.2). **DSM-III-R** Im DSM-II (APA 1968) wurde diese Kategorie geändert und Phobien als phobische Neurosen bezeichnet. Im DSM-II wurde auch die Überängstlichkeitsreaktion als eine eigene diagnostische Kategorie für Kinder und Jugendliche eingeführt. Im DSM-III (1980) und DSM-III-R (1987) unternahm man erste Versuche, auf die Entwicklung abgestimmte diagnostische Kriterien für Angst und

Tab. 2.1 Klassifikation von Angststörungen nach ICD-10 und DSM-IV

ICD-10	DSM-IV

F40   Phobische Störungen
F40.0 Agoraphobie
F40.1 Soziale Phobien
F40.2 Spezifische (isolierte) Phobien
F40.8 Sonstige Phobische Störungen
F40.9 Nicht näher bezeichnete
       Phobische Störungen
	300.22 Agoraphobie ohne
	        Panikstörung
	300.23 Soziale Phobie
	300.29 Spezifische Phobie
	
	300.00 Angststörung NNB

F41   Sonstige Angststörungen
F41.0 Panikstörung (episodisch
      paroxysmale Angst)
F41.1 Generalisierte Angststörung
F41.2 Angst und depressive Störung,
      gemischt
F41.3 Sonstige gemischte Angst-
      störungen
F41.8 Sonstige näher bezeichnete
      Angststörungen
F41.9 Nicht näher bezeichnete Angst-
      störungen
	300.21 Panikstörung mit
	        Agoraphobie
	300.01 Panikstörung ohne
	        Agoraphobie
	300.02 Generalisierte
	        Angststörung
	
	300.00 NNB Angststörung

F42   Zwangsstörung
F42.0 Vorwiegend Zwangsgedanken
      oder Grübelzwang
F42.1 Vorwiegend Zwangshandlungen
      (Zwangsrituale)
F42.2 Zwangsgedanken und -handlungen,
      gemischt
F42.8 Sonstige Zwangsstörungen
F42.9 Nicht näher bezeichnete Zwangs-
      störung
	300.3 Zwangsstörung

F43   Reaktionen auf schwere Belastungen
      und Anpassungsstörungen
F43.0 Akute Belastungsreaktion
F43.1 PosttraumatischeBelastungsstörung
F43.2 Anpassungsstörungen
F43.8 Sonstige Reaktionen auf
      schwere Belastung
F43.9 Nicht näher bezeichnete Reaktion
      auf schwere Belastung
	308.3 Akute Belastungsstörung
	309.81 Posttraumatische
	        Belastungsstörung

Tab. 2.2 Klassifikation der Angststörungen im DSM-III-R und DSM-IV

DSM-III-R	DSM-IV
Angststörungen des Kindes- und Jugendalters	Andere Störungen des Kleinkind-, Kindes- und Jugendalters
309.21 Störung mit Trennungsangst 313.21 Störung mit Kontaktvermeidung 313.00 Störung mit Überängstlichkeit	309.21 Störung mit Trennungsangst
Angststörungen (Erwachsenenteil)	Angststörungen (Erwachsenenteil)
300.22 Agoraphobie ohne Panikstörung in der Vorgeschichte 300.21 Panikstörung mit Agoraphobie 300.01 Panikstörung ohne Agoraphobie 300.02 Generalisierte Angststörung 300.23 Soziale Phobie 300.29 Einfache Phobie 300.30 Zwangsstörung 309.89 Posttraumatische Belastungsstörung	300.22 Agoraphobie ohne Panikstörung in der Vorgeschichte 300.21 Panikstörung mit Agoraphobie 300.01 Panikstörung ohne Agoraphobie 300.02 Generalisierte Angststörung 300.23 Soziale Phobie 300.29 Spezifische Phobie 300.30 Zwangsstörung 309.81 Posttraumatische Belastungsstörung

Phobische Störungen bei Kindern und Jugendlichen zu entwerfen. Es wurden die Störung mit Trennungsangst, die Störung mit
Überängstlichkeit und die Störung mit Kontaktvermeidung unterschieden. Zusätzlich konnten bei Kindern und Jugendlichen
die Angststörungen Erwachsener diagnostiziert werden. So mar-
kierten das DSM-III und das anschließende DSM-III-R den Beginn von Studien, in denen die Aspekte von Angststörungen in
der Kindheit untersucht wurden. Derartige Studien haben zu Veränderungen der diagnostischen Kriterien einiger Angststörungen
im DSM-IV und in der ICD-10 geführt.

Das DSM-IV (APA 1994) unterscheidet sich in einigen Punk-   **DSM-IV**
ten von den zwei vorherigen Fassungen (DSM-III [APA 1980];
DSM-III-R [APA 1987]). Während die früheren Ausgaben drei
verschiedene diagnostische Kategorien von Angststörungen be-
inhalteten (Störungen mit Überängstlichkeit, Störung mit Kontaktvermeidung und Störung mit Trennungsangst), wurde in der
aktuellen Version des DSM die Störung mit Überängstlichkeit
unter der Generalisierten Angststörung und die Vermeidungs-
angst unter der Sozialen Phobie subsumiert. Als einzige Angststörung unter „Störungen, die gewöhnlich im Kleinkindalter, der

Kindheit oder der Adoleszenz diagnostiziert werden" (Saß et al. 1996), bleibt somit die Störung mit Trennungsangst bestehen. Die übrigen Angststörungskategorien können sowohl auf Kinder und Jugendliche als auch auf Erwachsene angewandt werden: Agoraphobie, Soziale Phobie, Spezifische Phobie, Panikstörung, Zwangsstörung, Generalisierte Angststörung, Posttraumatische und Akute Belastungsstörung (Tab. 2.3).

All diese Angststörungen sind durch eine übermäßige oder unangemessene Angst gekennzeichnet, die bei den Betroffenen zu einer deutlichen Funktionsbeeinträchtigung führt. Sie unterscheiden sich jedoch bezüglich der Beschaffenheit des gefürchteten Reizes und den dadurch ausgelösten Angstreaktionen. Um eine Angststörung nach dem DSM-IV zu diagnostizieren, dürfen sich die Symptome nicht besser durch eine andere psychische Störung, eine medizinische Ursache oder als Ergebnis eines Substanzgebrauchs erklären lassen.

ICD-10   Die ICD-10 unterscheidet vier kind- und jugendspezifische Angststörungen: die emotionale Störung mit Trennungsangst des Kindesalters (F93.0), die Phobische Störung des Kindesalters (F93.1), die Störung mit sozialer Ängstlichkeit des Kindesalters (F93.2) und die emotionale Störung mit Geschwisterrivalität (F93.3). Sie werden der Kategorie „emotionale Störungen des Kindesalters" zugeordnet. Die kindspezifische Generalisierte Angststörung (F93.80) wird nicht in den klinisch-diagnostischen Leitlinien, sondern ausschließlich in den Forschungskriterien aufgeführt. Deshalb sollte bei dem Gebrauch der ICD-10-Klassifikation sowohl die klinisch-diagnostischen Leitlinien als auch die Forschungskriterien parallel verwendet werden. Die anderen Arten von Angststörungen wurden folgenden Kategorien zugeordnet:

- Phobische Störungen (z. B. Agoraphobie [F41.0], Soziale Phobie [F40.1], Spezifische Phobien [F40.2], sonstige Phobische Störungen [F40.8]);
- sonstige Angststörungen (z. B. Panikstörung [episodisch paroxysmale Angst; F41.0], Generalisierte Angststörung [F41.1], Angst und depressive Störung, gemischt [F41.2]);
- Zwangsstörung (F42) und
- Reaktionen auf schwere Belastungen und Anpassungsstörungen (z. B. Akute Belastungsreaktion [F43.0)], Posttraumatische Belastungsstörung [F43.1] und Anpassungsstörungen [F43.2]).

Tab. 2.3 Kernmerkmale der Angststörungen nach DSM-IV (nach Saß et al. 1996)

Angststörungen	Beschreibung
Störung mit Trennungsangst	Eine übermäßige und wiederkehrende Angst, die bei einer Trennung von zu Hause oder von Bezugspersonen entsteht. Eine solche Angst muss angesichts des Alters des Kindes und seines Entwicklungsstandes unangemessen sein.
Spezifische Phobie	Eine übermäßige und anhaltende Angst, die als Reaktion auf ein besonders gefürchtetes Objekt oder eine gefürchtete Situation oder durch die Erwartung desselben entsteht.
Soziale Phobie	Eine ausgeprägte und anhaltende Angst vor sozialen Situationen oder Leistungssituationen, in denen Peinlichkeiten auftreten können.
Panikstörung	Wiederkehrende Panikattacken, die völlig unerwartet auftreten und entweder gefolgt werden von einer mindestens einen Monat ständig anhaltenden Besorgnis über das mögliche Auftreten einer weiteren Attacke, der Sorge über die Konsequenzen der Attacke oder einer Verhaltensänderung aufgrund der Attacke.
Agoraphobie	Wird durch Angst charakterisiert, die aufgrund von Situationen entsteht, in denen Flucht oder Vermeidung nicht möglich oder in denen Hilfe im Falle des Auftretens von Paniksymptomen nicht verfügbar ist.
Zwangsstörung	Gekennzeichnet durch Zwangsgedanken oder Zwangshandlungen, die zu Belastungen führen, zeitraubend sind und das tägliche Leben des Kindes beeinträchtigen.
Generalisierte Angststörung	Exzessive Angst und Besorgnis über eine Reihe von Ereignissen, die ein Kind schwer kontrollieren kann.
Posttraumatische Belastungsstörung	Die Entwicklung charakteristischer Symptome als Folge des Erlebens einer extrem traumatischen Situation.
Akute Belastungsstörung	Die Akute Belastungsstörung ist dadurch gekennzeichnet, dass sie während oder innerhalb eines Monats nach einem extrem traumatischen Stressor auftritt.

2.1   Störung mit Trennungsangst

Die achtjährige Paula ist in letzter Zeit kaum wiederzuerkennen. Sie weicht ihrer Mutter nicht mehr von der Seite. Am liebsten würde sie sie auf Schritt und Tritt begleiten, denn sie hat Angst, dass ihrer Mutter etwas Schlimmes passieren könnte. Zum Beispiel befürchtet sie, ihre Mutter könnte auf dem Weg zum Einkaufen von einem Auto überfahren werden, oder sie könnte entführt werden und nicht mehr zurückkommen. Oft träumt sie auch davon, dass sie gewaltsam von ihrer Mutter getrennt wird, wacht nachts auf und kann sich nur schwer wieder beruhigen. Morgens weigert Paula sich oft, zur Schule zu gehen, denn sie will nicht so lange von ihrer Mutter getrennt sein. Sie klagt auch über Bauchschmerzen und Kopfschmerzen, und häufig wird ihr schwindlig, aber der Arzt konnte keine körperliche Ursache dafür feststellen. Die Mutter muss ihre ganze Überzeugungskraft einsetzen, damit Paula überhaupt zur Schule geht, aber auch das klappt nicht immer. Ihre Freundinnen, mit denen sie früher am Nachmittag gern spielte, geht sie auch nicht mehr besuchen. Sie befürchtet, dass ihrer Mutter in der Zwischenzeit etwas Schlimmes zustoßen könnte.

Trennungsangst

Trennungsangst ist in einer bestimmten Altersstufe normal. Ab dem Alter von sieben Monaten bis durch die Vorschulzeit hindurch sind die meisten Kinder nicht gern von ihren Eltern getrennt. Einige Kinder, wie Paula, weisen auch in späterem Alter eine solche Angst auf. Die Störung mit Trennungsangst wurde zuerst im DSM-III beschrieben und ist die einzige Störung des Kleinkind-, Kindes- und Jugendalters, die in der Kinder-Sektion des DSM-IV verblieben ist. Das Kennzeichen der Störung mit Trennungsangst ist übermäßige Angst vor einer Trennung von zu Hause oder von Hauptbezugspersonen (d. h. von Eltern oder älteren Geschwistern). Eine solche Angst muss angesichts des Alters des Kindes und des erwarteten Entwicklungstandes unangemessen sein. Die kognitiven Verzerrungen von Kindern mit Trennungsangst bestehen in einer überwältigenden Furcht davor, Bezugspersonen zu verlieren oder von ihnen durch Katastrophen getrennt zu werden. Wie Paula haben viele dieser Kinder Angst, dass ihre Eltern Opfer eines Unfalls oder eines anderen schrecklichen Ereignisses werden könnten, und dass sie sie nie wiedersehen werden. Wie auch Paula berichten diese Kinder häufig von wiederkehrenden Alpträumen, in deren Zentrum die Trennung von den Eltern steht.

Vermeidungs-verhalten

Kinder mit Trennungsangst können ein breites Spektrum von Vermeidungsverhalten aufweisen, das sich anhand eines Schweregrad-Kontinuums beschreiben lässt. Leichtes Vermeidungsverhalten kann sich beispielsweise darin äußern, dass das Kind verlangt, die Eltern während der Schulstunden telefonisch erreichbar zu wissen. Mittelschweres Vermeidungsverhalten zeigt sich bei kleinen Kindern z. B. darin, dass sie sich an die Eltern anklammern, bei älteren Kindern kann es sich darin ausdrücken, dass sie sich weigern, in Abwesenheit ihrer Eltern das Haus zu verlassen oder an irgendwelchen Aktivitäten teilzunehmen (Bell-Dolan/ Brazeal 1993). Kinder mit schwerem Vermeidungsverhalten können sich weigern, die Schule zu besuchen oder in ihrem eigenen Zimmer zu schlafen.

Die Störung mit Trennungsangst kann sich nach und nach manifestieren, aber auch plötzlich auftreten. Häufig stellt sie sich nach einem wichtigen Lebensereignis (z. B. Tod eines Angehörigen, Umzug oder Schulwechsel), nach langen Ferien oder Abwesenheit von der Schule (z. B. Sommerferien) oder nach bestimmten Entwicklungsübergängen (z. B. Schuleintritt) ein. Die Symptome der Trennungsangst können auch über die Jahre hinweg in Abhängigkeit von Belastungen und Veränderungen im Leben des Kindes fluktuieren.

Diagnostische Kriterien

Die Angst vor einer Trennung von zu Hause oder von Hauptbezugspersonen (Tab. 2.4) wird deutlich durch (Saß et al. 1996):

Hauptbezugspersonen

(a) wiederholt auftretende, übertriebene Verzweiflung, wenn eine Trennung von zu Hause oder von Hauptbezugspersonen stattfindet oder vorweggenommen wird;
(b) andauernde und übertriebene Besorgnis darüber, eine Hauptbezugsperson zu verlieren oder darüber, dass einer Hauptbezugsperson etwas Schlimmes zustoßen könnte;
(c) andauernde und übertriebene Besorgnis darüber, dass ein unerwartetes Ereignis zur Trennung von einer Hauptbezugsperson führen wird;
(d) andauernde Unwilligkeit oder Weigerung, zur Schule oder an andere Orte zu gehen aus Angst vor Trennung;
(e) andauernde und übertriebene Angst oder Weigerung, in anderer Umgebung allein oder ohne Hauptbezugspersonen oder ohne andere bedeutende Erwachsene zu sein;
(f) andauernde Unwilligkeit oder Weigerung, ohne die Nähe einer

Hauptbezugsperson schlafen zu gehen oder an einem anderen Ort zu übernachten;

(g) wiederholte Alpträume, die eine Trennung zum Inhalt haben und

(h) wiederholte Klagen über physische Symptome, wenn eine Trennung von Hauptbezugspersonen erfolgt oder bevorsteht. Körperliche Beschwerden können Herzklopfen, Schwindelgefühle, Kopfschmerzen, Bauchschmerzen und Übelkeit umfassen.

Für eine Diagnose der Störung mit Trennungsangst müssen mindestens drei dieser acht Symptome für die Dauer von wenigstens vier Wochen vorgelegen haben. Die Störung muss vor dem Alter von 18 Jahren einsetzen und von klinisch bedeutsamen Beeinträchtigungen in sozialen, schulischen oder anderen wichtigen Bereichen begleitet sein. Die Diagnose wird nicht gestellt, wenn die Störung ausschließlich im Zuge einer Tiefgreifenden Entwicklungsstörung, Schizophrenie oder einer anderen Psychotischen Störung auftritt oder wenn sie bei Jugendlichen und Erwachsenen durch die Panikstörung mit Agoraphobie besser erklärt werden kann.

Die zwei Klassifikationssysteme unterscheiden sich bezüglich der Kriterien für das Alter bei Störungsbeginn. Im DSM-IV liegt der Störungsbeginn vor dem 18. Lebensjahr, im ICD-10 vor dem sechsten Lebensjahr. Jedoch kann im DSM-IV die zusätzliche Spezifikation „früher Störungsbeginn" verwendet werden, wenn die Störung vor dem sechsten Lebensjahr begonnen hat.

2.2   Panikstörung

Klaus ist zwölf Jahre alt, und er lebt in Angst und Schrecken, seit er vor ein paar Wochen im Fußballstadion einen seltsamen Anfall hatte: Ohne dass er gewusst hätte, warum, fing sein Herz plötzlich wie wild an zu schlagen, der Schweiß brach ihm aus, er fing an zu zittern und er hatte das Gefühl, keine Luft mehr zu kriegen. Ihm wurde schwindelig und er dachte, er würde in Ohnmacht fallen. Die Angst wurde so groß, dass er befürchtete, er müsse sterben oder würde verrückt werden. Dann, auf einmal, es hatte vielleicht zehn Minuten gedauert, war der Spuk vorbei. Ein paar Wochen später passierte ihm dasselbe auf dem Schulhof, als er gerade dabei war, sich mit seinen Freunden über einen Film zu unterhalten, den sie am Tag zuvor zusammen gesehen hatten. Seitdem befürchtet er, dass

Tab. 2.4 Diagnostische Kriterien für Störung mit Trennungsangst (nach Saß et al. 1996, 153 [DSM-IV]; Dilling et al. 1994, 195f [ICD-10])

DSM-IV (Störung mit Trennungsangst)	ICD-10 (Störung mit Trennungsangst des Kindesalters)
A. Eine entwicklungsmäßig unangemessene und übermäßige Angst vor der Trennung von zu Hause oder von Bezugspersonen, wobei mindestens drei der folgenden Kriterien erfüllt sein müssen: 1) wiederholter übermäßiger Kummer bei einer möglichen oder tatsächlichen Trennung von zu Hause oder von wichtigen Bezugspersonen; 2) andauernde und übertriebene Besorgnis, dass sie wichtige Bezugspersonen verlieren könnten oder dass diesen etwas zustoßen könnte; 3) andauernde und übermäßige Besorgnis, dass ein Unglück sie von einer wichtigen Bezugsperson trennen könnte (z.B. verloren zu gehen oder entführt zu werden); 4) andauernder Widerwille oder Weigerung, aus Angst vor der Trennung zur Schule oder an einen anderen Ort zu gehen; 5) ständige und übermäßige Furcht oder Abneigung, allein oder ohne wichtige Bezugspersonen zu Hause oder ohne wichtige Erwachsene in einem anderen Umfeld zu bleiben; 6) andauernder Widerwille oder Weigerung, ohne die Nähe einer wichtigen Bezugsperson schlafen zu gehen oder auswärts zu übernachten; 7) wiederholt auftretende Alpträume von Trennungen; 8) wiederholte Klagen über körperliche Beschwerden (wie z.B. Kopfschmerzen, Bauchschmerzen, Übelkeit oder Erbrechen), wenn die Trennung von einer wichtigen Bezugsperson bevorsteht oder stattfindet. *B. Die Dauer der Störung beträgt mindestens vier Wochen.*	*A. Mindestens drei der folgenden Merkmale vorliegend:* 1. unrealistische und anhaltende Besorgnis über mögliches Unheil, das der Hauptbezugsperson zustoßen könnte oder über den möglichen Verlust solcher Personen (z. B. Furcht, dass sie weggehen und nicht wiederkommen könnten oder dass das Kind sie nie mehr wiedersehen wird) oder anhaltende Sorge um den Tod von Bezugspersonen; 2. unrealistische und anhaltende Besorgnis, dass ein unglückliches Ereignis das Kind von einer Hauptbezugsperson trennen werde (z. B., dass das Kind verloren gehen, gekidnappt, ins Krankenhaus gebracht oder getötet werden könnte); 3. aus Angst vor Trennung von einer Hauptbezugsperson oder um zu Hause zu bleiben (weniger aus anderen Gründen, z. B. Angst vor bestimmten Ereignissen in der Schule) andauernde Abneigung oder Verweigerung, die Schule zu besuchen; 4. Trennungsschwierigkeiten am Abend, erkennbar an einem der folgenden Merkmale: a. anhaltende Abneigung oder Weigerung, schlafen zu gehen, ohne dass eine Hauptbezugs person dabei oder in der Nähe ist; b. häufiges Aufstehen nachts,um die Anwesenheit der Bezugsperson zu überprüfen oder bei ihr zu schlafen; c. anhaltende Abneigung oder Weigerung, auswärts zu schlafen. 5. anhaltende unangemessene Angst davor, allein oder tagsüber ohne Hauptbezugsperson zu Hause zu sein; 6. wiederholte Alpträume zu Trennungsthemen;

C. Der Störungsbeginn liegt vor dem 18. Lebensjahr.

D. Die Störung verursacht in klinisch bedeutsamer Weise Leiden oder Beeinträchtigungen in sozialen, schulischen oder anderen wichtigen Funktionsbereichen.

E. Die Störung tritt nicht ausschließlich im Laufe einer Tiefgreifenden Entwicklungsstörung, Schizophrenie oder einer anderen Psychotischen Störung auf und kann bei Jugendlichen und Erwachsener nicht durch die Panikstörung mit Agoraphobie besser erklärt werden.

Bestimme, ob:
Früher Beginn: Die Störung beginnt vor dem sechsten Lebensjahr.

7. wiederholtes Auftreten somatischer Symptome (Übelkeit, Bauchschmerzen, Kopfschmerzen oder Erbrechen) bei Gelegenheiten, die mit der Trennung von einer Hauptbezugsperson verbunden sind (Urlaub, Ferienlager);

8. extremes und wiederholtes Leiden in Erwartung, während oder unmittelbar nach der Trennung von einer Hauptbezugsperson (es zeigt sich in Angst, Schreien, Wutausbrüchen; in der anhaltenden Weigerung, von zu Hause wegzugehen; in dem intensiven Wunsch, mit den Eltern zu reden oder in dem Wunsch nach Hause zurückzukehren; in Unglücklichsein, Apathie oder sozialem Rückzug).

B. Fehlen einer Generalisierten Angststörung des Kindesalters (F93.80).

C. Beginn vor dem sechsten Lebensjahr.

D. Die Störung tritt nicht im Rahmen einer umfassenderen Störung der Emotionen, des Sozialverhaltens oder der Persönlichkeit auf oder bei einer Tiefgreifenden Entwicklungsstörung, einer Psychotischen Störung oder einer substanzbedingten Störung.

E. Dauer mindestens vier Wochen.

er erneut eine solche Attacke bekommen könnte, und dass er beim nächsten Anfall endgültig verrückt werden oder sterben könnte. Er ist ganz verzweifelt.

Panikattacken   Panikattacken sind typischerweise unerwartet und werden durch keinen spezifischen Reiz ausgelöst, sie treten häufig ohne Vorwarnung aus heiterem Himmel zum ersten Mal auf. Wie Klaus erleben viele Jugendliche ihre erste Panikattacke, während sie gerade mit irgendetwas beschäftigt sind. Wie bei Klaus erreichen Panikattacken für gewöhnlich innerhalb von zehn Minuten oder weniger ihren Höhepunkt und gehen dann im Laufe der nächsten 30 Minuten bzw. der nächsten Stunden langsam zurück. Sie wer-

den von einer überwältigenden Empfindung drohender Gefahr
sowie dem Drang zu fliehen begleitet. Jugendliche mit einer Panikstörung können mehrmals im Monat, aber auch mehrmals
wöchentlich Panikattacken erleben.

Die Panikstörung ist bei Kindern häufig schwer zu erkennen.
Wie mehrere Autoren berichten (Albano et al. 1996), klagen
kleine Kinder häufig über Angst vor Übelkeit. Sie berichten
selten aufgrund körperlicher Symptome spezifische Angst zu
sterben, verrückt zu werden oder die Kontrolle zu verlieren. Im
Jugendalter setzen Ängste vor spezifischen Symptomen des auto-
nomen Nervensystems ein, einschließlich der Angst, nicht mehr
atmen zu können, der Angst vor Depersonalierung oder vor
Schwindelgefühlen. Von kleinen Kindern wurde selten das Gefühl von Depersonalisierung berichtet – wahrscheinlich aufgrund
der kognitiven Natur dieses Symptoms.

Panikstörung

Diagnostische Kriterien

Das Hauptmerkmal der Panikstörung ist das wiederholte Auftreten spontaner Panikattacken, gefolgt von mindestens einem Monat mit anhaltender Besorgnis, eine weitere Panikattacke zu erleiden, mit Sorgen über mögliche Begleiterscheinungen oder
Konsequenzen der Panikattacke oder mit deutlichen Verhaltens-
veränderungen aufgrund der Attacke (Tab. 2.5). Panikattacken
sind klar abgrenzbare Episoden intensiver Angst oder Unbehagens, bei der mindestens vier körperliche und kognitive Symptome
einer Kampf- oder Fluchtreaktion auftreten: Palpitationen; Herzklopfen oder beschleunigter Herzschlag; Schwitzen; Zittern oder
Beben; Gefühl der Kurzatmigkeit oder Atemnot; Erstickungsgefühle; Schmerzen oder Beklemmungsgefühle in der Brust; Übelkeit oder Magen-Darm-Beschwerden; Schwindel, Unsicherheit,
Benommenheit oder der Ohnmacht nahe sein; Derealisation
(Gefühl der Unwirklichkeit) oder Depersonalisation; Angst, die
Kontrolle zu verlieren oder verrückt zu werden; Angst zu sterben;
Parästhesien (Taubheit oder Kribbelgefühle); und Hitzewallun-
gen oder Kälteschauer (Saß et al. 1996).

Der Definition nach müssen Panikattacken plötzlich einsetzen
und innerhalb von zehn Minuten ihren Höhepunkt erreichen.
Panikattacken, in denen weniger als vier Symptome vorliegen,
werden als „eingeschränkte Panikattacken" bezeichnet. Im Hinblick auf Panikattacken wurden im DSM-IV zwei wichtige Ver-

intensive Angst

**eingeschränkte
Panikattacken**

änderungen vorgenommen. Erstens wurden die Kriterien für Panikattacken aus der Sektion über Panikstörungen herausgenommen und an den Anfang der Kategorie Angststörungen gestellt. Der Grund dafür ist, dass Panikattacken nicht allein bei einer Panikstörung auftreten, sondern auch bei anderen Angst- und psychischen Störungen. Zweitens werden im DSM-IV drei Typen von Panikattacken unterschieden, und zwar abhängig vom Beginn der Attacke und seinem Auslöser bzw. dem Fehlen desselben:

- *Unerwartete (nicht ausgelöste) Panikattacken* treten „wie aus heiterem Himmel" auf. Das heißt, der Beginn der Panikattacke ist nicht von einem situativen Auslöser abhängig;
- *Situationsgebundene (ausgelöste) Panikattacken*, die fast immer direkt bei der Konfrontation mit dem situativen Reiz oder Auslöser auftreten; und
- *Situationsbegünstigte Panikattacken*, deren Auftreten bei der Konfrontation mit einem situativen Reiz oder Auslöser wahrscheinlicher sind, die aber nicht immer mit dem Reiz assoziiert sind und nicht notwendigerweise sofort nach der Konfrontation auftreten.

Panikattacken sind nicht die Folge der physiologischen Auswirkungen der Einnahme einer Substanz oder eines Medikaments und werden durch eine andere psychische Störung nicht besser beschrieben (z. B. Soziale Phobie, Spezifische Phobie, Zwangsstörung, Posttraumatische Belastungsstörung).

Jugendliche mit einer Panikstörung vermeiden möglicherweise Orte, an denen sie zuvor eine Panikattacke gehabt haben oder an denen sie fürchten, eine Panikattacke könnte auftreten. Sie vermeiden auch Situationen, in denen möglicherweise keine Hilfe verfügbar wäre. Unbehandelt können die Panikstörung und ihre Komplikationen ernsthaft die Beziehungen zu Hause und in der Schule beeinträchtigen und sich negativ auf die schulischen Leistungen auswirken. In schweren Fällen kann sich die Tendenz verstärken, Alltagssituationen auszuweichen und sich auf weitere Bereiche übertragen, so dass der Jugendliche sich fürchtet, überhaupt noch das Haus zu verlassen.

Die ICD-10-Kriterien der Panikstörung sind den DSM-IV-Kriterien sehr ähnlich, jedoch wird auf wiederholt auftretende Panikattacken nicht weiter eingegangen. Das heißt, in der ICD-10 wird die Anzahl der für die Diagnose einer Panikstörung erforderlichen Panikattacken nicht definiert. Gemäß dem DSM-IV erhalten Personen mit häufigen Panikattacken die Diagnose einer Panikstörung, ungeachtet dessen, ob sie eine Agoraphobie haben oder nicht.

Tab. 2.5 Diagnostische Kriterien für Panikstörung (nach Saß et al. 1996, 463f [DSM-IV]; Dilling et al. 1994, 118–120 [ICD-10])

DSM-IV: Panikstörung ohne Agoraphobie	ICD-10 (Panikstörung; episodisch paroxysmale Angst F41.0)

Panikstörung ohne Agoraphobie
A. Sowohl (1) als auch (2):
(1) wiederkehrende unerwartete Panikattacken;
(2) auf mindestens eine der Attacken folgte mindestens ein Monat mit mindestens einem der nachfolgend genannten Symptome:
  a) anhaltende Besorgnis über das Auftreten weiterer Panikattacken;
  b) Sorgen über die Bedeutung der Attacke oder ihre Konsequenzen (z. B. die Kontrolle zu verlieren, einen Herzinfarkt zu erleiden, verrückt zu werden);
  c) deutliche Verhaltensänderung infolge der Attacken.
 	
B. Es liegt keine Agoraphobie vor.
 	
C. Die Panikattacken gehen nicht auf die direkte körperliche Wirkung einer Substanz (z. B. Droge, Medikament) oder eines medizinischen Krankheitsfaktors (z. B. Hyperthyreose) zurück.
 	
D. Die Panikattacken werden nicht durch eine andere psychische Störung besser erklärt, wie z. B. Soziale Phobie (Panikattacken nur bei Konfrontation mit gefürchteten sozialen Situationen), Spezifische Phobie (Panikattacken nur bei Konfrontation mit spezifischer phobischer Situation), Zwangsstörung (Panikattacken nur bei Konfrontation mit Schmutz bei
	A. Wiederholte Panikattacken, die nicht auf eine spezifische Situation oder ein spezifisches Objekt bezogen sind und oft spontan auftreten (d.h. die Attacken sind nicht vorhersehbar). Die Panikattacken sind nicht verbunden mit besonderer Anstrengung, gefährlichen oder lebensbedrohlichen Situationen.
	
	B. Eine Panikattacke hat folgende Charakteristika:
	a. Es ist eine einzelne Episode von intensiver Angst oder Unbehagen.
	b. Sie beginnt abrupt.
	c. Sie erreicht innerhalb weniger Minuten ein Maximum und dauert mindestens einige Minuten an.
	d. Mindestens vier Symptome der unten angegebenen Liste, davon eines von den Symptomen 1. bis 4. müssen vorliegen.
	
	Vegetative Symptome:
	1. Palpitation, Herzklopfen oder erhöhte Herzfrequenz
	2. Schweißausbrüche
	3. Fein- oder grobschlägiger Tremor
	4. Mundtrockenheit (nicht infolge Medikation oder Exsikkose)
	
	Symptome, die Thorax und Abdomen betreffen:
	5. Atembeschwerden
	6. Beklemmungsgefühl
	7. Thoraxschmerzen und -missempfindungen

*zwanghafter Angst vor Kontamination),
Posttraumatische Belastungsstörung (Panikattacken nur als Reaktion auf Reize, die mit
einer schweren, belastenden Situation
assoziiert sind) oder Störung mit Trennungsangst (Panikattacken als Reaktion auf die
Abwesenheit von zu Hause oder engen
Angehörigen).*

Panikstörung mit Agoraphobie
[Die Kriterien sind mit der Panikstörung ohne
Agoraphobie identisch, bis auf:]

B. Es liegt Agoraphobie vor.

8. Nausea oder abdominelle Missempfin-
   dungen (z.B. Unruhegefühl im Magen).

Psychische Symptome:
9. Gefühl von Schwindel, Unsicherheit,
   Schwäche oder Benommenheit
10. Gefühl, die Objekte sind unwirklich
    (Derealisation) oder man selbst ist weit
    entfernt oder „nicht wirklich hier"
    (Depersonalisation)
11. Angst vor Kontrollverlust, verrückt zu
    werden oder „auszuflippen"
12. Angst zu sterben

Allgemeine Symptome:
13. Hitzegefühl oder Kälteschauer
14. Gefühllosigkeit oder Kribbelgefühle

*C. Häufigstes Ausschlusskriterium: Die Panik-
attacken sind nicht Folge einer körperlichen
Störung, einer organischen psychischen
Störung (F0) oder einer anderen psychischen
Störung wie Schizophrenie und verwandten
Störungen (F2), einer Affektiven Störung (F3)
oder einer Somatoformen Störung (F45).*

*Die individuelle Variationsbreite bzgl. Inhalt
und Schwere sind so groß, dass zwei
Schweregrade – mittelgradig und schwer –
mit der fünften Stelle differenziert werden
können:*

F41.00 mittelgradige Panikstörung:
       mindestens vier Attacken in vier
       Wochen
F41.01 schwere Panikstörung: mindestens
       vier Panikattacken pro Woche über
       einen Zeitraum von vier Wochen

2.3   Agoraphobie

Andrea ist 13 und hat Angst, öffentliche Verkehrsmittel zu benutzen. Seitdem sie einmal in einem überfüllten Bus eine Panikattacke erlebt hat, die so schlimm war, dass sie befürchtete, zu sterben oder verrückt zu werden, vermeidet sie es, wann immer es geht, in einen Bus einzusteigen. Auch wenn sie einkaufen geht, geht sie nicht gerne in Geschäfte, in denen viele Menschen sind. Sie hat Angst, dass sie im Fall einer Panikattacke dort nicht mehr herauskommen könnte und dass ihr niemand helfen würde. Morgens, wenn sie zur Schule muss, bittet sie meist ihre Mutter, sie mit dem Auto die zehn Kilometer zu fahren, weil bei ihr schon der Gedanke an eine Fahrt mit dem Schulbus Übelkeit hervorruft. Nur wenn ihre große Schwester zur gleichen Zeit wie sie zur Schule fährt, kann sie die Busfahrt einigermaßen ertragen. Sie ist ganz unglücklich, weil sie auch ihre Freundin, die sieben Kilometer entfernt von ihr in einem anderen Dorf wohnt, nicht mehr so einfach besuchen fahren kann – denn da müsste sie mit dem Bus fahren – aber sie kann ihre Angst nicht überwinden.

Wie Andrea scheuen einige Jugendliche mit einer Agoraphobie davor zurück, zur Schule oder an andere Orte zu gehen, an denen die Panikattacke zum ersten Mal aufgetreten ist. In schweren Fällen kann die Tendenz zur Vermeidung alltäglicher Lebensumstände zunehmen – bis zu dem Maße, dass die Betroffenen zu ängstlich sind, um überhaupt noch das Haus zu verlassen. Diese Angst davor, allein an bestimmten Orten und Situationen zu sein, wie auch die Vermeidung dieser Orte und Situationen wird als Agoraphobie bezeichnet.

Das Syndrom der Agoraphobie taucht in der psychiatrischen Literatur seit dem 19. Jahrhundert auf. Es wurde zuerst von Benedikt (1870) unter dem Namen „Platzschwindel" beschrieben. Obgleich das Phänomen der Agoraphobie über die Zeit mit unterschiedlichen Namen bezeichnet wurde, ist die Beschreibung über die Jahre hinweg gleich geblieben. Die erste Eigenschaft von Agoraphobikern zeigt sich in der Tendenz, bestimmte Situationen zu vermeiden (z. B. das Fahren mit öffentlichen Verkehrsmitteln oder das Alleinsein) und aktiv Situationen aufzusuchen, die ein Gefühl von Sicherheit vermitteln. Die zweite Eigenschaft ist die Furcht vor eigenen körperlichen Empfindungen. Agoraphobiker zeigen nicht nur Angst vor der Situation an sich, sondern auch vor der Erfahrung der begleitenden Symptome in der Situation.

Tab. 2.6   Kriterien für Agoraphobie (nach Saß et al. 1996, 457 [DSM-IV]; Dilling et al. 1994, 115f [ICD-10])

DSM-IV (Agoraphobie)	ICD-10 (Agoraphobie)
A. Angst, an Orten zu sein, von denen eine Flucht schwierig (oder peinlich) sein könnte, oder wo im Falle einer unerwarteten oder durch die Situation begünstigten Panik-attacke oder panikartiger Symptome Hilfe nicht erreichbar sein könnte. Agoraphobi-sche Ängste beziehen sich typischerweise auf charakteristische Muster von Situationen z. B. alleine außer Haus zu sein, in einer Menschenmenge zu sein, in einer Schlange zu stehen, auf einer Brücke zu sein, Reisen im Bus, Zug oder Auto.	A. Deutliche und anhaltende Furcht vor oder Vermeidung von mindestens zwei der folgenden Situationen: 1. Menschenmengen 2. Öffentliche Plätze 3. Alleine Reisen 4. Reisen, mit weiter Entfernung von zu Hause
Beachte: Alternativ müssen die Diagnosen Spezifische Phobie, wenn das Vermeidungs-verhalten nur auf eine oder weniger spezifische Situationen begrenzt ist, oder Soziale Phobie, wenn die Vermeidung auf soziale Situationen beschränkt ist, in Betracht gezogen werden.	B. Wenigstens einmal nach Auftreten der Störung müssen in den gefürchteten Situationen mindestens zwei Angstsymptome aus der unten angeführten Liste (eines der Symptome muss eines der Items 1. bis 4. sein) wenigstens zu einem Zeitpunkt gemeinsam vorhanden gewesen sein:
B. Die Situationen werden vermieden (z. B. das Reisen wird eingeschränkt), oder sie werden nur mit deutlichem Unbehagen oder mit Angst vor dem Auftreten einer Panikattacke oder panikähnlicher Symptome durchgestanden bzw. können nur in Be-gleitung aufgesucht werden.	*Vegetative Symptome:* 1. Palpitation, Herzklopfen oder erhöhte Herzfrequenz 2. Schweißausbrüche 3. Fein- oder grobschlägiger Tremor 4. Mundtrockenheit (nicht infolge Medikation oder Exsikkose)
C. Die Angst oder das phobische Ver-meidungsverhalten werden nicht durch eine andere psychische Störung besser erklärt, wie Soziale Phobie (z. B. die Ver-meidung ist aus Angst vor Peinlichkeit auf soziale Situationen beschränkt), Spezifische Phobie (z.B. die Vermeidung ist beschränkt auf einzelne Situationen, wie z. B. Fahrstuhl), Zwangsstörung (z. B. Vermeidung von Schmutz aus zwanghafter Angst vor Kon-tamination), Posttraumatische Belastungs-störung (z. B. Vermeidung von Reizen, die mit einer schweren belastenden Situation	*Symptome, die Thorax und Abdomen betreffen:* 5. Atembeschwerden 6. Beklemmungsgefühl 7. Thoraxschmerzen oder -missempfindungen 8. Nausea oder abdominelle Miss-empfindungen (z. B. Unruhegefühl im Magen) *Psychische Symptome:* 9. Gefühl von Schwindel, Unsicherheit, Schwäche oder Benommenheit 10. Gefühl, die Objekte sind unwirklich (Derealisation) oder man selbst ist weit entfernt oder „nicht wirklich hier" (Depersonalisation)

assoziiert sind), oder Störung mit Trennungs-
angst (z. B. es wird vermieden, das Zuhause
oder die Angehörigen zu verlassen).

11. Angst vor Kontrollverlust, verrückt zu
    werden oder „auszuflippen"
12. Angst zu sterben

Allgemeine Symptome:
13. Hitzewallungen oder Kälteschauer
14. Gefühllosigkeit oder Kribbelgefühle

C. Deutliche emotionale Belastung
durch das Vermeidungsverhalten oder die
Angstsymptome; die Betroffenen haben die
Einsicht, dass diese übertrieben oder un-
vernünftig sind.

D. Die Symptome beschränken sich aus-
schließlich oder vornehmlich auf die ge-
fürchteten Situationen oder Gedanken
an sie.

E. Häufigstes Ausschlusskriterium: Die
Symptome des Kriteriums A sind nicht be-
dingt durch Wahn, Halluzination oder andere
Symptome der Störungsgruppe organische
psychische Störungen (F0), Schizophrenie
und verwandte Störungen (F2), Affektive
Störungen (F3) oder eine Zwangsstörung
(F42) oder sind nicht Folge einer kulturell
akzeptierten Anschauung.

Das Vorliegen oder Fehlen einer Panikstörung
(F41.0) in der Mehrzahl der agoraphobischen
Situationen kann mit der fünften Stelle an-
gegeben werden:

F40.00 Agoraphobie ohne Panikstörung
F40.01 Agoraphobie mit Panikstörung

Möglichkeiten für die Einteilung des Schweregrads: Für F40.00 kann der Schweregrad nach
dem Ausmaß der Vermeidung angegeben
werden, unter Berücksichtigung der jeweiligen kulturellen Bedingungen. Für F40.01
gibt die Zahl der Panikattacken den Schweregrad an.

Diagnostische Kriterien

Dem DSM-IV zufolge ist die Agoraphobie keine kodierbare Störung. Das heißt, dass sie in diesem Rahmen nur in Verbindung mit dem Vorliegen einer voll ausgeprägten Panikstörung auftritt. Das Hauptmerkmal der Agoraphobie ist die Angst, sich an Orten aufzuhalten, an denen eine Flucht schwer möglich oder peinlich wäre, oder an denen im Fall einer Panikattacke oder panikartiger Symptome keine Hilfe zu erwarten wäre (APA 1994; Tab. 2.6). Jugendliche mit Agoraphobie ertragen die gefürchtete Situation nur unter großer Belastung oder in Begleitung eines Freundes oder Familienmitglieds. Ein gängiges Beispiel agoraphobischer Angst ist die Angst, sich in Menschenmengen, auf Brücken oder in Bussen, Zügen oder Autos aufzuhalten. Eine solche Angst führt im Allgemeinen zur anhaltenden Vermeidung vieler Situationen, wodurch die Fähigkeit zu reisen oder zu arbeiten beeinträchtigt wird. Obwohl einige Menschen sich den gefürchteten Situationen weiterhin aussetzen, werden die Situationen nur mit großer Angst durchgestanden oder sind mit starker Verzweiflung verbunden, oder es ist erforderlich, dass die Person in Begleitung ist. Die Angst oder das phobische Vermeidungsverhalten werden durch eine andere psychische Störung nicht besser erklärt (z. B. Soziale Phobie, Spezifische Phobie, Zwangsstörung, Posttraumatische Belastungsstörung, Störung mit Trennungsangst).

Die Agoraphobie stellt in der ICD-10 eine unabhängige Störung dar, bei der das Vorliegen von Panikattacken nicht erforderlich ist.

2.4   Spezifische Phobie

Annika ist zehn Jahre alt und fürchtet sich vor Spinnen, so lange sie denken kann. Sie findet Spinnen furchtbar eklig und hat Angst, dass eine Spinne nachts, wenn sie schläft, über ihr Gesicht kriechen könnte. Sie befürchtet, die Spinne könnte sie beißen oder mit einer schrecklichen Krankheit anstecken. Wenn sie auch nur eine kleine Spinne sieht, fängt ihr Herz an zu klopfen, ihre Hände werden kalt und feucht, und sie beginnt zu zittern. Wenn jemand in ihrer Nähe ist, klammert sie sich an ihn. Annika vermeidet jede Situation, von der sie meint, sie könnte einer Spinne begegnen. Richtig schlimm wurde es, nachdem sie einmal eine Spinne im Badezimmer gesehen hat. Seitdem will sie nicht mehr allein zu Hause bleiben und folgt ihrer Mutter überall hin. Ständig bittet sie ihre Eltern, die Türen und Fenster zu schließen, damit keine Spinne ins Haus gelangt. Bevor sie ins Badezimmer oder ins Bett geht, müssen ihre Eltern überprüfen, dass keine Spinne im Zimmer ist. Oft hat sie Alpträume davon, einer Spinne zu begegnen. Auch ihre Freundinnen besucht sie nicht mehr gern, denn in ihren Häusern könnten ja Spinnen sein.

Wie Annika zeigen Kinder mit einer Spezifischen Phobie eine ausgeprägte Angst vor bestimmten Objekten oder Situationen über einen Zeitraum von mindestens sechs Monaten. Die Überzeugungen der Kinder im Hinblick auf den gefürchteten Reiz haben die Tendenz, auch dann fortzubestehen, wenn offensichtliche Beweise gegen sie sprechen. Anders als Erwachsene, die an einer Spezifischen Phobie leiden, erkennen Kinder häufig nicht, dass ihre Angst übertrieben oder unangemessen ist. Die bei Kindern und Jugendlichen am häufigsten auftretenden Spezifischen Phobien richten sich auf Tiere, insbesondere auf Hunde, Schlangen, Insekten und Mäuse (Essau et al. 2000). **Spezifische Phobie**

Die Reaktionen von Kindern mit Spezifischer Phobie zeigen sich auf der kognitiven, behavioralen und körperlichen Ebene. Die Kognitionen phobischer Kinder sind durch die gedankliche Vorwegnahme schrecklicher Ereignisse gekennzeichnet, die im Zusammenhang mit dem gefürchteten Reiz erwartet werden. Am häufigsten sind Ängste vor einer Bedrohung der eigenen Sicherheit, wie bei Annika, die Angst davor hat, von einer Spinne gebissen zu werden. Diese beunruhigenden und sorgenvollen Gedanken beschäftigen das Kind und rufen Belastungen hervor, die stark genug sind, das Kind bei seinen Alltagsaktivitäten zu beeinträchtigen.

Die Kinder bemühen sich sehr, eine Konfrontation mit dem gefürchteten Reiz zu vermeiden. Wie Annika meiden sie alle Orte, an denen eine erhöhte Wahrscheinlichkeit besteht, auf das gefürchtete Objekt zu treffen. Diese Kinder werden auch als furchtsam beschrieben, immer nach dem gefürchteten Reiz Ausschau haltend. Bei Konfrontation mit dem gefürchteten Objekt – oder auch bei dem Gedanken an eine solche Konfrontation – zeigen Kinder mit Spezifischer Phobie körperliche Symptome wie beschleunigten Herzschlag, Schwitzen und Magenbeschwerden.

Diagnostische Kriterien

Der Terminus „Spezifische Phobie" (im DSM-III-R Einfache Phobie) bezieht sich auf Phobien, die mit spezifischen Objekten oder Situationen in Zusammenhang stehen (Tab. 2.7). Ist die Person **Phobischer Reiz** dem phobischen Reiz ausgesetzt, löst dies nahezu unmittelbar eine Angstreaktion aus, die die Form einer Panikattacke annehmen kann. Der phobische Reiz wird vermieden oder vielleicht auch unter Belastung ertragen. Im Zentrum der Angst kann vorweggenommenes Unheil stehen, das von einigen Aspekten des Objektes oder der Situation ausgeht; es kann auch eine Beunruhigung darüber bestehen, die Kontrolle zu verlieren, in Panik auszubrechen oder ohnmächtig zu werden, falls die Person dem gefürchteten Reiz ausgesetzt ist. Eine Spezifische Phobie sollte diagnostiziert werden, wenn eine ausgeprägte und anhaltende Angst vor einer bestimmten Situation oder einem bestimmten Objekt besteht, die übertrieben oder unbegründet ist. Angst, Panikattacken und phobisches Vermeidungsverhalten werden durch eine andere psychische Störung nicht besser beschrieben.

Der angstauslösende Stimulus bei der Spezifischen Phobie muss sich von Stimuli unterscheiden, die eine Panikstörung, eine Agoraphobie oder eine Soziale Phobie auslösen. Er darf nicht mit dem Inhalt von Zwangsgedanken, einer Zwangsstörung und auch nicht mit dem Trauma bei einer Akuten oder Posttraumatischen Belastungsstörung in Verbindung stehen. Vor der Diagnostizierung einer Spezifischen Phobie bei Personen unter 18 Jahren müssen die Symptome sechs Monate lang fortbestanden und bedeutende Funktionsbeeinträchtigungen oder Belastungen hervorgerufen haben. Im DSM-IV werden fünf Arten von Phobien unterschieden:

• *Umwelt-Typus:* Die Angst wird durch Umweltphänomene ausgelöst, wie beispielsweise Stürme, Dunkelheit oder Wasser.
• *Tier-Typus:* Die Angst wird durch Tiere ausgelöst.
• *Blut-Spritzen-Verletzungstypus:* Die Angst wird dadurch ausgelöst, Blut oder eine Verletzung zu sehen oder eine Spritze zu bekommen.
• *Situativer Typus:* Die Angst wird durch eine spezifische Situation ausgelöst, wie beim Aufenthalt in öffentlichen Transportmitteln, Tunneln, auf Brücken, in Flugzeugen, Autos oder in geschlossenen Räumen.
• *Anderer Typus:* Die Angst wird durch andere Reize, wie z. B. laute Geräusche ausgelöst.

Die ICD-10-Kriterien dieser Störung sind den DSM-IV-Kriterien sehr ähnlich. Der Hauptunterschied besteht darin, dass das DSM-IV, nicht aber die ICD-10 erfordert, dass die Angst unbegründet ist.

Tab. 2.7 Diagnostische Kriterien der Spezifischen Phobie (nach Saß et al. 1996, 472f [DSM-IV]; Dilling et al. 1994, 117f [ICD-10])

DSM-IV (Spezifische Phobie)	ICD-10 (Spezifische [isolierte] Phobien)
A. Ausgeprägte und anhaltende Angst, die übertrieben oder unbegründet ist und die durch das Vorhandensein oder die Erwartung eines spezifischen Objekts oder einer spezifischen Situation ausgelöst wird (z. B. Fliegen, Höhen, Tiere, eine Spritze bekommen, Blut sehen).	*A. Entweder 1. oder 2.:* 1. deutliche Furcht vor einem bestimmten Objekt oder einer bestimmten Situation, außer Agoraphobie (F40.0) oder Sozialer Phobie (F40.1); 2. deutliche Vermeidung solcher Objekte und Situationen, außer Agoraphobie (F40.0) oder Sozialer Phobie (F40.01).
B. Die Konfrontation mit dem phobischen Reiz ruft fast immer eine unmittelbare Angstreaktion hervor, die das Erscheinungsbild einer situationsgebundenen oder einer situationsbegünstigten Panikattacke annehmen kann.	Häufige phobische Objekte und Situationen sind Tiere, Vögel, Insekten, Höhe, Donner, Fliegen, kleine geschlossene Räume, Anblick von Blut oder Verletzungen, Injektionen, Zahnarzt- und Krankenhausbesuche.
Beachte: Bei Kindern kann sich die Angst in Form von Weinen, Wutanfällen, Erstarren oder Anklammern ausdrücken.	*B. Angstsymptome in den gefürchteten Situationen mindestens einmal seit Auftreten der Störung wie*
C. Die Person erkennt, dass die Angst übertrieben oder unbegründet ist.	*in Kriterium B von F40.0 (Agoraphobie) definiert.*
Beachte: Bei Kindern darf dieses Merkmal fehlen.	*C. Deutliche emotionale Belastung durch die Symptome oder das Vermeidungsverhalten; Einsicht, dass diese übertrieben und unvernünftig sind.*
D. Die phobischen Situationen werden gemieden bzw. nur unter starker Angst oder starkem Unbehagen ertragen.	*D. Die Symptome sind auf die gefürchtete Situation oder Gedanken an diese beschränkt.*
E. Das Vermeidungsverhalten, die ängstliche Erwartungshaltung oder das Unbehagen in den gefürchteten Situationen schränkt deutlich die normale Lebensführung der Person, ihre berufliche (oder schulische) Leistung oder	Wenn gewünscht, können Spezifische Phobien wie folgt unterteilt werden: • Tier-Typ (z. B. Insekten, Hunde)

soziale Aktivitäten oder Beziehungen ein, oder die Phobie verursacht erhebliches Leiden für die Person.	• Naturgewalten-Typ (z. B. Sturm, Wasser) • Blut-Injektion-Verletzungs-Typ • Situativer Typ (z. B. Fahrstuhl, Tunnel) • Andere Typen

F. Bei Personen unter 18 Jahren hält die Phobie über mindestens sechs Monate an.

G. Die Angst, Panikattacken oder das phobische Vermeidungsverhalten, die mit dem spezifischen Objekt oder der spezifischen Situation assoziiert sind, werden nicht besser durch eine andere psychische Störung erklärt, wie z. B. Zwangsstörung (z. B. Angst vor Schmutz bei Personen, die die Vorstellung haben, kontaminiert zu werden), Posttraumatische Belastungsstörung (z. B. Vermeidung von Reizen, die mit dem Trauma assoziiert sind) oder Störung mit Trennungsangst (z. B. Vermeidung von Schulbesuchen), Soziale Phobie (z. B. Vermeidung sozialer Situationen aus Angst vor Peinlichkeit), Panikstörung mit Agoraphobie oder Agoraphobie ohne Panikstörung in der Vorgeschichte.

Bestimme den Typus:
Tier-Typus; Umwelt-Typus (z. B. Höhen, Stürme); Blut-Spritzen-Verletzungs-Typus; Situativer Typus (z. B. Flugzeuge); Anderer Typus (z. B. phobische Vermeidung von Situationen, die zum Ersticken, Erbrechen oder zum Erwerb einer Krankheit führen könnten; bei Kindern Vermeidung von lauten Geräuschen oder kostümierten Figuren).

2.5   Soziale Phobie

Der zwölfjährige Jens ist seit einiger Zeit nicht wieder zu erkennen. Immer, wenn er mit Menschen zusammen ist, die er nicht gut kennt, fühlt er sich wie auf dem Prüfstand. Er denkt, sie würden ihn beobachten und nur darauf warten, dass er etwas Falsches oder Lächerliches tut. Besonders schlimm ist es, wenn er in Gegenwart anderer Menschen essen muss oder vor vielen Menschen sprechen soll, wie neulich beim Geburtstag seiner Großmutter. Er hatte ein kleines Gedicht vorbereitet, das er vor dem Kaffeetrinken vortragen wollte. Aber er war so nervös und bekam so starkes

Herzklopfen, dass er stattdessen, ohne sich zu verabschieden, kurz vor dem Kaffeetrinken die Geburtstagsfeier verließ, nach Hause lief und sich in seinem Zimmer einschloss. Seitdem ist seine Angst immer größer geworden. Er traut sich kaum noch, Einladungen anzunehmen, bei denen es auch Essen gibt, denn er hat panische Angst davor, dass ihm etwas herunterfallen könnte oder dass er ein Getränk verschütten könnte – und dass dann alle über ihn lachen würden. Er hat sich sehr zurückgezogen, und seine Eltern beginnen langsam, sich Sorgen zu machen.

Ängste vor sozialer Beurteilung sind Teil der normalen Entwicklung von Kindern, die auf die Pubertät zugehen. Die Entwicklung spezifischer kognitiver Fähigkeiten (z. B. der Fähigkeit, Situationen aus der Perspektive eines anderen zu sehen und zu beurteilen) können sich auf den Jugendlichen sowohl negativ als auch positiv auswirken. Wenn Kinder sich dem Jugendalter nähern, werden sie sich vermehrt ihrer selbst bewusst, es tauchen Selbstzweifel auf, sie machen sich Sorgen darüber, wie sie aussehen und was andere von ihnen denken könnten. Daher sind vorübergehende Episoden sozialer Angst verbreitet und Teil der normalen Entwicklung. **Angst vor sozialem Fehlverhalten**

Bei einem kleinen Teil der Kinder und Jugendlichen wie bei Jens verursachen soziale Ängste bzw. eine Soziale Phobie extreme Belastungen und Beeinträchtigungen und bleiben auch über die Zeit hinweg bestehen. Ist die Person einer sozialen Situation ausgesetzt, tritt häufig eine unmittelbare Angstreaktion auf, die übertrieben oder unangemessen ist. Bei Kindern kann sich diese Angstreaktion in Form von Weinen, Wutausbrüchen, Erstarren oder durch Klammern an vertraute Personen äußern. Jugendliche erleben möglicherweise panikartige Symptome, wenn sie mit angsterzeugenden sozialen Situationen konfrontiert werden. Andere Verhaltensweisen, in denen sich soziale Ängste ausdrücken können, sind Stottern, geringer Augenkontakt, Nägelkauen und ein Zittern der Stimme. Jugendliche mit einer Sozialen Phobie glauben häufig, dass ihre sichtbaren körperlichen Reaktionen ihre verborgenen Gefühle erkennen lassen, wodurch sie noch ängstlicher werden. Sie geraten in einen Teufelskreis, wobei sie ihr Versagen gedanklich vorwegnehmen und dadurch ihre Nervosität und die körperlichen Symptome ihrer Angst steigern. So wird die Angst schließlich so groß, dass sie beginnen, derartige Situationen zu vermeiden. **soziale Ängste**

Die häufigste Angst von Kindern und Jugendlichen mit Sozialer Phobie besteht darin, vor anderen Menschen etwas falsch zu **Angst vor sozialem Urteil** machen (Tab. 2.8). So befürchten sie beispielsweise, dass sie anfangen könnten zu stottern, wenn sie vor Publikum sprechen müssen; wenn sie eine Frage stellen wollen, haben sie Angst, sie könnten den Eindruck machen, dumm zu sein; wenn sie in der Öffentlichkeit essen, befürchten sie zu kleckern. Einige betroffene Kinder und Jugendliche ängstigen sich nur in einer oder einigen wenigen spezifischen sozialen Situationen. Viele jedoch zeigen generalisierte soziale Ängste in vielen verschiedenen Situationen. Das heißt, sie fürchten sich in den meisten sozialen Situationen, haben Angst davor, mit unbekannten Menschen zu sprechen, vermeiden den Kontakt mit Personen, die nicht zur Familie gehören und haben Schwierigkeiten, an Freizeitaktivitäten mit anderen Menschen teilzunehmen oder überhaupt unter Menschen zu sein (Hofmann et al. 1999). Folgende Situationen werden von Jugendlichen mit Sozialer Phobie häufig gefürchtet (in der Reihenfolge ihrer Häufigkeit; Essau 2000)

- eine Prüfung in der Schule zu absolvieren (auch bei guter Vorbereitung)
- vor anderen zu sprechen
- mit Menschen zu sprechen (aus Angst, nichts zu sagen zu haben oder nur Unsinn von sich zu geben)
- in Gegenwart anderer zu essen oder zu trinken
- in Gegenwart anderer zu schreiben
- an einer Veranstaltung oder einem Treffen teilzunehmen oder zu einer Party zu gehen

Diagnostische Kriterien

Spezifischer und Generalisierter Subtypus

Die Soziale Phobie ist gekennzeichnet durch eine ausgeprägte und anhaltende Angst vor sozialen Situationen oder Leistungssituationen, in denen Peinlichkeiten auftreten können (Tab. 2.9). In sozialen Situationen wird die betroffene Person sehr angespannt und ängstlich, in den meisten Fällen wird die Situation möglichst vermieden oder aber nur mit intensiver Angst durchgestanden. Zwei Subtypen der Sozialen Phobie werden im DSM-IV unterschieden: der Spezifische und der Generalisierte Subtypus. Zur *Spezifischen Sozialen Phobie* gehört die Angst vor einer klar abgegrenzten Situation, wie z. B. in der Öffentlichkeit eine Rede zu halten. Personen mit vielfältigen Ängsten, wie z. B. Angst vor

Tab. 2.8 Häufige Gründe (%) für soziale Ängste (Essau et al. 1998a)

Angst,	Jungen (N = 177)	Mädchen (N = 312)
• dass etwas Peinliches oder Beschämendes geschieht	38.4	39.4*
• für dumm oder schwach gehalten zu werden	22.6	36.5***
• für verrückt gehalten zu werden	2.8	3.5*
• einen Angstanfall zu bekommen	1.1	7.1**
• sehr durcheinander zu sein	58.2	65.1**
• sich schämen zu müssen	2.8	26.6*
• erbrechen zu müssen	0.6	4.2*
• die Kontrolle über Darm/Blase zu verlieren	2.3	1.0**
• zu erröten	35.0	41.0**

Anmerkungen: * p < 0.05; ** p < 0.01; *** p < 0.001; signifikante Geschlechtsunterschiede

den meisten Arten des Sozialkontakts, werden mit der Diagnose der *Generalisierten Sozialen Phobie* klassifiziert. Kinder mit einer Generalisierten Sozialen Phobie fürchten die meisten sozialen Situationen, haben Angst, unbekannte Menschen zu treffen oder mit ihnen zu reden. Es fällt ihnen außerordentlich schwer, zur Schule zu gehen, an Freizeitaktivitäten teilzunehmen oder überhaupt mit anderen Menschen zusammen zu sein (Hofmann et al. 1999).

Bei Kindern kann sich die Angst durch Weinen, Wutanfälle, Zittern oder dem Ausweichen sozialer Situationen mit unbekannten Menschen ausdrücken. Es muss jedoch die Fähigkeit zu altersangemessenen sozialen Beziehungen mit vertrauten Menschen gegeben sein. Des Weiteren ist Voraussetzung, dass die Angst in sozialen Beziehungen mit anderen Kindern auftritt und nicht nur in der Interaktion mit Erwachsenen. Das Vermeidungs-verhalten bzw. die angsterfüllte Vorwegnahme oder der Kummer in der gefürchteten sozialen oder Leistungssituation beeinträchtigt deutlich die normale Lebensführung der Person, die beruflichen oder schulischen Fähigkeiten, soziale Aktivitäten oder Beziehungen, oder es besteht eine ausgeprägte Bekümmerung über die Phobie. Bei Personen unter 18 Jahren müssen die Symptome mindestens sechs Monate lang aufgetreten sein (Saß et al. 1996). Die Soziale Phobie ist weder auf eine direkte physiologische Wirkung einer Substanz (z. B. Medikament), noch auf einen medizinischen Krankheitsfaktor zurückzuführen und kann auch nicht besser durch eine andere psychische Störung (z. B. Panikstörung, Tiefgreifende Entwicklungsstörung) erklärt werden. Falls eine weitere psychische Störung oder physische Beeinträchtigung vorliegt, steht die Angst nicht in Zusammenhang mit dieser Störung.

Störung mit Kontaktvermeidung   Das DSM-IV wurde erweitert und umfasst nun auch die Angst vor Situationen, in denen die Person einem Zusammensein mit unbekannten Menschen ausgesetzt ist. Die DSM-III-R-Diagnose Störung mit Kontaktvermeidung wurde herausgenommen und im DSM-IV unter Sozialer Phobie subsumiert; das Hauptcharakteristikum der Störung mit Kontaktvermeidung war ein übermäßiges Ausweichen vor Kontakten mit unbekannten Menschen für die Dauer von mindestens sechs Monaten – das so intensiv ist, dass es die Fähigkeit des Kindes, Beziehungen zu Gleichaltrigen zu haben, deutlich beeinträchtigt.

In der ICD-10 wird die Angst vor prüfender Betrachtung durch andere Menschen betont, die zur Vermeidung sozialer Situationen führt. Sie umfasst nicht den Generalisierten Subtypus der Sozialen Phobie. Während in der ICD-10 Angstsymptome spezifiziert werden, werden im DSM-IV die kognitiven Aspekte der Störung betont.

Tab. 2.9 Diagnostische Kriterien für Soziale Phobie (Saß et al. 1996, 479f [DSM-IV]; Dilling et al. 1994, 116f [ICD-10])

DSM-IV (Soziale Phobie)	ICD-10 (Soziale Phobie)
A. Eine ausgeprägte und anhaltende Angst vor einer oder mehreren sozialen oder Leistungssituationen, in denen die Person mit unbekannten Personen konfrontiert ist oder von anderen Personen beurteilt werden könnte. Der Betroffene befürchtet, ein Verhalten (oder Angstsymptome) zu zeigen, das demütigend oder peinlich sein könnte.	*A. Entweder 1. oder 2.:* 1. deutliche Furcht, im Zentrum der Aufmerksamkeit zu stehen oder sich peinlich oder erniedrigend zu verhalten. 2. deutliche Vermeidung, im Zentrum der Aufmerksamkeit zu stehen oder von Situationen, in denen Angst besteht, sich peinlich oder erniedrigend zu verhalten.
Beachte: Bei Kindern muss gewährleistet sein, dass sie im Umgang mit bekannten Personen über die altersentsprechende soziale Kompetenz verfügen, und die Angst muss gegenüber Gleichaltrigen und nicht nur in der Interaktion mit Erwachsenen auftreten.	Diese Ängste treten in sozialen Situationen auf, wie Essen oder Sprechen in der Öffentlichkeit, Begegnung von Bekannten in der Öffentlichkeit, Hinzukommen oder Teilnahme an kleinen Gruppen, wie z. B. bei Parties, Konferenzen oder in Klassenräumen.
B. Die Konfrontation mit der gefürchteten sozialen Situation ruft fast immer eine unmittelbare Angstreaktion hervor, die das Erscheinungsbild einer situationsgebundenen oder einer situationsbegünstigten Panikattacke annehmen kann.	*B. Mindestens zwei der Angstsymptome in den gefürchteten Situationen mindestens einmal seit Auftreten der Störung, wie in Kriterium B von F40.0 definiert, sowie zusätzlich mindestens eines der folgenden Symptome:* 1. Erröten oder Zittern 2. Angst zu erbrechen 3. Miktions- oder Defäkationsdrang bzw. Angst davor.
Beachte: Bei Kindern kann sich die Angst durch Weinen, Wutanfälle, Erstarren oder Zurückweichen vor sozialen Situationen mit unvertrauten Personen ausdrücken.	*C. Deutliche emotionale Belastung durch die Angstsymptome oder das Vermeidungsverhalten. Einsicht, dass die Symptome oder das Vermeidungsverhalten übertrieben und unvernünftig sind.*
C. Die Person erkennt, dass die Angst übertrieben oder unbegründet ist.	*D. Die Symptome beschränken sich ausschließlich oder vornehmlich auf die gefürchteten Situationen oder auf Gedanken an diese.*
Beachte: Bei Kindern darf dieses Kriterium fehlen.	*E. Häufigstes Ausschlusskriterium: Die Symptome des Kriteriums A sind nicht bedingt durch Wahn, Halluzination oder andere Symptome der Störungsgruppen organische psychische Störungen (F0), Schizophrenie und verwandte Störungen (F2), Affektive*
D. Die gefürchteten sozialen oder Leistungssituationen werden vermieden oder nur unter intensiver Angst oder Unwohlsein ertragen.	
E. Das Vermeidungsverhalten, die ängstliche Erwartungshaltung oder das starke Unbehagen in den gefürchteten sozialen oder Leistungssituationen beeinträchtigen deut-	

lich die normale Lebensführung der Person, ihre berufliche (oder schulische) Leistung oder soziale Aktivitäten oder Beziehungen, oder die Phobie verursacht erhebliches Leiden.

Störungen (F3) oder eine Zwangsstörung (F42) oder sind nicht Folge einer kulturell akzeptierten Anschauung.

F. Bei Personen unter 18 Jahren hält die Phobie über mindestens sechs Monate an.

G. Die Angst oder Vermeidung geht nicht auf die direkte körperliche Wirkung einer Substanz (z. B. Droge, Medikament) oder eines medizinischen Krankheitsfaktors zurück und kann nicht besser durch eine andere psychische Störung (z. B. Panikstörung mit oder ohne Agoraphobie, Störung mit Trennungsangst) erklärt werden.

H. Falls ein medizinischer Krankheitsfaktor oder eine andere psychische Störung vorliegen, so stehen diese nicht in Zusammenhang mit der unter Kriterium A beschriebenen Angst, z. B. nicht Angst vor Stottern.

Bestimme ob:
Generalisiert: Wenn die Angst fast alle sozialen Situationen betrifft (ziehe auch die zusätzliche Diagnose einer vermeidend-selbstunsicheren Persönlichkeitsstörung in Betracht).

2.6 Zwangsstörung

Ute ist zehn Jahre alt und hat seit acht Monaten ein ernstes Problem: Sie muss jeden Abend, bevor sie zu Bett geht, ein kompliziertes Ritual befolgen, weil sie davon überzeugt ist, dass anderenfalls ihr selbst oder ihrer Familie etwas Schreckliches zustoßen würde. So beginnt sie schon um sechs Uhr abends, sich darauf vorzubereiten, ins Bett zu gehen: Sie zieht die Rollläden ihres Fensters herunter, geht ins Badezimmer, putzt sich die Zähne und zieht sich den Pyjama an. Denn geht sie zurück in ihr Zimmer, und die eigentliche Arbeit beginnt. Zuerst schaut sie in jede Ecke ihres Zimmers, um sicherzustellen, dass sie nicht staubig sind. Dann beginnt sie, alle Dinge in ihrem Zimmer zu zählen und zu überprüfen, ob sie am richtigen Platz liegen. Dabei geht sie nach Farben vor: zuerst die gelben, dann die roten, die blauen, die grünen und am Schluss die bunten Dinge. Wenn sie durch irgendetwas gestört wird und ihr Ritual unterbricht, muss sie noch einmal ganz von vorn anfangen – weil sonst etwas Schreckliches passieren würde. Seitdem Ute dieses Ritual befolgt, hat sie sich mehr und mehr von ihren Freunden zurückgezogen. Sie hat keine Einladungen mehr angenommen und auch selbst niemanden mehr eingeladen. Ihre Eltern sind sehr besorgt.

Ute leidet an einer Zwangsstörung, einer seltenen Störung, die von Ritualen und Zweifeln geprägt ist. Kinder und Jugendliche mit einer Zwangsstörung leiden unter immer wiederkehrenden, zeitaufwändigen und störenden Zwangsgedanken und Zwangshandlungen (Piacentini/Bergman 2000). Die Zwangsstörung ist gekennzeichnet durch entweder wiederholt auftretende Zwangsgedanken oder Zwangshandlungen.

Zwangsgedanken sind wiederkehrende und anhaltende Gedanken, Bilder oder Impulse, die als aufdringlich und unangemessen empfunden werden (Saß et al. 1996). Bei diesen Gedanken, Impulsen oder Bildern handelt es sich nicht nur um übermäßige Sorgen über reale Lebensprobleme. Einige Kinder klagen auch darüber, aufdringliche und sich wiederholende Lieder oder Reime zu „hören". Zwangsgedanken haben für gewöhnlich die Furcht sich zu kontaminieren, den Drang bestimmte Dinge zu verbalisieren oder physische Gewalt auszuüben zum Inhalt. Sie können sich auf das Bedürfnis beziehen, Dinge in einer ganz bestimmten Ordnung zu haben, können sich in aggressiven oder als schrecklich empfundenen Impulsen, sexuellen Vorstellungen oder wiederholtem Zweifel ausdrücken. Da solche Zwangsgedanken ein beträchtliches Maß an Angst und Belastung verursachen, verwenden die Kinder viel Zeit darauf, sie mit bestimmten Handlungen zu neutralisieren (Henin/Kendall 1997). Diese Handlungen werden Zwangshandlungen genannt. **Zwangsgedanken**

Zwangshandlungen sind wiederholte, scheinbar absichtsvolle Handlungen, die nach bestimmten Regeln oder auf stereotype Weise ausgeführt werden (Saß et al. 1996). Obwohl Rituale eine zeitweilige Linderung der Angst gewährleisten, können sie auf lange Sicht diesen Zweck nicht erfüllen. Infolgedessen verfangen sich Kinder mit einer Zwangsstörung mehr und mehr in einem zeitraubenden Teufelskreis von Zwangsgedanken und -handlungen. Waschrituale sind die häufigsten Symptome der Zwangsstörung (Swedo et al. 1989). Übermäßiges Waschen kann sich in wiederholtem Händewaschen und ausgefeilten Bade- oder Duschritualen zeigen. Kinder mit einer Zwangsstörung berichten häufig, eine spezifische Abfolge von Waschungen jeden Tag **Zwangshandlungen**

Tab. 2.10 Die häufigsten Zwangssymptome bei Kindern und Jugendlichen mit Zwangsstörungen (nach Thomsen 2001, 266; übers. v. d. Autorin)

Zwangsgedanken	% in den verschiedenen Studien
Schmutz und Ansteckung	40
Angst, dass etwas Schreckliches geschehen wird	20
Krankheit	20
Tod	20
Symmetrie	15
Sexualiät	10
Religiöse Gedanken	10
Angst, sich selbst oder anderen zu schaden	8
Zwangshandlungen	% in den verschiedenen Studien
Waschrituale	50
Überprüfen	40
Zwangsverhalten	40
Ordnen/Aufräumen	30
Andere Rituale	25
Zählen	20

durchführen zu müssen (Tab. 2.10). Wenn sie dabei unterbrochen werden, müssen sie noch einmal von vorne anfangen, bis sie alles richtig gemacht haben.

Als ein Ergebnis ihrer übermäßigen Beschäftigung mit ihren Zwängen schränken Kinder mit Zwangsstörungen ihre normalen

Aktivitäten ein; soziale und familiäre Beziehungen und schulische Leistungen können stark beeinträchtigt werden. Rituale, die vor dem Schlafen durchgeführt werden müssen, können zur Folge haben – wie das bei Ute der Fall ist –, dass keine Freunde mehr über Nacht eingeladen und auch keine Einladungen zum Übernachten mehr angenommen werden. Häufig beziehen Kinder mit Zwangsstörungen ihre Familienmitglieder in ihre Rituale mit ein. Aufgrund der Eigenartigkeit und der Sinnlosigkeit der Symptome der Zwangsstörung versuchen viele Kinder, ihre Rituale zu verbergen, insbesondere in sozialen Situationen und in der Schule. In weniger schweren Fällen kann es sein, dass die Störung über Monate oder sogar Jahre von Freunden und Familienmitgliedern unbemerkt bleibt. Je ausgefeilter und zeitaufwändiger die Rituale werden, desto schwerer sind sie auch zu verheimlichen.

Rachman und Hodgson (1980) zeigten in ihren empirischen Untersuchungen, dass die Zwangsgedanken und Zwangshandlungen funktionell in Verbindung stehen. Foa und Tillmans (1980) z. B. schlugen vor, dass Zwangsgedanken und -handlungen aufgrund ihres funktionalen Verhältnisses definiert werden sollten, anstatt auf der Grundlage ihrer Modalitäten, in der sie sich ausdrücken (in der Vorstellung oder im Verhalten). Dementsprechend werden Zwangsgedanken als Gedanken, Bilder oder Antriebe erklärt, die Angst oder Bedrängnis erzeugen. Zwangshandlungen bezeichnen offenkundige oder verborgene Tätigkeiten, die durchgeführt werden, um zu verhindern, dass die Zwangsgedanken und die Bedrängnis, die diese erzeugen, anhalten.

Zwangshandlungen, die im Zusammenhang mit einer Zwangsstörung auftreten, müssen von entwicklungsabhängigen Ritualen im Kindesalter unterschieden werden (s. Kap. 1). Symptome einer Zwangsstörung unterscheiden sich von vorübergehenden Ritualen oder Vorlieben für bestimmte Handlungsabläufe dadurch, dass das Kind bei einer Verhinderung oder Unterbrechung einer Zwangshandlung unter großen Belastungen leidet. Normale Rituale während der Entwicklung des Kindes sind nicht übermäßig ausgeprägt, unterscheiden sich inhaltlich von typischen Ritualen einer Zwangsstörung und verschwinden für gewöhnlich im Alter von etwa neun Jahren (Leonard et al. 1993).

Diagnostische Kriterien

Die Zwangsstörung ist gekennzeichnet durch entweder wiederholt auftretende Zwangsgedanken oder Zwangshandlungen, die zu Belastungen führen, zeitraubend sind und das tägliche Leben des Kindes beeinträchtigen (Tab. 2.11). Wie bereits erwähnt, sind Zwangsgedanken wiederkehrende, anhaltende Ideen, Gedanken, Bilder oder Impulse, die ichdyston sind und als sinnlos und abstoßend empfunden werden. Bei Zwangshandlungen handelt es sich um wiederholte Verhaltensweisen oder gedankliche Vorgänge, mit denen auf die Zwangsgedanken reagiert wird oder die ausgeführt werden, um Unwohlsein, das mit einem gefürchteten Ereignis einhergeht, zu verhindern oder zu reduzieren.

Entscheidend für die Diagnose ist es, dass die Beschwerden ausgeprägtes Unbehagen oder bedeutsame Beeinträchtigungen hervorrufen, zeitaufwändig sind (mehr als eine Stunde am Tag in Anspruch nehmen) und soziale Beziehungen, schulische oder berufliche Leistungen beeinträchtigen. Im Verlauf der Störung erkennt die Person irgendwann, dass die Zwangsgedanken oder -handlungen übertrieben oder unvernünftig sind. Nach den Kriterien des DSM-IV ist es nicht notwendig, dass Kinder die übertriebene oder unvernünftige Natur der Symptome der Zwangsstörung erkennen. Wenn eine weitere Störung auf Achse I vorliegt, ist der Kontext der Zwangsgedanken oder -handlungen nicht darauf beschränkt (Saß et al. 1996). Die Störung ist nicht auf die direkten physiologischen Auswirkungen einer Substanz oder auf eine medizinische Krankheit zurückzuführen.

Da die Angst ein vorherrschendes Symptom dieser Störung ist, wird sie im DSM-IV als Angststörung klassifiziert. Die ICD-10 unterscheidet fünf Subtypen von Zwangsstörungen: vorwiegend Zwangsgedanken und Grübelzwang; vorwiegend Zwangshandlungen (Zwangsrituale); Zwangsgedanken und -handlungen, gemischt; sonstige Zwangsstörungen und nicht näher bezeichnete Zwangsstörung. Die Zwangsgedanken oder Zwangshandlungen müssen mindestens zwei Wochen andauern. Im DSM-IV ist die Dauer der Zwangsgedanken oder Zwangshandlungen kein Kriterium zur Diagnosestellung der Zwangsstörung.

Tab.2.11 Diagnostische Kriterien für Zwangsstörung (nach Saß et al. 1996, 485f [DSM-IV]; Dilling et al. 1994, 122f [ICD-10])

DSM-IV (Zwangsstörung)	ICD-10 (Zwangsstörung)
A. Entweder Zwangsgedanken oder Zwangshandlungen: *Zwangsgedanken, wie durch (1), (2), (3) und (4) definiert:* 1) wiederkehrende und anhaltende Gedanken, Impulse oder Vorstellungen, die zeitweise während der Störung als aufdringlich und unangemessen empfunden werden und die ausgeprägte Angst und großes Unbehangen hervorrufen; 2) die Gedanken, Impulse oder Vorstellungen sind nicht nur übertriebene Sorgen über reale Lebensprobleme; 3) die Person versucht, diese Gedanken, Impulse oder Vorstellungen zu ignorieren oder zu unterdrücken oder sie mithilfe anderer Gedanken oder Tätigkeiten zu neutralisieren; 4) die Person erkennt, dass die Zwangsgedanken, -impulse oder -vorstellungen ein Produkt des eigenen Geistes sind (nicht von außen wie bei Gedankeneingebung). *Zwangshandlungen, wie durch (1) und (2) definiert:* 1) wiederholte Verhaltensweisen (z. B. Händewaschen, Ordnen, Kontrollieren) oder gedankliche Handlungen (z. B. Beten, Wörter leise wiederholen), zu denen sich die Person als Reaktion auf einen Zwangsgedanken oder aufgrund von streng zu befolgenden Regeln gezwungen fühlt; 2) die Verhaltensweisen oder die gedanklichen Handlungen dienen dazu, Unwohlsein zu verhindern oder zu reduzieren oder gefürchteten Ereignissen oder Situationen vorzubeugen; diese Verhaltensweisen oder gedanklichen Handlungen stehen jedoch in keinem realistischen Bezug zu dem, was sie zu neutralisieren oder zu verhindern versuchen, oder sie sind deutlich übertrieben.	*A. Entweder Zwangsgedanken oder Zwangshandlungen (oder beides) an den meisten Tagen über einen Zeitraum von mindestens zwei Wochen.* *B. Die Zwangsgedanken (Ideen oder Vorstellungen) und Zwangshandlungen zeigen sämtliche folgende Merkmale:* 1. Sie werden als eigene Gedanken/Handlungen von den Betroffenen angesehen und nicht als von anderen Personen oder Einflüssen eingegeben. 2. Sie wiederholen sich dauernd und werden als unangenehm empfunden, und mindestens ein Zwangsgedanke oder eine Zwangshandlung wird als übertrieben und unsinnig anerkannt. 3. Die Betroffenen versuchen, Widerstand zu leisten (bei lange bestehenden Zwangsgedanken und -handlungen kann der Widerstand allerdings gering sein). Gegen mindestens einen Zwangsgedanken oder eine Zwangshandlung wird gegenwärtig erfolglos Widerstand geleistet. 4. Die Ausführung eines Zwangsgedanken oder einer Zwangshandlung ist für sich genommen nicht angenehm (dies sollte von einer vorübergehenden Erleichterung von Spannung und Angst unterschieden werden). *C. Die Betroffenen leiden unter den Zwangsgedanken und -handlungen oder werden in ihrer sozialen oder individuellen Leistungsfähigkeit behindert, meist durch den besonderen Zeitaufwand.* *D. Häufigstes Ausschlusskriterium: Die Störung ist nicht bedingt durch eine andere psychische Störung, wie Schizophrenie und verwandte Störungen (F2) oder Affektive Störungen (F3).*

B. Zu irgendeinem Zeitpunkt im Verlauf der Störung hat die Person erkannt, dass die Zwangsgedanken oder -handlungen übertrieben oder unbegründet sind.

Beachte: Dies muss bei Kindern nicht der Fall sein.

C. Die Zwangsgedanken oder -handlungen verursachen erhebliche Belastung, sind zeitaufwändig (benötigen mehr als eine Stunde pro Tag) oder beeinträchtigen deutlich die normale Tagesroutine der Person, ihre beruflichen (oder schulischen) Funktionen oder die üblichen Aktivitäten und Beziehungen.

D. Falls eine andere Achse-I-Störung vorliegt, so ist der Inhalt der Zwangsgedanken oder -handlungen nicht auf diese beschränkt (z. B. starkes Beschäftigtsein mit Essen bei Vorliegen einer Ess-Störung, Haareausziehen bei Vorliegen einer Trichotillomanie, Sorgen über das Erscheinungsbild bei Vorliegen einer Körperdysmorphen Störung, starkes Beschäftigtsein mit Drogen bei Vorliegen einer Störung im Zusammenhang mit Psychotropen Substanzen, starkes Beschäftigtsein mit einer schweren Krankheit bei Vorliegen einer Hypochondrie, starkes Beschäftigtsein mit sexuellen Bedürfnissen oder Phantasien bei Vorliegen einer Paraphilie, Grübeln über Schuld bei Vorliegen einer Major Depression).

E. Das Störungsbild geht nicht auf die direkte körperliche Wirkung einer Substanz (z. B. Droge, Medikament) oder eines medizinischen Krankheitsfaktors zurück.

Bestimme, ob:
Mit wenig Einsicht: Wenn die Person während der meisten Zeit der gegenwärtigen Episode nicht erkennt, dass die Zwangsgedanken und -handlungen übermäßig oder unbegründet sind.

Die Diagnose kann mit der folgenden vierten Stelle differenziert werden:
F42.0   vorwiegend Zwangsgedanken und Grübelzwang
F42.1   vorwiegend Zwangshandlungen (Zwangsrituale)
F42.2   Zwangsgedanken und -handlungen, gemischt
F42.8   sonstige Zwangsstörungen
F42.9   nicht näher bezeichnete Zwangsstörung

Beachte: ICD-10 unterscheidet an der vierten Stelle Zwangsstörungen danach, ob eher Zwangsgedanken, -handlungen oder eine Mischung vorliegt. Für jede dieser Unterformen ist eine gesonderte Diagnoseschlüsselung angegeben.

2.7   Die Generalisierte Angststörung

Seit einigen Monaten ist die zwölfjährige Sonja nicht wieder zu erkennen. Sie macht sich über alles mögliche Sorgen: darüber, nicht gut in der Schule zu sein, Fehler zu machen, von anderen Kindern geärgert zu werden oder schlecht im Sport zu sein. Sonja grübelt tagelang, ja manchmal wochenlang über Dinge, die sie vielleicht falsch gemacht hat. Außerdem macht sie sich große Sorgen um ihre Zukunft wie auch um die Zukunft der ganzen Welt. Sie hat Angst davor, dass in einem Krieg oder durch Naturkatastrophen die Erde zerstört werden könnte. Auch hat sie Angst, eine unheilbare Krankheit zu bekommen und daran zu sterben. Sie kann einfach nicht aufhören, sich Sorgen zu machen, wie sehr sie sich auch bemüht, an etwas anderes zu denken. Es fällt ihr schwer, sich zu entspannen, und oft hat sie Kopfschmerzen, Bauchschmerzen, oder sie fühlt sich ganz angespannt. Häufig kann sie abends nicht einschlafen, träumt schlecht und ist morgens, wenn ihre Mutter sie weckt, ganz zerschlagen. In der Schule hat sie Schwierigkeiten, sich auf den Unterricht zu konzentrieren.

Sorge

Ein gewisses Maß an Sorge ist Teil der normalen Entwicklung. Kinder wie Sonja jedoch, die an einer Generalisierten Angststörung leiden, erleben ein Übermaß unkontrollierbarer Angst und Sorge in Zusammenhang mit zahlreichen Ereignissen oder Aktivitäten – und das an den meisten Tagen, auch wenn es für diese Sorgen offensichtlich keinen Anlass gibt. Kinder mit einer Generalisierten Angststörung können jedes erschreckende Ereignis, das sie im Fernsehen sehen, auf sich selbst beziehen. Wenn sie einen Fernsehbericht über einen Mordfall anschauen, kann es sein, dass sie beginnen, sich darüber Sorgen zu machen, selbst umgebracht zu werden. Sie scheinen nicht zu bemerken, dass ein Eintreten der Ereignisse, über die sie sich Sorgen machen, sehr unwahrscheinlich ist.

Angst vor Alltäglichem

Die Sorgen von Kindern mit einer Generalisierten Angststörung sind nicht auf erschreckende oder katastrophale Ereignisse beschränkt. Sie erstrecken sich auch auf kleine Dinge des täglichen Lebens (z. B. welche Kleidung sie tragen), und es ist diese umfassende Sorge über relativ unbedeutende Ereignisse, die Kinder mit Generalisierter Angststörung von Kindern mit anderen Angststörungen unterscheidet. Wie Sonja können diese Kinder nicht einfach damit aufhören, sich Sorgen zu machen, selbst wenn sie erkennen, wie unglücklich sie sich selbst dadurch machen. In diesem Punkt unterscheiden sie sich von anderen Kindern, die, selbst wenn sie sich über eine bevorstehende Prüfung sorgen, sich noch immer auf andere Aufgaben konzentrieren können, und deren Sorgen verschwinden, wenn die Prüfung vorbei ist. Für Kinder mit einer Generalisierten Angststörung schließt sich eine „Krise" an die nächste an – es entsteht ein unendlicher Teufelskreis.

Die Unkontrollierbarkeit der Besorgnis ist ein wichtiges Merkmal der Generalisierten Angststörung (Chorpita et al. 1996). Zusätzlich treten häufig körperliche Symptome wie muskuläre Anspannung, Kopfschmerzen oder Übelkeit auf. Reizbarkeit, Mangel an Energie, Einschlafschwierigkeiten und ein unruhiger Schlaf sind häufige Beschwerden von Kindern mit Generalisierter Angststörung.

Diagnostische Kriterien

übermäßige Angst und Sorge

Das Hauptmerkmal der Generalisierten Angststörung ist übermäßige und unkontrollierbare Angst und Sorge hinsichtlich einer Reihe von Ereignissen und Aktivitäten an den meisten Tagen für die Dauer von mindestens sechs Monaten (Tab. 2.12). Die Angst und Sorge sind von mindestens drei zusätzlichen Symptomen einer Liste sechs spezifischer somatischer Symptome begleitet (bei Kindern ist nur ein Symptom erforderlich): Ruhelosigkeit oder ständiges „auf dem Sprung sein", leichte Ermüdbarkeit, Konzentrationsschwierigkeiten oder Leere im Kopf, Reizbarkeit, Muskelspannung und Schlafstörungen (Saß et al. 1996).

Der Schwerpunkt von Angst und Sorge beschränkt sich nicht auf Störungen, die auf Achse I vermerkt sind. Personen mit Generalisierter Angststörung haben Schwierigkeiten, ihre Sorge zu kontrollieren, oder sind in sozialen, beruflichen oder anderen wichtigen Funktionsbereichen beeinträchtigt. Die Störung ist nicht auf direkte physiologische Wirkungen einer Substanz oder den körperlichen Zustand zurückzuführen und tritt nicht ausschließlich während einer Affektiven, Psychotischen oder einer Tiefgreifenden Entwicklungsstörung auf.

Störung mit Überängstlichkeit

Im DSM-IV wurde die frühere Störung mit Überängstlichkeit der Kindheit und Jugend unter den Kriterien der Generalisierten

Angststörung subsumiert. Das Hauptmerkmal der Störung mit Überängstlichkeit war die Sorge über eine Reihe allgemeiner Lebensbereiche, die die Zukunft, vergangenes Verhalten und Kompetenz in verschiedenen Bereichen wie im Sport, in der Schule und in Beziehungen mit Altersgenossen umfasst. Obwohl sich die Konzepte der Generalisierten Angststörung und der Störung mit Überängstlichkeit überlappen (beide beschreiben Kinder, die sich übermäßig viele Sorgen machen), unterscheiden sie sich hinsichtlich einiger Kriterien.

Der Hauptunterschied besteht darin, dass die Diagnose einer Generalisierten Angststörung bei Kindern und Jugendlichen das Vorliegen mindestens eines körperlichen Symptoms erfordert. Das ist bei der Störung mit Überängstlichkeit nicht der Fall, obwohl die Kriterien der Störung auch einige körperliche Symptome erfassen. Zweitens sind die Symptome der Störung mit Überängstlichkeit detaillierter beschrieben, einige dieser Aspekte der Überängstlichkeitsstörung werden vom Konzept der Generalisierten Angststörung nicht erfasst. So sind z. B. die Selbstaufmerksamkeit, übermäßige Sorge im Hinblick auf die eigenen Fähigkeiten und das Bedürfnis nach Bestätigung eigenständige Symptome der Störung mit Überängstlichkeit, die nicht mit den Symptomen der Generalisierten Angststörung übereinstimmen. Schließlich ist es für die Diagnose der Generalisierten Angststörung erforderlich, dass das Kind seine Sorgen als unkontrollierbar erlebt, was bei den Kriterien der Störung mit Überängstlichkeit nicht der Fall ist.

DSM-IV und ICD-10 erfordern das Vorliegen ähnlicher Symptome, wobei die Dauer dieser Symptome in beiden Klassifikationssystemen unterschiedlich ist. Gemäß dem DSM-IV und der Forschungsversion der ICD-10 müssen die Symptome während sechs Monaten fortbestehen. Der klinischen Version der ICD-10 zufolge müssen die Symptome von Angst „an den meisten Tagen, mindestens mehrere Wochen lang, meist mehrere Monate vorliegen" (162). Die ICD-10 weist im Gegensatz zum DSM-IV eine Reihe hierarchischer Ausschlusskriterien auf, die im DSM-IV nicht zu finden sind. So dürfen für die Hauptdiagnose „Generalisierte Angststörung" gemäß ICD-10 nicht die vollständigen Kriterien einer depressiven Episode (F32), einer phobischen Angststörung (F40), einer Panikstörung (F41) oder einer Zwangsstörung (F42) vorliegen. Laut DSM-IV darf die Angst nicht ausschließlich während einer Affektiven Störung, einer Psychotischen oder einer Tiefgreifenden Entwicklungsstörung auftreten. Aufgrund dieser

Regel kommt es in den meisten Fällen, in denen eine Generalisierte Angststörung diagnostiziert wird, zu einer zweiten Diagnose, vorwiegend Soziale Phobie, Dysthymie, Major Depression, Panikstörung und Spezifische Phobie.

Tab. 2.12 Diagnostische Kriterien für Generalisierte Angststörung (nach Saß et al. 1996, 500 [DSM-IV]; Dilling et al. 1994, 120f [ICD-10])

DSM-IV (Generalisierte Angststörung)	ICD-10 (Generalisierte Angststörung)
A. *Übermäßige Angst und Sorge (furchtsame Erwartung) bezüglich mehrerer Ereignisse oder Tätigkeiten (wie etwa Arbeit oder Schulleistungen), die während mindestens sechs Monaten an der Mehrzahl der Tage auftraten.*	**Beachte:** Bei Kindern und Jugendlichen stehen meist weniger Beschwerden, die typisch für die Generalisierte Angststörung der Erwachsenen sind, im Vordergrund, ebensowenig wie die spezifischen Symptome der vegetativen Stimulierung. Für diese Betroffenen werden unter F93.80 (Generalisierte Angststörung im Kindes- und Jugendalter) alternative Kriterien angegeben.
B. *Die Person hat Schwierigkeiten, die Sorgen zu kontrollieren.*	
C. *Die Angst und Sorge sind mit mindestens drei der folgenden sechs Symptome verbunden (wobei zumindest einige der Symptome in den vergangenen sechs Monaten an der Mehrzahl der Tage vorlagen):*	A. *Ein Zeitraum von mindestens sechs Monaten mit vorherrschender Anspannung, Besorgnis und Befürchtungen in Bezug auf alltägliche Ereignisse und Probleme.*
Beachte: Bei Kindern genügt ein Symptom.	B. *Mindestens vier Symptome der unten angegebenen Liste, davon eines von den Symptomen 1. bis 4. müssen vorliegen:*
1) Ruhelosigkeit oder ständiges „auf dem Sprung sein" 2) leichte Ermüdbarkeit 3) Konzentrationsschwierigkeiten oder Leere im Kopf 4) Reizbarkeit 5) Muskelspannung 6) Schlafstörungen (Ein- oder Durchschlafschwierigkeiten oder unruhiger, nicht erholsamer Schlaf)	*Vegetative Symptome:* 1. Palpitation, Herzklopfen oder erhöhte Herzfrequenz 2. Schweißausbrüche 3. Fein- oder grobschlägiger Tremor 4. Mundtrockenheit (nicht infolge Medikation oder Exsikkose)
D. *Die Angst und Sorge sind nicht auf Merkmale einer Achse-I-Störung beschränkt, z. B. die Angst und Sorgen beziehen sich nicht darauf, eine Panikattacke zu haben (wie bei Panikstörung), sich in der Öffentlichkeit zu blamieren (wie bei Sozialer Phobie), verun-*	*Symptome, die Thorax und Abdomen betreffen:* 5. Atembeschwerden 6. Beklemmungsgefühl 7. Thoraxschmerzen und -missempfindungen 8. Nausea oder abdominelle Missempfindungen (z. B. Unruhegefühl im Magen)

reinigt zu werden (wie bei Zwangsstörung), von zu Hause oder engen Angehörigen weit entfernt zu sein (wie bei Störung mit Trennungsangst), zuzunehmen (wie bei Anorexia Nervosa), viele körperliche Beschwerden zu haben (wie bei Somatisierungsstörung), oder eine ernsthafte Krankheit zu haben (wie bei Hypochondrie), und die Angst und die Sorge treten nicht ausschließlich im Verlauf einer Posttraumatischen Belastungsstörung auf.

E. Die Angst, Sorge oder körperlichen Symptome verursachen in klinisch bedeutsamer Weise Leiden oder Beeinträchtigungen in sozialen, beruflichen oder anderen wichtigen Funktionsbereichen.

F. Das Störungsbild geht nicht auf die direkte körperliche Wirkung einer Substanz (z. B. Drogen, Medikament) oder eines medizinischen Krankheitsfaktors (wie z. B. Schilddrüsenüberfunktion) zurück und tritt nicht ausschließlich im Verlauf einer Affektiven Störung, einer Psychotischen Störung oder einer Tiefgreifenden Entwicklungsstörung auf.

Psychische Symptome:
9. Gefühl von Schwindel, Unsicherheit, Schwäche oder Benommenheit
10. Gefühl, die Objekte sind unwirklich (Derealisation) oder man selbst ist weit entfernt oder „nicht wirklich hier" (Depersonalisation)
11. Angst vor Kontrollverlust, verrückt zu werden oder „auszuflippen"
12. Angst zu sterben

Allgemeine Symptome:
13. Hitzegefühl oder Kälteschauer
14. Gefühllosigkeit oder Kribbelgefühle

Symptome der Anspannung:
15. Muskelverspannung, akute und chronische Schmerzen
16. Ruhelosigkeit und Unfähigkeit zum Entspannen
17. Gefühle von Aufgedrehtsein, Nervosität und psychischer Anspannung
18. Kloßgefühl im Hals oder Schluckbeschwerden

Andere unspezifische Symptome:
19. Übertriebene Reaktionen auf kleine Überraschungen oder Erschrecktwerden
20. Konzentrationsschwierigkeiten, Leeregefühl im Kopf wegen Sorgen oder Angst
21. Anhaltende Reizbarkeit
22. Einschlafstörungen wegen der Besorgnis

C. Die Störung erfüllt nicht die Kriterien für eine Panikstörung (F41.0), eine Phobische Störung (F40), eine Zwangsstörung (F42) oder eine Hypochondrische Störung (F45.2).

D. Häufigstes Ausschlusskriterium: Die Störung ist nicht zurückzuführen auf eine organische Krankheit wie eine Hyperthyreose, eine organische psychisch bedingte Störung (F0) oder auf eine durch psychotrope Substanzen bedingte Störung (F1), z. B. auf einen exzessiven Genuss von amphetaminähnlichen Substanzen oder einen Benzodiazepin-Entzug.

2.8   Posttraumatische Belastungsstörung

Seit die neunjährige Claudia auf dem Weg mit dem Fahrrad zur Schule von einem Auto angefahren wurde und sich dabei ein Bein brach, ist ihr Leben nicht mehr wie früher. Ständig muss sie an den Unfall denken, hat Bilder von auf sie zukommenden Autos im Kopf und hört quietschende Bremsen. Manchmal ist sie gar nicht richtig da, dann hat sie das Gefühl, das schreckliche Erlebnis würde in dem Moment noch einmal passieren. Häufig hat sie Herzklopfen und ist sehr schreckhaft. Zur Schule nimmt sie jetzt immer einen anderen Weg, obwohl er länger ist: Sie hat Angst, dass sie sich wieder an den Unfall erinnert. Auch ihr Fahrrad rührt sie nicht mehr an. Meist zieht sie sich in ihr Zimmer zurück, und die Dinge, die ihr früher Spaß gemacht haben, interessieren sie kaum noch. Andere Menschen empfindet sie als meilenweit entfernt. Über den Unfall mag sie nicht reden.

traumatische Ereignisse

Kinder mit einer Posttraumatischen Belastungsstörung leiden nach einem traumatischen Ereignis unter anhaltender Angst. Traumatische Ereignisse wurden im DSM-IV angegeben als tatsächliche oder angedrohte Lebensgefahr oder ernste Verletzung oder eine Bedrohung der körperlichen Integrität der eigenen Person oder anderer (Saß et al. 1996). Die als traumatisch erlebten Ereignisse können sehr unterschiedlich sein. Zu den spezifischen traumatischen Ereignissen, die mit dem Beginn einer Posttraumatischen Belastungsstörung bei Kindern und Jugendlichen in Verbindung gebracht wurden, zählen: Erdbeben, Vergewaltigung, etc. Kinder mit einer Posttraumatischen Belastungsstörung haben Alpträume, intensive Ängste, fühlen sich hilflos und zeigen Verhaltensweisen, die ihrem Alter nicht angemessen sind (z. B. Furcht vor Fremden). Darüber hinaus tendieren sie dazu, Situationen zu vermeiden, die sie an das traumatische Ereignis erinnern könnten. Einige Hauptsymptome äußern sich bei Kindern anders als bei Erwachsenen. So werden Erinnerungen von Kindern häufig im Spiel ausgedrückt. Als Reaktion auf ein Trauma kann es sein, dass Themen, die mit dem Trauma zusammenhängen, wiederholt gemalt oder im Spiel dargestellt werden (Schechter/Tosyali 2001). Auch regressives, aggressives oder destruktives Verhalten kann auftreten. Anstelle von Flashbacks und Erinnerungen im Wachzustand erleben Kinder das traumatische Ereignis häufig als Alptraum wieder.

Diagnostische Kriterien

Hauptmerkmal der Posttraumatischen Belastungsstörung ist die Entwicklung charakteristischer Symptome als Folge des Erlebens einer extrem traumatischen Situation (Tab. 2.13). Das Ereignis kann eine tödliche Bedrohung, ernstliche Verletzung oder eine andere Bedrohung der physischen Integrität beinhalten. Die Reaktion der betroffenen Person beinhaltet intensive Angst, Hilflosigkeit oder Entsetzen (Saß et al. 1996). Das traumatische Ereignis wird beharrlich auf eine der folgenden Arten fortdauernd wieder erlebt:

Entwicklung charakteristischer Symptome

(a) wiederkehrende und eindringliche belastende Erinnerungen an das Ereignis in Form von Bildern, Gedanken oder Wahrnehmungen;
(b) wiederkehrende belastende Träume von dem Ereignis;
(c) Handeln oder Fühlen, als ob das traumatische Ereignis wiederkehren würde, z. B. das Gefühl, das Ereignis wieder zu erleben, Illusionen;
(d) intensive psychische Belastung und
(e) körperliche Reaktionen bei Erinnerung an das Ereignis.

Es müssen eine anhaltende Reizvermeidung und mindestens drei der folgenden Symptome vorliegen:

(a) Vermeiden von Gedanken, Gefühlen und Gesprächen, die mit dem Trauma in Verbindung stehen;
(b) Vermeiden von Aktivitäten, Orten oder Menschen, die Erinnerungen an das Trauma wachrufen;
(c) Unfähigkeit, sich an einen wichtigen Aspekt des Traumas zu erinnern;
(d) deutlich vermindertes Interesse oder verminderte Teilnahme an wichtigen Aktivitäten;
(e) Gefühl der Losgelöstheit oder Entfremdung von anderen;
(f) eingeschränkte Bandbreite des Affekts und
(g) das Gefühl einer eingeschränkten Zukunft. Zusätzlich müssen seit dem Trauma anhaltende Symptome erhöhten Arousals vorliegen.

Es zeigen sich mindestens zwei der folgenden Symptome: Schwierigkeiten, ein- oder durchzuschlafen; Reizbarkeit oder Wutausbrüche; Konzentrationsschwierigkeiten; übermäßige Wachsamkeit und übermäßige Schreckreaktion (Saß et al. 1996). Die Störung dauert länger als einen Monat und verursacht in klinisch bedeutsamer Weise Leiden oder Beeinträchtigungen in sozialen, beruflichen oder anderen wichtigen Funktionsbereichen.

Die ICD-10 betont das Erleben eines traumatischen Ereignisses außerwöhnlicher Schwere innerhalb von sechs Monaten vor Symptombeginn. Zusätzlich zum Trauma muss das wiederholte Erleben des Traumas in sich aufdrängenden Erinnerungen, Tagträumen oder Träumen vorliegen. Im Gegensatz zum DSM-IV gehören in der ICD-10 häufige klinische Merkmale wie emotionale Stumpfheit und das Gefühl von Betäubtsein sowie die Vermeidung von Reizen, die eine Erinnerung an das Trauma auslösen können, nicht zu den Hauptmerkmalen.

Tab. 2.13 Diagnostische Kriterien für die Posttraumatische Belastungsstörung (nach Saß et al. 1996, 491f [DSM-IV]; Dilling et al. 1994, 124f [ICD-10])

DSM-IV (Posttraumatische Belastungsstörung)	ICD-10 (Posttraumatische Belastungsstörung)
A. Die Person wurde mit einem traumatischen Ereignis konfrontiert, bei dem die beiden folgenden Kriterien vorhanden waren: 1) Die Person erlebte, beobachtete oder war nicht mit einem oder mehreren Ereignissen konfrontiert, die tatsächlichen oder drohenden Tod oder ernsthafte Verletzung oder eine Gefahr der körperlichen Unversehrtheit der eigenen Person oder anderer Personen beinhalteten. 2) Die Reaktion der Person umfasste intensive Furcht, Hilflosigkeit oder Entsetzen. **Beachte:** Bei Kindern kann sich diese auch als aufgelöstes oder agitiertes Verhalten äußern. B. Das traumatische Ereignis wird beharrlich auf mindestens eine der folgenden Weisen wieder erlebt: 1) Wiederkehrende und eindringliche belas-	A. Die Betroffenen sind einem kurz- oder langanhaltenden Ereignis oder Geschehen von außergewöhnlicher Bedrohung oder mit katastrophalem Ausmaß ausgesetzt, das nahezu bei jedem tief greifende Verzweiflung auslösen würde. B. Anhaltende Erinnerungen oder Wiedererleben der Belastung durch aufdringliche Nachhallerinnerungen (Flashbacks), lebendige Erinnerungen, sich wiederholende Träume oder durch innere Bedrängnis in Situationen, die der Belastung ähneln oder mit ihr in Zusammenhang stehen. C. Umstände, die der Belastung ähneln oder mit ihr in Zusammenhang stehen, werden tatsächlich oder möglichst vermieden. Dieses Verhalten bestand nicht vor dem belastenden Erlebnis.

stende Erinnerungen an das Ereignis, die Bilder, Gedanken oder Wahrnehmungen umfassen können.
Beachte: Bei kleinen Kindern können Spiele auftreten, in denen wiederholt Themen oder Aspekte des Traumas ausgedrückt werden.

2) Wiederkehrende, belastende Träume von dem Ereignis.
Beachte: Bei Kindern können stark beängstigende Träume ohne wieder erkennbaren Inhalt auftreten.

3) Handeln oder Fühlen, als ob das traumatische Ereignis wiederkehrt (beinhaltet das Gefühl, das Ereignis wieder zu erleben, Illusionen, Halluzinationen und dissoziative Flashback-Episoden, einschließlich solcher, die beim Aufwachen oder bei Intoxikationen auftreten).
Beachte: Bei kleinen Kindern kann eine traumaspezifische Neuinszenierung auftreten.

4) Intensive psychische Belastung bei der Konfrontation mit internalen oder externalen Hinweisreizen, die einen Aspekt des traumatischen Ereignisses symbolisieren oder an Aspekte desselben erinnern.

5) Körperliche Reaktionen bei der Konfrontation mit internalen oder externalen Hinweisreizen, die einen Aspekt des traumatischen Ereignisses symbolisieren oder an Aspekte desselben erinnern.

C. Anhaltende Vermeidung von Reizen, die mit dem Trauma verbunden sind, oder eine Abflachung der allgemeinen Reagibilität (vor dem Trauma nicht vorhanden). Mindestens drei der folgenden Symptome liegen vor:
1) bewusstes Vermeiden von Gedanken, Gefühlen oder Gesprächen, die mit dem Trauma in Verbindung stehen;
2) bewusstes Vermeiden von Aktivitäten, Orten oder Menschen, die Erinnerungen an das Trauma wachrufen;
3) Unfähigkeit, sich an einen wichtigen Aspekt des Traumas zu erinnern;

D. Entweder 1. oder 2.

1. Teilweise oder vollständige Unfähigkeit, sich an einige wichtige Aspekte der Belastung zu erinnern.
2. Anhaltende Symptome einer erhöhten psychischen Sensitivität und Erregung (nicht vorhanden vor der Belastung) mit zwei der folgenden Merkmale:
   a. Ein- und Durchschlafstörungen
   b. Reizbarkeit oder Wutausbrüche
   c. Konzentrationsschwierigkeiten
   d. Hypervigilanz
   e. Erhöhte Schreckhaftigkeit

E. Die Kriterien B, C und D treten innerhalb von sechs Monaten nach dem Belastungsereignis oder nach einer Belastungsperiode auf. (In einigen speziellen Fällen kann ein späterer Beginn berücksichtigt werden, dies sollte aber gesondert angegeben werden.)

4) deutlich vermindertes Interesse oder verminderte Teilnahme an wichtigen Aktivitäten;
5) Gefühl der Losgelöstheit oder Entfremdung von anderen;
6) eingeschränkte Bandbreite des Affektes
   (z. B. Unfähigkeit, zärtliche Gefühle zu
   empfinden);
7) Gefühl einer eingeschränkten Zukunft
   (z. B. erwartet nicht, Karriere, Ehe, Kinder
   oder normal langes Leben zu haben).

*D. Anhaltende Symptome erhöhten Arousals
(vor dem Trauma nicht vorhanden). Mindestens zwei der folgenden Symptome liegen
vor:*
1) Schwierigkeiten ein- oder durchzuschlafen;
2) Reizbarkeit oder Wutausbrüche;
3) Konzentrationsschwierigkeiten;
4) übermäßige Wachsamkeit (Hypervigilanz);
5) übertriebene Schreckreaktion.

*E. Das Störungsbild (Symptome unter
Kriterien B, C und D) dauert länger als einen
Monat.*

*F. Das Störungsbild verursacht in klinisch
bedeutsamer Weise Leiden oder Beeinträchtigungen in sozialen, beruflichen oder anderen
wichtigen Funktionsbereichen.*

Bestimme, ob:
Akut: Wenn die Symptome weniger als drei
Monate andauern.
Chronisch: Wenn die Symptome mehr als drei
Monate andauern.

Bestimme, ob:
Mit verzögertem Beginn: Wenn der Beginn
der Symptome mindestens sechs Monate
nach dem Belastungsfaktor liegt.

2.9 Akute Belastungsstörung

Die Akute Belastungsstörung ist dadurch gekennzeichnet, dass sie während oder innerhalb eines Monats nach einem extrem traumatischen Stressor auftritt (Tab. 2.14). Dabei zeigen sich mindestens drei der folgenden dissoziativen Symptome: emotionale Taubheit, Derealisierung, eine verringerte Wahrnehmung der Umgebung, Depersonalisation oder dissoziative Amnesie (Saß et al. 1996). Das traumatische Ereignis wird fortwährend wieder erlebt, und das Kind vermeidet Reize, die Erinnerungen an das Ereignis auslösen. Diese Störungen halten mindestens zwei Tage, jedoch nicht länger als einen Monat an.

dissoziative Symptome

Tab. 2.14 Diagnostische Kriterien für Akute Belastungsstörung (nach Saß et al. 1996, 495f [DSM-IV]; Dilling et al. 1994, 123f [ICD-10])

DSM-IV (Akute Belastungsstörung)	ICD-10 (Akute Belastungsreaktion)
A. Die Person wurde mit einem traumatischen Ereignis konfrontiert, bei dem die beiden folgenden Kriterien erfüllt waren: (1) Die Person erlebte, beobachtete oder war mit einem oder mehreren Ereignissen konfrontiert, die den tatsächlichen oder drohenden Tod oder eine ernsthafte Verletzung oder Gefahr der körperlichen Unversehrtheit der eigenen Person oder anderer Personen beinhalten. (2) Die Reaktion der Person umfasste intensive Furcht, Hilflosigkeit oder Entsetzen. B. Entweder während oder nach dem extrem belastenden Ereignis zeigte die Person mindestens drei der folgenden dissoziativen Symptome: (1) subjektives Gefühl von emotionaler Taubheit, von Losgelöstsein oder Fehlen emotionaler Reaktionsfähigkeit; (2) Beeinträchtigung der bewussten Wahrnehmung der Umwelt (z. B. „wie betäubt sein"); (3) Derealisationserleben; (4) Depersonalisationserleben;	*A. Erleben einer außergewöhnlichen psychischen oder physischen Belastung.* *B. Dem Kriterium A folgt unmittelbar der Beginn der Symptome (innerhalb einer Stunde).* *C. Es gibt zwei Symptomgruppen. Die Akute Belastungsreaktion wird unterteilt in:* F43.00 leicht, nur Symptome aus der Gruppe 1. F43.01 mittelgradig, Symptome aus Gruppe 1. und zwei Symptome aus Gruppe 2. F43.02 schwer, Symptome aus Gruppe 1. und vier Symptome aus Gruppe 2. oder dissoziativer Stupor (F44.2) 1. Die Kriterien B, C und D der Generalisierten Angststörung (F41.1) 2. a) Rückzug von erwarteten sozialen Interaktionen b) Einengung der Aufmerksamkeit c) Offensichtliche Desorientierung d) Ärger oder verbale Aggression e) Verzweiflung oder Hoffnungslosigkeit

(5) dissoziative Amnesie (z. B. Unfähigkeit, sich an einen wichtigen Aspekt des Traumas zu erinnern).

C. *Das traumatische Ereignis wird ständig auf mindestens eine der folgenden Arten wieder erlebt: wiederkehrende Bilder, Gedanken, Träume, Illusionen, Flashback-Episoden oder das Gefühl, das Trauma wieder zu erleben oder starkes Leiden bei Reizen, die an das Trauma erinnern.*

D. *Deutliche Vermeidung von Reizen, die an das Trauma erinnern (z. B. Gedanken, Gefühle, Gespräche, Aktivitäten, Orte oder Personen).*

E. *Deutliche Symptome von Angst oder erhöhtem Arousal (z. B. Schlafstörungen, Reizbarkeit Konzentrationsschwierigkeiten, Hypervigilanz, übertriebene Schreckreaktion, motorische Unruhe).*

F. *Die Störung verursacht in klinisch bedeutsamer Weise Leiden oder Beeinträchtigungen in sozialen, beruflichen oder anderen wichtigen Funktionsbereichen oder beeinträchtigt die Fähigkeit der Person, notwendige Aufgaben zu bewältigen, z. B. notwendige Unterstützung zu erhalten oder zwischenmenschliche Ressourcen zu erschließen, indem Familienmitgliedern über das Trauma berichtet wird.*

G. *Die Störung dauert mindestens zwei Tage und höchstens vier Wochen und tritt innerhalb von vier Wochen nach dem traumatischen Ereignis auf.*

H. *Das Störungsbild geht nicht auf die direkte körperliche Wirkung einer Substanz (z. B. Droge, Medikament) oder eines medizinischen Krankheitsfaktors zurück, wird nicht besser durch eine Kurze Psychotische Störung erklärt und beschränkt sich nicht auf die Verschlechterung einer bereits vorher bestehenden Achse-I- oder Achse-II-Störung.*

f) Unangemessene oder sinnlose Überaktivität
g) Unkontrollierbare und außergewöhnliche Trauer (zu beurteilen nach den jeweiligen kulturellen Normen)

D. *Wenn die Belastung vorübergehend ist oder gemildert werden kann, beginnen die Symptome nach frühestens acht Stunden abzuklingen. Hält die Belastung an, beginnen die Symptome nach höchstens 48 Stunden nachzulassen.*

E. *Häufigstes Ausschlusskriterium: Derzeitig liegt keine andere psychische oder Verhaltensstörung der ICD-10 vor (außer F41.1 Generalisierte Angststörung und F60 Persönlichkeitsstörungen). Das Ende einer Krankheitsepisode einer anderen psychischen oder Verhaltensstörung muss mehr als drei Monate zurückliegen.*

Der Hauptunterschied zwischen der Akuten und der Posttraumatischen Belastungsstörung liegt in ihrer Dauer: Während Erstere nur über einen kurzen Zeitraum anhält, hat Letztere langfristige Auswirkungen.

Gemäß der ICD-10 muss ein klarer und unmittelbarer zeitlicher Zusammenhang zwischen den Auswirkungen der Belastung und dem Beginn der Symptome bestehen. Die Definition der ICD-10 erfordert nur, dass die Reaktion „einige Stunden" anhält und nicht länger als „ungefähr drei Tage". Nach dem DSM-IV kann der Beginn der Störung bis zu vier Wochen nach dem Ereignis liegen. Hält die Störung länger als den definierten Zeitraum an, wird sie nach DSM-IV und ICD-10 entweder als Posttraumatische Belastungsstörung oder als Anpassungsstörung klassifiziert.

2.10   Andere Phobien und Ängste: Schulvermeidungsverhalten, Prüfungsangst, Selektiver Mutismus

Schulvermeidungsverhalten: Obwohl viele Kinder gern zur Schule gehen, ist das bei manchen nicht der Fall, und für einige ist die Schule so beängstigend und furchterregend, dass sie überhaupt nicht zur Schule gehen wollen. Diese Kinder können vor Sorge krank werden und körperliche Beschwerden haben, aufgrund derer sie zu Hause bleiben müssen, oder sie geben vor, erkrankt zu sein (Eisen et al. 1995). Schulvermeidungsverhalten ist definiert als die Weigerung, den Unterricht zu besuchen oder Schwierigkeiten zu haben, in der Schule zu bleiben (Kearney 2000). Das umfasst Kinder, die

- sich morgens weigern, zur Schule zu gehen, dann aber doch die Schule besuchen;
- zur Schule gehen, aber während des Unterrichts wieder nach Hause kommen, sowie;
- gar nicht zur Schule gehen.

Die Gründe dafür können folgende Punkte umfassen (Kearney 2000):
(a) Vermeidung von Reizen, die einen negativen Affekt auslösen (z. B. Angst und Depression);

(b) Ausweichen unangenehmer sozialer und/oder Prüfungssituationen (z. B. einen Vortrag halten zu müssen);
(c) Aufmerksamkeit (z. B. zu Hause bei den Eltern zu bleiben) und
(d) greifbare positive Verstärkung (z. B. sie finden es angenehmer, mit Freunden draußen zu sein als in der Schule).

Die ersten beiden Gründe beschreiben Kinder, die den Schulbesuch aufgrund negativer Verstärkung vermeiden, die letzten beiden Gründe beziehen sich auf Kinder, die sich aufgrund von positiver Verstärkung weigern, zur Schule zu gehen. Schulvermeidungsverhalten tritt oft nach einer Zeit auf, in der die Kinder mehr Zeit als gewöhnlich mit einem Elternteil verbracht haben (z. B. nach einer Krankheit oder nach den Ferien). Manchmal folgt sie auch auf ein belastendes Ereignis wie ein Unfall oder ein Schulwechsel. Vermeidungsverhalten sollte nicht mit einer Schulphobie verwechselt werden.

Die Schulphobie bezeichnet eine übermäßige und irrationale Angst vor bestimmten Reizen, die mit der Schule in Zusammenhang stehen. Manche Kinder fürchten den Schulbesuch, weil sie Angst davor haben, von anderen Kindern gehänselt zu werden oder vom Lehrer kritisiert oder diszipliniert zu werden. In anderen Fällen resultiert das Verhalten des Kindes möglicherweise aus einer übermäßigen oder irrationalen Angst vor sozialer Bewertung. Im DSM-IV wird die Schulphobie als eine mögliche Erscheinungsform der Störung mit Trennungsangst erwähnt. Die Studie von Berg et al. (1993) mit Kindern im Alter von 14 und 15 Jahren, die weniger als 40 % der Schulzeit anwesend waren, zeigte, dass 8 % der betroffenen Jugendlichen eine Störung mit Trennungsangst aufwiesen. In zwei Studien (Berg et al. 1993; Bernstein 1991) wiesen ungefähr die Hälfte der Schulverweigerer eine Angststörung auf, wobei die Störung mit Trennungsangst am häufigsten auftrat.

Prüfungsangst wird definiert als das Erleben intensiver körperlicher, kognitiver und behavioraler Symptome von Angst während Prüfungssituationen, wodurch die Prüfungsleistung beeinträchtigt wird (King et al. 1991). Kinder mit Prüfungsangst weisen signifikant schlechtere schulische Leistungen auf als ihre Altersgenossen ohne Prüfungsangst (Turner et al. 1993). Darüber hinaus betrachten sie sich selbst als weniger sozial kompetent, haben eine geringere Selbstachtung und sorgen sich mehr als andere Kinder. Viele Kinder mit Prüfungsangst erfüllen die Kriterien einer Angststörung. Wie Beidel und Turner (1988) berichteten, erhielten 60 % der Kinder mit Prüfungsangst die Diagnose einer Angststörung. In einer weiteren Studie stellten Beidel et al. (1991) fest, dass ungefähr die Hälfte der Kinder mit Prüfungsangst die Kriterien einer Angststörung erfüllten. Kinder mit Prüfungsangst berichten von signifikant mehr somatischen Beschwerden als Kinder aus gesunden Kontrollgruppen, wobei Kinder mit Prüfungsangst und Sozialer Phobie die größte Anzahl von Symptomen aufwiesen. Die Ergebnisse dieser Studien legen nahe, dass es sich bei der Prüfungsangst nicht um eine einfache Angst handelt, sondern um eine Manifestation eines eher chronischen Angstzustandes. Kinder mit Prüfungsangst sorgen sich nicht nur um ihre Schulleistungen, sondern auch um ihre Erscheinung und ihre Leistung in sozialen Situationen, wie auch um ihre eigene Gesundheit und die ihrer Familienmitglieder.

Selektiver Mutismus: Leonie ist in der Schule eine ganz andere Person als zu Hause. Zu Hause hat sie keine Schwierigkeiten, mit ihren Eltern und ihrer Schwester zu sprechen. In der Schule jedoch haben die meisten ihrer Klassenkameraden noch nie ihre Stimme gehört. Seit dem Kindergarten hat sie weder mit irgendeinem Lehrer gesprochen, noch ein einziges Wort in der Klasse gesagt. Sie ist sehr schüchtern und ängstlich in Anwesenheit bestimmter Personen und nicht dazu in der Lage, in der Öffentlichkeit zu sprechen. Als Leonie eines Tages nach der Schule den Bus nach Hause verpasst hatte, war sie nicht dazu fähig, ihrer Lehrerin zu sagen, dass sie zu Hause anrufen müsse, um abgeholt zu werden. Stattdessen begann sie, nach Hause zu laufen – ein Weg von ungefähr zwei Kilometern. Seitdem sind ihre Eltern sehr besorgt um ihre Sicherheit, da sie befürchten, dass Leonie nicht um Hilfe bitten würde, wenn sie sie bräuchte.

Wie Leonie sprechen viele Kinder mit Selektivem Mutismus ganz normal zu Hause und mit einigen engen Verwandten und Freunden (Tab. 2.15). Sie tendieren jedoch dazu, in bestimmten Situationen still zu sein (z. B. im Kontakt mit Lehrern, unbekannten Kindern oder Erwachsenen). Diese Kinder können in Umgebungen, in denen sie sich wohl fühlen, sehr wohl sprechen und tun es auch, daher auch der Begriff *Selektiver* Mutismus. Sie erscheinen oft sozial ängstlich und unsicher.

Selektiver Mutismus wird in der Regel das erste Mal bei Kindern zwischen dem dritten und fünften Lebensjahr festgestellt.

Anfangs betrachten die Eltern es oftmals noch als Schüchternheit, doch das Ausmaß der Verhaltensweisen wird meist dann deutlich, wenn das Kind in die Schule kommt. In der Tat bezieht sich der Selektive Mutismus bei Kindern oft auf den Mutismus in der Schule. Es ist nicht ungewöhnlich, dass Kinder an den ersten Tagen im Kindergarten oder in der Schule noch sehr still sind. Jedoch behalten Kinder mit Selektivem Mutismus dieses stille Verhalten für Monate bei.

Tab. 2.15 Diagnostische Kriterien für Selektiven Mutismus (nach Saß et al. 1996, 155f [DSM-IV]; Dilling et al. 1994, 199 [ICD-10])

DSM-IV (Selektiver Mutismus)	ICD-10 (Elektiver/Selektiver Mutismus)
A. Andauernde Unfähigkeit, in bestimmten Situationen zu sprechen (in denen das Sprechen erwartet wird, z. B. in der Schule), wobei in anderen Situationen normale Sprechfähigkeit besteht.	A. Sprachausdruck und Sprachverständnis, beurteilt in einem individuell angewandten, standardisierten Test, innerhalb von zwei Standardabweichungen entsprechend dem Alter des Kindes.
B. Die Störung behindert die schulische oder berufliche Leistung oder die soziale Kommunikation.	B. Nachweisbare beständige Unfähigkeit, in bestimmten sozialen Situationen, in denen erwartet wird, dass das Kind redet (z. B. in der Schule), zu sprechen; in anderen Situationen ist das Sprechen möglich.
C. Die Störung dauert mindestens einen Monat (und ist nicht auf den ersten Monat nach Schulbeginn beschränkt).	C. Dauer des Selektiven Mutismus länger als vier Wochen.
D. Die Unfähigkeit zu sprechen ist nicht durch fehlende Kenntnisse der gesprochenen Sprache bedingt, die in der sozialen Situation benötigt wird oder dadurch, dass der Betroffene sich in dieser Sprache nicht wohl fühlt.	D. Es liegt keine Tiefgreifende Entwicklungsstörung (F84) vor.
E. Die Störung kann nicht besser durch eine Kommunikationsstörung (z. B. Stottern) erklärt werden und tritt nicht ausschließlich im Verlauf einer Tiefgreifen-den Entwicklungsstörung, Schizophrenie oder einer anderen Psychotischen Störung auf.	E. Die Störung beruht nicht auf fehlenden Kenntnissen der gesprochenen Sprache, die in den sozialen Situationen, in denen das Kind nicht spricht, erwartet wird.

Diagnostische Kriterien

Nach DSM-IV muss sich das Kind in mehr als einer sozialen Situation weigern zu sprechen; die Schule ist eine solche Situation. Es darf jedoch keine Kommunikationsstörung vorliegen, die die Fähigkeit, Sprache zu verstehen oder zu produzieren, einschränkt. Dieses Kriterium schließt physische oder körperliche Ursachen für den Mutismus und die Unfähigkeit zu sprechen aufgrund von schwerwiegender kognitiver Beeinträchtigung aus. Der Mutismus muss mindestens einen Monat andauern (wobei es sich nicht um den ersten Monat in der Schule handeln darf) und muss soziale Kommunikation oder schulische Leistungen beeinträchtigen. Schließlich darf der Mutismus nicht auf fehlende Kenntnisse der gesprochenen Sprache zurückzuführen sein.

In vielen Kulturen manifestieren sich Symptome von Angststörungen häufiger auf der somatischen als auf der psychischen Ebene. Diese unterschiedliche Symptomatik findet ihre Entsprechung im unterschiedlichen Vokabular zur Beschreibung von Angst in den jeweiligen Sprachen (Tab.). So gibt es beispielsweise kein Wort für Angst in einer Reihe afrikanischer und orientalischer Sprachen und den Sprachen amerikanischer Ureinwohner. Stattdessen werden Ausdrücke benutzt, die sich auf die körperliche Erfahrung dieses Zustands beziehen.

Der Begriff „kulturabhängige Syndrome" bezeichnet wiederholt auftretende, auf bestimmte Orte beschränkte Muster abweichenden Verhaltens und beunruhigende Erfahrungen, die mit bestimmten diagnostischen Kriterien des DSM-IV verbunden sein können oder auch nicht (APA 1994; Saß et al. 1996). Viele dieser Muster werden von den Einheimischen als „Krankheit" oder zumindest als Leiden betrachtet, die meisten von ihnen haben regionale Bezeichnungen.

Tab. Beispiele von „kulturabhängigen Syndromen" (modifiziert nach Saß et al. 1996)

Bezeichnung der Störungen	Ort des Auftretens/ betroffener Personenkreis	Symptome
Koro	Süd- und Ostasien	Episoden plötzlicher Furcht, dass sich der Penis (bei Frauen Brustwarzen und Vulva) in den Körper zurückziehen und möglicherweise den Tod verursachen. Kann epidemisch auftreten.

Latah	Malaysia, Indonesien, Thailand, Sibirien, Japan, Philippinen	Überempfindlichkeit für plötzliches Erschrecken, oft mit Echopraxie, Echolalie, Befehlsautomatismus und dissoziativem und tranceähnlichem Verhalten.
Ghost sickness	Verschiedene Indianerstämme	Starke Beschäftigung mit dem Tod und mit Verstorbenen, schlechte Träume, Schwäche, Gefühl der Gefahr, Appetitverlust, Ohnmachtsanfälle, Schwindelgefühle, Furcht, Angst, Halluzinationen, Bewusstlosigkeit, Verwirrung, Gefühle der Sinnlosigkeit und Erstickungsempfindungen.
Dhat	Indien, Sri Lanka, China	Schwere Angst, hypochondrische Befürchtungen in Zusammenhang mit Spermaabsonderungen, weißlicher Verfärbung des Urins, Gefühle der Schwäche und Erschöpfung.
Rootwork	Südliche Staaten der USA bei Amerikanern afrikanischer und europäischer Herkunft, Karibik	Auf Hexerei zurückgeführte Krankheit. Generalisierte Angst, gastrointestinale Beschwerden, Schwäche, Schwindel, Angst vor Vergiftung und Ermordung.
Chen-K'vei	Taiwan, China	Ausgeprägte Angst oder Panik mit körperlichen Begleitbeschwerden ohne organische Ursache; Benommenheit, Rückenschmerzen, Erschöpfbarkeit, allgemeine Schwäche, Träumen, sexuelle Funktionsstörungen. Die Symptome werden einem übermäßigen Samenverlust durch häufigen Geschlechtsverkehr, Masturbation, nächtlichen Samenerguss oder durch Abfließen in „weißem trübem Urin", von dem angenommen wird, er enthalte Samen, zugeschrieben.
Shin-byung	Korea	Anfangsphase: Angst, somatische Beschwerden (allgemeine Schwäche, Schwindel, Angst, Appetitlosigkeit, Insomnie, gastrointestinale Probleme).Später: Dissoziative Störungen und Besessenheit von den Geistern der Vorfahren.

Taijin Kyofusho	Japan	Kulturell typische Phobie, ähnelt in mancher Hinsicht der Sozialen Phobie nach DSM-IV. Intensive Angst einer Person, dass ihr Körper, seine Teile oder Funktionen anderen nicht gefallen, sie unbehaglich stimmen oder ihnen in Erscheinungsbild, Geruch, Gesichtsausdruck oder Bewegungen unangenehm sind.
Susto („Schrecken" oder „Seelenverlust")	Latinos in den USA, Mexiko, Mittel- und Südamerika	Eine einem erschreckenden Erlebnis zugeschriebene Krankheit, aufgrund derer die Seele den Körper verlässt. Appetitstörungen, unzureichender oder übermäßiger Schlaf, unruhiger Schlaf, beunruhigende Träume, Gefühle der Trauer, Mangel an Motivation, Gefühle geringen Selbstwertes und der Schmutzigkeit.

Kasten 2.1   Wie manifestieren sich Angststörungen in verschiedenen Kulturen?

2.11   Übungsfragen zum 2. Kapitel

8. Nennen Sie die zwei gebräuchlichsten Systeme zur Klassifikation von Angststörungen! Können Sie die Hauptunterschiede beschreiben?

9. Worin bestehen die wichtigsten Veränderungen in den verschiedenen Versionen des DSM-IV?

10. Können Sie eine Störung mit Trennungsangst beschreiben?

11. Wie viele Phobische Störungen gibt es? Können Sie die verschiedenen Phobischen Störungen nennen?

12. Im DSM-IV werden fünf Subtypen der Spezifischen Phobie unterschieden. Können Sie diese Subtypen beschreiben?

13. Definieren Sie eine Panikattacke? Wie viele Arten von Panikattacken werden im DSM-IV unterschieden?

14. Worin unterscheidet sich eine Phobie von einer Generalisierten Angststörung?

15. Die DSM-IV-Kriterien der Generalisierten Angststörung und der Zwangsstörung gelten für Kinder, Jugendliche und Erwachsene, abgesehen von einem Kriterium, das für Kinder geändert wurde. Um welche Kriterien handelt es sich?

16. Können Sie die Hauptmerkmale der Zwangsstörung nach dem DSM-IV beschreiben?

17. Was versteht man unter Prüfungsangst?

18. Können Sie Schulvermeidungsverhalten beschreiben?

19. Was versteht man unter Selektivem Mutismus?

20. Was versteht man unter Schulphobie?

3   Erhebungsmethoden und Diagnostik

In diesem Kapitel werden Instrumente dargestellt, mittels derer Angststörungen und Angstsymptome wie auch mit Angst zusammenhängende Faktoren gemessen werden können. Erhebungsinstrumente können in zwei Gruppen eingeteilt werden: Instrumente, die für die *klinische Entscheidungsfindung* entwickelt wurden und solche, die für *wissenschaftliche Fragestellungen* konzipiert wurden. Die drei Hauptziele klinischer Erhebungsverfahren bestehen in

(a) der Identifizierung behandlungsbedürftiger Ängste;
(b) der Erkennung der spezifischen Defizite, die zu den Funktionsbeeinträchtigungen des Kindes geführt haben und die das Ziel der Intervention darstellen;
(c) der Evaluation der kurz- und langfristigen Wirkungen der Behandlung. Der Schwerpunkt von Erhebungen, die zu Forschungszwecken durchgeführt werden, liegt in der Klassifizierung theoretischer Konstrukte wie beispielsweise der Unterscheidung zwischen verschiedenen Formen von Angststörungen und anderen Störungen (z. B. Depression).

Eine der Hauptherausforderungen für Kliniker und Forscher, die mit Kindern arbeiten, die an Angststörungen leiden, besteht darin, pathologische Angst von Ängsten zu unterscheiden, die im Verlauf des normalen Entwicklungsprozesses auftreten. Um dieser Herausforderung gerecht zu werden, sollten Instrumente zur Erfassung von Angst bei Kindern und Jugendlichen:

(a) eine reliable und valide Erfassung von Symptomen aus verschiedenen Bereichen gewährleisten;
(b) einzelne Symptomcluster unterscheiden;
(c) den Schweregrad der Störung erfassen;
(d) verschiedene Beobachtungen integrieren (z. B. Eltern- und Kind-Ratings) und
(e) Veränderungen erfassen, die auf die Behandlung zurückzuführen sind.

Entwicklungsstand des Kindes

Wie in Kap. 1 dargestellt wurde, verändern sich Angstsymptome mit dem Entwicklungsstand des Kindes. Daher ist es wichtig, bei der Auswahl des Instruments ihrer Erfassung den Schweregrad und die altersabhängige Prävalenz von Ängsten zu berücksichtigen. So sind beispielsweise bestimmte Spezifische Phobien wie nächtliche Ängste altersabhängig, d. h., sie treten sehr viel häufiger bei Vorschulkindern und Kindern in den ersten Grundschulklassen auf (King et al. 1992). Auch Trennungsangst ist bei kleinen Kindern häufig und entwicklungsangemessen, je älter das Kind wird, desto weniger angemessen ist diese Angst. Weitere Faktoren, die die Auswahl des Instruments beeinflussen, sind der Zweck der Erhebung (z. B. Screening-Verfahren, Diagnosestellung oder Messung des Therapieerfolgs), wie auch die zur Durchführung des Verfahrens benötigte Zeit, das Ausmaß an Schulung, das zur Durchführung und/oder Interpretation des Verfahrens erforderlich ist, die Lesefähigkeit des Kindes und nicht zuletzt die Kosten.

Bei der Erfassung von Angst bei Jugendlichen werden im Allgemeinen klinische Interviews, Selbstbeurteilungsfragebögen, Verhaltensbeobachtungen, Rating-Skalen zur Verhaltensbeobachtung, Selbstbeobachtungsverfahren, Ratings von Bezugspersonen und der psychosozialen Beeinträchtigung eingesetzt.

3.1   Klinische Interviews

Das klinische Interview ist weiterhin das gebräuchlichste Erhebungsverfahren und wird mit den Eltern wie auch mit den Kindern durchgeführt. Die Interviews unterscheiden sich in der Regel hinsichtlich der erfragten Informationen und der Bedeutung, die diesen Informationen zugemessen wird, und sind abhängig vom theoretischen Hintergrund des Interviews wie auch von seinem Aufbau und seinen Zielen.

klinische Informationen

Im klinischen Interview haben die Kinder die Möglichkeit, ihre Gedanken und Gefühle auszudrücken und einen Eindruck davon zu geben, wie sie im täglichen Leben denken. Klinische Interviews können in kurzer Zeit eine große Menge an Informationen liefern. Obwohl das Hauptziel diagnostischer Interviews darin besteht, festzustellen, ob ein Kind oder ein Jugendlicher die Kriterien einer Angststörung erfüllt, kann ein Interview auch darüber hinaus weitere nützliche klinische Informationen liefern. Während des Interviews hat der Interviewer Gelegenheit, das Verhalten des Kindes bzw. des Jugendlichen zu beobachten. Bestimmte Verhaltensweisen des Kindes (z. B. die Weigerung, bestimmte Symptome zuzugeben oder darüber zu sprechen, geringe Kommunikationsfähigkeiten oder die Weigerung, sich behandeln zu lassen) können dem Interviewer wichtige Informationen vermitteln.

Viele Kliniker entwickeln ihren eigenen Stil, um Kinder und Jugendliche dazu zu ermutigen, über ihre Situation oder ihre Probleme zu sprechen (z. B. durch den Einsatz von Videospielen). In Abhängigkeit vom Alter des Kindes sollte sich der Interviewer bemühen, sich auf den Entwicklungsstand des Kindes und die Art des Problems einzustellen und dabei das Ziel des Interviews im Auge zu behalten. Interviews mit Kindern zielen in der Regel darauf ab, Informationen über ihre Selbstwahrnehmung und die Wahrnehmung anderer zu erhalten, wie auch Information über ihre Sicht ihrer aktuellen Probleme, die Umstände, aufgrund derer sie in Behandlung sind, sowie über ihre Erwartung im Hinblick auf eine Besserung ihrer Probleme. Zum Zeitpunkt der erstmaligen Befragung kann es für den Interviewer wichtig sein, auf die Entwicklungsgeschichte wie auch die Familiengeschichte einzugehen (Kasten 3.1), die möglicherweise eine bedeutende Rolle bei der Entstehung und Aufrechterhaltung der Probleme des Kindes spielen.

Selbstwahrnehmung

3.1.1 Unstrukturierte Interviews

Die meisten Interviews sind unstrukturiert, wobei die Kliniker das Interview nach ihren eigenen Vorlieben in Bezug auf die Art und das Format der Durchführung gestalten. Dabei kommt auch ihr Wissen über Angststörungen zum Einsatz und trägt dazu bei, weitere Fragen auf informelle und flexible Weise zu entwickeln. Obwohl sich anhand unstrukturierter Interviews viele Informationen über das Kind erhalten lassen, kann ein Mangel an Standardisierung zu einer geringen Reliabilität wie auch zu Verzerrungen bei der Erhebung von Informationen führen. Um diese Probleme zu umgehen, können strukturierte Interviewverfahren eingesetzt werden.

unstrukturiert

Bereich	Beispiele für zu behandelnde Themen
Geburt des Kindes und damit zusammenhängende Ereignisse	Komplikationen während der Schwangerschaft und der Geburt; Drogen, Alkohol- und Zigarettenkonsum der Mutter während der Schwangerschaft.
Wichtige Entwicklungsschritte des Kindes	In welchem Alter begann es zu laufen, zu sprechen? In welchem Alter war es sauber und trocken?
Krankheitsgeschichte des Kindes	Verletzungen, Unfälle, Operationen, Krankheiten und verschriebene Medikamente.
Merkmale der Familie, Familiengeschichte	Alter, Beruf und Personenstand der Familienmitglieder. Geschichte körperlicher Erkrankungen, psychischer Störungen und Ausbildungsweg der Eltern und Geschwister.
Fähigkeiten des Kindes im zwischenmensch-lichen Umgang	Beziehungen zu Erwachsenen und anderen Kindern.
Ausbildungsweg des Kindes	Schulische Leistungen, Einstellung zur Schule, Beziehungen zu Lehrern und Gleichaltrigen.
Beschreibung des vorliegenden Problems	Beschreibung des Problems und seiner Auslöser. Wie versuchen die Eltern, mit dem Problem umzugehen?
Erwartungen der Eltern	Erwartungen der Eltern im Hinblick auf die Behandlung ihres Kindes.

Kasten 3.1
Erfassung der
Entwicklungs- und
Familiengeschichte
(modifiziert nach
Nay 1979)

3.1.2   Strukturierte Interviews

Die strukturierten Interviews lassen sich weiterhin in hochstrukturierte und halbstrukturierte unterteilen. In *hochstrukturierten Interviews* werden Wortlaut und Frageabfolge vorgegeben. Die Regeln zur Protokollierung sind ebenso genau definiert wie das Rating der Antworten der Befragten. Dabei wird versucht, die Variabilität bei der Erhebung von Informationen zu reduzieren. Aufgrund der starken Strukturierung ist keine klinische Beurteilung erforderlich, so dass sie von geschulten Laieninterviewern durchgeführt werden können.

hochstrukturierte und halbstrukturierte Interviews

Die Mehrzahl solcher Interviews wurde für den Einsatz in groß angelegten epidemiologischen Studien entwickelt. Hochstrukturierte Interviews gewährleisten eine größere Exaktheit der Interviewdurchführung und vielleicht reliablere Ergebnisse. Trotzdem kann die wenig flexible Struktur solcher Interviews dazu führen, dass es als unpersönlich empfunden wird, was die Herstellung von Rapport beeinträchtigt. Das kann sich auf die Bereitschaft auswirken, überhaupt Informationen über sich selbst zu geben. Darüber hinaus haben einige Kinder Schwierigkeiten damit, die Fragen, die ihnen gestellt werden, zu verstehen (Breton et al. 1995). Daher wurde ein bebildertes, hochstrukturiertes Interview entwickelt, das Kindern helfen soll, den Sinn der Fragen besser zu erfassen (Valla et al. 1997; Kasten 3.2).

Halbstrukturierte Interviews verfügen über flexible Richtlinien zur Durchführung des Interviews, die eine einheitliche Erfassung bestimmter Themen und Informationen gewährleisten sollen. Sie wurden in erster Linie für geschulte Kliniker und den Einsatz in klinischen Settings entwickelt. Da jedoch wahrscheinlich jeder Kliniker das Interview ein wenig anders durchführt, sollte auf die Reliabilität geachtet werden.

Jedes strukturierte Interview beginnt im Allgemeinen mit einer Einführung, die dazu dient, Rapport mit dem Informanten herzustellen (z. B. demographische Angaben, Schule, Freizeitaktivitäten) wie auch Informationen hinsichtlich aktueller Probleme und Symptome zu erhalten. Im Anschluss daran wird innerhalb spezifizierter Sektionen oder Module nach Symptomen gefragt (z. B. von Angststörungen). Abgesehen von einigen wenigen Ausnahmen (z. B. die „Child Assessment Schedule") werden in den Interviews zunächst verschiedene Screening-Fragen gestellt, auf die die Befragten mit „ja" oder „nein" antworten sollen. Im Fall einer

Abb.: Ein Beispiel aus dem Dominic-R –
Spezifische Phobie

nation visueller und auditiver Stimuli eine bessere Informationsverarbeitung und ein besseres Verständnis verbaler Konzepte gewährleisten kann, als visuelle oder auditive Stimuli allein.

Das Dominic-R zeigt ein Kind namens Dominic, das konfrontiert ist mit verschiedenen Situationen des Alltags eines Kindes. Dominics Situationen werden oft anhand eines einzelnen Bildes dargestellt. Jedoch werden für einige Kriterien mehrere Bilder auf verschiedenen Seiten oder Kurzgeschichten mit zwei oder drei Bildern auf derselben Seite verwendet; in einigen Fällen sollen Gedankenblasen die Gedanken oder Gefühle ausdrücken. Die Bearbeitungszeit reicht von 15 bis 25 Minuten; das Interview kann durch einen Laien durchgeführt werden.

Bei jedem Bild stellt der Interviewer die Frage, die sich am Ende der Seite befindet. Während das Kind den Satz durch den Interviewer vorgelesen bekommt, kann es gleichzeitig diese Frage unter dem Bild mitlesen (Abb.).

Das Dominic-R (deutsche Version: Toni) ist ein bebildertes, hochstrukturiertes Interview, das entwickelt wurde, um die Symptome von DSM-III-R Störungen bei Kindern im Alter von sechs bis elf Jahren zu erfassen. Es wurde argumentiert, dass eine Kombi-

Das Dominic-R wurde in verschiedene Sprachen übersetzt: Spanisch (latino), Deutsch (Ederer 2000) und Französisch. Darüber hinaus gibt es eine interaktive Computerversion des Dominic-R (Valla et al. 1997).

Kasten 3.2 Das Dominic-R (nach Ederer 2000)

positiven Antwort erfragt der Interviewer im Anschluss Symptome wie auch Häufigkeit, Intensität und Beeinträchtigungen innerhalb der betreffenden Sektion (Kasten 3.3). Wird die Screening-Frage mit „nein" beantwortet, kann der Interviewer die Sektion überspringen. Nach Abschluss des Interviews wird eine Diagnose gestellt, die je nach der Art des Interviews von den diagnostischen Algorithmen bzw. der klinischen Beurteilung des Interviewers bestimmt wird. Fast alle diagnostischen Interviews verfügen auch über eine parallele Elternversion.

Trotz einiger gemeinsamer Merkmale der strukturierten Interviews (z. B. Altersspanne, Eltern- und Kind-Version) unterscheiden sie sich in der Art der Durchführung, sind unterschiedlich gescort und folgen unterschiedlichen Regeln in Bezug auf die Kombination der Daten der Eltern und des Kindes.

Hast du in den letzten 6 Monaten manche Dinge
immer wieder überprüfen müssen? Gehst du z. B.,
nachdem du Fenster oder Türen geschlossen oder
das Licht ausgemacht hast, noch einmal zurück
und siehst nach, ob wirklich alles erledigt ist?   0   1   2   9

Wenn ja,
A. Nachdem du einmal nachgesehen hast,
passiert es dir manchmal, dass du immer noch
nicht sicher bist und zurückgehst, um noch
einmal nachzusehen?   0   1   2   9

Wenn ja,
B. Musst du zweimal oder noch öfter nachsehen?   0   1   2   9

Wenn ja,
C. Wie oft hast du an dem Tag dieselbe Sache
kontrolliert, an dem du am häufigsten kontrolliert hast?
Nenne die genaue Anzahl: ____ mal   0   1   2   9

D. Bist du nervös, oder fühlst du dich unbe-
haglich, wenn du nicht noch einmal nachsiehst?   0   1   2   9

E. Glaubst du, dass etwas Schlimmes passieren
würde, wenn du nicht immer wieder nachsiehst?   0   1   2   9

F. Macht es dir Spaß, so oft nachzusehen?   0   1   2   9

G. Ist dieses „Immer-wieder-Nachsehen" etwas,
was du gern nicht mehr machen willst, aber
nicht sein lassen kannst?   0   1   2   9

Anmerkung: 0 = nein; 1 = manchmal; 2 = ja; 9 = weiß nicht

Kasten 3.3
Beispiel aus der
Angststörungs-
sektion eines
strukturierten
klinischen
Interviews für
Kinder und
Jugendliche
(Hautzinger
et al. 1992)

3.1.3   Multi-Informant

Informationsquelle   Es besteht allgemeine Übereinstimmung darüber, dass zur Erfassung von Angststörungen bei Kindern neben Selbsteinschätzungen auch Informationen von anderen Quellen wie von Eltern und Lehrern herangezogen werden sollten. Ohne diese zusätzlichen Informationen bleibt die Einschätzung unvollständig. Verlässt man sich nur auf eine einzige Informationsquelle, kann ein begrenztes, möglicherweise verzerrtes Bild über das Kind entstehen (Essau et al. 1997a). Mehrere Informationsquellen haben den einzigartigen Vorteil, dass verschiedene Sichtweisen und Alltagssituationen (z.b. in der Schule, zu Hause oder in der Freizeit) und damit auch verschiedene Verhaltensweisen des Kindes angegeben werden können, die zu einem realistischeren Bild und somit zu einer genaueren Diagnose führen können (Achenbach 1995; Essau et al. 1997a).

Obgleich das Hinzuziehen unterschiedlicher Berichterstatter vorteilhaft ist, um ein komplexes Bild des Kindes zu erhalten, ist die Übereinstimmung der Informationen hinsichtlich der Häufigkeiten und des Schweregrades der Angststörung(en), die beim Kind und Jugendlichen auftreten, gering (Angold et al. 1987).

Im OADP (Oregon Adolescent Depression Project) beispielsweise stimmten Eltern und Jugendliche im Hinblick auf Trennungsangst und andere Angststörungen nur wenig überein (Cantwell et al. 1997). Die von den Eltern berichtete Rate für die Trennungsangst (2.1 %) lag niedriger als die von den Jugendlichen berichtete (4.6 %). Die Jugendlichen berichteten (7.8 %) signifikant höhere Raten von anderen Angststörungen als ihre Eltern (3.9 %). Die Häufigkeit der Kernsymptome der Zwangsstörung ist ebenfalls unterschiedlich (Zwangsgedanken – Eltern: 0.7 %; Jugendliche: 3.6 %; Zwangshandlungen – Eltern: 0.7 %; Jugendliche: 2.1 %). Das Ausmaß an Übereinstimmung zwischen Eltern und Jugendlichen war unabhängig von Geschlecht, dem Alter des Jugendlichen, dem Alter bei Störungsbeginn, der Ausbildung der Eltern und dem Schweregrad der Störung (Cantwell et al. 1997). Die Studie von Rapoport et al. (2000) zeigte, dass von 35 auf Zwangsstörung untersuchten Kindern nur bei einem einzigen Kind eine übereinstimmende Einschätzung von Eltern und Kind getroffen wurde.

Faktoren, die den Mangel an Übereinstimmung zwischen den

Informationsquellen erklären können, lassen sich drei Bereichen zuordnen (Grills/Ollendick 2002):

* Merkmale des interviewten Kindes (z. B. das Alter des Kindes, Verhalten des Kindes im Sinne sozialer Erwünschtheit);
* Merkmale des Interviewers (z. B. Schwierigkeiten bei der Befragung, eigene Erfahrungen) und
* Merkmale des Interviews (z. B. die Schwierigkeit der Fragen).

3.2   Selbstbeurteilungsfragebögen

Die geläufigste Methode zur Erfassung der Symptome und des Schweregrads von Angststörungen sind Papier- und Bleistift-Fragebögen (d. h. Selbstbeurteilungsfragebögen). Manche angstbedingten Verhaltensweisen (z. B. Vermeidung von gefürchteten Objekten oder Situationen) sind bei Kindern ganz deutlich beobachtbar. Internale Hinweise wie Gedanken, Gefühle und physiologische Erregung, die begleitend zum Verhalten auftreten, können jedoch am besten durch eine Selbstbeurteilung des Kindes festgestellt werden (Essau/Barrett 2001; March/Albano 1998). In Selbstbeurteilungsfragebögen wird eine Skala ähnlich der Likert-Skala eingesetzt. Anhand dieser beurteilt das Kind eine Frage oder ein Item im Hinblick auf die Häufigkeit oder Beeinträchtigung oder auch eine Kombination aus beiden.

Das Ziel des Selbstbeurteilungsfragebogens besteht darin, spezifische angstbedingte Symptome und Verhaltensweisen zu erkennen (Silverman/Serafini 1998). In diesen Messverfahren werden häufig Cut-off-Werte eingesetzt, um ängstliche Kinder und Jugendliche zu identifizieren. In der Forschung werden Fragebögen häufig eingesetzt, um die Anzahl der Symptome vor und nach der Behandlung zu ermitteln, wie auch als Screening-Verfahren bei Kindern aus der Allgemeinbevölkerung (Tab. 3.1 und 3.2). In der klinischen Praxis werden Selbstbeurteilungsfragebögen als Teil einer umfassenden Untersuchung verwendet. Sie helfen dem Kliniker, die Anzahl der Symptome des Kindes festzustellen und die Veränderung nach der Behandlung zu messen. **Ziele**

Selbstbeurteilungsfragebögen sind einfach in der Durchführung, wenig zeitaufwändig und erfassen eine große Bandbreite der Dimensionen von Angst aus der Sicht des Kindes. Daher werden Selbstbeurteilungsfragebögen häufig in der klinischen Praxis wie auch in der Forschung eingesetzt. **Vorteile**

Kritik

Dennoch gibt es vielfältige Kritikpunkte: Zum einen wird kritisiert, dass die Antworten aufgrund von Angaben im Sinne sozialer Erwünschtheit verzerrt sein können, zum anderen, dass es nicht gelingt, kindspezifische Symptome zu erfassen (Essau/Barrett 2001). Obwohl Selbstbeurteilungen im Wesentlichen immer von der Wahrheitstreue und dem Verständnis des Befragten abhängen, handelt es sich bei dieser Erhebungsmethode um eine wichtige Form der Datenerhebung. Viele Forscher haben versucht, die Einschränkungen dieser Messinstrumente zu überwinden, indem sie angstspezifische Selbstbeurteilungsverfahren konzipiert haben, die auf den Entwicklungsstand der Kinder zugeschnitten sind (Tab. 3.1). Dennoch ist weitere Arbeit vonnöten, um Selbstbeurteilungsfragebögen zu entwickeln, die es ermöglichen, behandlungsbedürftige Kinder und Jugendliche zu erkennen und die sich gleichzeitig zur Beurteilung der Behandlungsergebnisse eignen.

Tab. 3.1 Selbstbeurteilungsfragebögen zur Erfassung von Angst

Generalisierte Angststörung	Revised Children´s Manifest Anxiety Scale (Reynolds/Richmond 1978)	• umfasst 37 Items; • basiert auf einer Skala für Erwachsene; • besitzt einen Score für Angst und einen für Lügen, welcher sozial erwünschte Antworten erfasst.
	State Trait Anxiety Inventory for Children (Spielberger 1973)	• besteht aus 40 Items; • basiert auf einer Skala für Erwachsene; • besitzt sowohl einen Score für Trait-Angst als auch einen für situationsspezifische State-Angst.
Störung mit Trennungsangst	School Refusal Assessment Scale (Kearney/Silverman 1993)	Checkliste zur Erfassung von Faktoren, die in Zusammenhang mit der Weigerung stehen, zur Schule zu gehen.
Spezifische Angststörung	Revised Fear Survey Schedule (Ollendick 1983)	• besteht aus 75 Items und basiert auf einer Erwachsenenversion; • erfasst Informationen über spezifische Ängste; • verfügt über vier Skalen für verschiedene Scores und einen Gesamtscore.

Soziale Phobie	Social Phobia and Anxiety Inventory for Children (Beidel et al. 1998; deutsche Fassung: Melfsen et al. 1999)	• besteht aus 25 Items; • besitzt einen Gesamtscore und einen auf fünf Faktoren bezogenen: Bestimmtheit, Konversation, körperliche und kognitive Symptome, Vermeidung und Verhalten in der Öffentlichkeit; • ermöglicht eine genaue Klassifizierung derjenigen Fälle, die nach dem DSM die Diagnose der Sozialen Phobie erhalten.
	Social Anxiety Scale for Children- Revised (SASC-R; LaGreca/ Stone 1993; deutsche Fassung: Melfsen 1998)	• umfasst 18 Items; • erhebt: Angst vor negativer Bewertung (10 Items) sowie soziale Vermeidung und Belastung (8 Items).
Posttraumatische Belastungs- störung	Child Post-Traumatic Stress Disorder Stress Reaction Index (Fredrick/Pynoos 1988)	• deckt die DSM Symptomatik ab; • hat einen Score, der den allgemeinen Schweregrad der Symptomatik angibt.
Panikbezogene Symptome und Überzeugungen	Childhood Anxiety Sensitivity Index (Silverman et al. 1991)	• aus 18 Items bestehender Fragebogen; • erfasst das Ausmaß von Angst, gemessen an deren körperlichen Anzeichen (z. B. Tachykardie).
Symptome von DSM-IV-Angst- störungen	„Spence Children´s Anxiety Scale" (Spence 1998; deutsche Fassung: Essau et al. 2002)	• erfasst Symptome von Angststörungen: Störung mit Trennungsangst, Soziale Phobie, Zwangsstörung, Panikstörung und Agora- phobie, Generalisierte Angststörung und Spezifische Phobie.
	„Screen for Child Anxiety Related Emotional Disorders" (SCARED; Birmaher et al. 1997; deutsche Fassung: Essau et al. 2002)	• erfasst Symptome von Angststörungen: Störung mit Trennungsangst, Soziale Phobie, Panikstörung, Generalisierte Angststörung, Schulphobie.

Tab. 3.2 Einige Beispielitems zur Erfassung von Angstsymptomen

---

Screen for Child Anxiety Related Emotional Disorders
(SCARED: Birmaher et al. 1997; deutsche Fassung: Essau et al. 2002)

Hier findest du eine Reihe von Aussagen, die mit Gefühlen der Angst zu tun haben. Lies dir jeden Satz durch und kreuze dann an, inwieweit dieser Satz für dich zutrifft: stimmt nicht, stimmt manchmal oder stimmt häufig.

	stimmt nicht	stimmt manchmal	stimmt häufig
In der Schule bekomme ich Bauchschmerzen	☐	☐	☐
Ich mache mir Sorgen, ob ich genauso gut bin wie andere Kinder	☐	☐	☐
Ich bekomme Angst, wenn ich woanders übernachte	☐	☐	☐
Ich bin nervös	☐	☐	☐
Wenn ich Angst bekomme, kommt mir alles ganz unwirklich vor	☐	☐	☐

Spence Children´s Anxiety Scale (SCAS)
(Spence 1998; deutsche Fassung: Essau et al. 2002)

Hier findest du eine Reihe von Aussagen, die mit Gefühlen der Angst zu tun haben. Lies dir jeden Satz durch und kreuze dann an, wie oft dieser Satz für dich zutrifft: niemals, manchmal, häufig oder immer.

	niemals	manchmal	häufig	immer
Ich habe Angst vor Hunden	☐	☐	☐	☐
Schlimme oder dumme Gedanken bekomme ich nicht aus meinem Kopf	☐	☐	☐	☐
Wenn ich ein Problem habe, bekomme ich ein komisches Gefühl im Bauch	☐	☐	☐	☐
Ich hätte Angst, alleine zu Hause zu sein	☐	☐	☐	☐
Ich mache mir Sorgen, was andere Leute über mich denken	☐	☐	☐	☐

3.3   Verhaltensbeobachtungen

Die meisten Instrumente zur Erfassung der motorischen Aspekte von Angst und Furcht bei Kindern sind Beobachtungsverfahren. Das heißt, eine unabhängige Person beobachtet das motorische Verhalten des Kindes und berichtet darüber (z. B. Augenkontakt, Haltung, Zittern, nervöses Lachen, Weinen). Die typischen zu beobachtenden Symptome und Verhaltensweisen umfassen Sprechverhalten und Vermeidungsverhalten. Diese Variablen können hinsichtlich ihrer Häufigkeit oder Reaktionsdauer gemessen werden. Die meisten Techniken der Verhaltensbeobachtung sind *naturnahe Methoden* und werden in der normalen Umgebung des Kindes durchgeführt (z. B. im Klassenzimmer, auf dem Spielplatz). Bei der Durchführung einer solchen naturnahen Beobachtung geht der Forscher in das Elternhaus, das Klassenzimmer oder die alltägliche Umgebung, beobachtet das jeweils interessierende Verhalten des Kindes und der Personen, mit denen das Kind interagiert, und zeichnet es auf. Alternativ kann das Verhalten in der natürlichen Umgebung auf Video festgehalten und erst später kodiert werden. Der größte Vorteil dieser Art der Beobachtung liegt darin, dass das Verhalten so studiert werden kann, wie es in der natürlichen Umgebung auftritt. Ein weiterer Vorteil der Beobachtung ist, dass sie sehr einfach mit Kindern durchgeführt werden kann, da diese ansonsten Schwierigkeiten mit Methoden haben, die verbale Fertigkeiten erfordern.

Jedoch hat dieses Verfahren auch seine Grenzen. Zum einen zeigen sich die interessierenden Verhaltensweisen nur unregelmäßig und sind in der Regel sozial unerwünscht, so dass es eher unwahrscheinlich ist, dass sie durch einen Beobachter in der natürlichen Umgebung mitangesehen werden. Zum anderen führt die Anwesenheit eines Beobachters mitunter dazu, dass sich Personen anders als gewöhnlich verhalten.

Eine andere Form der Beobachtung ist die *Beobachtung in einer Labor- oder Kliniksituation*. Beobachtungen im Labor oder in einer Klinik sind kosteneffektiv und ermöglichen eine größere Kontrolle über die Situation als naturnahe Beobachtungen. Sie gewährleisten, dass jede(r) Teilnehmer(in) demselben auslösenden Stimulus ausgesetzt ist und dieselbe Möglichkeit hat, das Zielverhalten auszuführen. Es stellt sich jedoch die Frage, ob Beobachtungen in Labor- oder Kliniksituationen eine repräsentative

naturnahe Methoden

Laborsituation

Stichprobe des jeweils interessierenden Verhaltens liefern. Kinder und Eltern verhalten sich unter Umständen im Labor anders als in den Situationen des alltäglichen Lebens. In diesem Abschnitt sollen die bei ängstlichen Kindern am häufigsten eingesetzten Methoden der Verhaltensbeobachtung diskutiert werden. Diese umfassen den „Behavioral Approach Test", Rating-Skalen zur Verhaltensbeobachtung und Rollenspiel-Verfahren.

3.3.1   Der „Behavioral Avoidance Task"

Der „Behavioral Avoidance Task" (BAT) ist eine gebräuchliche Methode zur Erfassung der motorischen Reaktion auf gefürchtete Reize bzw. ihrer Vermeidung. Er wurde ursprünglich als direktes behaviorales Messinstrument für Phobien entwickelt und zuerst in der Forschung von Lang und Lazovik (1963) zur Messung von Angst bei Personen mit einer Schlangenphobie eingesetzt. Dabei wurden die Personen angewiesen, sich der Schlange zu nähern und schließlich eine lebende Schlange zu berühren und in die Hand zu nehmen. Der BAT wurde zur Erfassung der motorischen Reaktionen von Kindern auf Dunkelheit, Höhen, medizinische Eingriffe etc. eingesetzt.

Im BAT erhält die betroffene Person die Anweisung, sich in vivo graduell einer Hierarchie von Reizen auszusetzen, die in zunehmendem Maße angsterzeugend sind. Diese Reize folgen stufenweise aufeinander (Kasten 3.4). Im BAT wird das Kind für die Dauer von fünf bis zehn Minuten einem Objekt oder einer Situation ausgesetzt, die Angst erzeugt. Der BAT erfolgt freiwillig und wird gewöhnlich in Abwesenheit der Eltern durchgeführt. Es gibt verschiedene Formen des BAT, die sich hinsichtlich der Anweisungen unterscheiden, die den Kindern für die Durchführung des Tests gegeben werden. In einigen Formen des BAT werden alle Schritte zu Beginn beschrieben, in anderen werden sie während des Verfahrens nach und nach erläutert. In einigen BAT-Formen werden die Aufgaben im persönlichen Kontakt beschrieben, in anderen Formen wird die Beschreibung der Aufgaben anhand eines vorher aufgezeichneten Bandes vermittelt. Durch die Anweisungen kann das Kind aufgefordert werden, so viele Schritte wie möglich zu bewältigen oder sich so stark wie möglich anzustrengen, um alle Schritte zu bewältigen.

Die Distanz zwischen dem Kind und dem Objekt/der Situation oder die Dauer der Exposition dienen häufig dazu, das Ausmaß von Angst und Vermeidungsverhalten zu erfassen. Subjektive Ratings der Belastung und kognitiver Selbstgespräche (über das Auflisten von Gedanken) können vor, während und nach dem BAT vorgenommen werden. Ein typisches Beispiel für diese Aufgabe könnte die Beobachtung eines Kindes mit Sozialer Phobie sein, das vor einer kleinen Gruppe unbekannter Menschen einen Vortrag hält. Dabei werden die natürlichen Auslöser einer sozialen Leistungssituation so nah wie möglich simuliert, was dem Kliniker erlaubt, die Angsttoleranz des Kindes sowie den Grad der Beeinträchtigung/Belastung zu erfassen (Essau/Barrett 2001). Ein weiterer Vorteil des BAT ist es, dass er dem Kliniker als Messinstrument für Veränderungsprozesse während der Therapie dienen kann.

Trotz der weiten Verbreitung wurden BAT-Verfahren kritisiert. Zum einen ist fraglich, in welchem Ausmaß die Ergebnisse eines BAT auf eine natürliche Umgebung übertragen werden können. So änderten beispielsweise Lick und Unger (1975) ein einzelnes Merkmal des BAT bei zwei Patienten mit Phobie und erhielten deutlich unterschiedliche Ergebnisse. Beide Patienten waren nach der Behandlung in der Lage, einen Standard-BAT durchzuführen (d. h. eine Spinne in die Hand nehmen). Wenn sich die Tiere jedoch in einer Ecke des Zimmers auf dem Boden anstatt in einem Käfig befanden, löste der bloße Anblick der Tiere aus zehn Meter Entfernung bei den Patienten bereits Schreien, Zittern und eine Pulsfrequenz aus, die 20 Schläge pro Minute mehr betrug, als bei einer Berührung im Käfig gemessen wurde.

Trotz dieser Einschränkung weist der BAT eine Reihe von Vorteilen auf. Erstens ist es ein sehr direktes Verfahren. Zweitens gewährleistet es die Erfassung verschiedener motorischer Reaktionen, und drittens erlaubt es die gleichzeitige Erfassung subjektiver Empfindungen und physiologischer Reaktionen (Barrios/ Hartmann 1997).

Kasten 3.4
Beispiel für den
Einsatz des
„Behavioral
Avoidance Task"
(BAT) bei Kindern,
die sich aufgrund
einer Spinnen-
phobie in Therapie
befinden (nach
Muris et al. 1997;
übers. v. d. Autorin)

Das BAT wurde eingesetzt, um das aktuelle Vermeidungsverhalten in Bezug auf Spinnen zu messen. Während des Experiments saßen die Kinder an einem großen Tisch. Ein beweglicher Glaskrug mit einer mittelgroßen, lebendigen Spinne befand sich am anderen Ende des Tisches, zwei Meter von den Kindern entfernt. Die Kinder hielten ein Band in der Hand, das mit dem Glaskrug verbunden war, und bekamen die Anweisung, die Spinne schrittweise zu sich heranzuziehen. Die Anforderungen des Versuchsleiters während des BAT waren gering (d.h. er ermutigte die Kinder nicht). Die Leistung im BAT wurde auf einer Zehn-Punkte-Skala gescort, 1 bedeutete, „die Spinne ist 2 Meter entfernt", 10 hieß „die Spinne krabbelt über die Hand". Während des BAT wurden die Kinder gebeten, das „Self-Assessment Manikin" (SAM; Hodes et al. 1985) erneut auszufüllen, dieses Mal als ein Maß für „zustandsbezogene Angst". Das geschah zweimal auf Stufe 1 (die Spinne ist 2 Meter entfernt) sowie bei der letzten Stufe, die von den Kindern erreicht wurde.

3.3.2   Rating-Skalen zur Verhaltensbeobachtung

Zur Erfassung der motorischen Reaktionen von Kindern in ihrer nätürlichen Umgebung können Rating-Skalen zur Verhaltensbeobachtung eingesetzt werden. Die Reaktionen der Kinder werden beobachtet und die Beobachtung unmittelbar festgehalten. Rating-Skalen zur Verhaltensbeobachtung wurden entwickelt, um die motorischen Reaktionen von Kindern auf Dunkelheit, Sprechen in der Öffentlichkeit und Prüfungssituationen zu erfassen. Ein weit verbreitetes Rating-System zur Erfassung von Angst bei Vorschulkindern ist die "Preschool Observation Scale of Anxiety" (POSA; Glennon/Weisz 1978).

Die POSA umfasst 30 Verhaltensweisen, die direkte Anzeichen von Angst (z. B. Zittern), indirekte Anzeichen von Angst (z. B. Weinen, Nägelkauen) und weitere Verhaltensweisen, in denen sich Ängste ausdrücken (z. B. Schweigen, starre Körperhaltung), beinhalten (Kasten 3.5). Dabei handelt es sich um Verhaltensweisen, die im Rahmen von Screening-Verfahren von klinischen Kinderpsychologen ermittelt wurden und deren Reliabilität für die Messung von Angst gezeigt werden konnte.

- Ausdruck von Angst oder Sorge: Das Kind berichtet, dass es vor irgendetwas Angst hat oder sich um irgendetwas Sorgen macht; die Wörter „ängstlich", „erschrocken", „besorgt" oder ein entsprechendes Synonym müssen vom Kind verwendet werden.
- Die Finger berühren die Gegend um den Mund herum: Das wird nicht gezählt, wenn währenddessen die Nägel gekaut werden.
- Lippen bzw. den Mund verziehen.
- Starre Haltung: Ein Teil des Körpers wird ungewöhnlich steif oder starr gehalten.
- Unnötige Handbewegung an irgendeinem Körperteil (außer: Ohr, Haare, Mund, Genitalien).

Kasten 3.5
Beispiele aus der „Preschool Observation Scale of Anxiety" (Glennon/Weisz 1978; übers. v. d. Autorin)

3.3.3   Rollenspiel-Tests

In Rollenspiel-Tests wird das Kind bzw. der Jugendliche aufgefordert, eine Situation nachzustellen, als ob es sich um eine reale Situation handele. Ein vielfach eingesetzter Test dieser Art ist der „Behavioral Assertiveness Test for Children" (BAT-C; Bornstein et al. 1977) zur Messung von Defiziten auf dem Gebiet, um soziale Situationen zu simulieren, die Kinder häufig erleben. Andere Kinder oder Therapeuten spielen in diesen Situationen die Interaktionspartner des Kindes, und das Kind bekommt die Anweisung, auf sie zu reagieren. Die Interaktionen werden auf Videobänder aufgezeichnet, anhand derer später wichtige Reaktionen wie beispielsweise Augenkontakt oder Stimmvolumen kodiert werden. Im Rahmen des BAT-C haben die Kinder darüber hinaus auch die Gelegenheit, Fähigkeiten in der Auseinandersetzung mit anderen (z. B. Durchsetzungsfähigkeit) wie auch Fähigkeiten, Dinge aus der Perspektive anderer zu betrachten, aufzubauen, wenn sie im Anschluss an das Rollenspiel ihr eigenes Verhalten auf Video beobachten und mit den Therapeuten besprechen können.

3.3.4   Andere Verhaltensbeobachtungs-Methoden

Eine weitere, weniger gebräuchliche Art der Verhaltensbeobachtung ist die Beobachtung familiärer Interaktionen. Barrett und Mitarbeiter (1996) entwickelten eine Interaktionsaufgabe, um den Einfluss von Familienprozessen auf die Wahrnehmung einer

Beobachtung familiärer Interaktionen

Bedrohung zu untersuchen. An der Studie beteiligt waren 152 Kinder im Alter von sieben bis 14 Jahren mit der Hauptdiagnose Trennungsangst, Überängstlichkeit oder Sozialer Phobie. Den Kindern und ihren Eltern wurden mehrdeutige hypothetische Situationen vorgestellt, die als *körperlich* (z. B. „Auf dem Weg zur Schule hast du [hat Ihr Kind] ein komisches Gefühl im Bauch") oder *sozial bedrohlich* interpretiert werden können (z. B. „Du siehst [Ihr Kind sieht] eine Gruppe Schüler einer anderen Klasse, die ein schönes Spiel spielen. Du gehst [Ihr Kind geht] zu ihnen herüber" und möchtest [und möchte] mitspielen, da hörst du [da hört es], wie sie lachen).

Getrennt voneinander wurden die Kinder und die Eltern gebeten, die Situationen zu interpretieren und einen Handlungsplan zu entwerfen. Im Anschluss daran wurden die Situationen in der Familie besprochen mit dem Ziel, eine Lösung zu finden, der alle Beteiligten zustimmen können. Nach dieser Besprechung wurde das Kind erneut gebeten, die Situationen zu interpretieren und einen Handlungsplan für jede Situation zu formulieren. Dieses Design erfasst das Ausmaß, in dem Eltern als Modell für ängstliche Reaktionen ihrer Kinder fungieren und diese Reaktionen verstärken. Die Interpretation der Situationen wurde als bedrohlich oder nicht-bedrohlich klassifiziert, die Handlungspläne als eher vermeidend, aggressiv oder proaktiv.

Im Vergleich zu Kindern aus der nicht-klinischen Kontrollgruppe interpretierten ängstliche Kinder die mehrdeutigen Situationen häufiger als bedrohlich. Des Weiteren entschieden sich diese Kinder für eher vermeidende Handlungspläne verglichen mit der nicht-klinischen Kontrollgruppe und Kindern mit oppositionellem Trotzverhalten. Bei den Antworten der Kinder nach der Familiendiskussion zeigt sich ein interessantes Phänomen. Verglichen mit ihren Antworten vor der Interaktion entschieden sich die ängstlichen Kinder sogar häufiger für bedrohliche Interpretationen und stärker vermeidende Lösungen. Dieses Ergebnis wurde FEAR-Effekt genannt („Family Enhancement of Anxious Responding": Familiäre Verstärkung ängstlicher Reaktionen), da allem Anschein nach die Eltern den kognitiven Interpretationsstil ihrer Kinder verstärken.

Kritik   Wie auch andere Erhebungsmethoden hat die direkte Verhaltensbeobachtung ihre problematischen Aspekte. Ein Hauptproblem ist das Phänomen, dass Beobachter dazu tendieren, mit der Zeit weniger aufmerksam auf das zuvor definierte Verhalten zu achten. Die Entwicklung einer Checkliste könnte in Zukunft dazu beitragen, dieses Problem zu verringern. Ein solche Liste sollte die drei Hauptbereiche enthalten, in denen sich Angststörungen manifestieren:

(a) der Bereich des Verhaltens (z. B. Nervosität, Nägelkauen, Vermeidung von Blickkontakt, Weinen, Schreien, Jammern, übermäßige Anhänglichkeit den Eltern gegenüber, Stottern, Vermeidungsverhalten);

(b) der Bereich der körperlichen Reaktionen (z. B. erhöhte Herzfrequenz, Zittern, Schwitzen, Kopfschmerzen, Bauchschmerzen, Schwindel) und

(c) der Bereich der Kognitionen (z. B. selbstabwertende Gedanken und Gefühle von Inkompetenz).

Die Reaktionen in jedem dieser Bereiche sind unterschiedlich, haben jedoch eine ähnliche Funktion. Im Bereich Verhalten spiegeln sie die Beeinträchtigung, auf der körperlichen Ebene das Erregungsniveau und auf der kognitiven Ebene die psychische Belastung.

3.4   Selbstbeobachtungsverfahren: Tägliches Tagebuch

Selbstbeobachtungsverfahren sind Techniken, bei denen die betreffende Person kontinuierlich ihr eigenes Verhalten protokolliert. Diese Methode kann ein einfaches Zählen bestimmter Verhaltensweisen beinhalten, aber auch den Einsatz von zu diesem Zweck konzipierter Tagebücher, in denen Kinder ihre innere Befindlichkeit und die damit zusammenhängenden situativen Faktoren festhalten. Selbstbeobachtungsverfahren werden vorwiegend eingesetzt, um die Häufigkeit des Zielverhaltens und des Problemverhaltens zu erfassen, wie beispielsweise die Vermeidung eines spezifischen angsterzeugenden Reizes bzw. den Kontakt mit diesem Reiz.

Techniken der Selbstbeobachtung erlauben es dem Einzelnen, subjektive Zustände oder Verhaltensweisen aufzuzeichnen. Das kann entweder in regelmäßigen Intervallen geschehen oder wann immer sie auftreten (Haynes 1978). Das am häufigsten eingesetzte Selbstbeobachtungsverfahren bei Kindern und Jugendlichen ist das tägliche Tagebuchschreiben, entweder in bildlicher oder in schriftlicher Form. In Tagebuchaufzeichnungen können situative Variablen, Tageszeiten, Orte, verhaltensbezogene Konsequenzen und Angst-Ratings festgehalten werden.

Tagebuchschreiben Die Technik des täglichen Tagebuchschreibens wurde von Beidel et al. (1991) entwickelt. Die darin aufgeführten Orte und Situationen umfassen die Schule, die Schulcafeteria, das Zuhause, Situationen draußen und mit Freunden. Das Tagebuch enthält auch eine Liste möglicher Reaktionen auf Ereignisse, und zwar positive (z. B. ich übte besonders viel), negative (z. B. ich weinte, bekam Kopfschmerzen) und neutrale (z. B. ich tat, was man mir sagte). Die Kinder beurteilen dann das Ausmaß der Belastung, die das Ereignis verursachte, anhand des SAM (Self-Assessment Manikin). Das SAM ist eine bildliche Version einer Fünf-Punkte-Ratingskala, auf der ängstliche Erregung in immer größerem Ausmaß abgebildet ist. Die Skala geht von 1 (entspannt) bis 5 (sehr erschrocken oder ängstlich). Das SAM muss nur dann ausgefüllt werden, wenn sich das Kind an das Auftreten eines Ereignisse erinnert (Kasten 3.6).

Das ist dein tägliches Tagebuch. Jedes Mal, wenn du dich ängstlich, erschrocken, nervös oder angespannt fühlst, sollst du das in dein Tagebuch eintragen. Das ist ganz einfach! Hier ist ein Beispiel:

Am Montagmorgen sagte Karins Mathelehrerin, dass ein Schüler zur Tafel gehen und eine Aufgabe lösen sollte. Karin wurde ganz ängstlich und nervös. Ihr Bauch begann zu rumoren und sie hatte Angst, dass die Lehrerin sie aufrufen würde. Die Lehrerin rief sie tatsächlich auf, und Karin ging an die Tafel und löste die Aufgabe. Nach dem Unterricht schreibt Karin in ihr tägliches Tagebuch. Das sah so aus:

Datum: _____
Vormittag __X__   Nachmittag _____   Abend _____

Wo warst du?
im Unterricht __X__   welcher Unterricht? <u>Mathe</u>
zu Hause _____
in der Cafeteria _____
draußen _____
mit Freunden _____
woanders – wo? _____

Was ist passiert?
____ ich hatte eine Prüfung
____ der Lehrer rief mich auf, ich sollte eine Frage beantworten
____ ich sollte etwas vorlesen
____ ich sollte einen Bericht abgeben
_X_ ich sollte an die Tafel schreiben
____ der Lehrer gab eine Arbeit zurück
____ ich sollte etwas vor anderen Leuten vormachen (singen, tanzen, ein Instrument spielen)
____ etwas anderes – was? _____

Was hast du gemacht?
____ geweint
____ Bauch- oder Kopfschmerzen bekommen
____ ich habe mich geweigert zu tun, was von mir verlangt wurde
____ ich habe weggesehen, so dass ich nicht aufgerufen wurde
____ ich habe jemand anderes gefunden, der es für mich übernommen hat
____ ich bin nicht hingegangen (in die Schule), so dass ich es nicht tun musste
_X_ ich habe getan, was ich tun sollte
____ ich habe mir selbst gesagt, dass ich nicht nervös zu sein brauche, es wird schon gut gehen
____ ich habe mich krank gestellt, so dass ich nicht gehen musste
____ ich habe schon frühzeitig besonders viel geübt, so dass ich keine Angst bekomme
____ etwas anderes – was?

1) Karins Mathestunde war am Vormittag, also kreuzte sie Vormittag an.
2) Karin war im „Matheunterricht", also kreuzte sie im Unterricht an und schrieb Mathe daneben.
3) Karins Lehrerin bat sie, zur Tafel zu kommen, also kreuzte Karin an „ich sollte an die Tafel schreiben".
4) Sie ging zur Tafel, also kreuzte sie an „ich habe getan, was ich tun sollte".
5) Karin war nervös und ihr Bauch rumorte. Sie kreuzte das zweite Bild an.

Vergiss nicht, in dein tägliches Tagebuch einzutragen, wenn du dich ängstlich, erschrocken, nervös oder angespannt fühlst. Das geht ganz einfach und macht Spaß!

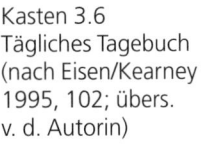

Kasten 3.6
Tägliches Tagebuch
(nach Eisen/Kearney 1995, 102; übers. v. d. Autorin)

Einer frühen Studie von Beidel und Mitarbeitern (1991) zufolge liefern täglich geführte Tagebücher nützliche Informationen im Hinblick auf die Intensität, Auslöser und Folgen ängstlicher Reaktionen sowie die damit einhergehenden Kognitionen. Darüber hinaus zeigten diese Autoren, dass täglich geführte Tagebücher eine reliable und valide Methode zur Erfassung von Angst sind.

Ein weiteres Beispiel für ein Selbstbeobachtungsverfahren ist das *Panikattacken-Tagebuch* (Kasten 3.7). In diesem Tagebuch werden täglich die erlebten Panikattacken aufgezeichnet. Schweregrad, Dauer der Attacke und die Anzahl der Symptome sollen festgehalten werden. Darüber hinaus sollte jede Panikattacke als spontan oder situativ bedingt kategorisiert werden. Diese wichtige Information kann im Rahmen psychologischer Interventionen eingesetzt werden.

Compliance   Eines der Hauptprobleme des Selbstbeobachtungsverfahrens liegt in der Compliance. Kinder und Jugendliche können vergessen, ihre Selbstbeobachtungs-Hausaufgabe zu machen, insbesondere wenn sie diese Aufzeichnungen sehr regelmäßig machen sollen. Bei Erwachsenen kann die Compliance erhöht werden, indem den Patienten der Hintergrund für die Selbstbeobachtung erklärt wird und die getroffene Vereinbarung mit den Patienten regelmäßig besprochen wird (O'Brian/Barlow 1984). Bei ängstlichen Kindern führt die Einbeziehung der Familie zu einer Compliance von über 90 % in Bezug auf das tägliche Führen eines Tagebuchs.

3.5   Rating von Bezugspersonen

Obwohl Kinder und Jugendliche am besten selbst über ihre Gefühle Auskunft geben können, wurde häufig auf die Notwendigkeit hingewiesen, auch Informationen aus anderen Quellen zu erfassen. Eines der Hauptprobleme, das sich beim Einsatz von Selbstbeurteilungsfragebögen bei kleinen Kindern stellt, hängt mit ihrer fehlenden Lesefähigkeit und ihrer kognitiven Reife zusammen. Die Items können den Kindern zwar vorgelesen werden, jedoch könnte es Verständnisprobleme geben. Selbst wenn die Kinder die Items verstehen, ist zu bezweifeln, ob sie über die notwendige kognitive Reife verfügen, genaue Angaben über die Häufigkeit, Schwere und Dauer der Angstsymptome zu machen. Der wichtigste Grund dafür, Berichte der wichtigen Bezugs-

Symptome	Schwere-grad (1–3)	Dauer (Min.)	Spontan	Situation (beschrei-ben)	Anzahl der Symp-tome
Herzklopfen/Herzrasen					
Schwitzen					
Zittern/Beben					
Atemnot oder Kurzatmigkeit					
Erstickungsgefühle					
Schmerzen/Beklemmungs-gefühle in der Brust					
Übelkeit/Bauchschmerzen/ unangenehmes Gefühl im Magen					
Schwindel/Benommenheits-gefühle					
Umwelt erscheint unwirklich					
Angst, die Kontrolle zu verlieren/verrückt zu werden					
Befürchtung zu sterben					
Hitzewellen oder Kälteschauer					
Kribbel- oder Taubheitsgefühle in den Händen, Armen oder Beinen					

An jedem Tag notiert das Kind die Anzahl der Attacken, ihren Schweregrad (1 = leicht, 2 = mittel, 3 = schwer), ihre Dauer in Minuten, ob die Attacke spontan auftrat (ja/nein) oder situativ bedingt war (beschreiben) und die Anzahl der während der Attacke aufgetretenen Symptome.

Kasten 3.7 Panikattacken-Tagebuch (nach Kutcher et al. 1995, 345; übers. v. d. Autorin)

Vorteile

personen des Kindes einzuholen, besteht darin, dass es für gewöhnlich die Eltern oder die Lehrer sind, die dafür sorgen, dass das Kind sich in Behandlung begibt. Oft ist es wichtig, die Beurteilung seitens der Lehrer in den Erhebungsprozess miteinzubeziehen, insbesondere, wenn aufgrund der Angst des Kindes schulische Probleme aufgetreten sind oder aber Schulprobleme die Angst verursachen. Rating-Skalen sind kostengünstiger im Vergleich mit den direkten Verhaltensbeobachtungen, bei denen die Anwesenheit von Fachleuten mit besonderer Schulung erforderlich ist.

Es wurden auch zahlreiche Rating-Skalen entwickelt, um Symptome psychischer Störungen einschließlich der Symptome von Angst zu messen. Solche Checklisten werden von wichtigen Bezugspersonen wie Eltern oder Lehrern ausgefüllt. Beispiele für solche Checklisten sind die „Child Behavior Checklist" (CBCL; Achenbach/Edelbrock 1983) und die „Revised Behaviour Problem Checklist" (Quay/Peterson 1987).

Nachteile

Ein wichtiger Nachteil davon, Bezugspersonen als Informationsquellen heranzuziehen, besteht darin, dass es ihnen nicht möglich ist, die unbeobachtbaren, inneren Symptome von Angst zu beurteilen. Eltern und Lehrern mag es darüber hinaus schwer fallen, dem ängstlichen Verhalten des Kindes vorausgehende und folgende Ereignisse anzugeben, die hilfreiche Informationen für eine effektive Behandlung liefern könnten. Oft ist die Übereinstimmung zwischen den einzelnen Informanten bei internalisierenden Problemen recht gering (Achenbach et al. 1987). Verschiedene Studien zeigen, dass Kinder am besten selbst über ihre Angst Auskunft geben können. Je schwerwiegender jedoch das Problem ist, desto wahrscheinlicher werden Informationen von Eltern und Lehrern genauer sein (Essau/Barrett 2001). Ein weiteres Problem ergibt sich aus der Verzerrung von Antworten, die entsteht, wenn Informanten die Items im Sinne sozialer Erwünschtheit beantworten.

3.6 Psychosoziale Beeinträchtigung

Maße zur Erfassung der psychosozialen Beeinträchtigung sind wichtig, um zwischen normaler und pathologischer Angst zu unterscheiden. Die Abgrenzung von Phänomenen mit Störungscharakter, die eine Diagnose rechtfertigen und eine Behandlung erforderlich machen von solchen, die dies nicht tun, ist ein nosologisches Problem. Im klinischen Bereich kann davon ausgegangen werden, dass ausgebildete Kliniker zu gut fundierten diagnostischen Entscheidungen gelangen, in denen der Symptomatik, ihrem Schweregrad, der Häufigkeit wie auch dem Ausmaß der dadurch hervorgerufenen Belastungen oder Beeinträchtigungen Rechnung getragen wird. In epidemiologischen Studien hingegen, in denen strukturierte diagnostische Interviews von Laien durchgeführt werden, ist es schwer, wenn nicht unmöglich, mit Sicherheit die klinische Bedeutsamkeit bestimmter Symptome zu ermessen.

In den vergangenen Jahren wurde besonders hervorgehoben, wie wichtig es ist, bei der Diagnose, Behandlung und Evaluation psychischer Probleme von Kindern auch das Ausmaß der Beeinträchtigung zu erfassen. Diese Komponente ist beispielsweise wichtig bei der Definition des so genannten „schweren emotionalen Störungsbildes" („serious emotional disturbance"; SED). Das „Center for Mental Health Services" (1999) definiert Kinder mit SED als

serious emotional disturbance

„[...] Personen im Alter von der Geburt bis 18 Jahren, bei denen zum Zeitpunkt oder während des letzten Jahres eine geistes-, verhaltens- oder emotionale Störung von genügend zeitlicher Dauer nach den zutreffenden Kriterien diagnostiziert werden konnte, die innerhalb des DSM-III-R (oder einer der neuesten Ausgaben des DSM) spezifiziert sind und zu einer behindernden oder begrenzenden Beeinträchtigung innerhalb der Rolle des Kindes, dem Familienleben, in der Schule oder anderen Freizeitaktivitäten geführt haben (Federal Register, 29425)" (übers. v. d. Autorin).

Hierzu kommt, dass in vielen amerikanischen Bundesstaaten die Leistungen der Krankenkassen davon abhängen, ob die Jugendlichen ein gewisses Ausmaß funktionaler Beeinträchtigung aufweisen (Srebnik et al. 1998). Diese Anforderung stellt eine bedeutende Veränderung dar, da nun eine Diagnoseklassifikation (DSM-IV oder ICD-10) nicht mehr ausreicht, um den Kontakt zu allen Behandlungsdiensten herzustellen (Hodges/Gust 1995). Darüber hinaus haben einige Autoren die Einbeziehung der

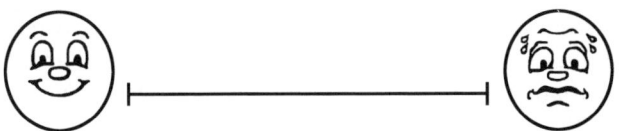

Abb. 3.1:
Bilderskala („Visual Analogue Scale") für ängstliche Kinder (nach Kutcher 1992, 60)

globales Funktionsniveau

Beeinträchtigung in psychotherapeutischen Behandlungsstudien (Sechrest et al. 1996) empfohlen. Das globale Funktionsniveau kann auch anhand einer Bilderskala („Visual Analogue Scale"; Tab. 3.3) gemessen werden. Bei kleineren Kindern, die noch nicht gut genug lesen können, um die geschriebene Skala zu verstehen, kann eine Bilderskala (10 cm) mit einem klar definierten unteren (keine Angst) und einem oberen Ende (intensive Angst) eingesetzt werden (Abb. 3.1).

Tab. 3.3 Skala zur Erfassung von Beeinträchtigung in spezifischen Funktionsbereichen (nach Kutcher et al. 1995, 346; übers. v. d. Autorin)

Erfassung spezifischer Funktionsbereiche		
	Keine Angst	Intensive Angst
Schule	0 -- 10	
Sozialaktivität	0 -- 10	
Familie	0 -- 10	
Gleichaltrige	0 -- 10	

3.7   Maße für mit Angst zusammenhängende Konstrukte

3.7.1   Erfassung der familiären Situation

Familienskalen

Familiäre Faktoren scheinen bei der Entwicklung und dem Fortbestehen von Angst eine zentrale Rolle zu spielen. Der Einsatz von „Familienskalen" ermöglicht es dem Kliniker, die Standpunkte der Familienmitglieder einzuschätzen, was für die Planung von Familieninterventionen hilfreich sein kann. Die Einbeziehung von Familienmitgliedern bei der Behandlung von Angst kann psychologische Interventionen erleichtern, da es für gewöhnlich die Eltern sind, die das Verhalten der Kinder verstärken bzw. bestrafen und als Modelle angepassten Verhaltens fungieren.

Zwei häufig eingesetzte Familienskalen sind die „Family Environment Scale" (FES; Moos/Moos 1986) und die „Family Adaptability and Cohesion Evaluation Scale-III" (Faces-III; Olson et al. 1985). Die FES besteht aus 90 Items zur Erfassung der Wahrnehmung der sozialen und familiären Umwelt. Die zehn Subskalen der FES umfassen Unabhängigkeit, Leistungsorientierung, Zusammenhalt, Kontrolle, Organisation, intellektuell-kulturelle Orientierung, moralisch-religiöse Ausrichtung, aktive Freizeitorientierung, Kontrolle und Ausdrucksstärke. Die FACES-III setzt sich aus 20 Items zur Erfassung des Familienzusammenhalts und ihrer Anpassungsfähigkeit zusammen. Die Subskala „Zusammenhalt" misst den Grad, in dem Familienmitglieder voneinander distanziert, getrennt, miteinander verbunden oder verstrickt sind. Auf der Dimension Anpassungsfähigkeit wird erhoben, in welchem Maße die Familienmitglieder rigide, strukturiert, flexibel oder chaotisch sind.

3.7.2 Erfassung des Temperaments

Das Temperament stellt einen potenziellen Risikofaktor für Angststörungen dar (s. Kap. 9.2). Das bekannteste Konstrukt ist die *Verhaltenshemmung* („behavioral inhibition") gegenüber Unbekanntem (Kagan 1989). Es bezieht sich auf die Tendenz von Säuglingen und Vorschulkindern, in unvertrauten Situationen schüchtern und zurückhaltend zu reagieren (Kasten 3.8).

Verhaltenshemmung

Die Erfassung gehemmten Verhaltens wird in einer Laborsituation durchgeführt, in der das Kind auf der Basis einer Reihe altersangemessener kognitiver Aufgaben beurteilt wird. Ziel ist es, einen Index für das Verhalten des Kindes gegenüber einem unbekannten Versuchsleiter unter leichtem kognitiven Stress zu erhalten. Jede Sitzung wird auf Video aufgenommen und gescoret, wobei die Kinder entweder als „gehemmt" oder „nicht gehemmt" eingeschätzt werden. Beispielhaft für verhaltensgehemmte Reaktionen sind das Einstellen begonnener Aktivitäten und des Sprechens, Vermeidungsverhalten, klammerndes Verhalten den Eltern gegenüber und eine ausgedehnte Zeitperiode, bevor das Kind beginnt, mit neuen Personen zu interagieren.

Abb. 3.2:
Temperaments-
unterschiede bei
Kindern und
Jugendlichen

Um Verhaltenshemmung zu erfassen, werden die Reaktionen des Kleinkindes auf eine Reihe von für Zweijährige relativ unvertrauten Reizen von zwei Beobachtern kodiert. Der eine Beobachter hat die Funktion des Versuchsleiters, der andere zeichnet das Verhalten des Kindes durch einen Einwegspiegel auf Video auf. Folgende Verhaltensweisen deuten auf eine Verhaltenshemmung hin: Furchtsamkeit oder Rückzug, eine lange Zeitspanne, bis sich das Kind der unbekannten Person oder dem unbekannten Objekt annähert, sich an die Mutter klammern, weinen oder schluchzen, Gesichtsausdruck und Äußerungen, die auf eine Belastung hinweisen und die Hemmung, ein Spiel zu beginnen. Die Untersuchung bestand aus sechs verschiedenen Situationen:

1. *Aufwärmphase*: Die Mutter und das Kind wurden vom Versuchsleiter begrüßt, der den Zweck der Studie erklärt.

2. *Freies Spielen*: Das Kleinkind, die Mutter und der Versuchsleiter gingen in ein Spielzimmer, in dem verschiedene Arten von Spielzeug auf dem Fußboden platziert waren. Die Mutter bekam die Anweisung, das Kind nicht zum Spiel mit einem bestimmten Spielzeug zu ermutigen und nur dann mit dem Kind zu interagieren, wenn die Initiative dazu vom Kind ausgeht.

3. Reaktion auf Modell-Lernen: Im Anschluss an die fünf Minuten freien Spielens setzten sich der Versuchsleiter und die Mutter zum Kind auf den Boden, der Versuchsleiter spielte drei Szenen vor: (a) eine Puppe telefoniert mit einem Spielzeugtelefon; (b) eine Puppe kocht Essen in einer Pfanne und serviert es auf Tellern zwei anderen Puppen; (c) drei Tiere laufen zusammen durch regnerisches, stürmisches Wetter (dargestellt durch Handbewegungen) und verstecken sich dann unter einer Decke. Nach dem Spiel der drei Szenen wurden dem Kind keine weiteren verbalen Anweisungen gegeben. Weitere fünf Minuten freien Spiels wurden aufgezeichnet.

4. Reaktion auf einen unbekannten Erwachsenen: Der Versuchsleiter verließ den Raum, eine unbekannte Frau kam herein, setzte sich auf einen Stuhl, und begann 30 Sekunden lang keine Interaktion mit dem Kind oder mit der Mutter. Die Frau sprach das Kind mit seinem Namen an, forderte es auf, sich auf den Boden zu setzen und drei seinem Alter entsprechende Aufgaben zu erfüllen.

5. Reaktion auf ein unbekanntes Objekt: Der Versuchsleiter kam zurück und zog einen Vorhang in der Ecke des Zimmers zurück, hinter dem ein 60 Zentimeter hoher und 15 Zentimeter breiter Roboter stand. Er bestand aus Metalldosen, und auf seinem Kopf waren elektrische Kerzen angebracht. Das Kind wurde ermutigt, den Roboter zu untersuchen, und als es ihn berührt hatte, zeigte der Versuchsleiter dem Kind, wie man die Lichter auf dem Kopf des Roboters an- und ausschaltet. Nachdem das Kind mit den Lichtern gespielt hatte, drückte der Versuchsleiter mit dem Fuß auf einen verborgenen Schalter, der einen Kassettenrecorder in Gang setzte. 20 Sekunden lang sprach nun eine männliche Stimme durch einen Lautsprecher im Mund des Roboters zu dem Kind, danach ermutigte der Versuchsleiter das Kind erneut, den Roboter zu untersuchen.

6. Trennung von der Mutter: Nachdem das Kind mit den Spielsachen gespielt hatte, gab der Versuchsleiter der Mutter ein Zeichen, den Raum zu verlassen. Nach drei Minuten kehrte die Mutter zurück – wenn das Kind zu weinen begann, kam sie sofort zurück.

Anhand des Vorliegens gehemmten Verhaltens während jeder dieser sechs Situationen wurde das Kind einer der drei folgenden Gruppen zugeordnet:

- gehemmt: ingesamt neun oder mehr gehemmte Verhaltensweisen;
- nicht gehemmt: zwei oder weniger gehemmte Verhaltensweisen;
- weder noch: drei bis acht gehemmte Verhaltensweisen

Kasten 3.8
Laborexperiment zur Untersuchung der Verhaltenshemmung bei Kindern (nach Garcia-Coll et al. 1984, 1008f, übers. v. d. Autorin)

3.8   Welche Erfassungsmethoden sollen eingesetzt werden?

Die Entscheidung darüber, welche Instrumente eingesetzt werden, hängt in der Regel von den Zielen und vom Design der Studie ab. Die Validität und Reliabilität des Instruments sind auch von großer Bedeutung. Zusätzlich ist es hilfreich, folgende Aspekte im Auge zu behalten: die Altersspanne der Stichprobe, das für die Durchführung der Interviews verfügbare Personal sowie der zeitliche Rahmen der Interviews. Diagnostische Interviews sollen umfassend sein und eine Diagnosestellung gewährleisten (Bird/Gould 1995). Sie sollen im Hinblick auf Länge und Schwierigkeit durchführbar sein, sowie kostengünstig und idealerweise mit Algorithmen ausgestattet, die eine computergestützte Auswertung ermöglichen.

3.9   Übungsfragen zum 3. Kapitel

21. Warum sind gute Erhebungsinstrumente wichtig?

22. Welche Merkmale haben diagnostische Interviews?

23. Wie viele Arten strukturierter Interviews gibt es?

24. Was sind die Unterschiede zwischen hochstrukturierten und halbstrukturierten Interviews?

25. Welche Vor- und Nachteile haben hochstrukturierte Interviews?

26. Was sind die Merkmale von Fragebögen?

27. Welche Vorteile haben Fragebögen bei der Erhebung von Angstssymptomen?

28. Was bedeutet „Behavioral Avoidance Task"?

29. Was sind die Vor- und Nachteile von Verhaltensbeobachtungen?

30. Warum ist eine Familienevaluation wichtig?

31. Warum ist es wichtig, psychosoziale Beeinträchtigung bei Kindern und Jugendlichen mit Angststörungen zu erfassen?

32. Welche Anforderungen sollte ein gutes Instrument erfüllen, das zur Messung von Angst bei Kindern und Jugendlichen eingesetzt werden soll?

33. Warum sind Selbstbeobachtungsmethoden zur Erfassung von Angststörungen bei Kindern und Jugendlichen wichtig? Können Sie die von Beidel et al. (1991) entwickelte Methode des Tagesbuchschreibens darstellen?

4   Epidemiologie

Die Untersuchung von Störungen und ihre Verteilung innerhalb einer bestimmten Population wird als Epidemiologie bezeichnet. Zwei Funktionen der Epidemiologie sind die Planung von Versorgungsleistungen und die wissenschaftliche Forschung (Abb. 4.1). Der wissenschaftliche Aspekt umfasst die Untersuchung des Verlaufs einer Störung. Das Ziel ist es, Hypothesen bezüglich kausaler Zusammenhänge zu generieren und zu überprüfen und Präventionsmethoden zu entwickeln und zu testen, die dann von entsprechenden Experten der Gesundheitsvorsorge durchgeführt werden.

Der versorgungsbezogene Teil der Epidemiologie konzentriert sich auf die Identifikation von kritischen Punkten, an denen Interventionen zur Reduzierung des Auftretens einer Erkrankung oder Schädigung eingesetzt werden. Solche Interventionen sollten:

(a) Kontakt mit den Auslösern bzw. Ursachen der Störung vermeiden (primäre Prävention);
(b) dem Beginn einer Störung bei Hochrisikopersonen vorbeugen (sekundäre Prävention) und

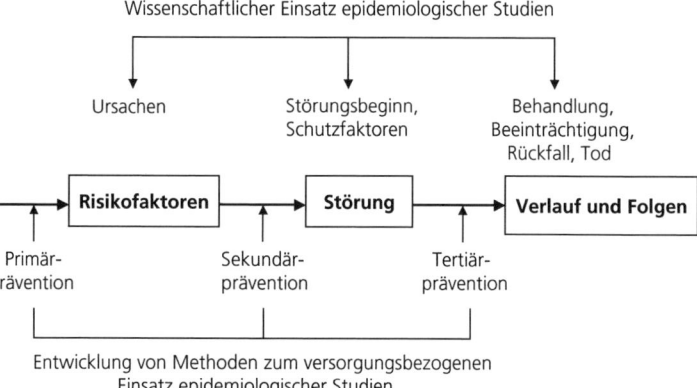

Abb. 4.1:
Einsatz epidemiologischer Studien (nach Costello et al. 1993, 1107; übers. v. d. Autorin)

(c) die Sterberate oder Folgeschäden bei den Überlebenden minimieren (tertiäre Prävention).

Im Rahmen der Epidemiologie psychischer Störungen wie Angststörungen im Kindes- und Jugendalter konnten große Fortschritte erzielt werden, die im Wesentlichen auf Entwicklungen der epidemiologischen Forschung im Erwachsenenalter zurückzuführen sind (Essau et al. 1997a; Wittchen/Essau 1993a, b):

- Die Klassifikationssysteme ICD-9 und DSM-III ermöglichten eine genaue Operationalisierung spezifischer diagnostischer Kriterien und eine genauere Diagnosevergabe statt einer unspezifischen Festlegung von Fällen („caseness"). Die Einführung der Klassifikationssysteme führte somit zu einer größeren Spezifität innerhalb der Diagnostik psychischer Störungen.
- Reliable und standardisierte diagnostische Instrumente wurden entwickelt, deren Konstruktion auf Erhebungsverfahren innerhalb der epidemiologischen Forschung im Erwachsenenbereich zurückgehen (Robins et al. 1989). Mithilfe standardisierter Interviewverfahren konnten Unterschiede hinsichtlich erhaltener Informationen sowie subjektive Einflüsse des Befragenden, auch in der Verwendung diagnostischer Kriterien, reduziert werden. Zudem wurde ein Vergleich der Ergebnisse unterschiedlicher Studien ermöglicht.
- Mithilfe von Forschungsdesigns konnte die Schätzung der Prävalenz psychischer Störungen in der Allgemeinbevölkerung vorgenommen und, neben verschiedenen Querschnittsdiagnosen, Lebenszeit-Prävalenzen bestimmt werden. Die Verwendung von Forschungsdesigns ermöglichte somit die Bestimmung des Auftretens, der Komorbidität und Abfolge von Syndromen und Störungen über die gesamte Lebensspanne der untersuchten Probanden. Dieser Ansatz, der ursprünglich im Rahmen des „Epidemiologic Catchment Area Study Program" (Regier et al. 1984) eingeführt und weltweit in zahlreichen epidemiologischen Studien an Erwachsenen verwendet wurde, wurde auch innerhalb von epidemiologischen Untersuchungen an Kindern und Jugendlichen übernommen.
- Die aus unterschiedlichen Quellen (z. B. Eltern, Lehrer, Kliniker, Kinder/Jugendliche) erhobenen Informationen (Achenbach 1995; Verhulst 1995) konnten systematisch koordiniert werden.

Trotz dieser positiven Entwicklungen zeigen sich Inkonsistenzen, die bei der Interpretation der Prävalenzen von Angst berücksichtigt werden müssen (Essau et al. 1997a):(a) der Gebrauch unterschiedlicher Diagnosekriterien (DSM-III, DSM-III-R, DSM-IV, ICD-10); (b) Anwendung unterschiedlicher Falldefinitionen, z. B. unterschiedliche Anzahl von Symptomen (McGee et al. 1990), Behandlungsbedürftigkeit (Kashani et al. 1987) und Stärke der psychosozialen Beeinträchtigung (Bird et al. 1993); (c) verschiedenartige Techniken der Erhebung (Selbstbeurteilungsfragebogen, hochstrukturiertes oder halbstrukturiertes Interview); (d) unterschiedliche untersuchte Zeiträume (z. B. Punkt-, Sechs-Monats- und Lebenszeit-Prävalenzen); (e) unterschiedliche Informationsquellen (Eltern, Lehrer, Kinder oder Jugendliche selbst) und die Kombination der Informationen unterschiedlicher Quellen; (f) unterschiedliche Verfahrensweisen bei der Stichprobenzusammenstellung (z. B. Schulstichproben oder Stichproben, die sich aus zufällig bestimmten Kindern aus Haushalten zusammensetzen). Die angeführten methodischen Unterschiede erschweren die Vergleichbarkeit der Ergebnisse unterschiedlicher Studien.

4.1 Häufigkeiten von Angststörungen

Neueren epidemiologischen Studien zufolge gehören Angststörungen zu den Störungen mit der höchsten Prävalenz bei Kindern und Jugendlichen (Emmelkamp/Scholing 1997). Wie Tab. 4.1 zeigt, erfüllten ungefähr 10 % der Kinder und Jugendlichen irgendwann in ihrem Leben die diagnostischen Kriterien einer Angststörung.

In fast allen Studien war die Phobie die häufigste Angststörung (Tab. 4.2), zwischen 3 und 11 % der Kinder und Jugendlichen litten irgendwann in ihrem Leben an dieser Störung (Anderson et al. 1987; Reinherz et al. 1993; Wittchen et al. 1998). Die Zwangsstörung (von 0.4 bis 2.1 %) tritt weniger häufig auf (Flament et al. 1988; Reinherz et al. 1993; Whitaker et al. 1990). Die Häufigkeit der Panikstörung und der Generalisierten Angststörung wurden auf ungefähr 1 % geschätzt (Lewinsohn et al. 1993; Whitaker et al. 1990; Tab. 4.3). Die Sechs-Monats-Prävalenzen der Störung mit Trennungsangst bei Achtjährigen wurde mit 2.8 % berichtet (Federer et al. 2000). Die Prävalenz der Posttraumatischen Belas-

Tab. 4.1 Häufigkeit von Angststörungen in neueren epidemiologischen Studien

Studien	Alter	Instrument/ Kriterien	LT (%)	1-Jahr (%)	Punkt/ 6-Monate (%)
Lewinsohn et al. (1993)	14–18	K-SADS/ DSM-III-R	8.8	9.2	
Fergusson et al. (1993)	15	DISC/DSM-III-R			10.8*
Verhulst et al. (1997)	13–18	DISC/DSM-III-R			23.5
Canals et al. (1997)	18	SCAN/ DSM-III-R; ICD-10			2.7* 9.0*
Steinhausen et al. (1998)	7–16	DISC/DSM-III-R			11.4
Wittchen et al. (1998)	14–24	CAPI/DSM-IV	14.4	9.3	
Essau et al. (1998c)	12–17	CAPI/DSM-IV	18.6	11.3	
Federer et al. (2000)	8	Kinder-DIPS			9.5

Anmerkungen: * Punkt = Punktprävalenz; LT = Lebenszeit-Prävalenz; SCAN = Schedule for Clinical Assessment in Neuropsychiatry; DISC = Diagnostic Interview Schedule for Children; K-SADS = Schedule for Affective Disorders and Schizophrenia for School-age Children; CAPI = computerisierte Version der Münchener Fassung des Composite International Diagnostic Interview.

tungsstörung beträgt zwischen 1.3 und 6 % (Essau 2000; Reinherz et al. 1993; Wittchen et al. 1998); in Studien mit Kindern und Jugendlichen, die spezifische traumatische Erfahrungen gemacht hatten, wurden Häufigkeiten der Posttraumatischen Belastungsstörung bis 40 % festgestellt (Tab. 4.4).

Tab. 4.2 Häufigkeit von Phobien

Studien	Angststörungen	LT (%)	1-Jahr (%)	Punkt/ 6-Monate (%)
Lewinsohn et al. (1993)	Einfache Phobie Soziale Phobie Agoraphobie	1.9 1.5 0.7	2.1 1.5 0.6	
Reinherz et al. (1993)	Phobie	22.8		18.9
Feehan et al. (1994)	Einfache Phobie Soziale Phobie Agoraphobie	6.1 11.1 4.0		
Fergusson et al. (1993)	Einfache Phobie Soziale Phobie			5.1* 1.7*
Verhulst et al. (1997)	Spezifische Phobie Soziale Phobie Agoraphobie			12.7 9.2 2.6
Canals et al. (1997)	Einfache und Soziale Phobie Agoraphobie			1.7* 0.7*
Steinhausen et al. (1998)	Einfache Phobie Soziale Phobie Agoraphobie			5.8 4.7 1.9
Wittchen et al. (1998)	Soziale Phobie Spezifische Phobie Agoraphobie	3.5 2.3 2.6	2.6 1.8 1.6	
Essau et al. (1998c)	Soziale Phobie Spezifische Phobie Agoraphobie	1.6 3.5 4.1	1.4 2.7 2.7	
Federer et al. (2000)	Agoraphobie Soziale Phobie Spezifische Phobie			0 0.4 5.2

Anmerkung: LT = Lebenszeit-Prävalenz; * Punktprävalenz

Tab. 4.3 Häufigkeit von anderen Angststörungen

Studien	Angststörungen	LT (%)	1-Jahr (%)	Punkt/ 6-Monate (%)
Lewinsohn et al. (1993)	Panikstörung	0.8	1.2	
	OCD	0.5	0.6	
	SAD	4.2	4.3	
	OAD	1.3	1.2	
Reinherz et al. (1993)	OCD	2.1		1.3
	PTSD	6.3		4.2
Feehan et al. (1994)	Panikstörung		0.8	
	GAD		1.8	
	OCD		4.0	
Fergusson et al. (1993)	GAD			4.2*
	SAD			0.5*
	OCD			2.1
Verhulst et al. (1997)	GAD			1.3
	OCD			1.0
	SAD			1.8
	AD			4.0
	OAD			3.1
Canals et al. (1997)	Panikstörung			0.3*
	GAD			0.0*
	OCD			0.7*
Steinhausen et al. (1998)	GAD			0.6
	OCD			0.2
	SAD			0.8
	AD			1.6
	OAD			2.1
Wittchen et al. (1998)	Panikstörung	1.6	1.2	
	GAD	0.8	0.5	
	OCD	0.7	0.6	
	PTSD	1.3	0.7	
Essau et al. (1998c)	Panikstörung	0.5	0.5	
	GAD	0.4	0.2	
	OCD	1.3	1.0	
	PTSD	1.6	1.0	

Federer et al. (2000)	Panikstörung PTSD GAD			0 0.1 1.4

Anmerkungen: * Punkt = Punktprävalenz; SAD = Störung mit Trennungs-angst; OAD = Störung mit Überängstlichkeit; OCD = Zwangsstörung; AD = Störung mit Kontaktvermeidung; GAD = Generalisierte Angststörung; PTSD = Posttraumatische Belastungsstörung; LT = Lebenszeit-Prävalenz.

Tab. 4.4 Prävalenz der Posttraumatischen Belastungsstörung bei Kindern und Jugendlichen mit traumatischen Erlebnissen

Studien	Untersuchungs-gruppen	Design; Instrumente/ Kriterien	% mit PTSD
Shannon et al. (1994)	5.687 Kinder (Durchschnittsalter: 14 Jahre)	• 3 Monate nach dem Wirbelsturm Hugo, Berkeley Count; • selbst berichtete Symptome, DSM-III-R.	5 %
Green et al. (1994)	99 Kinder im Alter von 2–15 Jahren	• 17 Jahre nach dem Buffalo Creek Dammbruch; • SCID; DSM-III-R.	7 %
March et al. (1997)	1019 Kinder (Durchschnittsalter: 12.6 Jahre)	• 9 Monate nach einem Industriebrand im „Imperial Foods Chicken-processing plant"; • selbst berichtete posttraumatische Symptome, DSM-III-R.	11 %
Garrison et al. (1995)	400 Jugendliche (Durchschnittsalter: 14.5 Jahre)	• 6 Monate nach dem Wirbelsturm Andrew; • modifizierte Version des DIS; DSM-III-R.	3 %* 9 %**
Brent et al. (1995)	146 Jugendliche (Durchschnittsalter: 20.1 Jahre)	• 7 Monate nach dem Tod eines Freundes durch Suizid; • Interview.	5 %

Najarian et al. (1996)	25 Kinder von 11–13 Jahren	• 2 Jahre nach dem Erdbeben in Armenien; • DICA-R; DSM-III-R.	32 %
McLeer et al. (1992)	92 Kinder (Durchschnittsalter: 8.9 Jahre)	• ca. 5 Monate nach dem letzten Missbrauch; • K-SADS-E; DSM-III-R.	43.9 %

Anmerkungen: * männlich; ** weiblich; DIS = Diagnostic Interview Schedule; K-SADS = Schedule for Affective Disorders and Schizophrenia for School-age Children; DICA-R = Diagnostic Interview for Children and Adolescents – Revised; SCID = Structured Clinical Interview for DSM-III-R; PTSD = Posttraumatische Belastungsstörung

4.2   Angststörungen und Geschlecht

In den meisten Studien wiesen Mädchen zwei- bis viermal höhere Raten von Angststörungen auf als Jungen (Canals et al. 1997; Fergusson et al. 1993; Kashani/Orvaschel 1990). Dieser Unterschied tritt bereits in frühem Alter in Erscheinung. Retrospektiven Studien zufolge haben schon sechsjährige Mädchen ein doppelt so hohes Risiko als Jungen, eine Angststörung zu entwickeln.

Es gibt zwei weit gefasste Erklärungsansätze für die beobachteten Geschlechtsunterschiede bei Angststörungen. Dem ersten zufolge ist das erhöhte Auftreten von Angststörungen bei Mädchen auf genetisch oder biologisch bedingte, geschlechtsspezifische Unterschiede zurückzuführen (Lewinsohn et al. 1998). Der zweite Erklärungsansatz führt die Unterschiede auf verschiedene Erfahrungen und soziale Rollen von Mädchen und Jungen zurück.

Ursachen für Geschlechtsunterschiede

Andere Gründe dafür, dass Mädchen häufiger als Jungen an Angststörungen leiden, könnten in unterschiedlichem Copingverhalten von Mädchen und Jungen zu finden sein. Eine Studie von Nolen-Hoeksema (1987) konnte zeigen, dass Mädchen mehr zu grüblerischem Verhalten und Sorgen neigen. Auch der Erziehungsstil der Eltern spielt möglicherweise eine Rolle. Curle und Williams (1996, 298) hielten in diesem Zusammenhang fest:

„Eine Reihe von Hinweisen spricht dafür, dass Jungen und Mädchen vom Kleinkindalter an von ihren Eltern entsprechend der vorherrschenden Geschlechterstereotypen unterschiedlich be-

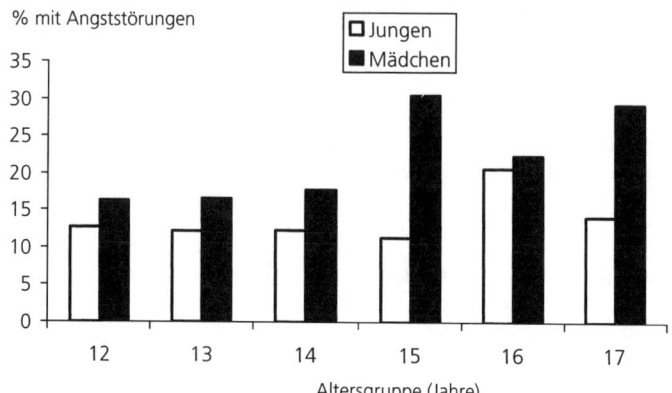

Abb. 4.2:
Angststörungen
nach Alter und
Geschlecht (nach
Essau 2000)

handelt werden. Berk (1991) zitiert Forschungsergebnisse, denen zufolge bei Mädchen ‚weibliche' Verhaltensweisen stärker wahrgenommen und auch in größerem Maße erwartet werden, d. h. Wärme auszudrücken und sich ‚damenhaft' zu verhalten, in stärkerem Maße Gefühle zu zeigen, mehr zu weinen, Bestätigung zu brauchen, die Gefühle anderer wahrzunehmen etc." (übers. v. d. Autorin).

In klinischen Settings wurden keine so großen Geschlechtsunterschiede wie in epidemiologischen Settings festgestellt. Last et al. (1992) fanden in einer Stichprobe von fünf- bis 18-jährigen Kindern und Jugendlichen mit Angststörungen Mädchen und Jungen in etwa gleichem Maße vertreten. Ähnliches berichteten Strauss und Last (1993), zu deren Stichprobe von Kindern und Jugendlichen, die aufgrund einer spezifischen Phobie in klinischer Behandlung waren, ebenso viele Jungen und Mädchen zählten. Möglicherweise spiegelt sich darin eine Wahrnehmungsverzerrung der Bezugspersonen: Es könnte sein, dass dieses ängstliche Verhalten bei Mädchen in geringerem Maße als behandlungsbedürftig wahrgenommen wird, da Schüchternheit und Zurückgezogenheit bei Mädchen eher als bei Jungen der erwarteten Norm entsprechen.

4.3   Angststörungen und Alter

Die Prävalenz der unterschiedlichen Angststörungen ändert sich   **Prävalenz und Alter**
mit dem Alter. In der Studie von Cohen et al. (1993) zeigte sich
ein 23-prozentiger Rückgang der Störung mit Trennungsangst
mit jedem Jahr ab dem zehnten Lebensjahr. Dieser Rückgang ist
vermutlich eine Folge der wachsenden Bestrebungen zur Unabhängigkeit während der späten Kindheit. Cohen und Mitarbeiter
berichteten für Jungen vom zehnten bis zum 20. Lebensjahr einen
kontinuierlichen Rückgang der Störung mit Überängstlichkeit;
ein geringerer Rückgang wurde bei Mädchen beobachtet. Die
Tatsache, dass bei Mädchen mit steigendem Alter die Störung mit
Überängstlichkeit weniger ausgeprägt zurückgeht als bei Jungen,
weist darauf hin, dass die biologischen und sozialen Veränderungen bei Mädchen in der Pubertät die Störung nicht grundlegend
beeinflussen. Der deutliche Rückgang bei Jungen mit zunehmendem Alter kann damit in Zusammenhang stehen, dass diese Fertigkeiten und Selbstkontrolle stärker entwickeln und soziale
Anerkennung häufiger erfahren als Mädchen. Weiter wird vermutet, dass Jungen durch die zunehmende Anpassung an ihre Ge-
schlechterrolle eine rückläufige Überängstlichkeit zeigen (Cohen
et al. 1993).

Panikattacken scheinen nicht unmittelbar mit dem Alter zusammenzuhängen, sondern eher mit der Pubertät (Hayward et al.
1992; s. a. Kap. 4.4). Die Autoren interpretieren die höheren Raten
von Panikattacken mit zunehmender sexueller Reife. Die verstärkt produzierten Geschlechtshormone in der Pubertät könnten dazu beitragen, dass Panikattacken vermehrt auftreten, auch
in späteren Pubertätsphasen. Panikattacken treten in der Regel
ab dem 13. Lebensjahr auf (Macaulay/Kleinknecht 1989; Warren/
Zgourides 1988). In psychiatrischen Settings liegen nicht nur
schwerere Formen von Panikstörungen vor, sondern diese manifestieren sich schon zwischen dem fünften und elften Lebensjahr
(Bradley/Hood 1993; Vitiello et al. 1990). Eine Zwangsstörung
manifestiert sich in der Regel etwa mit elf Jahren (Toro et al. 1992).
Jedoch ist unklar, ob die Störung bei Jungen oder bei Mädchen
früher auftritt (Swedo et al. 1989; Toro et al. 1992).

4.4   Panikattacken bei Kindern und Jugendlichen

Der Mangel an Studien über Panikattacken bei Kindern und Jugendlichen geht auf die Annahme zurück, dass die Panikstörung eine Störung des Erwachsenenalters sei, die nicht oder nur selten bei Kindern und Jugendlichen auftritt. Diese Überzeugung entstand vor einem theoretischen Hintergrund, der besagt, dass Kinder nicht in der Lage seien, körperliche Empfindungen fehlzuinterpretieren (Nelles/Barlow 1988). Das heißt, Nelles und Barlow argumentierten, dass Personen über bestimmte kognitive Fähigkeiten verfügen müssen, um einer Erfahrung die Bedeutung von Kontrollverlust oder Verrücktwerden zuschreiben zu können. Sie stellten die Hypothese auf, dass Kinder Paniksymptome auf äußere Ursachen zurückführen (z. B. „mein Herz schlägt schnell, weil ich einen Test schreiben muss") und erst später in der Adoleszenz internale Attributionen vorgenommen werden (z. B. „mein Herz schlägt schnell und ich fühle mich seltsam, wenn ich eigentlich Spaß haben sollte – ich glaube, ich werde verrückt, oder ich sterbe"). Daher nahmen Nelles und Barlow an, dass spontane Panikattacken erst in der späten Adoleszenz auftreten.

Chorpita et al. (1996) argumentierten ähnlich: In Begriffen von Piaget (1952) ausgedrückt haben Kinder in der konkret-operationalen Periode der intellektuellen Entwicklung (7–11 Jahre) möglicherweise nicht die kognitiven Fähigkeiten, internale und unmittelbare Stimuli (Empfindungen) mit externalen, zukunftsorientierten und oft abstrakten Formen von Gefahr in Zusammenhang zu bringen (z. B. Tod, sich blamieren, verrückt werden). Chorpita und Mitarbeiter setzten die Kinder-Version des „Anxiety Sensitivity Index" (Silverman et al. 1991) ein, um Angst vor körperlichen Empfindungen aufgrund wahrgenommener negativer Folgen wie Tod oder körperliche oder geistige Beeinträchtigung bei sieben bis 17-Jährigen zu messen, die in eine Klinik für Angststörungen überwiesen worden waren. Ihre Ergebnisse erbrachten keinen Hinweis auf diese Art von Angst-Sensitivität bei kleinen Kindern, wohl aber bei Kindern, die zwölf Jahre oder älter waren.

Im Jahre 1984 (van Winter/Stickler) erschien der erste Bericht über Paniksymptome bei Jugendlichen. Seitdem sind eine Reihe von Studien durchgeführt worden. Diese Ergebnisse zeigen, dass Panikattacken auch bei Kindern und Jugendlichen auftreten können (Moreau/Follett 1993; Vitiello et al. 1990). Die Prävalenz von Panikattacken in Studien mit Jugendlichen der Allgemeinbevölkerung variiert dramatisch und hängt in großem Maße davon ab, ob ein Fragebogen oder ein standardisiertes diagnostisches Interview eingesetzt wurde. In Studien, in denen mit diagnostischen Interviews gearbeitet wurde, bewegten sich die berichteten Häufigkeiten von Panikattacken zwischen 1.9 % und 12 % (Hayward/ Essau 2001). Bei den Studien, die mittels Fragebögen durchgeführt wurden, variierte die Prävalenz der Panikattacke von 34 % bis 60 %.

Die Unterschiede der Prävalenzen von Panikattacken, die durch Interviews und Fragebögen bestimmt wurden, sind möglicherweise auf die den Fragebögen inhärenten Validitätsprobleme zurückzuführen. Das heißt, anders als das diagnostische Interview erlaubt eine Fragebogenerhebung für gewöhnlich keine detaillierte Beurteilung der Situation, in der eine Panikattacke erlebt wurde. Wie Hayward et al. (1997) zeigten, war eine hohe Anzahl der Mädchen, bei denen durch Fragebögen Panikattacken festgestellt wurden, „falsch-positive Fälle", wodurch hohe Prävalenzraten entstanden. Das heißt, ungefähr 10 % der Mädchen bejahten die Screening-Frage, ob sie jemals eine Panikattacke gehabt hätten, obwohl die Attacke in einer Situation auftrat, in der nahezu jeder große Angst gehabt hätte. Mehr als 50 % derjenigen, die im Interview berichteten, normale Angst gehabt zu haben, wurden durch den Fragebogen so klassifiziert, als ob sie eine Panikattacke gehabt hätten.

Die häufigsten Paniksymptome in der Bremer Jugendstudie waren Herzklopfen, Zittern und Beben, Übelkeit und Kälteschauer oder Hitzewellen (Essau 2000). In der Studie von King et al. (1996) waren die häufigsten Symptome der Panikattacke bei Kindern und Jugendlichen Zittern und Beben, Herzklopfen, Schwindel/Ohnmacht, Atemnot und Schweißausbrüche. Die Symptome von Panikattacken veränderten sich mit dem Alter (Tab. 4.5). Es wird beschrieben, dass präpubertäre Kinder fast nie die Angst, zu sterben, verrückt zu werden oder Kontrollverlust zu erfahren, als eine Folge physiologischer Symptome äußern (Essau 2000).

Die Erfahrung einer Panikattacke war mit zahlreichen Problemen oder Sorgen verbunden, wobei sich die meisten auf die Vermeidung bestimmter Situationen aus Angst vor einer weiteren Attacke bezogen. In der Studie von Warren und Zgourides (1988) vermieden 10 % der Jugendlichen mit Panikattacken spezifische Situationen aus Angst vor einer weiteren Attacke, in der Studie von Hayward et al. (1992) waren es 11.8 %. Meist wurden Situa-

Tab. 4.5 Paniksymptome (%) bei Kindern und Jugendlichen

Paniksymptome	King et al. (1996) (N = 104)	Essau et al. (1998c) (N = 186)
Atemnot oder Kurzatmigkeit	58.7	28.5
Herzklopfen/Herzrasen	78.8	79.6
Schmerzen/Beklemmungsgefühle in der Brust	54.8	20.4
Erstickungsgefühle	37.5	13.4
Schwindel/Benommenheitsgefühle	79.8	19.4
Kribbel- oder Taubheitsgefühle in den Händen, Armen oder Beinen	51.0	15.6
Hitzewellen oder Kälteschauer	64.4	33.3
Schwitzen	75.0	27.4
Zittern/Beben	86.5	51.6
Übelkeit/Bauchschmerzen/ unangenehmes Gefühl im Magen	66.3	43.5
Umwelt erscheint unwirklich	45.2	29.0
Befürchtung zu sterben	38.5	14.5
Angst, die Kontrolle zu verlieren/ verrückt zu werden	56.7	24.2

tionen gemieden, in denen Gruppen unbekannter Menschen dem Jugendlichen gegenüberstanden, wie in Restaurants, Menschenmengen und Hörsälen (King et al. 1993).

In einer Studie von King et al. (1996), die in Australien durchgeführt wurde, berichteten 35.9 % der Jugendlichen, irgendwann in ihrem Leben schon einmal eine Panikattacke erlebt zu haben. Bei weniger als der Hälfte dieser Jugendlichen waren voll ausgeprägte Panikattacken aufgetreten, im Laufe derer mindestens vier der 13 DSM-IV-Symptome vorliegen, die sich plötzlich bemerkbar machen und in den folgenden zehn Minuten an Intensität zunehmen. Die durchschnittliche Anzahl der Panikattacken im vergangenen Jahr betrug 5.12.

Die am häufigsten angegebenen Situationen und Orte, an denen Panikattacken auftraten, umfassen (King et al. 1996): Trennung von einem wichtigen Menschen, beim Spazierengehen nachts alleine, während Tests oder im Laufe von Prüfungen, während man beobachtet oder angestarrt wird (Tab. 4.6). Etwa 21 % der Jugendlichen berichteten, dass ihre Panikattacken völlig unerwartet auftraten. Jungen und Mädchen erlebten Panikattacken in unterschiedlichen Situationen. Zwei Situationen, die von Mädchen häufiger als von Jungen angegeben wurden, waren „nachts allein spazieren gehen" und „fremde Menschen treffen".

Tab. 4.6 Situationen, in denen Panikattacken auftraten (nach King et al. 1996)

Situationen	Weiblich[1] (N = 69) (%)	Männlich[1] (N = 35) (%)	12–14 Jahre[2] (N = 43) (%)	15–17 Jahre[2] (N = 59) (%)
Nachts allein spazieren gehen	47.8*	24.3	45.4	35.0
Allein weit weg von zu Hause gehen	15.9	5.4	20.4	6.7*
Allein per Bus oder Flugzeug verreisen	7.3	8.1	6.8	80.3
Allein auf einer belebten Straße gehen	14.5	5.4	13.6	10.0
Auto fahren	16.2	13.0	6.8	20.0*
Geschlossene Orte	14.5	13.5	13.6	15.0
In überfüllte Geschäfte gehen	4.4	10.8	6.8	6.7
Vor einem Publikum sprechen oder spielen	39.1	35.1	38.6	38.3

Zwischenmenschlicher Konflikt	26.1	16.2	18.2	26.7
Beobachtet oder angestarrt werden	43.5	27.0	47.7	30.0
Trennung von jemand wichtigem	46.4	35.1	45.5	41.7
Fremde treffen	29.0*	8.1	29.5	16.7
Mit Autoritätspersonen sprechen	18.8	13.5	15.9	18.3
Kritisiert werden	31.9	16.2	31.8	21.7
In Anwesenheit anderer essen oder trinken	5.7	8.1	4.6	8.3
Gedanken an Verletzung/ Krankheit	21.7	21.6	18.2	25.0
Besuch beim Arzt/ im Krankenhaus	26.1	21.6	20.5	28.3
Injektionen bekommen oder operiert werden	29.0	21.6	20.5	31.7
Zum Zahnarzt gehen	17.4	18.9	13.6	20.0
Unerwartet	18.8	27.0	29.6	16.7
Im Schlaf	5.8	10.8	2.3	11.7
Während der Entspannung	2.9	5.4	4.6	3.3
Während eines Test/einer Prüfung oder einer Klausur	44.9	27.0	34.1	41.7
Während einer Phase von großem Stress	37.7	29.7	34.1	36.7
Während sportlicher Übungen	1.4	8.1	2.3	5.0

Anmerkungen: [1]Statistischer Vergleich Jungen und Mädchen; [2]statistischer Vergleich Altersgruppe; * $p < 0.05$

Ganz allgemein zeigten diese Ergebnisse, dass Jugendliche mit Panikattacken, die nicht in klinischer Behandlung waren, im Gegensatz zu Altersgenossen, bei denen das der Fall war, häufiger situationsbedingte als spontane Attacken erlebten. Den Ergebnissen dieser Studie zufolge berichteten sie darüber hinaus auch mehr körperliche (z. B. Herzklopfen, Zittern, Schwitzen) als kognitive Symptome (z. B. Angst, zu sterben oder verrückt zu werden).

4.5   Übungsfragen zum 4. Kapitel

34. Wie wurde die Unterschiedlichkeit der Angststörungen in den verschiedenen Altersgruppen erklärt?

35. Welche Angststörungen kommen im Kindes- und Jugendalter am häufigsten vor?

36. Wie häufig sind Angststörungen bei Kindern und bei Jugendlichen?

37. Wie verteilen sich Angststörungen nach Geschlecht und Alter?

38. Welche biologischen und psychosozialen Faktoren sind möglicherweise für die Geschlechtsunterschiede bei Angststörungen verantwortlich?

34. Welche Rolle spielt die Pubertät bei der Entwicklung von Panikattacken unter Berücksichtigung der Forschungsergebnisse von Hayward et al. (1992)?

5   Komorbidität und Alter bei Störungsbeginn

Obwohl das Konzept der Komorbidität sich bis in die Zeit von Hippokrates zurückverfolgen lässt, wurde der Begriff Komorbidität in der medizinischen Literatur erst in den 70er Jahren von Feinstein (1970) eingeführt. Das Interesse an Komorbidität entwickelte sich in Zusammenhang mit (a) dem „neo-kraepelinischen" Paradigma (Klerman 1990) und (b) der Einführung der dritten Fassung des Diagnostischen und Statistischen Manuals Psychischer Störungen (DSM-III; APA 1980) und seiner nachfolgenden Fassungen. Es liefert explizite diagnostische Kriterien, operationalisierte Diagnosen, eine Reduzierung diagnostischer Hierarchien, eine stärkere Betonung von Lebenszeit-Phänomenen sowie eine größere Anzahl spezifischer diagnostischer Kategorien anstelle weit gefasster und locker definierter Klassen wie beim Neurosenkonzept.

Diese Veränderungen hatten wichtige Auswirkungen auf die klinische Praxis wie auch auf Forschungsstrategien und -ergebnisse. Aufgrund der größeren Anzahl spezifischer DSM-III-Diagnosen, des auf die Lebenszeit bezogenen Ansatzes und der wenigen diagnostischen Hierarchien wird häufig mehr als eine diagnostische Kategorie vergeben.

5.1   Komorbidität zwischen Angst und anderen Störungen

Komorbiditätsraten Komorbidität scheint eher die Regel als die Ausnahme zu sein. Wie Rohde et al. (1991) zeigten, liegen die Komorbiditätsraten bei Jugendlichen anscheinend höher als bei Erwachsenen. D. h., die Wahrscheinlichkeit, mit der bei Jugendlichen mit einer psychischen Störung eine weitere auftritt, liegt höher, als zufällig zu erwarten wäre. Jedoch schwanken die Komorbiditätsraten je nach Studie zwischen 20 und 70 %. Wittchen (1996) zeigte in seinem Übersichtsartikel, dass die unterschiedlichen Raten möglicherweise durch eine Reihe von Faktoren zustande kommen. Diese Faktoren umfassen

- das Ausmaß, in dem diagnostische Ausschlusskriterien und Hierarchien eingesetzt werden, wie im DSM-III-R (APA 1987), DSM-IV (APA 1994) und der ICD-10 (WHO 1993) vorgeschlagen;
- die Art und Anzahl der eingeschlossenen Diagnoseklassen. So ist es z. B. sinnvoll anzugeben, welche spezifischen Subtypen von Angststörungen die Studien umfassen, in denen die Komorbidität von Angststörungen mit anderen Störungen untersucht wird;
- den Zeitrahmen (z. B. Lebenszeit, 6-Monate) für die Erhebung jeder Störung;
- die Erhebungsmethode. So wurden z. B. bei Erwachsenen bei Anwendung standardisierter Erhebungsinstrumente doppelt so viele Diagnosen vergeben wie bei freien klinischen Interviews (Wittchen 1995); sowie
- der Gebrauch unterschiedlicher Forschungsdesigns (Quer- und Längsschnittdesigns) und statistischer Analysen.

Komorbidität zwischen Angststörungen. Verschiedene Studien haben gezeigt, dass ein hoher Prozentsatz der Kinder nicht nur eine Angststörung, sondern mindestens zwei Angststörungen aufweist (Benjamin et al. 1990; Francis et al. 1992; Kashani/Orvaschel 1990; Last et al. 1992; Lewinsohn et al. 1997; Strauss/Last 1993). Beispielsweise wurden in einigen Studien (Francis et al. 1992; Last et al. 1992; Strauss/Last 1993) hohe Komorbiditätsraten der Störung mit Kontaktvermeidung und Sozialer Phobie gefunden; die Ergebnisse legen nahe, dass es sich nicht um zwei unterschiedliche Störungen handelt und dass die Veränderungen im DSM-IV gerechtfertigt sind, denen zufolge die Störung mit Kontaktvermeidung nun mit der Sozialen Phobie zusammengefasst wird.

Komorbiditäts- muster

Komorbidität mit Depression. Angststörungen treten am häufigsten zusammen mit Depression auf. Lewinsohn et al. (1997) fanden, dass Angststörungen mit größerer Wahrscheinlichkeit mit Depression als mit anderen Angststörungen (d. h. Komorbidität innerhalb der Angststörungen) komorbid sind. Unter den verschiedenen Angstformen ist die Störung mit Überängstlichkeit am häufigsten mit Depression verknüpft (Bowen et al. 1990). In der Studie von Lewinsohn et al. (1997) zeigte sich, dass ein signifikanter Zusammenhang zwischen Major Depression und allen Subtypen von Angststörungen mit Ausnahme der Zwangsstörung be-

steht. Noch häufiger sind Angst und Depression bei Kindern ge-
koppelt, die sich in psychiatrischer Behandlung befinden (Kovacs
et al. 1989; Moreau et al. 1989; Strauss et al. 1988b). Kinder, die sowohl Angst als auch Depression aufwiesen, waren in der Regel älter und hatten mehr und schwerere Angstsymptome (Bernstein
1991; Strauss et al. 1988b).

tripartite model   Die Komorbidität zwischen Angst und Depression hat zur Entwicklung verschiedener Modelle geführt. So legen beispielsweise
Clark und Watson (1991) in ihrem „tripartite model" nahe, dass
Angst- und depressive Störungen eine unspezifische Komponente allgemeiner affektiver Belastung oder negativen Affekts
gemeinsam ist (s. a. Essau 2002). Im Gegensatz dazu scheint der
Faktor „vermindertes Interesse an Dingen, die bisher von großem
Interesse waren, oder verminderter positiver Affekt" Merkmale
zu enthalten, die depressionsspezifisch sind, wohingegen der Faktor „physiologische Symptome übermäßiger Erregung" angstspezifisch ist.

Kontrollerwartung   Nach Alloy und Mitarbeitern (1990) ist das Aufeinanderfolgen
von Angst und Depression möglicherweise durch eine Verände-
rung der Kontrollerwartung zu erklären. Sie zitieren den Verhal-
tensforscher Darwin, der bereits 1872 die Beobachtung machte
„If we expect to suffer we are anxious, if we have no hope, we
despair" (Alloy et al. 1990, 519). Das bedeutet, wenn eine Person
sich über ihre Fähigkeit, das Ergebnis ihrer Handlung zu kontrollieren, unsicher ist (d. h. unsichere Hilflosigkeit, „uncertain helplessness"), so ist der daraus resultierende Gefühlszustand erregte
Angst („aroused anxiety"). Nimmt der Mangel an Kontrollerwartung zu (d. h. sichere Hilflosigkeit, „certain helplessness"), so erlebt die Person einen gemischt ängstlich-depressiven Zustand
(„mixed anxiety-depression"). Geht schließlich die Kontrollerwartung einer Person vollständig verloren (d. h. Hoffnungslosigkeit) und besteht die Gewissheit eines negativen Ergebnisses, dann
erlebt die Person einen depressiven Zustand. Jedoch ist dieser
Übergang von Hilflosigkeit zu Hoffnungslosigkeit abhängig von
der Art von Lebensereignissen, denen die Person ausgesetzt ist,
sowie von den Attributionen, die diesen Ereignissen gegeben
werden.

Ein weiteres Modell zur Erklärung der zeitlichen Abfolge von
Angst und Depression ist das von Klein (1981; Wittchen et al.
1989b) entwickelte „symptom progression model". Diesem Modell zufolge kann das Vorliegen spontaner Panikattacken zur

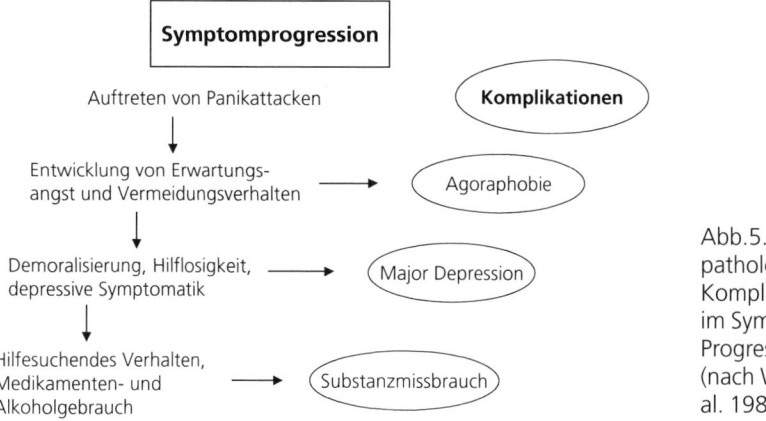

Abb. 5.1: Psycho-
pathologische
Komplikationen
im Symptom-
Progressionsmodell
(nach Wittchen et
al. 1989a, 120)

Entwicklung von Agoraphobie, Erwartungsangst (Generalisierte
Angststörung) und diese wiederum zu Demoralisierung (Major
Depression) und hilfesuchendem Verhalten (Substanzmissbrauch)
führen (Abb. 5.1).

Komorbidität mit anderen Störungen. Angststörungen traten
auch häufig zusammen mit anderen Störungen auf. Diese umfassen: Störungen des Sozialverhaltens, Störungen mit oppositionellem Trotzverhalten und Aufmerksamkeitsdefizit-/Hyperaktivitäts-
störungen, Alkoholmissbrauch oder -abhängigkeit (Benjamin et
al. 1990; Biederman et al. 1991; Bird et al. 1993; Keller et al. 1992;
Lewinsohn et al. 1997) und Somatoforme Störungen (Essau 2000;
Essau et al. 2000).

5.1.1   Alter bei Störungsbeginn von Angststörungen

Eine wichtige Information für die Untersuchung der zeitlichen
Abfolge komorbider Störungen ist das Alter bei Störungsbeginn.
Es wurde definiert als das Jahr, von dem der Betroffene angab,
zum ersten Mal an der Störung gelitten zu haben (Wittchen/
Essau 1993a). Angaben hinsichtlich des Alters bei Störungsbeginn tragen dazu bei, unser Wissen über den natürlichen Verlauf
der Störung zu erweitern. Hinzu kommt, dass verlässliche Schät-
zungen des Störungsbeginns in Populationen der Allgemeinbe-

**Alter bei
Störungsbeginn**

völkerung eine Schlüsselrolle bei der Planung öffentlicher Maßnahmen, bei der Verteilung von Mitteln und bei Präventionsmaßnahmen für Risikogruppen spielen (Burke et al. 1991). Vieles spricht dafür, dass das Alter des erstmaligen Auftretens einer Störung ätiologische und prognostische Implikationen haben kann.

Groß angelegte epidemiologische Studien mit Erwachsenen liefern starke Anhaltspunkte dafür, dass viele Störungen, vor allem Angststörungen, in der Kindheit und Jugend beginnen (Burke et al. 1991). Von den verschiedenen Subtypen von Angststörungen wurde bei Phobien das früheste Alter erstmaligen Auftretens berichtet. Zum Beispiel lag in der Studie von Giaconia et al. (1994) das mittlere Alter bei Störungsbeginn der Einfachen Phobie bei 6.7 Jahren; das Risiko, eine Einfache Phobie zu entwickeln, erreicht im Alter von zwei bis fünf Jahren und nochmals im Alter von zehn bis elf Jahren einen Höhepunkt. Auch die Soziale Phobie setzt relativ früh, mit einem Durchschnittsalter von 10.8 Jahren, ein. Die Hazard-Rates für die Soziale Phobie erreichen ihren Höhepunkt im Alter von zwölf bis 13 Jahren, mehr als drei Viertel der Jugendlichen berichteten einen Beginn vor dem Alter von 14 Jahren. Das Durchschnittsalter für die Posttraumatische Belastungsstörung lag bei 14.8 Jahren, wobei die Hauptrisikoperiode, diese Störung zu entwickeln, zwischen 16 und 17 Jahren liegt.

In der Bremer Jugendstudie (Essau 2000) berichteten Jugendliche mit Spezifischer Phobie einen sehr frühen Beginn ihrer Störung (5.3 bis 8.4 Jahre). Das ist insbesondere beim Tier-, Umwelt- und beim Situativen Typus der Fall. Auch die Soziale Phobie setzte relativ früh ein, das Durchschnittsalter bei Störungsbeginn betrug 9.9 Jahre. Die Angststörung mit dem höchsten Alter bei Störungsbeginn war die Posttraumatische Belastungsstörung: Es betrug elf Jahre.

5.1.2   Zeitliche Abfolge von Angst- und depressiven Störungen

Zeitliche Abfolge von Angststörungen. Die zeitliche Abfolge innerhalb der Angststörungen bei Kindern und Jugendlichen wurde bislang kaum untersucht. Den Studien von Alessi et al. (1987; Alessi/Magen 1988) zufolge wiesen die meisten Jugendlichen mit einer Panikstörung zuvor eine Störung mit Trennungsangst auf.

Dieser Befund stützt die Annahme, dass die Störung mit Trennungsangst ein Vorläufer oder sogar eine frühere Form der Panikstörung bei einigen Kindern sein könnte.

Zeitliche Abfolge von Angst und Depression. In fast allen Studien (Alloy et al. 1990; Biederman et al. 1995; Essau et al. 2000; Rohde et al. 1991) gehen Angststörungen im Allgemeinen einer Major Depression voraus. Lewinsohn et al. (1997) zeigten in ihrer Studie, dass es sich bei den Angststörungen, die im Allgemeinen der Major Depression vorausgingen, um die Soziale Phobie, die Störung mit Trennungsangst und die Störung mit Überängstlichkeit, aber seltener um die Panikstörung und die Zwangsstörung handelte.

Ähnliche Ergebnisse wurden in der Bremer Jugendstudie berichtet (Essau et al. 2000): Die Hälfte der Jugendlichen mit Agoraphobie und Generalisierter Angststörung entwickelten zuerst diese Störung und dann die Major Depression. Bei allen Jugendlichen mit Sozialer und Spezifischer Phobie ging diese Störung der Depression zeitlich voraus. Bei ungefähr der Hälfte der Jugendlichen mit Panikstörung und Major Depression begannen beide Störungen im selben Jahr.

Es wird die Frage aufgeworfen, ob die Ätiologie der Depression, die der Angststörung folgt, möglicherweise eine andere ist als die der „reinen" Depression oder der Depression, die einer Angststörung vorausgeht (Lewinsohn et al. 1997).

5.2   Klinische Auswirkungen von Komorbidität

Das Vorliegen von komorbiden Störungen ist für die Erhebung und Planung der Behandlung psychischer Störungen von Bedeutung (Merikangas 1989). Komorbidität kann den klinischen Verlauf von Störungen hinsichtlich der Zeit des Erkennens einer Störung, der Prognose, der Therapieplanung und der Erfolgskontrolle der Therapie erheblich beeinflussen.

Das Vorliegen komorbider Störungen erhöhte signifikant den Grad der Beeinträchtigung bei Jugendlichen mit Angststörungen. Diese Jugendlichen erreichten im Vergleich zu Jugendlichen, die nur an Angststörungen litten, auf allen Subskalen des SCL-90-R höhere Werte. Die Beeinträchtigungen bzw. das Ausmaß der Belastungen erhöhte sich mit der Anzahl komorbider Störungen (Tab. 5.1).

Tab. 5.1 Psychische Belastung (Mittelwerte) und komorbide Angststörungen (nach Essau 2000)

SCL-90-R-Skala	Keine Diagnose	Nur Angst	Angst + 1 Stör.	Angst + 2 Stör.
Somatisierung	5.71[a]	6.94[ab]	8.79[b]	13.59[c]***
Zwanghaftigkeit	5.43[a]	6.70[ab]	8.47[b]	11.05[c]***
Unsicherheit	4.99[a]	6.03[a]	8.45[b]	11.27[c]**
Depressivität	6.19[a]	7.34[a]	10.22[b]	16.86[c]***
Ängstlichkeit	4.50[a]	5.34[a]	7.72[b]	11.55[c]***
Aggressivität	3.19[a]	3.75[a]	5.89[b]	9.64[c]***
Phobische Angst	1.39[a]	2.51[b]	2.81[b]	3.36[b]***
Paranoides Denken	3.33[a]	3.87[a]	5.64[b]	6.95[b]***
Psychotizismus	3.08[a]	3.19[a]	6.24[b]	8.18[c]***
GSI	0.46[a]	0.56[a]	0.78 [b]	1.13[c]***

Anmerkungen: Mittelwerte mit unterschiedlichen Hochbuchstaben unterschieden sich signifikant; Angst = Angststörungen; Stör. = Störungen; ** $p < 0.01$; *** $p < 0.001$; GSI = "Global Severity Index"

Die Häufigkeit der Inanspruchnahme von Einrichtungen der psychosozialen Versorgung aufgrund emotionaler oder psychischer Probleme nahm mit der Anzahl komorbider Störungen bei Angststörungen zu. Das heißt, 10.6 % der Fälle mit reiner Angst berichteten, professionelle Hilfe in Anspruch genommen zu haben. Im Vergleich dazu wiesen 22.9 % der Fälle eine und 32.1 % mindestens zwei komorbide Störungen auf, die die Hilfe eines Fachmanns in Anspruch genommen hatten.

Das Vorliegen komorbider Störungen bei Jungen mit Angststörungen hing mit der Inanspruchnahme von Einrichtungen der psychosozialen Versorgung zusammen, bei Mädchen war dieser Zusammenhang weniger deutlich (Abb. 5.2).

Mögliche Erklärungen für Zusammenhänge zwischen den Störungen

Trotz anhaltender Komorbidität zwischen Angst und anderen psychischen Störungen bleibt ihre Bedeutung für Psychopathologie und Klassifikation unklar. Die aktuelle Diskussion (z. B. Caron/ Rutter 1991; Essau 2002; Nottelman/Jensen 1999) über die mögliche Ursache der Komorbidität hat sich auf vier Bereiche konzentriert: Klassifikation, Methodologie, Ätiologie und Entwicklungsprozess.

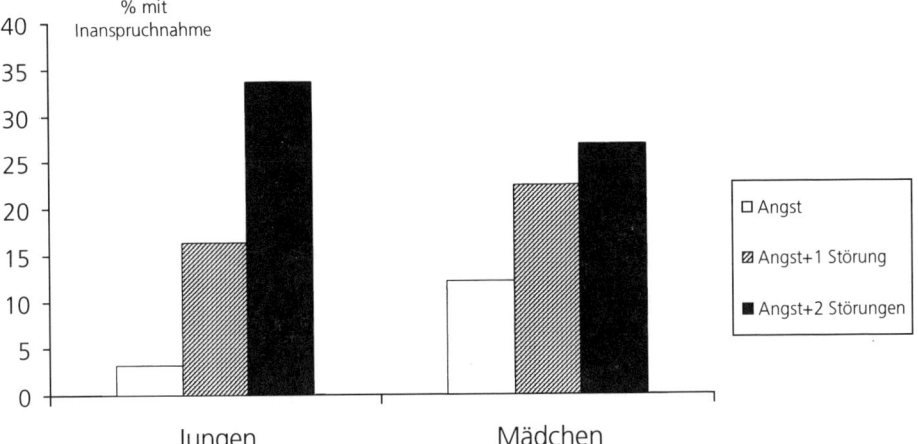

40 ┐ % mit
      Inanspruchnahme
35 ┤
30 ┤
25 ┤
20 ┤
15 ┤
10 ┤
5 ┤
0 ┴

        Jungen   Mädchen

□ Angst

▨ Angst+1 Störung

■ Angst+2 Störungen

Abb. 5.2
Angststörungen
und Inanspruch-
nahme von
Einrichtung der
psychosozialen
Versorgung
(Quelle: Essau 2000)

- Die hohe Komorbidität zwischen Angst- und anderen psychiatrischen Störungen reflektiert unter Umständen auch die Über-
  lappungen diagnostischer Kriterien oder künstlicher Unter-
  scheidungen von Syndromen. Wie von Widiger und Ford-Black
  (1994) beschrieben, ergaben sich zeitgleich mit den im DSM-
  III vorgenommenen Veränderungen stark erhöhte Raten gemeinsamen Auftretens von Störungen. Die Modifikationen
  führten zu einer größeren Anzahl von Störungen, der Untertei-
  lung diagnostischer Kategorien und zu verschiedenen, voneinander abgrenzbaren Achsen.
- Möglicherweise handelt es sich auch um eine Stichprobenver-
  zerrung (auch als „Berksons Verzerrung" bekannt). Diese ist darauf zurückzuführen, dass bei einer Person, die zwei oder mehrere Störungen hat, eine größere Wahrscheinlichkeit besteht,
  dass sie behandelt oder in eine Klinik eingewiesen wird. Das
  würde bedeuten, dass sich klinische Stichproben in der Regel
  aus Personen mit komorbiden Störungen zusammensetzen.
- Rutter (1994) weist jedoch auch auf die Existenz einer „ech-
  ten" Komorbidität hin. Kern einer jeden Störung seien Bemühungen um Anpassung, die jedoch in Abhängigkeit von
  Umweltbedingungen und der Interaktion der betroffenen Person mit der Umwelt auf unterschiedliche Art und Weise in Erscheinung treten. Nach Lilienfeld et al. (1994) ist die Komorbidität bei Kindern und Jugendlichen teilweise eine Funktion des

Kausaler Zusammenhang

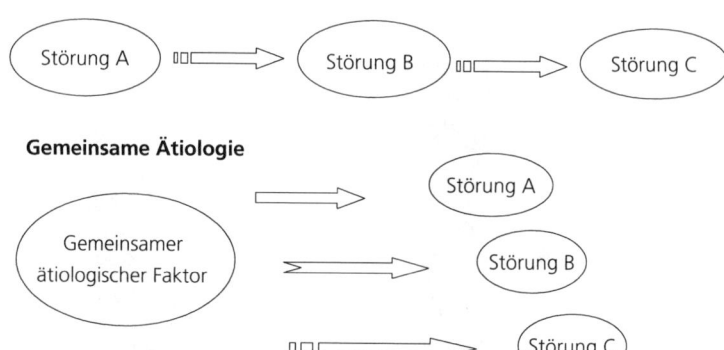

Gemeinsame Ätiologie

Abb. 5.3:
Kausale und
ätiologische
Modelle von
Komorbidität
(nach Wittchen
1996, 13)

Entwicklungsniveaus (d. h. eine Funktion zugrunde liegender Prozesse, die noch nicht abgeschlossen sind).

• Das gemeinsame Auftreten von Störungen könnte in dem Sinne ätiologisch sein, dass (a) eine Störung eine zweite (Störung) verursacht („kausale Assoziation"), (b) die zwei Störungen Manifestationen ein und derselben Ursache sind („gemeinsame Ätiologie"), (c) sie verschiedene Stufen derselben Erkrankung darstellen (Merikangas 1989) oder dass (d) eine Störung die Schwelle für das Auftreten einer anderen Störung herabsetzt.

Die hohen Komorbiditätsraten heben die Wichtigkeit einer umfassenden Untersuchung der betroffenen Personen hervor, und zwar nicht nur in Bezug auf die Störung, aufgrund derer sie überwiesen wurden, sondern auch im Hinblick auf verschiedene andere Störungen. Das hohe Ausmaß an Komorbidität im klinischen Setting betont auch die Wichtigkeit der Anwendung von Interventionsmaßnahmen, die vielfältige Störungen miteinbeziehen. Das Vorliegen komorbider Störungen könnte möglicherweise die Schwierigkeit erklären, in klinischen Studien gute Therapieerfolge zu erzielen (Weisz et al. 1992).

5.3   Übungsfragen zum 5. Kapitel

40. Wie wird Komorbidität definiert?

41. Auf welche Faktoren ist die Popularität des Konzepts „Komorbidität" zurückzuführen?

42. Mit welchen psychischen Störungen tritt eine Angststörung häufig zusammen auf?

43. Wie sieht die zeitliche Abfolge von Depression und Angststörungen aus?

44. Welche Faktoren können für die unterschiedlichen Komorbiditätsraten verantwortlich sein?

45. Was bedeutet „Berksons Verzerrung"?

46. Welche Auswirkungen sind mit Komorbidität von Angststörungen verbunden?

47. Was besagt das „tripartite model" von Clark und Watson (1991)?

48. Wie erklärt das „symptom progression model" die zeitliche Abfolge von Angst und Depression?

6   Psychosoziale Beeinträchtigung und Inanspruchnahme von Gesundheitsdiensten der psychosozialen Versorgung

In unseren gegenwärtigen Klassifikationssystemen (DSM und ICD) wird versucht, Störungen als kategoriale Phänomene zu operationalisieren, obwohl die klinische Erfahrung nahe legt, dass sich die meisten Störungen innerhalb einer Dimension von Symptomen bewegen (Essau et al. 1997a). Des Weiteren ist häufig unklar, ab welchem Punkt genau eine Gruppe von Symptomen als psychische Störung bzw. Angststörungen bezeichnet werden kann. Obwohl Schwellenwerte zur Bestimmung des Vorliegens einer jeden Störung festgesetzt wurden, entbehrt diese Festlegung der Schwellenwerte ebenso wie die der Kriterien nicht einer gewissen Willkür.

Im DSM-IV wird dieser Einschränkung bei der Klassifikation psychischer Störungen mit dem Hinweis darauf Rechnung getragen, dass keine Definition genaue Grenzen des Konzepts psychischer Störungen adäquat spezifizieren kann. Anders als die früheren Versionen erfordert die aktuelle Version des DSM (DSM-IV), dass psychische Störungen wie Angst mit klinisch signifikanter Belastung oder Beeinträchtigung in sozialen, beruflichen oder anderen wichtigen Funktionsbereichen verbunden sind. Dieses Kriterium ist notwendig, um die Schwelle für die Diagnose einer Störung festzusetzen, wenn sich die Störung von der Symptomatik her nicht bereits als inhärent pathologisch erweist und auch bei Individuen vorliegen könnte, für die die Diagnose einer „psychischen Störung" nicht angemessen wäre.

externale Validierung

Daher haben einige Autoren angesichts des Fehlens eines akzeptablen Standards für die Validierung von „Fällen" die Einbeziehung psychosozialer Beeinträchtigung zur externalen Validierung psychischer Störungen empfohlen (Essau et al. 1997b). Beeinträchtigung wurde definiert als das Ausmaß, in dem die Symptome oder Störung(en) des Kindes seine Anpassung in verschiedenen Lebensbereichen beeinflussen (Hoagwood et al. 1996). Genauer gesagt kann eine Beeinträchtigung die Rollenübernahme des Kindes oder seine Funktionsweise in der Familie, der Schule oder bei gemeinschaftlichen Aktivitäten grundlegend einschränken (Abb. 6.1).

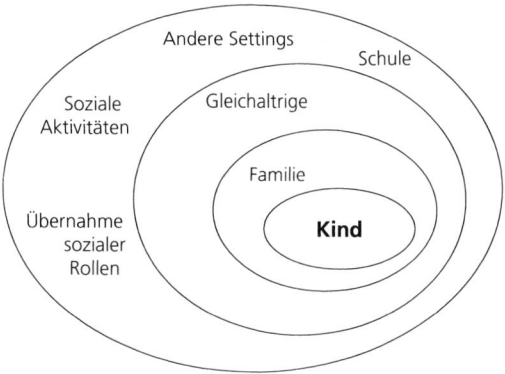

Abb. 6.1:
Bereiche
psychosozialer
Beeinträchtigung
bei Angst (nach
Essau 2000)

Studien unterscheiden sich hinsichtlich der Instrumente (s. Kap. 3.6), die eingesetzt werden, um die psychosoziale Beeinträchtigung zu erfassen, sowie hinsichtlich der untersuchten Funktionsbereiche. Ein Bereich umfasst zwischenmenschliche Beziehungen, einschließlich der qualitativen und quantitativen Aspekte der Art und Weise, wie der Jugendliche seine Beziehungen zu Gleichaltrigen, Familienmitgliedern und zu anderen Erwachsenen außerhalb der Familie gestaltet. Andere Bereiche sind Schulleistungen und Leistungen bei der Arbeit: Jugendliche werden gefragt, in welchem Maße sie ihre Arbeit bequem und ohne Angst erledigen können. Eine weitere Dimension ist die Fähigkeit, das Leben zu genießen und die Freizeit durch eine große Bandbreite von Aktivitäten, Interessen oder Hobbies sinnvoll zu nutzen.

Eine weitere externe Größe, die häufig zur Validierung von Fällen herangezogen wird, ist die Inanspruchnahme von Einrichtungen der psychosozialen Versorgung (Bird et al. 1990). Aufgrund von Unterschieden der Gesundheitssysteme in den einzelnen Ländern unterscheiden sich die untersuchten psychologischen und psychiatrischen Einrichtungen.

So wurden z. B. in der MECA-Studie („Methods of the Epidemiology of Child and Adolescent Mental Disorders"; Leaf et al. 1996) die Kinder und Jugendlichen über das Ausmaß befragt, in dem sie stationäre sowie ambulante Dienste aufgrund ihrer emotionalen, Verhaltens- und Drogen- oder Alkoholprobleme in Anspruch nahmen: Einrichtungen der psychosozialen Versorgung (d. h. Besuch eines Psychologen, Psychiaters, Sozialarbeiters, eines

Beraters oder einer ambulanten psychiatrischen Einrichtung); medizinische Hilfe seitens eines (nicht-psychiatrischen) Arztes oder einer Krankenschwester; schulische Einrichtungen; kirchliche Einrichtungen; soziale Dienste; Dienste von Geistheilern, Kräuterkundigen, Naturheilkundlern und Wunderheilern.

Jugendliche, die irgendeinen dieser Dienste in Anspruch genommen haben, wurden gefragt, wie alt sie waren, als sie zum ersten Mal eine solche Leistung in Anspruch nahmen, wann das zum letzten Mal der Fall war, wie häufig die Dienste in Anspruch genommen wurden und ob ihre Versicherung die Kosten übernahm. Es wurden ebenfalls Informationen darüber eingeholt, ob und wenn ja, welche Medikamente während der zwölf Monate vor dem Interview verschrieben und eingenommen wurden. Diejenigen, die sich über Nacht in einem Krankenhaus oder einer anderen Behandlungseinrichtung aufgehalten hatten, wurden über die Art der Behandlungseinrichtung befragt, ob die Behandlung aufgrund von Verhaltensproblemen, emotionaler oder aufgrund von Drogen- oder Alkoholproblemen erfolgte, wie häufig Aufnahmen während des vergangenen Jahres stattfanden und wie viele Nächte in diesen Einrichtungen verbracht wurden.

In den Studien von Essau (2000) und Wittchen et al. (1998) wurden die Probanden befragt, in welchem Ausmaß sie aufgrund Spezifischer Störungen oder aufgrund emotionaler oder Verhaltensprobleme Einrichtungen der psychosozialen Versorgung in Anspruch genommen haben. Bei emotionalen oder Verhaltensproblemen wurde den Probanden eine Liste von Einrichtungen vorgelegt, auf der sie ankreuzen konnten, welche davon aufgesucht wurden. Diese Institutionen umfassen sowohl stationäre (d. h. psychiatrische Kliniken, neurologische Kliniken, psychotherapeutische Kliniken, Einrichtungen für Drogen-/Alkoholabhängige, Heime) als auch ambulante Dienste (d. h. psychiatrische Ambulanz, Beratungsstelle, Psychotherapeut, Telefonseelsorge).

6.1   Psychosoziale Beeinträchtigung und Angststörungen

Angststörungen sind oft mit psychosozialer Beeinträchtigung verbunden. Jugendliche mit Angststörungen haben oftmals kaum ausgeprägte Kontakte zu Gleichaltrigen und vermehrt schulische und familiäre Schwierigkeiten (Bowen et al. 1990; Kashani/Orvaschel 1990). Den Ergebnissen von Strauss und Mitarbeitern (1988a) zufolge waren die sozialen Beziehungen von Kindern mit Angststörungen genauso beeinträchtigt wie die von Kindern mit Verhaltensstörungen. Kinder mit Angststörungen waren oft einsam, selten beliebt und häufig von ihren Klassenkameraden sozial vernachlässigt.

In einer Studie von Ginsburg et al. (1998) zeigte sich, dass Kinder mit einem hohen Grad an sozialen Ängsten ihre soziale Akzeptanz als gering wahrnahmen. Und sie wiesen mehr negative Interaktionen mit Gleichaltrigen auf. Mädchen mit Kontaktvermeidungsstörung wurden von ihren Eltern als weniger durchsetzungsfähig und weniger sozial kompetent beschrieben. Es wurde argumentiert (LaGreca 1998), dass sich die Erfahrungen mit Gleichaltrigen und die Gefühle sozialer Angst gegenseitig beeinflussen. Negative Erfahrungen mit Gleichaltrigen können zu Angst vor negativer Beurteilung und bei einigen Kindern (insbesondere bei Mädchen) zu Vermeidungsverhalten und Hemmungen führen.

Wenn Kinder einmal eine Störung mit Kontaktvermeidung entwickelt haben und gehemmtes Verhalten zeigen, schränken sie möglicherweise die Gelegenheiten sozialer Interaktionen ein und treten im Umgang mit Altersgenossen weniger durchsetzungsfähig auf. Kinder und Jugendliche mit sozialen Ängsten/Sozialer Phobie werden häufig in der Schule kaum wahrgenommen und vernachlässigt (Strauss et al. 1988a). Meist wird das Schulpersonal erst dann auf sie aufmerksam, wenn die Störung so weit fortschreitet, dass sich die Kinder weigern, zur Schule zu gehen (Beidel/Morris 1995).

Obwohl festgestellt wurde, dass das Vorliegen von Angststörungen im Allgemeinen mit Beeinträchtigungen verbunden ist, variiert der Grad der Beeinträchtigung innerhalb der Subtypen von Angststörungen. Studien, in denen untersucht wurde, welche Angststörung die stärksten Beeinträchtigungen hervorruft, kommen zu unterschiedlichen Ergebnissen.

Nach Last et al. (1992) berichteten Kliniker, dass Kinder mit einer Panikstörung oder einer Sozialen Phobie im Vergleich zu Kindern mit anderen Angststörungen am stärksten beeinträchtigt seien. Toro et al. (1992) belegen, dass viele Jugendliche mit einer Zwangsstörung sich sozial isolieren und keine engen Freundschaften schließen. Während einer Zwangsepisode verschlechterten sich in 60 % der Fälle, insbesondere bei Jungen, die Schulleistungen. In der Studie von Whitaker et al. (1990) zeigten sich Kinder mit Generalisierter Angststörung als am meisten beeinträchtigt (84.2 %); darauf folgen Panik- und Zwangsstörung mit 71 bzw. 60 %. Schließlich ist auch die Generalisierte Angststörung in der Jugend häufig mit deutlicher Beeinträchtigung verbunden, die vergleichbar mit der Beeinträchtigung Jugendlicher mit Depression oder externalisierenden Störungen ist (Bowen et al. 1990). Nach Reinherz et al. (1993) lassen sich Jugendliche mit einer Posttraumatischen Belastungsstörung durch eine deutlich geringere Selbstachtung, vermehrte Beziehungsprobleme und schlechtere Schulleistungen beschreiben.

In der Bremer Jugendstudie (Essau 2000) gehen Angststörungen meist mit psychosozialer Beeinträchtigung einher. Alle Jugendlichen waren mit einer Spezifischen Phobie und drei Viertel der Jugendlichen mit anderen Subtypen von Angststörungen während der schlimmsten Episode ihrer Störung beeinträchtigt. Des Weiteren vermied ein hoher Prozentsatz jugendlicher Phobiker seit dem Beginn der Störung die gefürchtete Situation, insbesondere bei der Sozialen und Spezifischen Phobie. Von den Jugendlichen mit einer Posttraumatischen Belastungsstörung nahmen 6 % Medikamente, Drogen oder Alkohol, um ihr mit dem traumatischen Ereignis zusammenhängendes Problem zu bewältigen. Und alle Jugendlichen berichteten, durch ihre Störung beeinträchtigt zu sein. Darüber hinaus berichteten Jugendliche mit Angststörungen, an durchschnittlich 4.26 Tagen aufgrund emotionaler Probleme in den letzten vier Wochen überhaupt nicht in der Lage gewesen zu sein, ihren täglichen Aktivitäten nachzugehen. Probanden mit Angststörungen waren psychisch mehr belastet (gemessen mit der SCL-90-R) als Jugendliche ohne Angststörungen. Im Vergleich mit Altersgenossen ohne Angststörungen erreichten die ängstlichen Jugendlichen signifikant höhere Werte auf allen Subskalen der SCL-90-R: Somatisierung, Zwanghaftigkeit, Unsicherheit, Depressivität, Ängstlichkeit, Aggressivität, Phobische Angst, Paranoides Denken und Psychotizismus.

komorbide Störungen

Es zeigte sich, dass eine Reihe von Faktoren mit einem hohen Grad an Beeinträchtigung bei den unterschiedlichen Subtypen von Angststörungen zusammenhängt. Diese Faktoren umfassen das Vorliegen komorbider Störungen, einen frühen Beginn von Angststörungen sowie familiäre Dysfunktion (Manassis/Hood 1998). Komorbide Störungen erhöhen bei ängstlichen Kindern den Grad der Beeinträchtigung in großem Maße (s. Kap. 5).

Das Ergebnis, dass ängstliche Jugendliche beeinträchtigt sind, ist dahin gehend eine wichtige Erkenntnis, da die Adoleszenz eine Lebensperiode darstellt, in der verschiedene Fähigkeiten für das Erwachsenenleben erworben werden müssen. Wie von einigen Autoren angenommen, beeinträchtigt das Vorliegen von Angst das Leben der Jugendlichen bei der Erfüllung der typischen Entwicklungsaufgaben. Diese Störungen scheinen einige Aspekte der kognitiven Entwicklung zu verlangsamen und sich störend auf das Erlangen verbaler Fähigkeiten von Kindern auszuwirken (Kovacs 1996). Wie in Kap. 7 erwähnt wird, kann das Vorliegen von Angststörungen in der Kindheit weiterhin das Risiko erhöhen, an diesen Störungen oder Dysfunktionen im Erwachsenenleben zu erkranken. Angststörungen während der Jugend gehören zu den signifikanten Prädiktoren nicht nur für die Entwicklung dieser Störungen im Erwachsenenalter, sie sagen ebenso ein erhöhtes Risiko von Scheidungen und Arbeitslosigkeit im späteren Leben voraus.

6.2   Inanspruchnahme von Gesundheitsdiensten

In einer Studie von Keller und Mitarbeitern (1992) zeigte sich, dass 76 % der Kinder mit Angststörungen nicht behandelt wurden. 13 % erhielten Einzelberatung, 5 % Familienberatung, und 5 % wurden psychologisch getestet, bekamen aber keine psychologische Behandlung. Whitaker und Kollegen (1990) fanden heraus, dass 60 % der Jugendlichen mit Generalisierter Angststörung Gesundheitsdienste in Anspruch nahmen. Andere Autoren (Bowen et al. 1990; Fergusson et al. 1993) berichteten, dass 9 bis 16 % der Kinder mit Angststörungen die Hilfe von Psychologen, Psychiatern oder sozialen Diensten in Anspruch nahmen. Weitere 10.3 % (Bowen et al. 1990) gaben an, an emotionalen oder Verhaltensproblemen gelitten zu haben, für die professionelle Hilfe nötig war.

psychologische Behandlung

In der Studie von Wittchen et al. (1998) waren die Angststörungen, derentwegen am häufigsten professionelle Hilfe in Anspruch genommen wurde, die Panikstörung (81 %), die Posttraumatische Belastungsstörung (63 %) und die Generalisierte Angststörung (58 %). Meist wurden Mediziner aufgesucht (Allgemeinärzte, Internisten, Psychiater). Konzentriert man sich auf diejenigen, die psychologische Hilfe in Anspruch nahmen, so ergaben sich die höchsten Raten für die Posttraumatische Belas-

tungsstörung (18 %), die Soziale Phobie (18 %) und die Panikstörung (18 %).

professionelle Hilfe   In der Bremer Jugendstudie (Essau 2000) nahmen weniger als
20 % professionelle Hilfe in Anspruch, obwohl eine große Anzahl
der Jugendlichen mit Angststörungen in ihren täglichen Aktivitäten beeinträchtigt war. Die meisten Jugendlichen, die Hilfe suchten, wurden von Allgemeinmedizinern und Schulpsychologen behandelt. Im Hinblick auf die Posttraumatische Belastungsstörung
zeigte sich, dass die Mehrheit der Fälle, die Hilfe suchten, sich an
die Telefonseelsorge wandten, gefolgt von einem Aufenthalt in
einem Übergangsheim. Faktoren, die mit der Inanspruchnahme
von Einrichtungen der psychosozialen Versorgung zusammenhängen, sind soziodemographische Variablen (Geschlecht), das
klinische Bild des Jugendlichen (Suizidversuch und Vorliegen komorbider Störungen; s. a. Kap. 5) und familiäre Faktoren (Psychopathologie der Eltern; Tab. 6.1).

Einer Studie von Olfson und Mitarbeitern (2000) zufolge umfassen die am häufigsten angegebenen Gründe, warum sich
Erwachsene mit sozialen Ängsten nicht in Behandlung begeben:

Tab. 6.1 Prädiktoren der Inanspruchnahme von Einrichtungen der psychosozialen Versorgung bei Jugendlichen mit Angststörungen

		% mit Inanspruch-nahme	Odds Ratio	95 % CI
Geschlecht	Jungen	13.7	1.58	0.67–3.71
	Mädchen	20.1		
Suizidversuch	Ja	45.4	1.34	1.01–1.78*
	Nein	16.9		
Angststörungen der Eltern	Ja	22.8	1.24	1.00–1.53*
	Nein	15.2		
Depression der Eltern	Ja	23.9	1.24	1.01–1.53*
	Nein	14.8		
Komorbide Störungen	Ja	25.5	2.88	1.29–6.39**
	Nein	10.6		

Anmerkungen: 95 % CI = Konfidenzintervall; * $p < 0.05$; ** $p < 0.01$

mangelndes Wissen, negativ beurteilt zu werden, wenn sie sich in Behandlung begeben, sowie die Überzeugung der betroffenen Person, allein mit der Störung fertig zu werden. Die beste Determinante dafür, sich in Behandlung zu begeben, war die „eigene Einschätzung des Schweregrades der Störung", insbesondere Suizidalität und schwere Beeinträchtigung. Weiterhin ist interessant, dass die meisten Betroffenen sich erst zwischen Ende 20 und Ende 30 in Behandlung begeben, obwohl die Soziale Phobie häufig in der Kindheit oder im frühen Jugendalter beginnt (Mannuzza et al. 1995).

Diese Ergebnisse haben wichtige Implikationen für Kinder und Jugendliche mit Angststörungen: (a) Kinder haben ein geringeres Verständnis von Angststörungen als Jugendliche und Erwachsene (Darby/Schlenker 1986). (b) Es ist unwahrscheinlich, dass Eltern in der Lage sind, eine Behandlung für ihr Kind zu finden, selbst wenn sie feststellen, dass es an einer behandelbaren Störung leidet.

Obwohl die meisten Kinder mit Angststörungen aufgrund ihrer Angst stark beeinträchtigt sind, nimmt wie schon erwähnt nur eine kleine Anzahl von ihnen professionelle Hilfe in Anspruch (Essau

Abb. 6.2: Wege zur Behandlung von Kindern mit Angststörungen

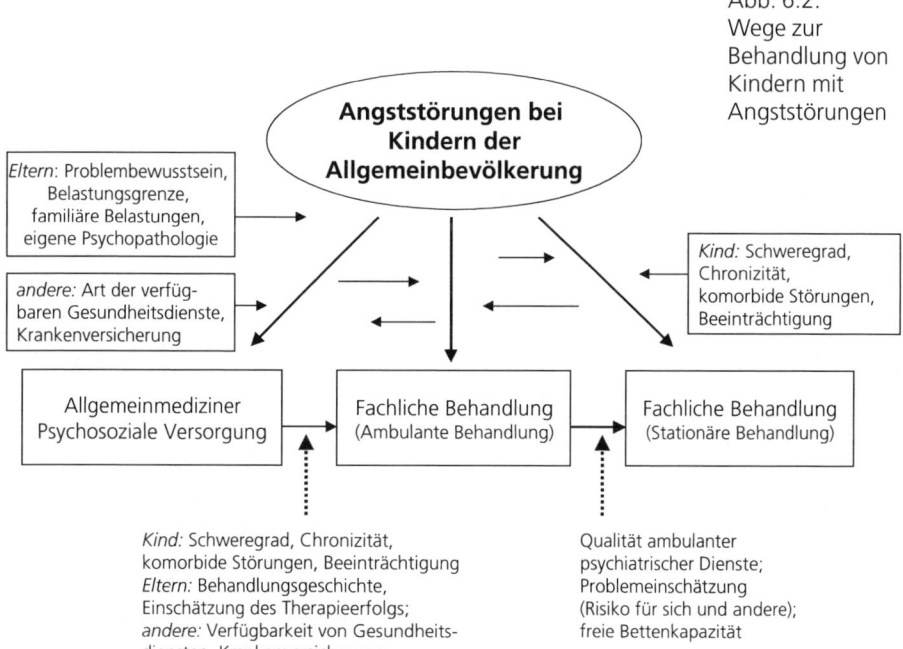

Fehldiagnosen   et al. 2000). Bei denjenigen, die sich um Hilfe bemühen, wird in der Mehrzahl der Fälle die Angststörung fehldiagnostiziert oder gar nicht erkannt. Diese Tatsache hat zwei wichtige Implikationen:

- Ängstliche Kinder werden vielfach nicht angemessen behandelt. Das kann zu unnötigen medizinischen Untersuchungen und übermäßiger Inanspruchnahme von Gesundheitsdiensten führen.
- Ohne angemessene Behandlung können die Angststörungen chronisch werden und langfristig negativ verlaufen sowie zur Entwicklung weiterer psychischer Störungen beitragen.

Wodurch wird bestimmt, ob Erwachsene psychische Probleme von Kindern ernst nehmen und ob sie professionelle Hilfe in Anspruch nehmen? Eine wichtige Determinante könnte kulturell bedingt sein: Soziale Werte beeinflussen möglicherweise die Schwelle, ab der sich Erwachsene über Probleme von Kindern Sorgen machen. Weisz et al. (1988) untersuchten diese Hypothese, indem sie thailändische und amerikanische Erwachsene miteinander verglichen.

Die Autoren stellten die Hypothese auf, dass in verschiedenen Kulturen unterschiedliches Problemverhalten von Kindern Anlass zu Besorgnis gibt. Es wurde argumentiert, dass aufgrund des buddhistischen Einflusses in der thailändischen Gesellschaft „ein ruhiges Temperament, Höflichkeit und Zurückhaltung [von Kindern] sowohl erwartet als auch akzeptiert werden" (Suvannathat 1979, 292) und dass „ein solches internalisierendes Verhalten für Erwachsene viel weniger belastend ist als externalisierendes Verhalten" (Suvannathat 1979, 480).

Design und Vorgehen: Thailändischen und amerikanischen Eltern, Lehrern und Psychologen wurde zwei Geschichten vorgelegt. In einer wurde ein Kind mit internalisierenden (z. B. Nervosität, Angst), in der anderen

ein Kind mit externalisierenden Problemen (z. B. Streiten, Ungehorsam in der Schule, Lügen) beschrieben. Die eine Hälfte der Erwachsenen bekam Geschichten über Jungen, die andere Hälfte bekam Geschichten über Mädchen zu lesen, anschließend wurden ein paar Fragen gestellt (siehe Abb.).

Ergebnisse: Die Thailänder beurteilten im Vergleich mit den Amerikanern sowohl externalisierendes als auch internalisierendes Problemverhalten als weniger schwer wiegend, weniger beunruhigend für Eltern oder Lehrer, weniger ungewöhnlich und erwarteten mit größerer Wahrscheinlichkeit eine Besserung des Verhaltens (Abb.).

Thailändische Eltern, Lehrer und Psychologen unterschieden sich signifikant hinsichtlich der Einschätzung der Schwere der Probleme. In der amerikanischen Stichprobe wurden keine Gruppenunterschiede festgestellt. Thailändische und amerikanische Psychologen unterschieden sich in Bezug auf die Beurteilung der Problemschwere nicht. Die Probleme der Kinder wurden von den amerikanischen Eltern als schwerwiegender eingeschätzt als von den thailändischen Eltern, die Einschätzungen der Lehrer ergaben ein ähnliches Muster.

Im Hinblick auf die Beurteilung der Ursachen der Verhaltensprobleme zeigten sich signifikante Unterschiede zwischen den beiden Kulturgruppen. Im Vergleich zu den Amerikanern (14 %) führten mehr Thailänder (53 %) internalisierende Probleme auf falsche Erziehung und Sozialisation zurück, 28 % der Amerikaner und 15 % der Thailänder machten Umwelteinflüsse dafür verantwortlich. 58 % der Amerikaner gaben persönlichkeitsbezogene bzw. psychodynamische Erklärungen ab, jedoch nur 32 % der Thailänder.

Zusammenfassend lässt sich sagen, dass thailändische Erwachsene Verhaltensprobleme von Kindern eher auf Fehlverhalten der Eltern wie auch auf andere Sozialisationsfaktoren zurückführen, während Amerikaner diese Probleme eher psychodynamisch unter Einbeziehung innerer Konflikte und der Persönlichkeit des Kindes erklären. Die Ergebnisse dieser Studie stimmten mit Suvannathat (1979) überein, der eine Toleranz thailändischer Erwachsener gegenüber einem breiten Spektrum kindlichen Verhaltens berichtete, und reflektiert einige grundlegende Inhalte des thailändischen Buddhismus.

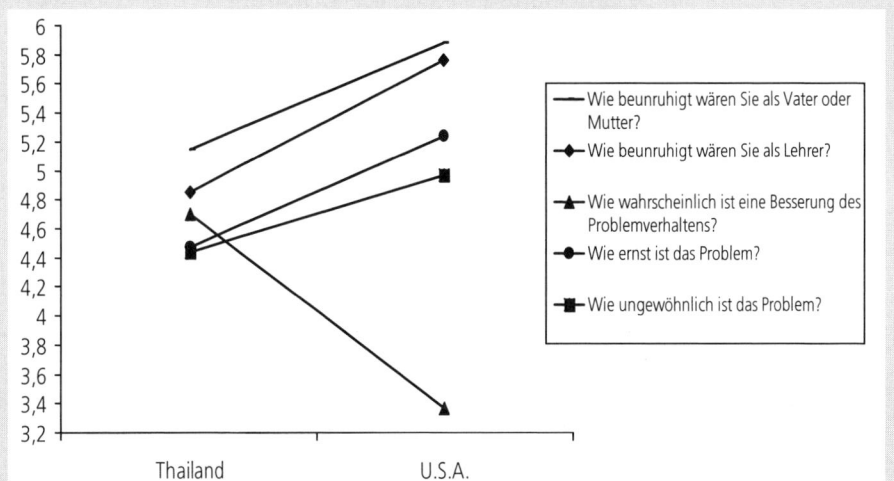

Abb.: Antworten thailändischer und amerikanischer Erwachsener auf fünf Fragen hinsichtlich der Probleme von Kindern (Weisz et al. 1988, 604)

Kasten 6.1 Externalisierende und internalisierende Verhaltensprobleme bei Kindern in Thailand und Amerika

Daher sollten in zukünftigen Studien die Faktoren untersucht werden, die möglicherweise mit der Inanspruchnahme von Gesundheitsdiensten der psychosozialen Versorgung zusammenhängen. Da für gewöhnlich nicht das Kind selbst zu der Überzeugung gelangt, behandlungsbedürftig zu sein, sondern eine erwachsene

Bezugsperson, sollten nicht nur Merkmale des Kindes untersucht werden, sondern auch Merkmale der Eltern (z. B. Problembewusstsein, Toleranzlevel der Eltern, Belastungen in der Familie, Psychopathologie der Eltern), sowie das Vorhandensein psychosozialer Versorgungssysteme (z. B. Verfügbarkeit von Hilfsangeboten, Kosten und Finanzierungsmöglichkeiten; Abb. 6.2).

6.3   Übungsfragen zum 6. Kapitel

49. Wie beeinträchtigt sind Kinder und Jugendliche mit Angststörungen?

50. Wie beeinflussen sich die Erfahrungen mit Gleichaltrigen und die Gefühle sozialer Angst?

51. Welches sind die häufigsten Gründe, warum viele Menschen mit sozialer Angst sich nicht behandeln lassen?

52. Welche Faktoren hängen mit einem hohen Grad an Beeinträchtigung zusammen?

53. Welche Faktoren waren in der Bremer Jugendstudie mit der Inanspruchnahme von Gesundheitsdiensten verbunden?

7 Verlauf von Angststörungen

Längsschnittstudien sind die ideale Forschungsstrategie, um den Verlauf von Angststörungen zu untersuchen, denn sie erlauben (Loeber/Farrington 1995):

- die Untersuchung des natürlichen Verlaufs der Störungen, insbesondere hinsichtlich ihrer Häufigkeiten, Form und Vielfalt (Komorbidität), ihres Schweregrades und des Alters bei Störungsbeginn und -ende;
- die Feststellung entwicklungsspezifischer Abfolgen und Verläufe;
- die Vorhersage von Störungsverläufen anhand früher Faktoren sowie
- die Untersuchung der Auswirkungen von Lebensereignissen auf den Verlauf der Entwicklung des Verhaltens.

Weitere Vorteile von Längsschnittstudien stellen die Möglichkeiten dar, die Wirksamkeit von Präventions- und Behandlungsstrategien zu bestimmen sowie die Übertragung psychischer Störungen von einer Generation zur nächsten zu untersuchen. Aufgrund ihrer Kosten- und Zeitintensität gibt es nur einige wenige Studien mit methodologisch angemessenem Design, in denen der Verlauf von Angststörungen bei Jugendlichen untersucht wurde.

Bei Längsschnittstudien von Angst wurden verschiedene Indizes benutzt, wie z. B. Episode, Remission, Genesung und Rückfall. Diese Indizes basieren auf Dauer und Ausmaß der Symptomatik, anhand derer der Verlauf gemessen wird. In verschiedenen anderen Studien wurden psychosoziale Verlaufsmaße wie schulische Leistungen, Familienbeziehungen und Beziehungen zu Gleichaltrigen eingesetzt.

7.1   Verlauf von Angststörungen bei Erwachsenen

Aus groß angelegten epidemiologischen Studien (Kessler et al. 1994; Regier et al. 1984; Wittchen et al. 1992) ging durchgängig hervor, dass Angststörungen in vielen Fällen einen frühen Beginn in der Kindheit und Jugend haben. Studien mit Erwachsenen zeigten darüber hinaus (Regier et al. 1984; Wittchen et al. 1992), dass Angststörungen mit frühem Beginn zu Chronizität tendieren und mit langfristiger/psychosozialer Beeinträchtigung im Erwachsenenalter einhergehen. Nach Wittchen und Essau (1993a) ist der Verlauf der Einfachen Phobien in den meisten Fällen chronisch und ist über die Jahre durch das Fortbestehen eher von leichten als von schweren Angstsymptomen gekennzeichnet.

Des Weiteren hatten Probanden mit einigen Subtypen von Angststörungen (z. B. Panikstörungen) ein erhöhtes Risiko für soziale Beeinträchtigungen wie Schwierigkeiten in der Partnerschaft (Weissman 1990). Versucht man, die Belastungen durch Angst in wirtschaftlichen Begriffen auszudrücken, so zeigt ein Bericht von Rice und Miller (1998), dass diese Störungen die kostenaufwändigsten aller psychischen Störungen in den USA sind. Im Jahre 1990 betrugen die gesamten, durch Angststörungen verursachten Kosten (d. h. Ausgaben für gesundheitliche Versorgung sowie Produktivitätseinbußen bzw. -verlust) 46.6 Milliarden US-Dollar. Auch in Deutschland sind die Zahlen alarmierend: Panse und Stegmann (1998) haben in ihrer Studie „Kostenfaktor Angst" dargestellt, dass durch Ängste allein der deutschen Wirtschaft ein Schaden von über 100 Milliarden DM jährlich entsteht.

7.2   Verlauf von Angststörungen bei Kindern und Jugendlichen

chronischer Verlauf   Informationen über den Verlauf von Angststörungen sind dünn gesät. Einigen Längsschnittstudien zufolge sind Angststörungen bei Kindern und Jugendlichen keineswegs immer leicht, kurzzeitig oder vorübergehend, wie zuvor angenommen wurde. Einige Angststörungen beginnen relativ früh und können einen chronischen Verlauf bis ins Erwachsenenalter hinein nehmen, wenn sie unbehandelt bleiben. Betroffene Kinder und Jugendliche sind nicht nur dem Risiko ausgesetzt, im Erwachsenenalter wiederholt oder anhaltend an Angststörungen zu leiden, sie sind auch in zahlreichen Lebensbereichen wie Arbeit, sozialen Aktivitäten, schulischen Leistungen und zwischenmenschlichen Beziehungen beeinträchtigt (Essau 2000). Ebenso erhöht sich das Risiko dieser Jugendlichen, andere Störungen zu entwickeln.

7.2.1   Im Klinischen Setting

Keller et al. (1992) haben z. B. gezeigt, dass Angststörungen bei **Remissionsrate** Kindern oft chronisch verlaufen und eine geringe Remissionsrate haben. Die Angststörungen hielten im Durchschnitt zum Zeitpunkt des Interviews bereits vier Jahre an. Hochrechnungen („life table estimates") zeigten eine kumulative Wahrscheinlichkeit von 46 %, acht Jahre nach Störungsbeginn weiterhin betroffen zu sein. Von den Kindern, die von der ersten Episode einer Angststörung genesen waren, litten 31 % zum Erhebungszeitpunkt an einer weiteren Episode.

In einer Reihe von Studien wurde der Verlauf von Zwangsstörungen in klinischen Settings untersucht. Ebenso wie bei Erwachsenen scheint die Zwangsstörung bei Kindern und Jugendlichen einen chronischen, aber fluktuierenden Verlauf zu nehmen. Warren (1960) verfolgte in einer der ersten Längsschnittstudien den Verlauf dieser Störung bei 15 Jugendlichen über einen Zeitraum von sieben Jahren ab dem Zeitpunkt, zu dem sie erstmalig in klinischer Behandlung waren. Zum Follow-up-Zeitpunkt wiesen diese Jugendlichen entweder eine Tendenz zu leichten Zwangssymptomen auf, wenn sie unter Belastung standen, oder sie litten konstant unter mittelschweren Beeinträchtigungen. Ungefähr ein Drittel von ihnen wies durchgängig eine schwere Zwangssymptomatik auf.

Flament et al. (1990) untersuchten den Störungsverlauf bei Pa- **Störungsverlauf** tienten mit einer schweren Zwangsstörung, die in ihrer Kindheit oder Jugend begonnen hatte, über einen Zeitraum von zwei bis sieben Jahren nach der ersten Untersuchung. 28 % der Kinder erhielten zum Follow-up-Zeitpunkt keine psychiatrische Diagnose mehr, 68 % litten weiterhin an einer Zwangsstörung.

Eine Langzeit-Follow-up-Studie von Thomsen (1994) mit Follow-up-Zeiträumen von sechs bis 22 Jahren zeigte, dass sich der Verlauf der Zwangsstörung in vier Kategorien einteilen lässt: 25 % waren zum Follow-up-Zeitpunkt störungsfrei und wiesen auch auf subklinischem Niveau keine Symptome mehr auf, ungefähr 25 % wiesen Zwangssymptome auf, erfüllten aber nicht die Kriterien einer Störung, 25 % litten an einer chronischen Zwangsstörung (von mittlerer Schwere bis zu sehr starker Beeinträchtigung), und bei den verbleibenden 25 % nahm die Störung einen episodischen Verlauf. Das heißt, sie trat in Zeiten starker Belastung auf und wurde von störungsfreien Intervallen unterbrochen, in denen die Zwangssymptome entweder vollständig remittierten oder – was häufiger vorkam – auf subklinischem Niveau fortbestanden. Aufgrund des Alters bei erstmaligem Auftreten der Störung in der Kindheit und der Symptomschwere zu Beginn der Untersuchung ließ sich der Verlauf der Störung nicht prognostizieren. Er war auch unabhängig vom sozialen Status der Betroffenen. Viele Patienten (die weiterhin an der Störung litten) lebten mit ihren Eltern zusammen, obwohl sie bereits Mitte 20 oder sogar älter waren.

In einer Studie von Leonard et al. (1993) wurde gezeigt, dass 43 % der Kinder mit einer Zwangsstörung nach DSM-III-R-Kriterien, die eine kontrollierte pharmakologische Behandlung und verschiedene unkontrollierte Behandlungen erhielten, zwei bis sieben Jahre später weiterhin die diagnostischen Kriterien der Zwangsstörung erfüllten. Nur 11 % waren völlig symptomfrei. 70 % der Teilnehmer nahmen zum Follow-up-Zeitpunkt weiterhin Psychopharmaka. Ein Prädiktor eines negativen Verlaufs war das Vorliegen einer psychischen Störung bei den Eltern.

7.2.2   In der Allgemeinbevölkerung

In einer Längsschnittstudie mit Kindern und Jugendlichen der Allgemeinbevölkerung (Cohen et al. 1993) ergab sich, dass fast die Hälfte (47 %) derjenigen, die zum ersten Erhebungszeitpunkt schwere Symptome der Störung mit Überängstlichkeit aufwiesen, zu einem zweieinhalb Jahre späteren Follow-up-Zeitpunkt erneut dieselbe Diagnose erhielten. In der Follow-up-Untersuchung wurde eine größere Anzahl von neuen Fällen mit dieser Störung bei den älteren Teilnehmern der Studie festgestellt, die vorher einen leichten bzw. mittleren Schweregrad der Störung aufwiesen. In einer anderen Studie (Davidson et al. 1993) war der Verlauf der Sozialen Phobie bei den Kindern am schlechtesten, deren Störung früh begonnen hatte und bei denen komorbide Störungen aufgetreten waren.

Last et al. (1997) verglichen junge Erwachsene mit einer Vorgeschichte von Angststörungen mit frühem Beginn, Angst- und depressiven Störungen, die komorbid auftraten, sowie Jugendliche ohne psychiatrischen Befund hinsichtlich ihres psychosozialen Funktionsniveaus. Eine Follow-up-Untersuchung acht Jahre später ergab: Die jungen Erwachsenen der Gruppe mit Angst und Depression hatten im Vergleich zu den Angehörigen der beiden anderen Gruppen seltener eine Anstellung oder besuchten eine Schule; sie berichteten häufiger, psychologische oder psychiatrische Dienste in Anspruch zu nehmen, und wiesen in größerem Maße psychische Probleme auf. Ängstliche Jugendliche ohne die Vorgeschichte einer komorbiden Depression hatten in den meisten sozialen Bereichen ein ähnliches Funktionsniveau wie Angehörige der störungsfreien Kontrollgruppe. Fast 40 % der ängstlichen Jugendlichen (reine Angst oder Angst komorbid mit Depression) erlebten Anpassungsschwierigkeiten. Prädiktoren, die Anpassungsstörungen im Erwachsenenalter voraussagen konnten, waren männliches Geschlecht, mehr als eine Angststörung, Störungsbeginn vor dem Alter von 13 Jahren sowie ein hohes Maß psychosozialer Beeinträchtigung durch eine Angststörung. Die meisten dieser jungen Erwachsenen hatten des Weiteren mindestens einen Elternteil mit einer psychischen Störung in der Vorgeschichte, darunter Angst und Affektive Störungen.

Basierend auf den Daten der „Upstate New York Study" untersuchten Pine und Mitarbeiter (1998) die Verbindung von Angst/Depression in der Adoleszenz und im Erwachsenenalter. Die Ergebnisse zeigten, dass eine Angststörung oder Depression während der Jugend ein zwei- bis dreifach erhöhtes Risiko für eine Angststörung oder Depression im Erwachsenenalter darstellten. Ihre Ergebnisse zeigten weiter einige spezifische und unspezifische Besonderheiten im Verlauf der Angst bei Adoleszenten: Eine Einfache Phobie in der Adoleszenz war ein Prädiktor für eine Einfache Phobie im Erwachsenenalter und eine Soziale Phobie primär ein Prädiktor für eine Soziale Phobie. Dagegen haben die Störung mit Überängstlichkeit, die Generalisierte Angststörung und die Panikstörung einen unspezifischen Verlauf.

In der Bremer Jugendstudie (Essau 2000) erfüllten 19 von 104 Jugendlichen mit Angststörungen, die 15 Monate später erneut befragt werden konnten, zum zweiten Interviewzeitpunkt die diagnostischen Kriterien einer Angststörung. Die Spezifische Phobie erwies sich als die stabilste Angststörung, am wenigsten stabil

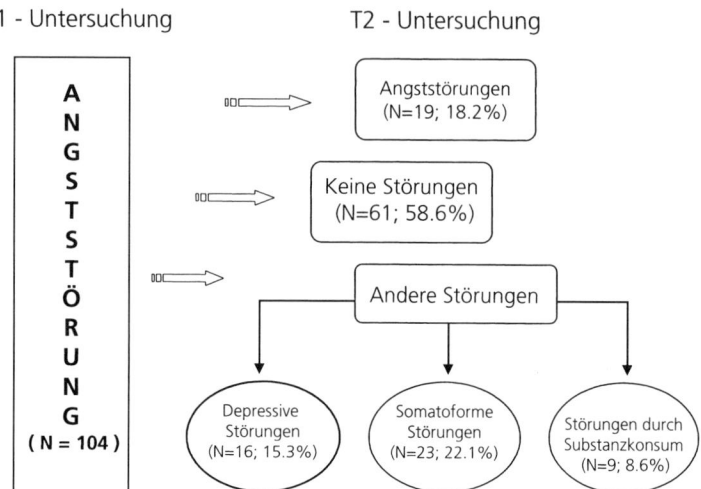

Abb. 7.1:
Verlauf von Angst-
störungen (nach
Essau 2000)

war die NNB-Phobie (Nicht Näher Bezeichnete Phobie). Viele Jugendliche, die bei der Indexuntersuchung die Kriterien für ir-
gendeine Angststörung aufwiesen, hatten zum T2-Zeitpunkt andere Störungen. Wie Abb. 7.1 zeigt, waren Somatoforme Störungen bei den Jugendlichen, die die diagnostischen Kriterien ir-
gendeiner Angststörung zu T1 erfüllten, die häufigsten Störungen, gefolgt von Angst- und depressiven Störungen.

Eine neuere Analyse der Daten der „Christchurch Health and
Developmental Study" von Woodward und Fergusson (2001) legt
nahe, dass Jugendliche mit Angststörungen eine erhöhte Rate von
Angst- und depressiven Störungen, Drogenabhängigkeit und
verminderter Schulleistung im jungen Erwachsenenalter zeigen
(Kasten 7.1).

Woodward und Fergusson (2001) untersuchten den Zusammenhang zwischen Angst im Jugendalter und jungem Erwachsenenalter
in Verbindung mit späterer psychischer Beeinträchtigung, Ausbildung und Wahrnehmung der sozialen Rolle anhand der „Christchurch Health and Developmental Study".

Die Ergebnisse zeigen einen signifikanten linearen Zusammenhang zwischen der Anzahl der Angststörungen, die im Jugendalter

berichtet wurden, und einem negativen Verlauf im jungen Erwachsenenalter. Bei Anstieg der Anzahl der Angststörungen im Jugendalter, gibt es auch eine Tendenz von Anstiegen der Angststörungen, Nikotinabhängigkeit, Alkoholabhängigkeit, Drogenabhängigkeit, suizidales Verhalten, geringe Schulleistung und frühere Elternschaft. Es wurde kein Zusammenhang zwischen der Anzahl der Angststörungen und späteren Arbeitslosigkeit gefunden. Darüber hinaus zeigen die Ergebnisse, dass junge Menschen mit erhöhten Raten von Angststörungen häufiger

- aus sozial benachteiligten Familien stammen (z. B. niedriger wirtschaftlicher Status, unterdurchschnittlicher Lebensstandard);
- aus dysfunktionalen Familienstrukturen kommen (z. B. geringe Eltern-Kind-Bindung);
- Mädchen sind und komorbide Störungen (Depression, Alkoholmissbrauch, Störung des Sozialverhaltens) und anweichendes Verhalten vorliegen.

Nachdem die konfundierten Faktoren („confounding factors") kontrolliert wurden, wurde der Zusammenhang zwischen Angststörungen im Jugendalter und Alkohol- und Nikotinabhängigkeit, Suizidversuch und einer frühen Elternschaft untersucht. Die Ergebnisse waren nicht signifikant. Dies legt nahe, dass ein hoher Anteil der ängstlichen Jugendlichen aufgrund anderer Risikofaktoren entstanden sein könnte, die mit Angststörungen korrelieren. Diese Ergebnisse sind nicht als Auswirkungen von einem frühen Beginn einer Angststörung zu betrachten.

Jedoch blieb der signifikante Zusammenhang zwischen Angststörungen im Jugendalter und dem späteren Risiko, eine Angststörung im jungen Erwachsenenalter zu entwickeln. Junge Erwachsene, die mindestens drei Angststörungen im Jugendalter hatten, bekommen mit 3.5-mal höherer Wahrscheinlichkeit Angststörungen, im Vergleich mit nicht-ängstlichen Altersgenossen. Jugendliche mit drei oder mehr Angststörungen haben in späteren Jahren Raten von Drogenabhängigkeit, die fast viermal höher als die von nicht-ängstlichen Altersgenossen sind. Ein signifikanter Zusammenhang wurde zwischen Angststörungen und späterer Berufsausbildung gefunden. Das heißt, nicht-ängstliche Jugendliche durchlaufen 1.4-mal mehr wahrscheinlich eine Berufsausbildung und 2.5-mal wahrscheinlicher einen Universitätsbesuch als Jugendliche, die drei oder mehr Angststörungen haben.

Kasten 7.1
Verlauf von Angststörungen, die im Jugendalter beginnen

Tab. 7.1 Faktoren, die mit einem negativen Verlauf von Angststörungen verbunden sind

Autoren	Faktoren für negativen Verlauf
Cohen et al. (1993)	Schwere Symptome der Störung mit Überängstlichkeit
Davidson et al. (1993)	Früher Beginn der Sozialen Phobie
Thomsen (1994)	Stress
Last et al. (1997)	Geschlecht (männliches); mehr als eine Angststörung; Beginn der Angststörung im Alter von 13 Jahren oder früher; höheres Maß psychosozialer Beeinträchtigung
Essau et al. (2002)	Höheres Alter; komorbide Störungen (Somatoforme Störungen und Störungen durch Substanzkonsum); negative Lebensereignisse

7.3   Prädiktoren von negativem Verlauf

Als stärkste Prädiktoren eines chronischen Verlaufs gelten ein früher Beginn der Störung (d. h. vor dem Alter von 13 Jahren), eine Beeinträchtigung durch die Störung sowie das Vorliegen komorbider Störungen (Last et al. 1997; Tab. 7.1).

In der Bremer Jugendstudie (Essau 2000) waren die Faktoren, die signifikant mit dem Fortbestehen von Angststörungen zusammenhingen: das Alter, Somatoforme Störungen, Störungen durch Substanzkonsum und negative Lebensereignisse. Jugendliche mit chronischen Angststörungen waren bei der Indexuntersuchung signifikant älter als die, die Angststörungen nur zu T1 aufwiesen. Sie wiesen im Vergleich zu denen mit der Diagnose der Angststörung nur bei T1 komorbid Somatoforme Störungen und Störungen mit Substanzkonsum auf. Chronisch ängstliche Jugendliche berichteten, verglichen mit vorübergehend ängstlichen, signifikant mehr Lebensereignisse innerhalb der letzten sechs Jahre vor der Indexuntersuchung. Keiner der kognitiven Faktoren (wahrgenommene Kompetenz und Kontrollüberzeugung) und wahrgenommene Bindung an Eltern und

Gleichaltrige, die zu T1 untersucht wurden, konnte mit dem Fortbestehen von Angststörungen in Verbindung gebracht werden.

Insgesamt geht aus den Studien hervor, dass Kinder und Jugendliche mit Angststörungen (insbesondere mit Zwangsstörungen), die pharmakologisch sowie kognitiv-behavioral behandelt werden, mit der Zeit eine Besserung, aber keine vollständige Remission der Symptome erwarten können (March et al. 1995).

7.4   Übungsfragen zum 7. Kapitel

54. Welche Vorteile haben Längsschnittstudien?

55. Wie stabil sind Angststörungen bei Kindern und Jugendlichen?

56. Was sind die Indikatoren des Verlaufs von Angststörungen?

57. Welche Faktoren beeinflussen möglicherweise den Verlauf von Angststörungen bei Kindern und Jugendlichen?

II Theorien und Risikofaktoren

8   Modelle von Angststörungen

Zur Erklärung von Angst wurde eine Reihe von Ansätzen entwickelt. Diese Modelle lassen sich in fünf Gruppen unterteilen: behaviorale Modelle, kognitive Modelle, psychoanalytische Modelle, Bindungsmodell und Temperaments-Modell. Die meisten dieser Modelle sind aus Modellen weiterentwickelt worden, die ursprünglich für Erwachsene konzipiert wurden. In diesem Kapitel werden deshalb nur die Ansätze erwähnt, die für Kinder und Jugendliche bedeutsam sind.

8.1   Klassische Konditionierung

klassische Konditionierung

Gemäß der Theorie der klassischen Konditionierung rufen neutrale Reize, wenn sie einmal mit Angst oder Schmerz verbunden waren, Angstreaktionen hervor. Zentraler Aspekt dieses Modells ist das Vorliegen einer oder mehrerer traumatischer Erfahrungen, bei denen die Verbindung zwischen Reiz und Angst gelernt wird. So wird beispielsweise ein Kind, das jedes Mal einen Schlag bekommt, wenn es nach einem Spielzeug greift, dieses Spielzeug möglicherweise fürchten und vermeiden. Die Vermeidung des gefürchteten Objektes verhindert oder reduziert diese Furcht. Das Ausmaß der Furcht wird bestimmt durch die Anzahl, mit der die Verbindung zwischen dem Reiz und der emotionalen Reaktion wiederholt, und die Intensität, mit der die Emotion erlebt wird.

Klein Albert

Der Einsatz des Modells des klassischen Konditionierens zur Erklärung der Ätiologie von Ängsten und Phobien geht zurück auf Watsons und Rayners Untersuchung des „kleinen Alberts" im Jahr 1920, im Laufe derer sie den gesunden elf Monate alten Albert in ein phobisches Kind verwandelten.

Albert, der sich vor nichts anderem fürchtete als vor lauten Geräuschen (was in diesem Alter völlig normal ist), wurde erlaubt, mit einer weißen Ratte zu spielen. Anfänglich zeigte er überhaupt keine Angst. Dies veränderte sich drastisch, nachdem die Forscher in dem Moment ein lautes

Geräusch gemacht hatten, als Albert sich der Ratte näherte. Das heißt, jedes Mal, wenn Albert seine Hand nach der Ratte ausstreckte (konditionierter Reiz; CS), um mit ihr zu spielen, erzeugten sie mit einer Stahlstange ein lautes Geräusch (unkonditionierter Reiz; UCS), was Albert sehr erschreckte (unkonditionierte Reaktion; UCR). Nachdem dies mehrere Male geschehen war, begann Albert zu weinen (konditionierte Reaktion; CR), sobald die Ratte in den Raum gebracht wurde, selbst wenn kein Geräusch mit der Eisenstange folgte – die Angst, die mit dem Geräusch verbunden war, war nun auch mit der Ratte verbunden. Sobald die Ratte gezeigt wurde, begann das Baby zu weinen. Fast unmittelbar bewegte es sich nach links und krabbelte so schnell davon, dass es nur mit Mühe erreicht werden konnte, bevor es ans Ende des Tisches gelangt war.

In Zusammenhang mit dem Paradigma der klassischen Konditionierung sind die Konzepte von Generalisierung und Diskriminierung zu sehen. *Generalisierung* bedeutet der Transfer einer gelernten Reaktion von einem konditionierten Reiz auf ähnliche Reize. So kann z. B. die Angst vor einem bestimmten Hund auf andere Hunderassen übertragen werden. Beim kleinen Albert übertrug sich die Angst vor der weißen Ratte auf weiße Watte. *Diskriminierung* hingegen bezieht sich auf eine Reaktion auf einen ganz bestimmten Reiz. So fürchtet z. B. eine Person, die von einem Schäferhund angegriffen wurde, möglicherweise nur Hunde dieser Rasse.

Generalisierung und Diskriminierung

Obwohl die klassische Konditionierung ein gängiges Modell zur Erklärung von Furcht und Angst darstellt, gibt es auch eine Reihe von Kritikpunkten. Erstens berichten die meisten Menschen mit Spezifischer Phobie keinen Zusammenhang zwischen dem Beginn ihrer Phobie und einem traumatischen Ereignis (Davey 1992; Menzies/Clarke 1993). Das ist besonders bei der Spinnen-, Höhen- und Wasserphobie der Fall. Zweitens erwerben viele Personen mit einer Spezifischen Phobie diese nicht durch eine direkte Erfahrung mit einem traumatischen Ereignis, sondern durch Beobachtungslernen (Menzies/Clarke 1993). Schließlich beruht das Modell zumindest teilweise auf dem Konzept, dass jeder neutrale Reiz durch klassische Konditionierung zu einem angstauslösenden Reiz werden kann, jedoch verteilen sich Ängste und Phobien nicht gleichmäßig auf alle Reize und Erfahrungen. Kinder und Jugendliche entwickeln eher Tierphobien (z. B. Angst vor Schlagen oder Spinnen) oder Phobien, die mit Höhen, Donner und Feuer zusammenhängen als mit Hämmern oder Messern etc. Dabei könnte diese Gruppe von Reizen möglicher-

weise mit größerer Wahrscheinlichkeit mit Schmerz oder Trau-
mata in Zusammenhang gebracht werden (Seligman 1991). Das
legt nahe, dass möglicherweise eine gewisse biologische Prädisposition im Hinblick auf bestimmte Reize besteht.

8.2   Die Zwei-Faktoren-Theorie der Vermeidung

Mowrer (1969) nahm an, dass das Vermeidungslernen der zentrale Mechanismus für den Erwerb und die Aufrechterhaltung
von Phobien ist und dass zwei verschiedene Lernprozesse an diesem Vermeidungslernen beteiligt sind. Dabei wird im ersten
Schritt durch klassisches Konditionieren eine Furchtreaktion erworben: Ein zunächst neutraler Reiz, der keine Furcht (konditionierter Reiz) auslöst, tritt zeitgleich mit einem furchtauslösen-
dem Reiz auf (unkonditionierter Reiz). Nach einer Reihe von
Paarungen der beiden Reize wird die Furchtreaktion bereits
durch die Präsentation des konditionierten Reizes ausgelöst. Dadurch wird der Organismus in einen Erregungszustand versetzt,
der als aversiv erlebt wird und der durch Vermeidungsverhalten
reduziert werden kann. Diese Angstreduktion fungiert nun als
negativer Verstärker, wodurch sich die Wahrscheinlichkeit erhöht, dass dieses Verhalten erneut auftritt. Mowrer postulierte,
dass phobisches Vermeidungsverhalten durch instrumentelles
Konditionieren aufrechterhalten wird.

Insbesondere dieser zweite Teil der Zwei-Faktoren-Theorie
wurde in der Folgezeit stark kritisiert. In ihren Experimenten
konnten Solomon und Mitarbeiter (1953) zeigen, dass Hunde
schon nach wenigen Durchgängen lernen, einen durch ein Licht-
signal angekündigten elektrischen Schlag dadurch zu vermeiden,
indem sie über eine Barriere in einen anderen Teil des Käfigs
sprangen. Bemerkenswert daran war, dass dieses Vermeidungsverhalten über mehrere hundert Durchgänge bestehen blieb, ohne dass die Hunde Anzeichen von Furcht aufwiesen: Es fand eine
Dissoziation von Furcht und Vermeidung statt. Die von Mowrer
angenommene negative Verstärkung durch Fluchtreaktion scheint
also kein geeignetes Erklärungsmodell für die Aufrechterhaltung
phobischen Vermeidungsverhaltens zu sein.

8.3   Lernen durch Beobachtung

Diesem Paradigma zufolge werden aversive Reaktionen auf Ob- **stellvertretende**
jekte oder Situationen auch dadurch erworben, dass beobachtet **Erfahrung**
wird, wie ein anderer auf einen Reiz mit Angst oder im Rahmen
einer Bedrohung reagiert. Diese stellvertretenden Erfahrungen
können zusätzlich als Quelle von Selbstwirksamkeitserwartun-
gen fungieren (Bandura 1982).

Selbstwirksamkeit wird definiert als Einschätzung der eigenen
Fähigkeiten, Handlungen auszuführen, die erforderlich sind, um
zukünftige Situationen zu bewältigen. Das bedeutet, die Interaktion mit einem Reiz wie auch die Reaktion auf diesen Reiz ist abhängig von der Erfolgs- oder Misserfolgserwartung der betreffenden Person. Derartige Erwartungen bilden sich auf der Grundlage verschiedener Informationsquellen wie vorherige Bewältigung
ähnlicher Situationen, stellvertretende Erfahrungen, verbale Überzeugungen und emotionale Erregung (Bandura 1982). Eine Person
ohne soziale Ängste erwartet demzufolge aufgrund von vorheriger
Übung, durch Beobachtung anderer wie auch durch Ermutigung
seitens anderer, eine schwierige Situation erfolgreich bewältigen
zu können. Im Gegensatz dazu wird jemand mit starken sozialen
Ängsten Schwierigkeiten erwarten, wenn er in einer sozialen Situation – z. B. auf einer Party – mit anderen interagieren soll.

Ergebnisse von Studien, die zeigten, dass Kinder häufig die
Ängste ihrer Eltern teilen, unterstützen die Annahme stellvertre-
tender Lernprozesse beim Erwerb von Phobien (Emmelkamp
1982). Jedoch sollte festgehalten werden, dass bei dem Zusammenhang elterlicher Ängste mit Ängsten ihrer Kinder möglicherweise auch andere Prozesse wirksam werden. Diese umfassen
Informationsprozesse, genetische Einflüsse und traumatische
Erlebnisse.

8.4   Rachmans Modell

Rachman (1977) zufolge können Phobien auf drei verschiedenen
Wegen erworben werden: durch direkte klassische Konditionie-
rung, Modell-Lernen und Informations-/Wissensvermittlung.
Dieses Modell wurde in zahlreichen Studien über verschiedene
Arten von Spezifischen Phobien bei Erwachsenen, Kindern und
Jugendlichen untersucht.

In der Studie von Öst (1991) zeigte sich, dass die meisten er-
wachsenen Patienten (52 %) mit einer Blut-Verletzung- oder
Spritzenphobie den Beginn ihrer Phobie traumatischen Kon-
ditionierungserfahrungen zuschrieben, 24 % führten ihn auf
Modell-Lernen zurück. Nur wenige berichteten, dass ihre Phobie
aufgrund von Informationsvermittlung einsetzte, 17 % konnten
sich gar nicht an den Beginn ihrer Phobie erinnern. Ähnliche
Ergebnisse wurden von Kleinknecht (1994) berichtet. 53 % der
Studenten, die sich vor Situationen fürchteten, die mit Blut und
Verletzungen zusammenhingen, führten den Beginn ihrer Phobie
auf traumatische Konditionierungserfahrungen zurück, 16 % auf
Modell-Lernen und 3 % auf Informationsvermittlung. Die übrigen 27 % konnten sich an den Beginn ihrer Angst nicht erinnern.

Ollendick und King (1991) untersuchten die drei Wege des Erwerbs von Angst bei australischen und amerikanischen Kindern.
Im Hinblick auf zehn häufig von Kindern berichtete Ängste sollten die Kinder zunächst ihr Ausmaß an Angst angeben und anschließend berichten, ob sie (a) sich daran erinnern könnten, eine
erschreckende Erfahrung mit dem gefürchteten Objekt gemacht
zu haben (direkte Konditionierung); (b) ob ihre Eltern oder
Freunde das Objekt fürchteten oder vermieden (Modell-Lernen)
und ob sie (c) beängstigende Dinge oder Geschichten über das
gefürchtete Objekt oder die Situation von ihren Eltern, Lehrern
oder Freunden gehört hätten (Informations- oder Wissensver-
mittlung).

Die Antworten bezüglich der Wege des Erwerbs von Angst waren abhängig von den spezifischen angstauslösenden Reizen. So
gaben beispielsweise 36 % der Kinder an, schlechte oder beängstigende Erfahrungen mit Schlangen gemacht zu haben, 70 % berichteten eine ähnlich erschreckende Erfahrung damit, „nicht
mehr atmen zu können". 65 % gaben an, jemanden mit extremer
Angst vor Schlangen zu kennen, und 46 % berichteten, dass jemand aus ihrem Bekanntenkreis außergewöhnliche Angst davor
habe, „nicht mehr atmen zu können". Schließlich berichteten
89 % der Kinder, beängstigende Geschichten über Schlangen
gehört zu haben, 76 % hatten Ähnliches darüber gehört, „nicht in
der Lage zu sein zu atmen". Diese Ergebnisse legten nahe, dass
die Wege, auf denen Phobien erworben werden, möglicherweise
je nach Phobie unterschiedlich sind und dass die Ursachen verschiedene Determinanten haben.

In dieser Studie wurden die Kinder im Hinblick auf zwei Stimuli in zwei Gruppen eingeteilt: eine Gruppe mit starker Angst und eine Gruppe mit geringer Angst vor Schlangen und davor, nicht atmen zu können. Kinder mit großer Angst vor Schlangen und davor, nicht in der Lage zu sein zu atmen, gaben häufiger eine Kombination von Modell-Lernen und Informations-/Wissensvermittlung an als ihre nicht-ängstlichen Altersgenossen. Häufiger wurde auch direkte Konditionierung in Verbindung mit Modell-Lernen und Informations-/Wissensvermittlung berichtet. Die Kinder beider Gruppen unterschieden sich nicht signifikant, wenn direkte Konditionierung, Modell-Lernen und Informations-/Wissensvermittlung als einzelne Einflussfaktoren untersucht wurden. Diese Ergebnisse legen nahe, dass bei den meisten Kindern ein einziger der untersuchten Faktoren nicht zum Erwerb von Angst führt.

Menzies und Clarke (1993) benutzten Elternberichte, um zu untersuchen, mit welchen Ereignissen die Wasserphobie ihrer Kinder zusammenhängen könnte. Die Eltern gaben anhand einer Liste möglicher Ursachen von Phobien an, was ihrer Meinung nach zum Beginn der Wasserphobie ihres Kindes beigetragen haben könnte. Diese Liste umfasste auch Rachmans Wege des Angsterwerbs. Mehr als die Hälfe der Eltern (56 %) sah keinen Zusammenhang zwischen der Phobie ihres Kindes und einer direkten Erfahrung oder Information/Beobachtung. Mit anderen Worten, die Phobie des Kindes bestand bereits bei seinem allerersten Kontakt mit Wasser. Ungefähr 26 % der Eltern berichteten, dass andere Familienmitglieder beängstigende Erfahrungen mit Wasser gemacht haben. Nur 2 % der Eltern führten die Phobie des Kindes auf direkte Konditionierung zurück. Die übrigen konnten sich nicht an eine traumatische Erfahrung erinnern. Die Autoren schlossen daraus, dass sich die Angst vor Wasser ohne vorherige schlechte Erfahrungen entwickeln kann.

8.5   Das Krankheits-Vermeidungs-Modell

Das Krankheits-Vermeidungs-Modell (Matchett/Davey 1991) wurde zur Erklärung der Entwicklung einiger Arten von spezifischen Ängsten und Phobien herangezogen. Diesem Modell zufolge hängen einige Ängste und Phobien möglicherweise mit einer Ekelreaktion zusammen, deren adaptiver Nutzen die Prävention von Krankheitsübertragungen sein könnte. Diese Ängste

Ekel-Sensitivität

beziehen sich auf Tiere, die mit der Verbreitung von Krankheiten oder Schmutz in Verbindung gebracht werden können. In Zusammenhang mit dem Krankheits-Vermeidungs-Modell steht das Konzept der „Ekel-Sensitivität" („disgust sensitivity"), von dem man annimmt, dass seine Mechanismen bei der Entwicklung einiger Spezifischer Phobien eine Rolle spielen. So wurde beispielsweise in der Studie von Matchett und Davey (1991) der Zusammenhang zwischen Ekel-/Kontaminationssensitivität und Angst vor Tieren bei Studenten im Alter von 18 bis 30 Jahren untersucht. Die Ergebnisse zeigten einen starken Zusammenhang zwischen der Angst vor Tieren, die für gewöhnlich Menschen nicht angreifen oder ihnen schaden (z. B. Ratten, Spinnen), und vor Tieren, die normalerweise als ekelerregend betrachtet werden (z. B. Schlangen, Schnecken).

Die Rolle der Ekel-Sensitivität ist nicht auf kleine Tiere beschränkt. Ekel-Sensitivität wurde auch als Vulnerabilitätsfaktor für die Ohnmachtsanfälle, die bei Blut-Spritzen-Verletzungsphobie auftreten, verantwortlich gemacht.

8.6   Kognitive Modelle

kognitive Verzerrungen

Nach Becks und Emerys kognitivem Modell (1985) neigen Personen mit Angststörungen dazu, Gefahren in allen möglichen Situationen überzubewerten. Kognitive Verzerrungen wie Fehlinterpretationen oder falsche Kausalzuschreibungen führen zu einer ängstlichen Stimmung und fehlangepasstem Verhalten. Dieser Teufelskreis setzt sich fort, wenn das dazugehörige Verhalten die negativen Kognitionen bestätigt. Kognitive Modelle legen ebenfalls nahe, dass emotionale Reaktionen in großem Maß abhängig sind von der Bedeutsamkeit, die den Umweltreizen zugeschrieben wird.

Es gibt zwei Arten dysfunktionaler Informationsverarbeitung: automatische Gedanken und Gedanken-Schemata. Automatische Gedanken treten unmittelbar auf, wenn die Person sich in einer bestimmten Situation befindet oder sich an ein Ereignis erinnert. Diese automatischen Gedanken sind nicht notwendigerweise rational und basieren oft auf falschen Grundannahmen. Gedanken-Schemata sind kognitive Strukturen, die die grundlegenden Regeln für die Auswahl, die Filterung und Kodierung der Information der Umwelt beeinflussen. Diese Schemata beinhalten vergleichbare Informationen, auch über Regeln, Ideen und Erwartungen hinsichtlich zukünftiger Ereignisse.

Obwohl kognitive Modelle unsere Kenntnisse über Angst erweitert haben, sollte ihre Anwendung auf Kinder und Jugendliche mit Vorsicht erfolgen. Die Rolle von Metakognitionen und eine verstärkte Gedächtnisleistung auf gefahrbezogene Informationen weiterzugeben, sollte mit Vorsicht interpretiert werden.

8.6.1 Kognitives Modell von Panikattacken

Dem Modell von Clark (1988) zufolge beruhen Panikattacken auf einer grundlegenden Fehlinterpretation gewisser Körperwahrnehmungen. Diese Fehlinterpretation körperlicher Reaktionen führt zu vermehrter Angst. Die fehlinterpretierten Empfindungen sind in der Hauptsache solche, die bei normalen Angstreaktionen auftreten können (z. B. Zittern, Atemnot). Sie schließen aber auch andere Empfindungen mit ein. Nach Clark kann Panik bei Personen mit entsprechender Veranlagung durch verschiedene pharmakologische Substanzen hervorgerufen werden. Sie kann aber auch durch bestimmte Ereignisse ausgelöst werden. Drei Arten von Prozessen, die einer Panikattacke vorausgehen können, sind:

Fehlinterpretation körperlicher Reaktionen

- eine Periode erhöhter Angst, die durch die gedankliche Vorwegnahme einer Attacke verursacht wurde,
- eine Periode erhöhter Angst, der andere Faktoren zugrunde liegen, wie beispielsweise eine Auseinandersetzung mit einer Freundin und
- die Interpretation einer bestimmten Körperwahrnehmung auf eine angsterzeugende Art, ohne dass zuvor erhöhte Angst vorgelegen hätte. Diese Wahrnehmungen werden als Signale bevorstehenden Unheils fehlinterpretiert, so dass sie als sehr viel gefährlicher erscheinen, als sie tatsächlich sind.

Hat eine Person die Tendenz entwickelt, körperliche Empfindungen falsch zu deuten, so wird vermutet, dass zwei Prozesse eine Panikstörung aufrechterhalten: (a) Die Angst des Patienten vor bestimmten Situationen führt zu Hypervigilanz und zur wiederholten Überprüfung des Körpers auf Zeichen von Gefahr. Werden solche Zeichen wahrgenommen, werden sie als Beweis für eine ernste körperliche oder psychische Störung angesehen. (b) Durch ein gewisses Vermeidungsverhalten wird ebenfalls der negative Interpretationsstil des Patienten aufrechterhalten.

8.6.2   Kognitive Theorie der Agoraphobie

Überzeugungen

Salkovskis' kognitiver Theorie (Abb. 8.1) zufolge entsteht Angst, wenn die eigene Situation als bedrohlich erlebt wird (Salkovskis/ Hackmann 1997). Negative Bewertungen einer bestimmten Situation basieren auf vorgefassten Überzeugungen und Annahmen hinsichtlich der Situation, in der eine Person sich befindet. Diese Überzeugungen können generalisiert (z. B. „Die Welt ist ein sehr gefährlicher Ort"), angstspezifisch (z. B. „Ich kann es nicht zulassen, Angst zu bekommen, weil ich sonst Gefahr laufe, die Kontrolle zu verlieren") oder symptomspezifisch (z. B. „Wenn ich mich schwach fühle, heißt das, dass ich jeden Moment ohnmächtig werden kann") sein.

Weiterhin wird in diesem Modell postuliert, dass die Angst in einer bestimmten Situation möglicherweise unangemessen hoch ist, wenn die betroffene Person die Wahrscheinlichkeit einer Gefährdung und ihre Bedrohlichkeit überschätzt. Gleichzeitig werden die eigenen Fähigkeiten unterschätzt wie das Ausmaß, in dem sie von außen Unterstützung erfahren würden. Mindestens drei Faktoren, die zum Fortbestehen negativer Überzeugungen bei-

Abb. 8.1: Zusammenhang zwischen bedrohlicher Einschätzung und aufrechterhaltenden Faktoren bei Angststörungen (modifiziert nach Salkovskis/ Hackmann 1997)

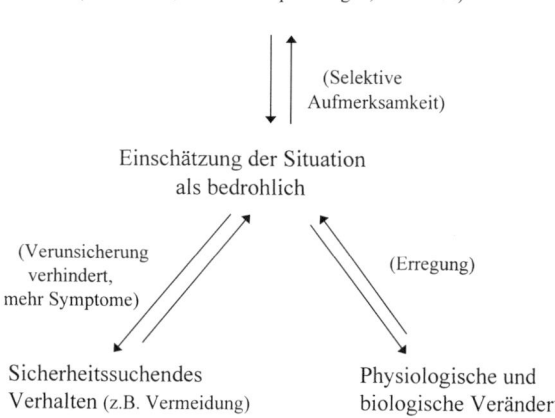

Potenziell bedrohliche Reize
(Situationen, Gefühle/Empfindungen, Gedanken)

(Selektive Aufmerksamkeit)

Einschätzung der Situation als bedrohlich

(Verunsicherung verhindert, mehr Symptome)

(Erregung)

Sicherheitssuchendes Verhalten (z.B. Vermeidung)

Physiologische und biologische Veränderung

tragen, konnten identifiziert werden: physiologische Erregung, selektive Aufmerksamkeit und sicherheitssuchendes Verhalten. Panik oder panikartige Symptome führen häufig zu agoraphobischem Vermeidungsverhalten. Es wird angenommen, dass Personen mit wiederholt auftretenden Panikattacken die Tendenz haben, bestimmte Körperempfindungen als Anzeichen einer drohenden Katastrophe zu interpretieren.

Wenn Patienten mit Panikstörung aufgrund der falschen Interpretation von Körperempfindungen eine drohende Katastrophe befürchten, hängt ihr Verhalten eher mit der Vermeidung gefürchteter Katastrophen zusammen als mit der Angst selbst. Sicherheitssuchendes Verhalten vermittelt der betroffenen Person das subjektive Gefühl, sich vor einer potenziellen Katastrophe geschützt zu haben. Häufig kommt sie dann zu der Überzeugung, dass die befürchtete Katastrophe durch ihr Verhalten verhindert wurde.

8.6.3   Kognitives Modell der Sozialen Phobie

Dem kognitiven Modell der Sozialen Phobie (Clark/Wells 1995) zufolge haben soziale Phobiker das ausgeprägte Bedürfnis, einen guten Eindruck zu hinterlassen, doch besteht Unsicherheit über ihre Fähigkeiten dazu. Die Unsicherheit manifestiert sich in negativen Gedanken über sie selbst in Verbindung mit sicherheitssuchendem Verhalten, um ihren Selbstwert zu schützen und eine negative Beurteilung der eigenen Person zu vermeiden. Angstsymptome und negative Folgen des sicherheitssuchenden Verhaltens verstärken die verzerrte Selbstwahrnehmung.

dysfunktionale Gedanken

Die dysfunktionalen Gedanken treten in der phobischen Situation selbst auf, aber auch vor der Situation in Form von Befürchtungen und Grübeln sowie nach der Situation. Wie Abb. 8.2 zeigt, machen dysfunktionale Annahmen und Überzeugungen das Individuum anfällig für verschiedene Kognitionen und behaviorale Faktoren, die die Soziale Phobie aufrechterhalten. Drei Arten von Informationen auf dieser Ebene sind:

- Glaubenssätze über sich selbst (z. B. „Ich bin dumm")
- Vermutungen (z. B. „Wenn ich nicht viel rede, dann werden die Menschen denken, dass ich langweilig bin")
- strenge Regeln (z. B. „Ich muss immer etwas Interessantes sagen")

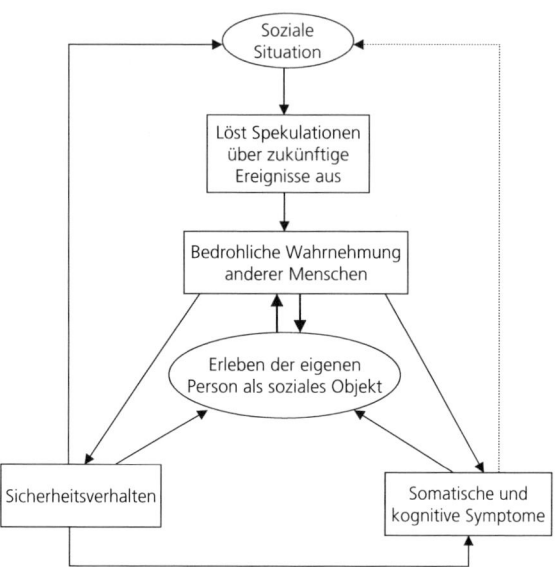

Abb. 8.2:
Kognitives Modell
der Sozialen Phobie
(modifiziert nach
Wells/Clark 1997)

sicherheits-
suchendes
Verhalten

Es gibt drei weitere Prozesse, die bei der Aufrechterhaltung der
Sozialen Phobie eine Rolle spielen (Wells/Clark 1997):

• Das eigene Selbst als soziales Objekt: Es findet eine Verschiebung und Reduktion der Aufmerksamkeit statt. Situationen,
  die eine Soziale Phobie auslösen, werden anders als sonst wahrgenommen. Die Wahrnehmung äußerer Informationen wird
  ersetzt durch die Konzentration auf innere Prozesse, in deren
  Zentrum das eigene Selbst steht.
• Sicherheitssuchendes Verhalten wird eingesetzt, um gefürchtete
  Situationen abzuwenden. Dieses tritt immer dann auf, wenn die
  Vermeidung von Situationen, die Soziale Phobien hervorrufen,
  nicht möglich ist. Das Ziel dieses Verhaltens liegt darin, das Risiko von sozialem Versagen und Demütigung zu reduzieren.
• Kognitive und somatische Angstsymptome: Körperliche Symptome werden als ein Zeichen von bevorstehendem Versagen
  in sozialen Situationen interpretiert, in denen ein solches Verhalten nicht der Norm entspricht. Durch die wahrgenommenen
  sozialen Gefahren, die mit den körperlichen Symptomen zusammenhängen, findet eine Steigerung der kognitiven und somatischen Symptome statt.

8.7   Die psychoanalytische Theorie

Die psychologische Angstforschung nahm ihren Anfang mit den Theorien Sigmund Freuds. Freud entwickelte nacheinander zwei Angsttheorien. In seiner ersten Theorie, der biologischen Angsttheorie, ging Freud (1895) davon aus, dass Angst aufgrund einer Aufstauung und ungenügenden Entladung von Libido entstehe. In seiner Veröffentlichung „Hemmung, Symptom und Angst" entwickelte Freud (1926) seine zweite, psychologische Angsttheorie, in der Angst auf innerpsychische Konflikte zurückgeführt wurde. Nun vertrat Freud die Auffassung, dass Angst zum einen als Reaktion auf ein Trauma, zum anderen als Reaktion auf eine äußere Gefahr entsteht. Dabei lassen sich angsterregende Trieb-Situationen auf äußere, zwischenmenschliche Gefahrsituationen zurückführen. Triebregungen, die als verboten erlebt werden, erzeugen Angst und werden verdrängt. Bei einer Anhäufung äußerer und innerer Erregung erlebt sich das Ich als steuernde Instanz als hilflos. Wenn die Abwehrmechanismen – Verdrängung und Verschiebung – scheitern, kommt es entweder zu frei flottierender Angst oder zu Angstanfällen (Panikattacken).

innerpsychische Konflikte

Von 1902 bis 1914 formulierte Freud sein Konzept der kindlichen Sexualität und der Entwicklung libidinöser Kräfte im Laufe der oralen, analen, phallischen und genitalen Phase. Während dieser Zeit war sein Hauptbeitrag zur Entwicklung einer Angsttheorie die Analyse des kleinen Hans (Freud 1909).

Anhand der Deutung einer Tierphobie eines fünfjährigen Jungen (der kleine Hans) unternahm Freud den Versuch einer systematischen Beschreibung der Entwicklung von Phobien. Dabei betrachtete er die Phobie als eine Abwehr unbewusster Konflikte, die ihren Ursprung in der frühen Kindheit haben. Bestimmte Triebe, Erinnerungen und Gefühle sind so schmerzhaft, dass sie verdrängt und auf externe Objekte verschoben werden oder symbolisch mit der tatsächlichen Quelle der Angst verbunden werden. So schützen Ängste und Phobien das Kind vor unbewussten Wünschen und Trieben. Nach einer Analyse der Gespräche zwischen Hans und seinen Eltern über einen Zeitraum mehrerer Monate hinweg schlussfolgerte Freud, dass die Pferdephobie des kleinen Hans (nach einem Ereignis, bei dem ein Pferd mitsamt des Wagens vor ihm auf der Straße zu Fall kam) ein Symptom eines ungelösten und unbewussten ödipalen Konfliktes sei.

Freud nahm an, dass der kleine Hans seine Mutter sexuell begehrte, aber die Vergeltung seines Vaters (in Form von Kastration) im Falle einer Befriedigung seiner sexuellen Triebe mit seiner Mutter fürchtete. Er ging davon aus, dass die Schuldgefühle und die Furcht vor der Vergeltung des Vaters ins Unterbewusstsein verdrängt und auf ein externales und damit vermeidbares Objekt verschoben wurde: das Pferd. Das Motiv dieser Verdrängung war die Angst vor Kastration, die Hans offen ausdrückte. Freud betrachtete die Scheuklappen und den Maulkorb als Symbole für die Brille und den Schnurrbart des Vaters. Die Meidung von Pferden erlaubte dem Jungen auch die Vermeidung der Angst, die durch den intrapsychischen Konflikt und auch die reale äußere Gefahr, die Wut des Vaters, hervorgerufen wurde.

Freud nahm an, dass phobische Symptome als Teil des Konfliktes zwischen den Impulsen libidinöser oder aggressiver Triebbefriedigung und der vom *Ich* erkannten potenziellen äußeren Gefahr entsteht, die aus dieser Befriedigung resultieren könnte. Daher benutzt das *Ich* die Mechanismen der Verdrängung und Verschiebung, um die durch den intrapsychischen Konflikt und die potenzielle äußere Gefahr entstehende Angst zu vermeiden. Die libidinösen und aggressiven Impulse werden unterdrückt und die äußere Bedrohung wird auf ein Objekt verschoben, das gemieden werden kann.

In den folgenden Jahren entwickelte er seine Theorie der Infantilen Sexualität und erarbeitete ein Entwicklungsmodell psychosexueller Wünsche und Ängste. Freuds Konzept eines topographischen Modells entwickelte sich zu einer Strukturtheorie, in der der Interaktion verschiedener Persönlichkeitsvariablen zunehmende Bedeutung zukam und die Wurzeln von Angst mehr auf der psychologischen Ebene angenommen wurden.

8.8   Das Bindungsmodell

Nach Bowlbys Bindungstheorie (1988) haben Säuglinge die frühe Neigung, Bindungen einzugehen, die zum Austausch von Gefühlen führen (z. B. Weinen, Lächeln), wenn sie lernen sich fortzubewegen. Jedoch um zu überleben, ist es notwendig, dass Kinder eine enge Bindung zu einer bestimmten Person entwickeln.

Die Bezugsperson des Säuglings hilft dem Kind besonders in Situationen von Stress, sein inneres Gleichgewicht zu bewahren. Bindung hat eine wichtige Funktion bei der Verminderung von

Abb. 8.3: Bindung

Stress. Die Säuglinge sind motiviert, auf der einen Seite die gewohnten Strukturen beizubehalten und auf der anderen Seite neue Dinge auszuprobieren. Selbstbewusstsein entwickelt sich, wenn die Bezugsperson eine sichere Basis für die Erkundung des Kindes bereitstellt.

Die Qualität der Bindung wird durch die Beziehung zwischen dem Kind und seiner Bezugsperson bestimmt. Ainsworth und Mitarbeiter entwickelten ein standardisiertes experimentelles Vorgehen, den „Fremde-Situations-Test", um die Art einer Bindung zu beschreiben. Anhand dieses Vorgehens ließen sich drei verschiedene Formen von Bindung unterscheiden: die sichere, die unsicher-vermeidende und die unsicher-ambivalente Bindung.

Dieser Bindungstheorie zufolge entstehen Angststörungen aus einer unsicheren Bindung zwischen dem Kind und seiner Bezugsperson. Diese Unsicherheit entsteht, wenn sich die Hauptbezugsperson dem Kind gegenüber unaufmerksam („nonautonomous") zeigt und nicht auf die Bedürfnisse des Kindes eingeht, insbesondere, wenn sich das Kind in einer belastenden Situation befindet. Aus der Erfahrung, dass die Bedürfnisse des Kindes nicht ver-

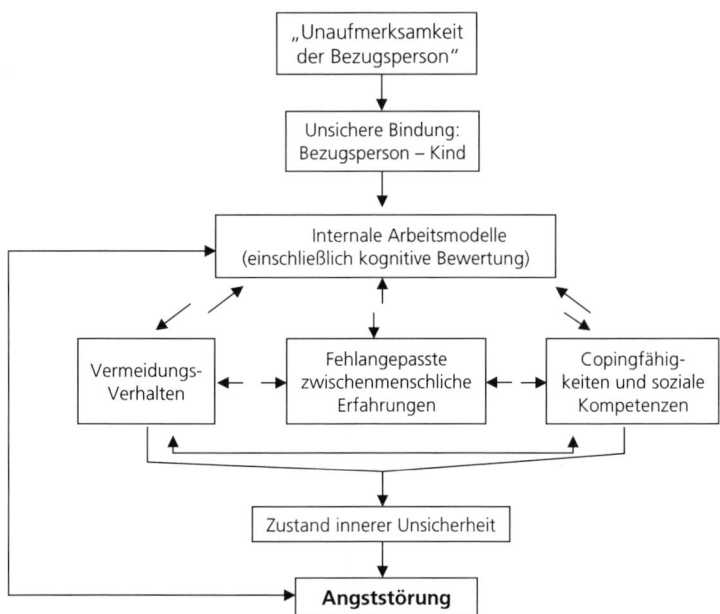

Abb. 8.4:
Bindungsmodell der
Entwicklung von
Angststörungen
(nach Manassis/
Bradley 1994, 351)

lässlich erfüllt werden, entsteht eine unsichere Bindung an die
Hauptbezugsperson. Aus dieser ersten wichtigen Beziehung leitet das Kind seine innere Vorstellung davon ab, wie Beziehungen
funktionieren. Es entwickelt ein „inneres Arbeitsmodell" (d. h.
eine geistige Repräsentation von Aspekten der Werte, der anderen, der eigenen Person sowie der Beziehungen zu anderen, die
für das Individuum von Bedeutung sind).

Das Kind mit einer unsicheren Bindung entwickelt eine Vorstellung zwischenmenschlicher Beziehungen, die auf der Erwartung beruht, dass seine Bedürfnisse nicht von anderen verlässlich
erfüllt werden. Das führt entweder zu einer extremen Selbst-
genügsamkeit (wenig zwischenmenschlicher Kontakt, Vermeidungsverhalten) oder zur ständigen Suche nach Aufmerksamkeit
(ein hohes Maß von zwischenmenschlichem Kontakt, forderndes
Verhalten). Beide Verhaltensweisen können ungünstige Reaktionen nach sich ziehen, die dann wiederum das (verzerrte) „innere
Arbeitsmodell" bestärken. Solche Verzerrungen können auch zu
der Neigung führen, selektiv beängstigende Informationen wahrzunehmen. Diese Neigung prädisponiert das Kind zu einem Zustand innerer Unsicherheit.

Die verzerrten geistigen Repräsentationen des „inneren Arbeitsmodells" beeinträchtigen die Entwicklung sozialer Kompetenzen und bereiten der Neigung zu Vermeidungsverhalten den Weg (Abb. 8.4). Durch Vermeidungsverhalten wird die Entwicklung von Angstbewältigungsstrategien und sozialer Kompetenz verhindert bzw. beeinträchtigt. Fehlangepasste zwischenmenschliche Erfahrungen (die von Vermeidung, Mangel an Bewältigungsstrategien und sozialen Kompetenz beeinträchtigt sind), verstärken daher das verzerrte „innere Arbeitsmodell", das sich wiederum wie in einem Teufelskreis auf weitere zwischenmenschliche Beziehungen negativ auswirkt. Das Ergebnis ist ein chronischer Zustand innerer Unsicherheit, der das Kind zu verschiedenen Formen von Angststörungen prädisponiert (Abb. 8.4).

8.9   Das Temperaments-Modell

Dem Temperaments-Modell zufolge entstehen Angststörungen, wenn Kinder eine physiologische Prädisposition zu einer Verhaltenshemmung erben (Kagan et al. 1984; Abb. 8.5). Gehemmte Kinder tendieren zu einer hohen, stabilen Herzfrequenz und anderen Anzeichen einer hohen Erregung des sympathischen Nervensystems (Kagan et al. 1987). Als Reaktion auf Stress zeigen sie einen dramatischen Anstieg der Herzfrequenz (Kagan et al. 1988). Ergebnisse, die für eine genetische Prädisposition der Verhaltenshemmung sprechen, lieferte die Studie von Plomin und Rowe (1979), die eine höhere Übereinstimmung im Hinblick auf eine Verhaltenshemmung bei eineiigen als bei zweieiigen Zwillingen fanden.

Kagan et al. (1990) führten die Tendenz einiger Kinder, Neues zu vermeiden, auf eine niedrige Reaktionsschwelle des limbischen Systems in unbekannten Situationen zurück, in denen die Kinder mit Herausforderungen konfrontiert sind. Sie nahmen an, dass die Herabsetzung dieser Schwelle möglicherweise erblich bedingt ist, aber auch aufgrund chronischer Belastungen durch die Umgebung des Kindes entstehen kann.

Eine niedrigere Reaktionsschwelle im Hinblick auf Unbekanntes erhöht das Risiko einer Verhaltenshemmung des Kindes. In unbekannten Situationen fühlt sich das Kind aufgrund der starken Erregung des sympathischen Nervensystems unwohl und ent-

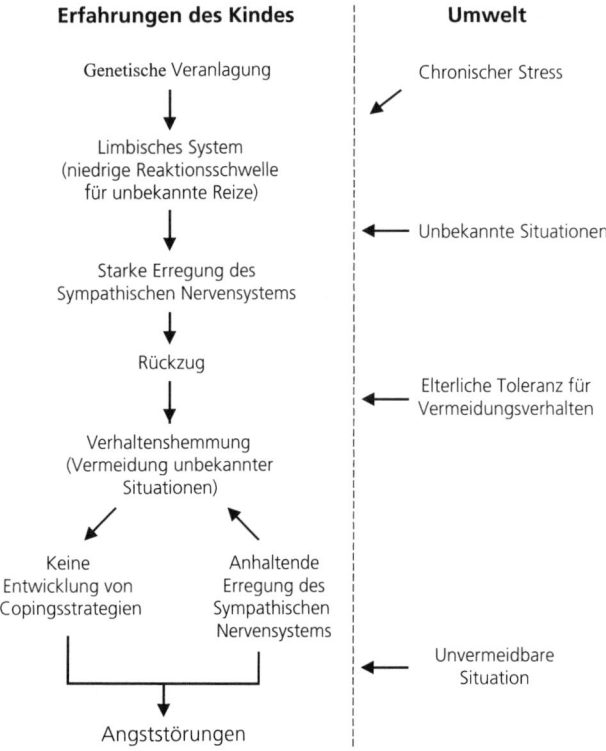

Abb. 8.5:
Temperaments-
Modell der
Entstehung von
Angststörungen
(nach Manassis/
Bradley 1994, 347)

zieht sich infolgedessen der Situation. Die Vermeidung von Unbekanntem verringert zwar die Angst, aber auch die Gelegenheiten, Bewältigungsstrategien zu entwickeln. Durch das Fehlen von
Bewältigungsstrategien bekommt das Kind immer mehr das Gefühl, diese Situationen nicht bewältigen zu können, und vermeidet
sie weiterhin. Angststörungen können bei verhaltensgehemmten
Kindern dadurch ausgelöst werden, dass sie einer neuen Situation
ausgesetzt sind, von der sie sich überfordert fühlen und die sie
nicht vermeiden können.

Es ist unklar, durch welchen Mechanismus die Verhaltenshemmung mit Angststörungen verbunden ist. Es wurde vermutet, dass
durch ein anhaltendes Vermeidungsverhalten der Norepinephrin-
Spiegel des zentralen Nervensystems sinkt, was zur Hypersen-
sibilität der Norepinephrin-Rezeptoren führt. Diese Hypersen-
sitivität kann zu plötzlichen, intensiven Angstgefühlen führen,
wenn eine unbekannte Situation nicht vermieden werden kann.

8.10   Übungsfragen zum 8. Kapitel

58. Erklären Sie die Theorie der klassischen Konditionierung.

59. Was besagt die Zwei-Faktoren-Theorie der Vermeidung?

60. Was ist die Kernthese des Temperaments-Modells?

61. Wie wird Angst erworben nach Rachman?

62. Was besagt das Krankheits-Vermeidungs-Modell?

63. Was bedeutet „Lernen durch Beobachtung"?

64. Was ist die Kernthese des Temperaments-Modells?

65. Was ist die Kernthese des psychoanalytischen Ansatzes zur Erklärung von Angst?

66. Können Sie das Bindungsmodell erklären?

67. Wie erklärt das kognitive Modell die Agoraphobie?

68. Können Sie das kognitive Modell der Sozialen Phobie nach Clark/Wells (1995) erklären?

69. Wie erklärt das kognitive Modell nach Clark (1988) Panikattacken?

9 Risikofaktoren

Die Identifizierung von Risikofaktoren ist aus vielerlei Gründen von Bedeutung. Da die Risikofaktoren die Wahrscheinlichkeit der Entwicklung einer Angststörung erhöhen, sollte durch die Intervention verhindert werden, dass sich die betroffenen Personen Risikofaktoren aussetzen. Durch die Identifizierung von Risikofaktoren im Kindes- und Jugendalter können wichtige Informationen über den zeitlichen Rahmen für die Intervention und richtungsweisende Auswahl (z. B. in der Schule oder in der Familie) für optimale Ansätze zur Intervention und Prävention gewonnen werden. Schließlich können durch die Identifizierung von Risikofaktoren Hoch-Risiko-Kinder identifiziert werden, um den entsprechenden Kindern professionelle Hilfe zu geben.

9.1 Familiäre Faktoren

Familienstudien

Die Rolle familiärer Faktoren als bedeutende Risikofaktoren bei der Entstehung psychischer Störungen, einschließlich Angst, ist Gegenstand zahlreicher Forschungsbemühungen. Studien auf diesem Gebiet beruhen im Allgemeinen auf zwei unterschiedlichen Ansätzen. Dem einen Ansatz zufolge wird die familiäre Häufung psychischer Störungen mit Methoden der *Familienstudien* („family study") untersucht. Gemäß dem zweiten Ansatz wird versucht, die charakteristischen Merkmale der Familien von Personen mit psychischen Störungen mit Familien zu vergleichen, deren Mitglieder keine psychischen Störungen aufweisen.

Das wesentliche Ziel von Familienstudien besteht darin, detaillierte Informationen zu einem bestimmten Störungsbereich auf der Basis der Untersuchung biologischer Verwandter zu gewinnen (Essau/Merikangas 1999; Essau et al. 1997a). Dabei wird generell neben einer Indexgruppe (Personen mit bestimmter Störung) auch eine Kontrollgruppe sowie Verwandte beider Gruppen untersucht. Beispiele für Familienstudien stellen „Top-down-" und „Bottom-up-Studien" dar.

- Für *Top-down-Studien* werden erwachsene Probanden aus Behandlungseinrichtungen oder mithilfe von Krankenregistern ausgewählt, um im Weiteren unter deren Nachkommen das Auftreten von Störungen zu untersuchen.
- *Bottom-up-Studien* setzten bei Kindern und Jugendlichen an, die ebenfalls aus Behandlungseinrichtungen rekrutiert werden, und untersuchen im Weiteren das Auftreten psychischer Störungen bei deren Eltern oder erwachsenen Verwandten (Essau et al. 1997a).

Die Rolle des Erziehungsverhaltens und anderer familiärer Faktoren, von denen angenommen wird, dass sie bei der Übertragung von Angststörungen eine Rolle spielen, lässt sich anhand von mindestens drei Methoden untersuchen:

- Untersuchung der Eltern mittels Fragebögen, in denen sie über ihre Art der Kindererziehung, ihre Einstellung zur Elternschaft sowie über ihr Familienleben befragt werden;
- Untersuchung der Kinder ängstlicher Eltern mittels Fragebögen, in denen sie über die Art und Weise, auf die sie erzogen wurden, ihre Kindheitserfahrungen und die Qualität der Eltern-Kind-Interaktionen befragt werden;
- direkte Beobachtung der Interaktionen zwischen Eltern und Kindern, meist im Laborsetting. Bei diesem Design wird davon ausgegangen, dass die im Labor beobachtete Eltern-Kind-Interaktion reale Praktiken der Kindererziehung widerspiegelt.

9.1.1 Familiäre Häufung bei Angststörungen

Trotz unterschiedlicher Methoden und Stichproben war eines der durchgängigsten Ergebnisse, dass Angststörungen familiär gehäuft auftreten. So zeigte sich beispielsweise in Bottom-up-Studien eine erhöhte Prävalenz von Angststörungen bei erwachsenen Verwandten von Kindern und Jugendlichen mit Angststörungen (Last/Strauss 1989; Toro et al. 1992). In der Bremer Jugendstudie (Essau 2000) berichteten 34 % der Jugendlichen mit Angststörung Anzeichen von Angststörungen ihrer Eltern. Ein hoher Anteil dieser Jugendlichen berichtet auch über das Vorliegen anderer Störungen bei ihren Eltern, einschließlich Depression und Probleme mit Alkohol und Drogen.

Auch in „Top-down-Studien" wurde eine erhöhte Prävalenz von Angststörungen bei Kindern erwachsener Probanden mit Angststörungen gefunden (Beidel/Turner 1997). In der Studie von Turner et al. (1987) ist die Wahrscheinlichkeit der Entwicklung einer Angststörung bei Kindern, deren Eltern unter einer Agoraphobie oder einer Zwangsstörung leiden, um das Siebenfache erhöht. Kinder agoraphobischer Eltern scheinen für Angststörungen, insbesondere für Trennungsangst, sehr anfällig zu sein (Kendler et al. 1992; Mufson et al. 1992). Es konnte ebenfalls in Studien gezeigt werden, dass Angststörungen auch stabil über mehrere Generationen hinweg auftreten (Last et al. 1991; Vitiello et al. 1990).

Angst-Anfälligkeit   Obwohl diese Ergebnisse die große Bedeutung familiärer Faktoren zeigen, bleibt die Frage ungeklärt, ob es sich hierbei um genetische, um Umweltmechanismen oder um eine Kombination aus beidem handelt. Bei einer genetischen Übertragung stellt sich die Frage, was genau vererbt wird. Falls die Übertragung durch Umweltfaktoren bedingt ist, ist es von Interesse zu untersuchen, auf welchem Weg dies geschieht. Aus der Perspektive der Vererbung können individuelle Unterschiede im Temperament und Erregungsniveau des Kindes mit dem Auftreten von Furcht und Angststörungen in der Kindheit zusammenhängen (Merikangas et al. 1998). Das kann sich als „Angst-Anfälligkeit" bzw. Vulnerabilität zusammen mit bestimmten Umwelteinflüssen wie Lebensereignisse, bestimmte familiäre Interaktionsmuster und Erziehungspraktiken ungünstig auswirken.

9.1.2 Familiäre Faktoren nach Berichten von Erwachsenen mit Angststörungen

Familienbeziehungen   Die meisten Arbeiten über familiäre Faktoren von Angst fußen auf dem Werk von Bowlby (1973), demzufolge gestörte Familienbeziehungen einen wichtigen Faktor bei der Entwicklung von Angststörungen darstellen (s. Kap. 8.8). In einigen frühen Studien von Parker (1981) berichteten signifikant mehr Patienten mit Angststörungen im Vergleich zu Kontrollpersonen, dass ihre Eltern in hohem Maße überbehütend, aber wenig fürsorglich gewesen seien. Spätere Studien anderer Autoren zeigten, dass Patienten mit Angst (meist Panikstörung oder Soziale Phobie) ihre Eltern zurückweisender und kontrollierender im Vergleich mit Personen ohne klinische Angst erlebten (Bruch/Heimberg 1994; Laraia et al. 1994).

Einigen anderen Autoren zufolge (Rosenbaum et al. 1991) ist es möglich, dass das Zusammenleben mit einem an einer Angststörung (z. B. Agoraphobie) leidenden Elternteil ein Kind dazu prädisponiert, seinerseits Angst zu entwickeln, indem Vorsicht und Ängstlichkeit von den Eltern übernommen werden (Modell-Lernen). So fanden beispielsweise Silverman et al. (1988) in ihrer Studie – im Rahmen derer Kinder von Eltern mit Agoraphobie, Panikstörung oder Generalisierter Angststörung untersucht wurden – einen positiven Zusammenhang zwischen den Verhaltensproblemen der Kinder und der Angst bzw. dem Vermeidungsverhalten der Eltern, ungeachtet der Häufigkeit von Panikattacken. Diese Autoren legten nahe, dass Personen mit Agoraphobie, die zahlreiche Situationen vermeiden, dazu tendieren, ein Verhalten zu entwickeln, bei dem Furcht regelmäßig zu Vermeidung führt; dieses Reaktionsmuster wird von ihren Kindern übernommen.

Eine Studie von Capps und Mitarbeitern (1996) zeigte ebenfalls, dass die Anzahl von Situationen, die von agoraphobischen Eltern vermieden werden, positiv mit der Anzahl der Angstsymptome der Kinder korreliert. Hinzu kommt, dass Kinder agoraphobischer Eltern im Vergleich zu Kindern von Eltern ohne eine Vorgeschichte psychischer Störungen größere Angst vor unterschiedlichen Situationen sowie eine geringere Kontrollierbarkeit von Gesundheits- und Umweltrisiken berichten. Auch waren sie im Hinblick auf Gesundheits- und Umweltfragen weniger optimistisch.

Die Ergebnisse wurden dahin gehend interpretiert, dass wahrgenommene Kontrolle und optimistische Einstellung Elemente eines dynamischen Mechanismus seien, der die emotionale Stabilität aufrechterhält. Weiterhin wurde argumentiert, dass gut angepasste Personen in bestimmten Situationen Kontrolle ausüben und in anderen Situationen in der Illusion leben, Kontrolle ausüben zu können. Mehr noch als von Kontrollüberzeugungen hängt psychisches Wohlbefinden davon ab, sich flexibel an unterschiedliche Situationen anpassen zu können. Agoraphobiker hingegen scheinen sich auf eine einzige Strategie zu beschränken (z. B. den Versuch, Kontrolle durch Vermeidung auszuüben oder dadurch, andere Menschen in der Nähe zu wissen), was möglicherweise zu Gefühlen von Hilflosigkeit führen kann. Diese Ergebnisse wurden als Anhaltspunkt dafür interpretiert, dass Angst in Familien durch Modell-Lernen weitergegeben wird.

9.1.3   Familiäre Faktoren bei ängstlichen Kindern

Erziehungs-
verhalten

Studien, in denen das Erziehungsverhalten der Eltern ängstlicher Kinder untersucht wurde, sind selten. Jedoch geht aus einer Studie mit Kindern der Allgemeinbevölkerung hervor (Stark et al. 1990), dass ängstliche Kinder ihre Familien als weniger zusammenhaltend, dafür aber als kontrollierender als nicht ängstliche Kinder beschrieben. In der Bremer Jugendstudie (Essau 2000) berichteten Jugendliche mit Angststörungen eine signifikant geringere Bindung zu ihren Eltern als Jugendliche ohne psychische Störungen. Dies zeigte sich vor allem in dem Bereich *Entfremdung*. In der Studie von Kohlmann et al. (1988) konnte eine signifikante Korrelation zwischen Angst und der Inkonsistenz elterlicher Erziehungspraktiken bei beiden Elternteilen festgestellt werden.

Messer und Beidel (1994) fanden, dass ängstliche Kinder ihr familiäres Umfeld als weniger ihre Selbstständigkeit fördernd beschrieben, als dies in Kontrollgruppen der Fall war. Hinzu kommt, dass die psychische Symptomatik der Väter (jedoch nicht der Mütter) einschließlich Depression, Zwangsstörung sowie einer allgemeinen Symptombelastung in der Angstgruppe signifikant höher lag als in der Kontrollgruppe. Eine Zwangsstörung sowie depressive Symptome des Vaters korrelierten negativ mit dem Familienzusammenhalt. Es zeigten sich positive Korrelationen mit familiären Konflikten und der Angst der Kinder. Ebenfalls fanden sich Anhaltspunkte dafür, dass verschlossenes, abweisendes Verhalten des Vaters die ängstliche Disposition der Kinder verstärkt. Dies geschieht durch Modell-Lernen, unangemessene soziale Stimulation oder eingeschränkte Gelegenheiten, spezifische Fähigkeiten zu entwickeln.

Erwartungen

Kortlander und Mitarbeiter (1997) untersuchten die Erwartungen und Attributionen von Müttern hinsichtlich der Fähigkeit ihrer Kinder, mit einer belastenden Situation umzugehen. Mütter ängstlicher Kinder erwarteten eher als Mütter normaler Kinder, dass ihre Kinder stärker beunruhigt und weniger in der Lage wären, sich selbst während der Übung zu beruhigen. Sie gingen des Weiteren davon aus, dass die Bewältigungsfähigkeiten ihrer Kinder geringer als die anderer Kinder seien. Die geringen Erwartungen wurden in Zusammenhang mit dysfunktionalen Gedanken interpretiert, die häufig zusammen mit Kognitionen von Angst auftreten.

9.1.4   Beobachtungsstudien und Angststörungen

In der Studie von Krohne und Hock (1991) wurden Mutter-Kind-Interaktionen während einer komplexen kognitiven Aufgabe beobachtet. Mütter hochgradig ängstlicher Mädchen zeigten sich stärker kontrollierend als Mütter wenig ängstlicher Mädchen. Diese Ergebnisse konnten für Jungen nicht bestätigt werden. In anderen Studien untersuchten Krohne und Hock (1994) elterliches Erziehungsverhalten, und wie es mit der Ängstlichkeit des Kindes zusammenhängt. Dabei zeigte sich, dass Inkonsistenz und Tadel seitens der Eltern beim Kind Ängstlichkeit begünstigen. Tadeln die Eltern das Kind inkonsistent, hindern sie es daran, Richtlinien für zukünftiges Verhalten zu entwickeln, indem sie ihm keinerlei Hinweise auf erwünschtes Verhalten geben.

Mutter-Kind-Interaktionen

Kagan et al. (1994) teilten Kleinkinder je nach Temperament in zwei Gruppen ein: Kinder mit stark und wenig gehemmtem Verhalten. Die Mutter-Kind-Interaktionen wurden zu Hause beobachtet. Es wurde gemessen, wie lange die Mutter das Kind in den Armen hielt, ohne dass es Hilfe benötigte. Dieses Maß zeigte übermäßige Fürsorge an, anhand derer das Ausmaß an Ängstlichkeit vorhergesagt werden konnte, dass die Kinder einige Monate später entwickelten. Jedoch geschah dies nur bei den Kindern der Gruppe mit stark gehemmtem Verhalten. Die Ergebnisse wurden als Indikator für ein mögliches Zusammenwirken von mütterlicher Fürsorge und dem Temperament des Kindes bei der Entwicklung von Angststörungen interpretiert.

Dumas et al. (1995) untersuchten Muster von Kontrollverhalten in Mutter-Kind-Dyaden (Kinder im Vorschulalter), die in drei Gruppen eingeteilt wurden: kompetent, aggressiv und ängstlich. Im Laufe eines halbstrukturierten Spiels zeigten Mütter ängstlicher Kinder das höchste Ausmaß „aversiver Kontrolle" (d. h. Versuche, anhand von Kritik, Bestrafung, Einmischung das Verhalten ihrer Kinder zu kontrollieren) und das geringste Maß an Compliance und Offenheit gegenüber dem Kind. Während dieser Interaktionen wurde bei ängstlichen Kindern das höchste Ausmaß von Non-Compliance festgestellt. Den Autoren zufolge schränken derartige Interaktionen möglicherweise die Entwicklung prosozialen Verhaltens und angepasster Copingstrategien bei ängstlichen Kindern ein.

Mutter-Kind-Dyaden

In der Studie von Dadds und Mitarbeitern (1996) wurden klinisch ängstliche Kinder mit symptomfreien Kindern hinsichtlich ihrer Interaktionen mit den Eltern während einer Diskussion über unklare Situationen verglichen. Die Eltern ängstlicher Kinder unterstützten in größerem Ausmaß Vermeidungsverhalten als Eltern der Kinder anderer Gruppen, wenn dieses von ihren Kindern vorgeschlagen wurde. Dieses Ergebnis legt nahe, dass ängstliche Kinder von ihren Eltern überfürsorglich erzogen werden. Barrett et al. (1996) nahmen daher an, dass ängstliche Kinder im Anschluss an ein Gespräch mit ihren Eltern eher Vermeidungsverhalten an den Tag legen, als dies vor dem Gespräch der Fall ist.

9.2   Temperamentsfaktoren

Verhaltens-hemmung

Seit der Veröffentlichung der grundlegenden Schriften von Chess und Thomas (1984) wurde die Rolle des Temperaments im Rahmen von Studien über Angststörungen untersucht. Die meisten Forschungsarbeiten auf dem Gebiet der Temperamentsfaktoren bei der Entwicklung von Angststörungen haben die Verhaltenshemmung zum Gegenstand (s. a. Kap. 3). Verhaltenshemmung bezieht sich auf ein Temperament, dessen charakteristische Merkmale Rückzugs- und Verweigerungsverhalten in einer fremden Umgebung wie auch gegenüber fremden Menschen und Dingen sind (Kagan et al. 1988). Bei Kleinkindern zeigt sich eine Verhaltenshemmung in der Regel als Reizbarkeit, bei Säuglingen als Schüchternheit und Furchtsamkeit, bei Schulkindern als Vorsichtigkeit und Introversion. Sie umfasst sowohl behaviorale (z. B. Unterbrechen des augenblicklichen Verhaltens, Trost bei vertrauten Personen suchen, Rückzug und Vermeidung von allem Unbekannten) wie auch physiologische Reaktionen (z. B. stabile, hohe Herzfrequenz, Zunahme der Herzfrequenz bei leichtem Stress; Kagan et al. 1988).

In einer frühen Studie von Kagan et al. (1987) zeigte sich, dass gehemmte Kinder im Vergleich mit ungehemmten Kindern eine erhöhte Aktivität des sympathischen Nervensystems aufwiesen, wenn sie neuen Reizen ausgesetzt waren. Das zeigte sich an einer hohen Herzfrequenz, einer geringen Variabilität der Herzfrequenz und einer Zunahme der Herzfrequenz bei leichtem Stress. Das führte Kagan und Mitarbeiter zu der Annahme, dass Hypothalamus und Amygdala gehemmter Kinder eine niedrige Reizschwelle aufweisen, insbesondere wenn die Kinder mit unbekannten Ereignissen konfrontiert sind. Diese physiologischen Reaktionen, zusammen mit Fluchtreaktionen, Vermeidungsverhalten und Passivität stimmen mit neurophysiologischen Theorien der Ätiologie von Angststörungen überein. Diese legen nahe, dass eine Verhaltenshemmung im frühen Kindesalter ein Anzeichen einer Angstneigung sein kann.

Es gibt Hinweise darauf, dass verhaltensgehemmte Kinder möglicherweise eher eine Angststörung entwickeln als ihre Altersgenossen, die kein gehemmtes Verhalten zeigen. So untersuchten beispielsweise Biederman et al. (1990) die Beziehung zwischen Verhaltenshemmung und der Prävalenz von Angststörungen in der Kindheit. Die Ergebnisse zeigten, dass verhaltensgehemmte Kinder ein höheres Risiko aufwiesen, eine oder mehrere Angststörungen zu entwickeln (18–22 %) als Kinder ohne Verhaltenshemmung (0 %).

Kinder, deren Eltern Angststörungen aufwiesen, zeigen mit größerer Wahrscheinlichkeit eine Verhaltenshemmung als Kinder, deren Eltern an anderen psychischen Störungen litten (Rosenbaum et al. 1988). Insbesondere wiesen Kinder, deren Eltern an einer Panikstörung und einer Agoraphobie litten (mit oder ohne Major Depression) signifikant häufiger eine Verhaltenshemmung auf als Kinder von Eltern der psychiatrischen Vergleichsgruppe ohne Panikstörung und Agoraphobie oder Major Depression. Kinder von Eltern mit Panikstörung und Agoraphobie und Kinder, deren Eltern an Panikstörung, Agoraphobie und Major Depression litten, wurden zu 85 bzw. 70 % als verhaltensgehemmt beurteilt. Dieses Ergebnis legt nahe, dass eine Verhaltenshemmung möglicherweise einen übergreifenden Vulnerabilitätsfaktor für zahlreiche psychische Störungen darstellt.

Vulnerabilitätsfaktor

In einer Studie von Hayward et al. (1998) wurde anhand einer nicht-klinischen Stichprobe von 2.242 Kindern und Jugendlichen untersucht, welches Risiko eine Verhaltenshemmung in der Kindheit für die spätere Entwicklung einer Sozialen Phobie darstellt. Die Teilnehmer füllten einen Selbstbeurteilungsfragebogen aus, um zu erfassen, ob sie im Grundschulalter verhaltensgehemmt waren. Darüber hinaus wurden sie mittels eines strukturierten diagnostischen Interviews befragt, um den gegenwärtigen diagnostischen Status zu erheben. Es zeigte sich, dass die Jugendlichen, die in der Kindheit verhaltensgehemmt waren, ein vier- bis fünfmal höheres Risiko hatten, im Jugendalter eine Soziale Phobie zu entwickeln, als diejenigen Teilnehmer, die angaben, als Kinder keine Verhaltenshemmung gehabt zu haben. Hierbei ist jedoch zu beachten, dass die Verhaltenshemmung in der Kindheit retrospektiv berichtet wurde und dadurch die Ergebnisse nur eingeschränkt aussagekräftig sind: So könnte beispielweise soziale Angst zum Zeitpunkt der Befragung zu Verzerrungen der Kindheitserinnerungen geführt haben.

Temperaments-merkmale

In ihrer Längsschnittstudie fanden Kagan et al. (1988), dass 10 bis 15 % der Kinder als verhaltensgehemmt bezeichnet werden konnten. Diese Kinder sind als Säuglinge schüchtern und ängstlich, bei Eintritt in die Grundschule sind sie ruhig, vorsichtig und introvertiert. In standardisierten Verhaltenstests äußern sich verhaltensgehemmte Kinder im Beisein von fremden Personen nicht spontan und tendieren eher dazu, zu weinen und sich an ihre Mutter zu klammern, als Spielgelegenheiten zu erkunden oder sich anderen Kindern zu nähern. Im Gegensatz dazu zeigten 25 bis 30 % der Kinder der Studie ein gegenteiliges Temperament: Sie waren kontaktfreudig und mutig.

Kagan et al. untersuchten darüber hinaus zwei Kohorten von Kindern über einen Zeitraum von sieben Jahren. Anhand standardisierter Verhaltenstests wurden die Kinder im Alter von 21 oder 31 Monaten als gehemmt oder ungehemmt eingeschätzt. Die Kinder wurden im Alter von vier, fünf und sieben Jahren erneut untersucht, wobei die zuvor festgestellten Unterschiede konstant blieben. Dies legt nahe, dass es sich bei diesen Unterschieden um überdauernde Temperamentsmerkmale handelt.

Mechanismen, die Verhaltenshemmung mit Angststörungen verbinden

Verhaltens-hemmungs-System

Turner et al. (1996) schlugen verschiedene Wege vor, auf denen eine Verhaltenshemmung zu Angststörungen prädisponieren könnte. Erstens könnte Verhaltenshemmung ein genetisch übertragener Wesenszug sein, der in der Entwicklung einer Angststörung gipfelt. Jedoch stellten sie ebenfalls heraus, dass die Forschungsergebnisse eine Abhängigkeit der Entwicklung einer Angststörung von Umweltfaktoren nahe legen, was erklärt, warum nicht alle Kinder mit Verhaltenshemmung Angststörungen entwickeln.

Zweitens könnte Verhaltenshemmung eine genetisch übertragene Prädisposition sein, die zu der Neigung führt, intensiv auf angstauslösende Ereignisse zu reagieren, was möglicherweise auf biologische und behaviorale Regulationssysteme zurückzuführen ist. In diesem Zusammenhang beziehen sich Turner et al. (1996) auf Grays neurobiologisches Modell des Verhaltenshemmungs-Systems. Gray (1982) zufolge haben ängstliche Menschen ein überaus aktives Verhaltenshemmungs-System. Das Verhaltens-hemmungs-System ist ein neurobiologisches System, das auf spe-zifische Bedingungen von Bestrafung oder neuartige Situationen reagiert, indem es das aktuelle Verhalten unterbricht und die Auf-merksamkeit auf den relevanten Stimulus richtet.

Drittens kann Verhaltenshemmung als ein Ausdruck eines komplexeren behavioralen Systems oder einer umfassenderen Disposition des Verhaltens bzw. der Persönlichkeit verstanden werden, wie beispielsweise Neurotizismus als Persönlichkeits-merkmal.

Turner und Mitarbeiter folgerten, dass Verhaltenshemmung möglicherweise einen, aber nicht den einzigen Faktor darstellt, der bei der Entwicklung von Angststörungen eine Rolle spielt. Das heißt, Verhaltenshemmung ist weder eine notwendige noch eine hinreichende Bedingung für die Entwicklung von Angststö-rungen, jedoch kann das Vorliegen einer Verhaltenshemmung die Vulnerabilität eines Individuums für diese Störungen erhöhen. Diese Interpretation erklärt die Tatsache, dass nicht alle verhal-tensgehemmten Kinder Angststörungen entwickeln, obwohl Ver-haltenshemmung das Risiko für Angststörungen erhöht, und dass nicht alle Kinder mit Angststörungen verhaltensgehemmt sind.

9.3   Kognitive Faktoren

Nach Kendall (1985) resultiert pathologische Furcht und Angst aus einer chronischen, übermäßigen Aktivierung kognitiver Schemata, die sich auf Themen beziehen, die mit Bedrohung und Gefahr zusammenhängen. Kendall unterschied zwei Arten kog-nitiver Anomalien bei ängstlichen Kindern: (a) die Neigung, ihre Aufmerksamkeit selektiv auf bedrohliche Signale zu richten, und (b) die Neigung ängstlicher Kinder, mehrdeutige Situationen eher als bedrohlich zu interpretieren. In der Studie von Dubner und Motta (1999) führten sexuell missbrauchte Kinder mit und ohne Posttraumatische Belastungsstörung eine modifizierte Stroop-Aufgabe durch, die traumabezogene und neutrale Reize beinhaltete. Die Ergebnisse zeigten, dass sexuell missbrauchte

kognitive Anomalien

Kinder mit Posttraumatischer Belastungsstörung signifikant länger brauchten, um die Farbe eines Reizes zu nennen, die mit dem Trauma in Verbindung stand, als das bei sexuell missbrauchten Kindern ohne Posttraumatische Belastungsstörung der Fall war. Diese unterschiedlichen Reaktionen spiegeln die selektive Aufmerksamkeit ängstlicher Kinder in Bezug auf bedrohliche Reize wider, die bei Kindern der Kontrollgruppe nicht festgestellt wurde.

Trait-Angst   Hadwin et al. (1997) untersuchten, ob das Ausmaß an Trait-Angst bei Kindern mit der Interpretation mehrdeutiger Reize in Verbindung gebracht werden kann. Den Kindern wurden gleichklingende Wörter mit unterschiedlicher Bedeutung vorgelesen, und diese sollten dann die Bedeutung des Wortes angeben, indem sie ein dazu passendes Bild zeigten. Dabei war eine Bedeutung des Wortes bedrohlich, die andere war neutral. Die Ergebnisse zeigten, dass sich anhand der Trait-Angst der Kinder die Interpretation der gleichklingenden Wörter signifikant prognostizieren ließ. Es bestand ein positiver Zusammenhang zwischen einem erhöhten Maß an Angst und der Wahl der bedrohlichen Interpretation des Wortes.

Barrett et al. (1996) untersuchten die Kognitionen von Kindern mit Trennungsangst, Überängstlichkeitsstörung, Einfacher Phobie und Sozialer Phobie. Diese verglichen sie mit einer klinischen Kontrollgruppe von Kindern mit oppositionellem Trotzverhalten sowie mit einer nicht-klinischen Stichprobe (s. Kap. 3.3.4). Die Kinder wurden mit mehrdeutigen Situationen konfrontiert, die sich auf mögliche körperliche oder soziale Bedrohungen bezogen. Sie wurden gebeten, anzugeben, was ihrer Meinung nach gerade geschah (zunächst durch eine freie Antwort, dann durch die Entscheidung für eine von mehreren vorgegeben Antworten), und was sie tun würden, um die Situation zu verändern. Es zeigte sich, dass ängstliche Kinder und Kinder mit oppositionellem Trotzverhalten mehrdeutige Situationen als bedrohlicher als normale Kinder interpretierten. Ängstliche Kinder entschieden sich häufiger für Vermeidungsverhalten, Kinder mit oppositionellem Trotzverhalten wählten häufiger aggressive Lösungen.

Kinder mit Überängstlichkeitsstörung wurden als auffällig selbstbezogen beschrieben. Sie beanspruchen häufig Bestätigung in Form von Rückversicherung anderer Menschen. Sie tendieren ebenfalls dazu, die Wahrscheinlichkeit des Auftretens negativer Konsequenzen zu überschätzen (Eisen/Kearney 1995; Silverman/Ginsburg 1995). Dabei wird der angenommene Verlauf bis zu einem katastrophalen Grad überbewertet, wobei die eigenen Fähigkeiten im Umgang mit den weniger idealen Umständen unterschätzt werden. In gefürchteten Situationen erleben Kinder mit Sozialer Phobie generell extreme Besorgnis im Hinblick auf Peinlichkeiten, negative Bewertungen und Ablehnung. Sie berichten, ihre Gedanken seien charakterisiert durch negative Selbstwahrnehmung und würden von zahlreichen physiologischen Veränderungen begleitet (Albano et al. 1995).

In einer Studie von Vasey und Mitarbeitern (1995) wurde eine **Aufmerksamkeit** Stichprobe klinisch ängstlicher Kinder mit einer normalen Kontrollgruppe im Hinblick auf den Fokus ihrer Aufmerksamkeit verglichen. Allen Kindern wurde eine Aufgabe gestellt, in der die Reaktionszeit sowie die visuelle Aufmerksamkeit gegenüber bedrohlichen versus neutralen Wörtern gemessen wurde. Die Ergebnisse zeigten eine verstärkte Aufmerksamkeit der Kinder mit Angststörungen hinsichtlich der emotional bedrohlichen Wörter, wohingegen in der normalen Kontrollgruppe sowohl auf die bedrohlichen als auch die neutralen Wörter das gleiche Ausmaß an Aufmerksamkeit gerichtet wurde. Daraus folgerten die Autoren, dass der Aufmerksamkeitsfokus für die Ätiologie und/oder Aufrechterhaltung von Angststörungen von Bedeutung sein könnte. Es wurde argumentiert, dass eine generalisierte Tendenz zur Wahrnehmung bedrohlicher Reize möglicherweise übermäßige Angst hervorruft und aufrechterhält. Selektive Aufmerksamkeit hinsichtlich bedrohlicher Signale kann dagegen in gefährlichen Situationen durchaus angemessen sein.

Martin et al. (1992) untersuchten Kinder, die angaben, Angst **Stroop-Farb-** vor Spinnen zu haben. Diese verglichen sie mit Kindern ohne **Benennungs-** diese Angst im Hinblick auf ihre Aufmerksamkeit. Allen Kindern **Aufgabe** wurde eine „Stroop-Farb-Benennungs-Aufgabe" gestellt, die auf Spinnen bezogene Wörter, neutrale Wörter und gewöhnliche Farbwörter umfasste. Als Ergebnis zeigte sich, dass Kinder mit Angst vor Spinnen signifikant länger brauchten, um die Farbe der auf Spinnen bezogenen Wörter anzugeben, als das bei den neutralen Wörtern der Fall war, während die Kinder der Kontrollgruppe keine derartige Beeinträchtigung zeigten. Eine Erklärung dafür ist, dass ängstliche Kinder ihre Aufmerksamkeit mehr auf den Inhalt bedrohlicher Wörter richten als auf den Inhalt neutraler Wörter, wodurch sich die Reaktionszeit verlängert und weniger Aufmerksamkeit für die Benennung der Farben verfügbar ist.

In der Studie von Chansky und Kendall (1997) wurden negative soziale Erwartungen von Kindern mit Angststörungen der Kindheit (Störung mit Überängstlichkeit, Störung mit Trennungsangst und Störung mit Kontaktvermeidung) mit den Erwartungen von Kindern ohne Angststörungen verglichen.

Allen Kindern wurde ein Videofilm gezeigt, auf dem Gleichaltrige beim Spielen zu sehen waren. Den Kindern wurde gesagt, dass sich die Spielenden im angrenzenden Zimmer befänden. Die Kinder wurden gebeten, sich vorzustellen, sie würden am Spiel teilnehmen. Die sozialen Erwartungen der Kinder wurden mittels einer Gedankenliste („thought-list") und eines Fragebogensets erhoben.

Konfrontiert mit einer neuen sozialen Situation nahmen sich die ängstlichen Kinder im Vergleich mit den normalen Kindern als weniger sozial kompetent wahr; diese negative Selbstwahrnehmung schien mit negativen Erwartungen darüber zusammenzuhängen, von Gleichaltrigen akzeptiert und gemocht zu werden. Die Kinder mit Angststörungen berichteten einen höheren Grad sozialer Angst und nahmen ihre eigene soziale Kompetenz als geringer wahr. Kinder mit Angststörungen erwarteten auch vermehrt, abgelehnt und von unvertrauten Gleichaltrigen zurückgewiesen zu werden. Der Befund, dass Kinder mit Angststörungen im Vergleich zu Kindern aus den Kontrollgruppen mehr negative Gedanken berichteten und mehr negative Erwartungen hegten, wurde als konsistent damit interpretiert, dass bei Angststörungen die Tendenz besteht, Bedrohung und eine Beurteilung durch andere wahrzunehmen.

Dalgleish und Mitarbeiter (1997) untersuchten ängstliche und depressive Kinder und Jugendliche sowie normale Kontrollgruppen im Hinblick auf die Vorwegnahme negativer Ereignisse, die eine körperliche oder soziale Bedrohung beinhalten. Die Wahrscheinlichkeit der verschiedenen Ereignisse wurde auf einer visuellen analogen Skala von „wird mit Sicherheit nicht auftreten" bis „wird mit Sicherheit auftreten" von den Kindern beurteilt. Nach Angaben der depressiven Kinder bestand für das Auftreten körperlich und sozial bedrohlicher Ereignisse bei ihnen selbst wie auch bei anderen Kindern dieselbe Wahrscheinlichkeit. Im Gegensatz dazu nahmen ängstliche Kinder wie auch Kinder der Kontrollgruppe in verstärktem Maße an, diese Ereignisse würden eher anderen als ihnen selbst zustoßen. Dieses Ergebnis wurde in Bezug auf die ängstlichen Kinder auf zwei Arten erklärt: Erstens gibt es möglicherweise unbewusste Prozesse, die die ängstlichen Kinder dazu bringen, die Möglichkeit zu leugnen, dass ihnen selbst negative Dinge zustoßen könnten. Zweitens könnte es sein, dass ängstliche Kinder niedrigere Ratings für auf sie selbst bezogene negative und zukünftige Ereignisse vornehmen, um weniger ängstlich und selbstbewusster zu wirken, als sie wirklich sind.

Um die Hypothese zu testen, nach der angenommen wird, dass Panikattacken vor der Adoleszenz selten aufträten, da Kinder nicht in der Lage seien, die für eine Panik charakteristischen internalen, bedrohlichen Attributionen vorzunehmen, führten Mattis und Ollendick (1997) eine Studie durch. Untersucht wurden Vorstellungen von Panikattacken (d. h. das Verständnis der Symptome und Ursachen) sowie der kognitiven Interpretationen der somatischen Symptome von Panik bei Kindern der dritten, sechsten und neunten Klasse. Die Ergebnisse zeigten, dass die Kinder in der Panikinduktionsphase, in der ihnen Panik hervorrufende Bilder gezeigt wurden, ungeachtet ihres Alters mehr internale, nichtbedrohliche Attributionen vornahmen (z. B. „Ich würde denken, ich wäre besorgt, erschrocken, nervös oder krank"). Sie interpretierten diese Symptome weniger als Anzeichen für eine „plötzliche und deutlich störende Veränderung" oder als „schwerwiegende Folgen, die ein normales Funktionieren erheblich beeinträchtigen". Es wurde auch ein Zusammenhang zwischen Angstsensitivität, internalen Attributionen und internalen bedrohlichen Reaktionen auf die somatischen Symptome einer Panik gefunden. Bestimmte individuelle Faktoren wie ein internaler Attributionsstil in Bezug auf negative Ereignisse sowie Angstsensitivität (definiert als die Überzeugung, dass Angst negative Ereignisse wie Krankheit, peinliche Situationen oder zusätzliche Angst hervorruft) prädisponiert Kinder möglicherweise dazu, internale bedrohliche Attributionen als Reaktion auf Paniksymptome vorzunehmen. Dies erhöht die Wahrscheinlichkeit, Panikattacken und in Folge Panikstörungen zu entwickeln.

Daten der Bremer Jugendstudie (Essau 2000) zeigen einige Trends, denen zufolge die Jugendlichen mit Angst sich selbst in verschiedenen Lebensbereichen als weniger kompetent wahrnehmen. Es zeigte sich, dass die Jugendlichen mit Angststörungen, insbesondere bei Vorliegen komorbider Störungen, niedrigere Werte auf der Selbstwertskala aufwiesen: schulische und sportliche Fähigkeiten, körperliche Erscheinung, soziale Erwünschtheit, globaler Selbstwert. Innerhalb der männlichen Gruppe wurden signifikante Unterschiede für die Subskala körperliche Erscheinung, Soziale Anerkennung und Attraktivität gefunden. Bei Mädchen konnte auf allen Subskalen kein signifikanter Gruppenunterschied festgestellt werden.

9.4   Lebensereignisse und Bewältigungsstrategien

In den wenigen Studien, die meist in den 80er Jahren durchgeführt wurden, berichteten Jugendliche mit Angststörungen generell von mehr kritischen Lebensereignissen als Jugendliche ohne Angststörungen (Bernstein et al. 1989). Die häufigsten kritischen Lebensereignisse, die in einem erhöhten Ausmaß vorkamen, umfassten: Auseinandersetzungen mit den Eltern, Schwierigkeiten mit einem Geschwisterkind, Probleme im Umgang mit Klassenkameraden, schlechte Schulnoten, Verlust eines Freundes bzw. Beenden einer (gegengeschlechtlichen) Freundschaft, körperliche und/oder sexuelle Misshandlungen und chronische körperliche Erkrankungen. Bei Jugendlichen mit einer Panikstörung gingen kritische Lebensereignisse wie zwischenmenschliche Konflikte, Verluste (z. B. Trennung oder Scheidung der Eltern), Schulleistungsprobleme und Schulstress, Konflikte mit der Familie oder Gleichaltrigen sowie der Tod eines Verwandten den ersten Panikattacken voraus (Bradley/Hood 1993; Macaulay/Kleinknecht 1989; Warren/Zgourides 1988).

Viele Belastungen im Kindesalter treten im Kontext chronischer negativer Lebensumstände auf (z. B. Trennung der Kindern von ihren Eltern). So legte eine frühe Studie von Brown et al. (1986) nahe, dass nicht der Verlust eines Elternteils als solcher das Risiko einer psychischen Störung erhöht, sondern der Mangel an elterlicher Zuwendung, der diesem Verlust häufig folgt. In diesem Zusammenhang wird deutlich, dass es ebenso wichtig ist, die Umstände zu untersuchen, in denen die Lebensereignisse stattfinden, wie die Lebensereignisse selbst. Einige Studien von Goodyer und Mitarbeitern (1988) illustrieren sehr gut diese komplexen Zusammenhänge. Sie fanden heraus, dass nicht nur zwischen dem Beginn emotionaler Störungen bei Kindern und unerwünschten Lebensereignissen ein starker Zusammenhang besteht, sondern auch zwischen dem Störungsbeginn und Belastungen der Mutter und einer wenig vertrauensvollen Beziehung zur Mutter. Sie wiesen auch darauf hin, dass manche Kinder aufgrund einer Abnahme schützenden Verhaltens der Mutter „anfällig" für Lebensereignisse werden. Das heißt, mit ihren eigenen Belangen sehr beschäftigte Mütter sind vielleicht weniger in der Lage, ihr Kind vor belastenden Ereignissen zu schützen.

In der Studie von King et al. (1997) wurde die Beziehung zwischen Panik, psychosozialen Stressoren und Unterstützung bei Jugendlichen mithilfe der folgenden Fragen untersucht: „Wieviel Stress hast du in den letzten sechs Monaten als Folge von familiärem oder schulischem Druck erlebt?" Soziale Unterstützung wurde durch die Frage: „Wieviel Unterstützung erhältst du von: deiner Familie/deinen engen Freunden, wenn du aufgeregt bist oder unter Streß stehst?" untersucht. Ihre Ergebnisse zeigten signifikante Unterschiede zwischen Jugendlichen mit und ohne Panikstörung in dem Maße, wie die Person in den letzten Monaten durch einzelne Familienmitglieder Stress oder soziale Unterstützung erfuhr. Die Jugendlichen mit Panikstörungen berichteten über ein stärkeres Maß an Stress und Druck sowie von weniger sozialer Unterstützung durch die Familie als die Jugendlichen ohne Panikstörungen. Jedoch wurden keine signifikanten Unterschiede zwischen den einzelnen Gruppen im Bereich schulischer Stressoren und sozialer Unterstützung durch die Familie gefunden.

In der Bremer Jugendstudie (Essau 2000) wurden die Jugendlichen nach Lebensereignissen und Lebensbedingungen in den letzten sechs Jahren vor dem Interview gefragt. Jugendliche mit Angststörungen berichteten mehr negative Lebensereignisse und -bedingungen. Diese umfassen: Schule/Ausbildung, Eltern/Familie, soziale Kontakte/Freizeitaktivitäten, Liebes/Partnerbeziehung, Todesfälle, Wohnort, Gesetz, Gesundheit/Krankheit. Im Umgang mit diesen Lebensereignissen und -bedingungen setzten die Jugendlichen mit Angststörungen signifikant mehr negative Copingstrategien ein als Jugendliche ohne psychische Störungen.

Jedoch ist es unwahrscheinlich, dass diese Ereignisse per se für die Manifestation von Angststörungen allein verantwortlich sind. Spence und Dadds (1996) zufolge könnte es sein, dass die negative Wirkung ungünstiger Lebensereignisse von Faktoren abhängig ist, die entweder den Ausbruch einer Störung fördern (z. B. Verhaltenshemmung) oder diesem entgegenwirken (z. B. soziale Unterstützung, positive Copingstrategien). Hekmat (1987) berichtete, dass Stressoren bei Personen mit neurotischen Zügen eine größere Belastung hervorrufen.

9.5 Übungsfragen zu Kapitel 9

70. Beschreiben Sie bitte drei Methoden, die angewendet werden, um den Zusammenhang zwischen Angststörungen und familiären Faktoren zu untersuchen.

71. Es gibt eine familiäre Häufung von Angststörungen. Wie würden Sie dies erklären?

72. Welche anderen Störungen wurden bei Eltern von Kindern mit Angststörungen berichtet? Wie werden diese Ergebnisse erklärt?

73. Können Sie die Ergebnisse der Beobachtungsstudien zusammenfassen?

74. Wie würden Sie Verhaltenshemmung definieren?

75. Wie hängen Verhaltenshemmung und Angststörung zusammen?

76. Welche Mechanismen beeinflussen nach Turner et al. (1996) den Zusammenhang zwischen Verhaltenshemmung und der Angststörung?

77. Beschreiben Sie bitte die zwei Arten kognitiver Anomalien bei ängstlichen Kindern nach Kendall (1985).

78. Welche Art von Kognition charakterisiert in der Regel Kinder und Jugendliche mit Angststörungen?

79. Können Sie bitte die Studie über Panikattacken von Mattis und Ollendick (1997) beschreiben?

80. Benennen Sie zwei Vorgehensweisen zur Untersuchung kognitiver Faktoren bei Kindern mit Angststörungen.

81. Warum ist es wichtig, kognitive Faktoren bei ängstlichen Kindern zu untersuchen?

82. Welche Lebensereignisse werden häufig von Kindern und Jugendlichen mit Angststörungen angegeben?

83. Können Sie die Ergebnisse der Studie von King et al. (1997) zusammenfassen?

84. Welche Faktoren moderieren die Wirkung von Lebensereignissen?

III Psychologische Intervention

10   Psychologische Interventionen

Psychologische Interventionen fußen auf einem breiten Konzept, das viele verschiedene Theorien und Methoden umfasst. Es gibt viele verschiedene Ansätze für die Arbeit mit Kindern und Jugendlichen, die unter Angststörungen leiden. Klinische Erhebungsverfahren und diagnostische Vorgehensweisen sollten dazu beitragen, die vielversprechendsten Interventionsansätze zu erkennen und durchzuführen. Psychologische Interventionen können auf drei Ebenen erfolgen:

- Die *primäre Prävention* (präventive Intervention/universale Prävention) bezieht sich auf die Bemühungen, der Entstehung einer Störung vorzubeugen und so ihre Inzidenz zu reduzieren. Maßnahmen der primären Prävention zielen auf die Gesamtbevölkerung ab, also auf Personen mit und ohne Risikofaktoren für eine Störung.
- Die *sekundäre Prävention* (kurative Intervention) bemüht sich darum, eine eingetretene Störung zu korrigieren oder zu heilen, um negative Folgen der Störung für die weitere Entwicklung zu vermeiden. Ziel der Intervention in diesem Stadium ist die Wiederherstellung einer guten Ausgangssituation für die Bewältigung von Risiken und Belastungen im Alltag.
- Die *tertiäre Prävention* (rehabilitative) ist die Anpassung an und der Ausgleich von Spätfolgen der Störung. Hier geht es darum, dass sich Beeinträchtigungen und Störungen nicht weiter verfestigen, die auf den gesamten weiteren Lebensrhythmus ungünstige Auswirkungen haben können und den Gesamtzustand immer weiter verschlechtern.

Tab. 10.1 Ziele psychologischer Interventionen (modifiziert nach Jensen et al. 1996; Kazdin 2000)

Auf das Kind bezogene Ziele	• Verringerung von Angstsymptomen und -störungen sowie von Symptomen komorbider Störungen; • Verringerung von Beeinträchtigungen; • Förderung sozialer Kompetenzen; Verbesserung schulischer Leistungen.
Auf die Familie bezogene Ziele	• Abbau familiärer Dysfunktion; • Verbesserung familiärer Interaktionen; • Stressreduktion; • Verbesserung der Lebensqualität; • Förderung familiärer Unterstützung.
Auf die Gesellschaft als Ganzes bezogene Ziele	• Verbesserung der Teilnahme an schulbezogenen Aktivitäten; • Förderung körperlicher und geistiger Gesundheit; • Verringerung der Inanspruchnahme von Einrichtungen der psychosozialen Versorgung (z. B. Hospitalisierung)

• Was sind die Auswirkungen der Behandlung? (Im Gegensatz dazu, keine Behandlung vorzunehmen);
• Welche Komponenten der Behandlung tragen zur Veränderung bei?
• Welche Formen der Behandlung können zusätzlich dazu beitragen, Veränderungsprozesse zu optimieren (kombinierte Therapie)?
• Welche Parameter können verändert werden, um das Ergebnis zu verbessern?
• Wie effektiv ist diese Behandlung im Vergleich zu anderen Behandlungsformen dieses Problems?
• Welche Merkmale des Kindes beeinflussen das Ergebnis der Therapie?
• Welche Prozesse oder Mechanismen verursachen/beeinflussen Veränderungen im Rahmen der Therapie?
• In welchem Maße lassen sich Behandlungsergebnisse auf andere Problemfelder und Settings übertragen?

Kasten 10.1
Fragen zur Wahl der Therapie (nach Kazdin 2000, 833; übers. v. d. Autorin)

10.1   Verhaltensbezogene Interventionen

lerntheoretische Ansätze

Verhaltensbezogene Interventionen entwickelten sich aus lerntheoretischen Ansätzen zur Erklärung von Angststörungen (s. a. Kap. 8). Daher liegt der Schwerpunkt der Behandlung auf einem Umlernen des Kindes anhand von Verfahren wie positive Verstärkung, Modell-Lernen, systematische Desensibilisierung etc. (Morris/Kratochwill 1998). Zusätzlich dazu können sich verhaltensbezogene Interventionen auch auf die Veränderung der Umgebung durch die Arbeit mit Eltern und Lehrern erstrecken.

10.1.1 Expositionsverfahren

Expositionsverfahren sind verhaltenstherapeutische Techniken, im Laufe derer sich das Kind dem gefürchteten Reiz bzw. der gefürchteten Situation aussetzt, und zwar so lange, bis die Angst zurückgeht. So macht es wider Erwarten die Erfahrung, Kontrolle über die Situation bzw. über sich und seine Angst zu haben. Dies kann in der Vorstellung (in sensu) oder in der Realität (in vivo) geschehen. Zu den Expositionsverfahren gehören verschiedene Techniken wie Reizkonfrontation, Flooding, Implosion und systematische Desensibilisierung mit ihren unterschiedlichen Varianten, die in der Literatur z. T. schwer voneinander abgrenzbar sind.

Was sind Expositionsverfahren

Das grundlegende Prinzip der Expositionsverfahren besteht darin, dass sich das Kind zusammen mit dem Therapeuten der angstauslösenden Situation so lange stellt, bis die Angst zumindest teilweise zurückgeht. Weil massive körperliche Angstreaktionen nur eine gewisse Zeit lang anhalten können und dann im Rahmen von Habituation bzw. allgemeiner Erschöpfung zurückgehen, wird die Verbindung zwischen angstauslösendem Stimulus und der Angstreaktion gelockert. Nicht mehr die Flucht aus der Situation wird durch Angstreduktion verstärkt, sondern das Verharren in der Situation. Dadurch macht der Patient neue Erfahrungen, die zu neuen Lernprozessen und kognitiven Umstrukturierungen führen – Angst- und Vermeidungsverhalten werden reduziert. Exemplarisch für diese Verfahren soll im Folgenden die systematische Desensibilisierung ausführlicher dargestellt werden.

10.1.2 Systematische Desensibilisierung

Die systematische Desensibilisierung ist die zur Behandlung von Angst und Phobien bei Kindern am häufigsten angewandte Behandlungstechnik. Dieses Vorgehen beruht darauf, die Kinder allmählich der furchterregenden Situation auszusetzen, während sie zeitgleich mit einer Handlung beschäftigt sind, die mit Angst unvereinbar ist. Dadurch wird die Angst von einer positiven Reaktion und Emotion überlagert und in der Folge davon gehemmt; dies nennt man das Prinzip der „reaktiven Hemmung".

Die Methode beinhaltet drei Schritte: Entspannungstraining, Entwicklung einer Angsthierarchie und die eigentliche systematische Desensibilisierung.

Schritt 1: Entspannungstraining

Der erste Schritt der systematischen Desensibilisierung besteht darin, das Kind mit Reaktionen oder Verhaltensweisen vertraut zu machen, die mit Angst oder Furcht unvereinbar sind. Eine mit Angst unvereinbare Reaktion ist Entspannung, bei der eine Person geschult wird, angesichts eines aversiven Reizes keine physiologische Reaktion zu zeigen. Es gibt verschiedene Methoden, mit denen ein Zustand der Entspannung herbeigeführt werden kann; am häufigsten wird die progressive Muskelentspannung eingesetzt. Dabei lernt das Kind, systematisch verschiedene Muskelgruppen anzuspannen und wieder zu entspannen. Die progressive Muskelentspannung hat unterschiedliche Funktionen: (a) den Unterschied zwischen einem angespannten und einem entspannten Muskel zu erkennen, (b) dem Kind einen von außen nicht erkennbaren Bewältigungsmechanismus für angsterzeugende Situationen an die Hand zu geben und (c) die Motivation und das Bewusstsein von Selbstwirksamkeit für die spätere Annäherung an aversive Reize zu erhöhen.

progressive Muskelentspannung

Das Entspannungstraining beginnt für gewöhnlich damit, dass das Kind einige Minuten lang auf einem bequemen Stuhl sitzt oder auf einer Couch liegt, um sich an den Therapeuten und die Umgebung zu gewöhnen. Alle Ablenkungen, sei es innerhalb des Raumes oder von außen, sollten so weit wie möglich ausgeschaltet werden. In dem Raum, wo das Entspannungstraining stattfindet, ist das Licht gedämpft, der Therapeut sitzt dem Kind direkt gegenüber. Das Kind wird gebeten, die Augen zu schließen und

Entspannungstraining

206 Psychologische Intervention

sich auf die Stimme des Therapeuten zu konzentrieren. Zuerst gibt der Therapeut dem Kind die Anweisung, sich zu entspannen und auf die Stille der Situation zu konzentrieren. Nach ungefähr zwei Minuten fordert der Therapeut das Kind auf, bestimmte Muskelgruppen anzuspannen und zu entspannen. Entspannungs-Skripte für Erwachsene können auch für Jugendliche geeignet sein, bei Kindern sollte jedoch auf ihre besonderen Bedürfnisse eingegangen werden.

In den meisten Fällen beginnt das Entspannungstraining mit der dominanten Hand und fährt mit der nicht-dominanten Hand fort. Danach wird das Kind aufgefordert, andere Muskelgruppen anzuspannen und wieder zu entspannen, einschließlich Arme und Schultern, Gesicht und Stirn, Bauch, Beine, Füße und Zehen. Dann wird dem Kind die Anweisung gegeben, sich zu entspannen und alle Muskeln des Körpers locker werden zu lassen. Nach ungefähr zwei Minuten wird das Kind gebeten, die Augen zu öffnen und sich aufrecht hinzusetzen. Das gesamte Verfahren dauert in der Regel 20 bis 30 Minuten. Für Kinder wurden weitere Formen von Entspannungstrainings entwickelt, die die Phantasie, eine einfache Sprache und symbolhafte Begriffe nutzen, um das Verständnis für und das Interesse an Entspannungsvorgängen bei Kindern zu fördern.

Schritt 2: Aufstellen einer Angsthierarchie

Angsthierarchie
Der zweite Schritt der systematischen Desensibilisierung besteht darin, mit dem Kind zusammen eine Angsthierarchie zu erstellen. Eine Angsthierarchie ist eine Liste von Situationen oder Interaktionen, die mit einem aversiven Reiz verbunden sind. Sie beginnt mit einer wenig Angst auslösenden Situation und endet mit einer starke Angst auslösenden Situation. Die nötigen Informationen zur Aufstellung einer Angsthierarchie erhält der Therapeut aus seinen Erkenntnissen über die Angst des Kindes und aus weiteren Gesprächen mit dem Kind, den Eltern und anderen Personen, die möglicherweise die Faktoren kennen, die mit der Angst des Kindes zusammenhängen. In der Behandlung beginnt man mit dem am wenigsten angstauslösenden Reiz und arbeitet schrittweise die Hierarchie ab. Werden die angsterregenden Situationen dem Kind präsentiert, wird das Kind zuvor aufgefordert, sich zu entspannen.

Die richtige Ordnung und Reihenfolge der Szenen zu finden kann dadurch erleichtert werden, dass man das Kind bittet, das Maß der subjektiven Angst oder Belastung einzuschätzen, die es in der betreffenden Situation empfinden würde. Die Länge und der Inhalt einer Angsthierarchie ist abhängig von der Angst, die das Kind erlebt, wenn es dem gefürchteten Reiz ausgesetzt ist, und von den spezifischen Dimensionen, in denen der Reiz variieren kann. Tab. 10.2 zeigt ein Beispiel für eine Angsthierarchie zur Behandlung eines Kindes mit Angst vor Hunden, wobei die entscheidenden Faktoren die Größe des Hundes und die Entfernung vom Kind sind.

Tab. 10.2 Ein Beispiel für eine Angsthierarchie (nach Eisen/Kearney 1995, 118; übers. v. d. Autorin)

Item	Rating
Körperkontakt mit einem großen Hund oder einen großen Hund streicheln	8**
In einem Garten mit einem großen Hund stehen, der fünf Meter entfernt ist	8
In einem Garten mit einem großen Hund stehen, der 25 Meter entfernt ist	7
Über einen Zaun einen großen Hund aus 25 Meter Entfernung anschauen	6
In einer Gegend mit vielen Hunden spazieren gehen, wobei die Hunde mindestens 50 Meter entfernt sind	5
Mit dem Auto durch eine Gegend mit vielen Hunden fahren	4
Sich in einer Tierhandlung aufhalten, in der Hunde im Käfig sind	4
In eine Tierhandlung hineinschauen, in der jemand einen Hund an der Leine hat	3
In eine Tierhandlung hineinschauen, in der Hunde in Käfigen sind	2
Einen Film über Jugendliche ansehen, die mit Hunden spielen	1*

Anmerkungen: ** = am stärksten beängstigend; * = am wenigsten beängstigend

Schritt 3: Die eigentliche systematische Desensibilisierung

Vorstellung

Der letzte Schritt der systematischen Desensibilisierung besteht darin, die mit der Angst nicht zu vereinbarende Reaktion mit jedem der Items der Angsthierarchie zu koppeln. In den meisten Fällen sollte dies zunächst in der Vorstellung geschehen. Das Kind wird gebeten, sich zu entspannen und sich dann die Situation vorzustellen, die am wenigsten beängstigend ist. Wenn bei der Vorstellung eines Items keine Angst mehr hervorgerufen wird, kann das Kind in der Hierarchie fortschreiten.

Der Therapeut beschreibt die Situation und gibt dem Kind die Anweisung, sich vorzustellen, in der Situation zu sein. Während das Kind sich die Szenen vorstellt, soll es entspannt bleiben und dem Therapeuten signalisieren (z. B. durch das Heben eines Fingers), wenn seine Angst stärker wird. Der Therapeut kann auch das Ausmaß der Angst des Kindes überprüfen, indem er es periodisch nach seiner subjektiven Einschätzung fragt oder indem er auf beobachtbare Anzeichen von Angst oder Anspannung achtet. Falls möglich, kann gleichzeitig eine physiologische Messung vorgenommen werden. Wenn das Kind signalisiert, Angst zu haben oder wenn es ängstliche Reaktionen zeigt, wird es angewiesen, die angsterzeugende Vorstellung zu beenden und zu einem Zustand der Entspannung zurückzukehren. Wenn das passiert, können die Items der Hierarchie durch entspannende Bilder ersetzt werden, um dem Kind zu helfen, sich wieder zu entspannen.

Während dieses Prozesses stellt sich das Kind die Szenen seiner Angsthierarchie in aufsteigender Reihenfolge vor, wobei es erst dann zur nächsten Stufe übergeht, wenn bei einer zwei- bis dreimaligen aufeinander folgenden Vorstellung eines Items keine Angst mehr auftritt. Es dauert gewöhnlich einige Sitzungen, um eine Hierarchie vollständig zu durchlaufen. Und manchmal müssen zusätzliche Hierarchien aufgestellt werden, um mit den verschiedenen Aspekten des Angstproblems umzugehen. Wenn das Kind angibt, sich bei einer solchen Vorstellung wohl zu fühlen, kann der Desensibilisierungsprozess in vivo beginnen.

Einige Autoren berichten, dass Erfahrungen in vivo wirksamer seien als eine Bewältigung von angstauslösenden Situationen in der Vorstellung (Ultee et al. 1982); wahrscheinlich sind Kinder, vor allem je jünger sie sind, aufgrund ihrer kognitiven Entwicklung mit dem letztendlich insgesamt kognitiven Verfahren über-

Sechs Monate vor Beginn der Behandlung zeigte der siebenjährige Junge erstmals Angst vor Hochhäusern, als er mit seinem Vater eine große Stadt besuchte (seine Eltern hatten sich gerade getrennt). Wenn er vor einem hohen Gebäude stand, schloss er die Augen und weigerte sich, sich zu bewegen.

Es wurde beschlossen, eine In-vivo-Desensibilisierung durchzuführen. Die ersten vier Sitzungen fanden auf dem Campus der Universität statt, auf dem sich eine hohe Kapelle befand. Die letzten beiden Sitzungen wurden neben einem großen Hotel durchgeführt.

Während der ersten Sitzung nahm der Therapeut den Jungen an die Hand und führt ihn über den Campus. Als die Kapelle in einer Entfernung von 40 Yard sichtbar wurde, schloss der Junge die Augen und begann, den Therapeuten in die andere Richtung zu ziehen. Zu diesem Zeitpunkt wurden einige einfache Spiele als Elemente der „Gegenkonditionierung" eingeführt. Der Therapeut spielte mit dem Jungen zuerst ein Spiel, bei dem sie über die Risse im Gehweg springen mussten. Danach forderte der Therapeut den Jungen auf, 25-mal kurz auf den Turm der Kapelle zu blicken. Der Therapeut trat mit dem Fuß gegen die Wand der Kapelle und forderte den Jungen auf, es ihm gleich zu tun, was er fünfmal tat. Er erklärte dem Jungen, dass die Kapelle ihn nicht treten und ihn nicht verletzen könne. Während der zweiten Sitzung trafen sie eine Gruppe von Kindern, die einen Rundgang um die Kapelle machten, und der Junge hatte so Gelegenheit, ihr Modellverhalten zu beobachten. Die dritte Sitzung fand kurz nach einem Schneesturm statt, und der Junge warf zusammen mit dem Therapeuten Schneebälle auf die Kapelle. Während der vier Sitzungen steigerte sich die Anzahl der kurzen Blicke auf die Kapelle von 25 auf 31, 100 und schließlich auf 120, die Fußtritte von 5 über 21 zu 50 und schließlich auf 100.

Die letzten zwei Sitzungen begannen damit, dass der Therapeut mit dem Jungen zum Hotel fuhr. Als das Hotel in Sicht kam, spielte der Therapeut mit dem Jungen das Spiel, kurze Blicke zum Hotel zu zählen, was der Junge 100-mal tat. Der Therapeut parkte vor dem Hotel und forderte den Jungen auf, auszusteigen. Als der Junge sich weigerte, führte der Therapeut ihm das erwünschte Verhalten modellhaft vor. In der letzten Sitzung hatte der Junge während der Fahrt in die Stadt keine Angst, zählte wieder seine kurzen Blicke auf das Hotel, stieg aus dem Auto, lief zum Hotel, trat gegen die Wand und lief mit geschlossenen Augen zum Auto zurück.

Ein Jahr später geht es dem Jungen gut, es traten weder ein Rückfall noch andere Symptome auf. Es zeigte sich, dass durch Spielen in Anwesenheit des phobischen Reizes eine wirksame Gegenkonditionierung erfolgt, die eine effektive Maßnahme gegen kindliche Ängste darstellt.

Kasten 10.2
Behandlung eines Jungen mit einer Hochhausphobie durch In-vivo-Desensibilisierung unter Einsatz von Spielen (nach Croghan/Musante 1975, übers. v. d. Autorin)

Der zehnjährige Jan wurde aufgrund von Trennungsangst behandelt. Laut Aussage seiner Eltern hatte er seit einigen Monaten sehr große Angst, zur Schule zu gehen – seit fünf Monaten blieb er vom Unterricht fern. Jan bestand darauf, seine Mutter überallhin zu begleiten. Er sagte, er habe Angst, dass ihr etwas zustoßen könne, wenn er nicht bei ihr sei.

Während der Therapie wurde Jan mittels systematischer Desensibilisierung behandelt; ebenso wurden ihm so genannte „kognitive Selbstaussagen" vermittelt. Diese sollten ihm zum einen dazu dienen, jedes Item seiner Behandlungshierarchie zu bewältigen; zum anderen sollten sie ihm helfen, seine Befürchtungen bezüglich der Sicherheit seiner Mutter zu beseitigen. Während der ersten Behandlungssitzung wurden die Angst- und Vermeidungshierarchien erstellt. Die Hierarchie besteht aus zehn Situationen, die Angst auslösen können. Jans Hierarchie sah folgendermaßen aus:

1. Das Schulgebäude zusammen mit der Mutter betreten.
2. Das Schulgebäude alleine betreten.
3. Den Unterricht für 15 Minuten besuchen, während die Mutter im Büro der Schulsekretärin sitzt.
4. Den Unterricht für 15 Minuten besuchen, während die Mutter sich nicht im Schulgebäude befindet.
5. Den Unterricht für eine halbe Stunde besuchen (die Mutter befindet sich nicht im Schulgebäude).
6. Den Unterricht für eine Stunde besuchen.
7. Den Unterricht für zwei Stunden besuchen.
8. Den Unterricht für drei Stunden besuchen.
9. Den Unterricht für vier Stunden besuchen.
10. Den ganzen Tag am Unterricht teilnehmen.

Kasten 10.3
Beispiel einer
systematischen
Desensibilisierung
durch In-vivo-
Exposition
(modifiziert nach
Wachtel/Strauss
1995, 71)

Darüber hinaus wurden Jan während der Therapie Selbstaussagen zur besseren Bewältigung vermittelt. Diese konnte er jedes Mal dann anwenden, wenn er während der Ausübung der Items seiner Hierarchie Angst verspürte.

fordert. Sind jedoch Kinder zur Vorstellung angsterregender Reize während der Desensibilisierung in der Lage, so kann mangelndes Vertrauen in die eigenen Fertigkeiten die Kinder daran hindern, die Konfrontation mit einer angstauslösenden Situation im Alltag zu bewältigen.

Der Einsatz der In-vivo-Exposition, bei der sich das Kind den Items der Hierarchie in der Realität aussetzt, ist empfehlenswert, wenn die Möglichkeit dazu besteht (Kasten 10.2 und 10.3). Wenn ein Kind nicht in der Lage ist, sich die Items der Hierarchie vorzustellen, ist der Einsatz der In-vivo-Exposition ebenfalls erforderlich.

Die systematische Desensibilisierung wurde erfolgreich zur Behandlung eines breiten Spektrums kindlicher Ängste eingesetzt, einschließlich Schulangst, der Angst vor Geräuschen, vor Wasser, Tieren, Dunkelheit und Prüfungen (Graziano/Mooney 1982).

10.1.3 Kontingenzmanagement

Die Behandlung von Furcht und Ängsten bei Kindern durch Kontingenzmanagement beinhaltet die Beeinflussung der äußeren Ereignisse, die auf die Reaktion der Kinder folgen. Sie können folgende Aspekte umfassen:

• positive Verstärkung adaptiven Copingverhaltens bzw. mutigen Verhaltens. Das kann in verbaler Form (durch Lob) geschehen, aber auch nonverbal erfolgen (z. B. durch die Vergabe besonderer Privilegien).
• Ignorieren ängstlichen Verhaltens des Kindes. Das heißt, es bekommt weder Aufmerksamkeit noch Verstärkung für ängstliches Verhalten wie Weinen oder die Äußerung körperlicher Beschwerden.
• Einschränkung der Vermeidung gefürchteter Aktivitäten und Situationen.

Die Vorgehensweisen des Kontingenzmanagements leiten sich aus den Prinzipien des operanten Konditionierens ab. Die experimentelle Arbeit, die den Techniken des operanten Konditionierens zugrunde liegt, zeigte, dass die Wahrscheinlichkeit, mit der ein Verhalten wiederholt auftritt, von der Bedeutung des Ereignisses abhängt, das unmittelbar auf das Verhalten für die betroffene Person folgt. Wenn das Ereignis eine positive Verstärkung oder eine Belohnung darstellt, wird das Verhalten erneut auftreten. Wenn das Verhalten jedoch nicht verstärkt oder sogar bestraft wird, ist sein erneutes Auftreten weniger wahrscheinlich, möglicherweise wird es sogar ganz aufhören. Ein alternativer, aber damit zusammenhängender Ansatz ist die Reizkontrolle. Er beinhaltet eine Veränderung der Ereignisse, die dem Verhalten vorausgehen. Dadurch wird die Wahrscheinlichkeit, dass dasselbe Verhalten wieder auftritt, verändert.

operante Ansätze   Die operanten Ansätze, wie beispielsweise positive Verstärkung, Shaping oder Löschung, werden benutzt, um angemesseneres Verhalten zur Angstbewältigung zu stärken und gleichzeitig Ängste sowie Vermeidungsverhalten zu reduzieren (Abb. 10.1).

Bei der *positiven Verstärkung* wird das Kind entweder gelobt oder erhält eine greifbare Belohnung, wenn es sich der gefürchteten Situation nähert, um die Häufigkeit dieses Verhaltens zu erhöhen. Auch beim Shaping wird das Kind gelobt oder erhält eine Belohnung für die allmähliche Annäherung an das gewünschte Verhalten. Beispielsweise wird ein Kind, das Angst davor hat, ein Bad zu nehmen, zunächst dafür belohnt, ins Badezimmer zu gehen, dann dafür, das Badewasser mit einem Körperteil zu berühren, im weiteren Verlauf dafür, einen Körperteil ins Wasser einzutauchen etc. Der Hauptunterschied zwischen dem Shaping und der positiven Verstärkung besteht darin, dass beim Shaping kleine Schritte in einem sich allmählich steigernden Prozess in Richtung auf das Zielverhalten belohnt werden.

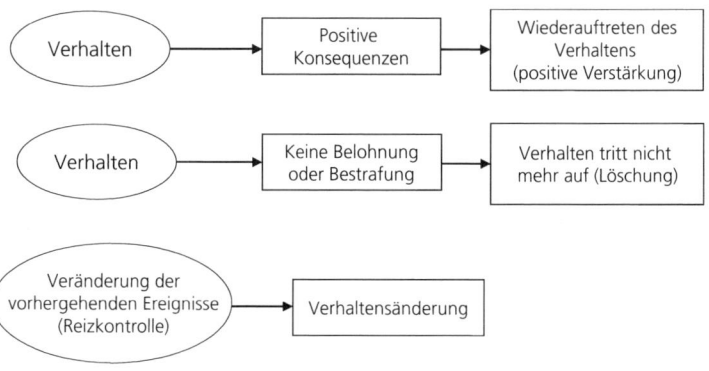

Abb. 10.1:
Operante
Methoden

Eine *Löschung* beinhaltet das Entfernen jeglicher Verstärker   **Löschung**
des ängstlichen oder vermeidenden Verhaltens, z. B. Zuwendung
seitens der Eltern oder die Erlaubnis, der Schule fernzubleiben
und zu Hause zu spielen, wenn es eine ängstliche Reaktion zeigt.
Bei phobischen Kindern beispielsweise soll durch Verstärkung
eine Annäherung an den gefürchteten Reiz gefördert werden.
Verstärkung erfordert (a) ein klar definiertes Zielverhalten, (b)
Verstärker, die für das Kind erstrebenswert sind, (c) eine dem
Zielverhalten zeitlich unmittelbar folgende Verstärkung, (d) das
Wissen des Kindes um die positiven Folgen des Zielverhaltens
und (e) anfangs den Einsatz kontinuierlicher Verstärkung, gefolgt
von teilweiser Verstärkung (King et al. 1988).

Wenn aufgrund extremen Vermeidungsverhaltens das Kind   **Shaping**
dem Reiz sehr häufig oder immer ausweicht, kann das *Shaping*
sinnvoll sein. Beim Shaping erfolgt Lob und Belohnung nach
schrittweiser erfolgreicher Annäherung an das gewünschte Verhalten. Für Kinder kann das Shaping angenehm sein, da es mit
einer geringen Belastung einhergeht. Die angestrebte Reaktion
sollte auf jeder Stufe einfach genug sein, um eine erfolgreiche Bewältigung zu gewährleisten. Die Trainingssitzungen sollten nicht
zu lang sein, um eine Ermüdung des Kindes und eine Verstärker-
Übersättigung zu vermeiden. Der Therapeut sollte zum nächsten
Schritt übergehen, sobald das Kind das erwünschte Verhalten auf
einer Stufe in 80 bis 90 % der Zeit zeigt.

10.1.4 Emotive Vorstellungsübungen

Emotive Vorstellungsübungen wurden von Lazarus und Abramovitz (1962) als Anpassung der systematischen Desensibilisierung
für den Einsatz bei Kindern entwickelt. Wie bei der systematischen Desensibilisierung wird bei emotiven Vorstellungsübungen
eine Angsthierarchie entwickelt. Anstelle von Entspannungsübungen wird das Kind dazu aufgefordert, sich eine positive und
aufregende Geschichte vorzustellen, in der sein Lieblingsheld
eine Rolle spielt. Die Items der Angsthierarchie werden dann in
die Geschichte eingearbeitet, so dass das Kind im Laufe der Geschichte in Begleitung seines Helden auf systematisch stärker
werdende angstauslösende Reize trifft.

Die Komplexität der Vorstellungsübung sollte auf die Imagina-
tionsfähigkeit des Kindes und auf seine Verständnismöglichkei-

In diesem Fallbericht soll der Einsatz einer Selbstkontrolltherapie bei einem 15-jährigen Jungen mit einer sehr ungewöhnlichen und beeinträchtigenden Phobie dargestellt werden, nämlich der Phobie, in der Öffentlichkeit seinen Stuhlgang nicht kontrollieren zu können. Die Behandlung zielte darauf ab, dem Klienten dabei zu helfen, seine fehlangepassten Gedanken zu verändern.

Vor der Behandlung war der Junge überaus beeinträchtigt von dem Gedanken an sein Problem und verbrachte einen übermäßigen Teil seiner Zeit zu Hause auf der Toilette. Diese Angst hatte acht Jahre zuvor begonnen, als der Klient in der Öffentlichkeit nicht in der Lage war, seinen Darm zu kontrollieren. Obwohl dies danach nicht erneut auftrat, wurde seine Furcht nach und nach immer größer, bis er den Punkt erreichte, wo er das Haus, abgesehen vom Schulbesuch, nicht mehr verlassen konnte. Aber auch in der Schule beschäftigten ihn seine Gedanken an einen möglichen „Unfall", so dass sich seine schulischen Leistungen wie auch seine Beziehungen zu Gleichaltrigen drastisch verschlechterten.

Die Behandlung bestand aus einem 14-wöchigen Programm mit Betonung folgender Komponenten: Bewusstsein kognitiver Aktivitäten bei Angst, Einsatz von Selbstgesprächen, Konfrontation mit angsterzeugenden Situationen in der Vorstellung und in vivo sowie Hausaufgaben. Während der Behandlung führte der Junge tägliche Selbstbeobachtungen hinsichtlich der Zeit, die er bei jedem Bedürfnis, den Darm zu entleeren, auf der Toilette verbrachte, phobierelevanter Gedanken, des Ausmaßes seiner Angst und der Anzahl von Stunden, die er mit sozialen Aktivitäten verbrachte, durch. Nach Abschluss der Behandlung sowie drei und sechs Monate später wurden vom Jungen selbst und von seinen Eltern die Erhebungsfragebögen erneut ausgefüllt, der Junge nahm erneut an einem Verhaltensvermeidungstest teil.

Sowohl nach Abschluss der Behandlung als auch zu den Follow-up-Zeitpunkten zeigte sich eine beträchtliche Verbesserung in fast allen Bereichen. Während er zu Beginn der Behandlung bei jedem Bedürfnis nach Darmleerung ca. 30 Minuten auf der Toilette verbrachte, waren es am Ende der Behandlung nur noch ca. sechs Minuten. Diese Abnahme blieb bis zu den Follow-up-Zeitpunkten bestehen. Die Anzahl der Stunden, die er mit Aktivitäten außerhalb seiner Wohnung bzw. der Schule verbrachte, stieg von 0.25 auf 22 Stunden pro Woche. Während der siebten Behandlungswoche nahm er eine Teilzeitarbeit mit 15 Wochenstunden an und wurde Mitglied des Ski-Clubs der Schule. Auch die Selbstbeurteilung des Jungen bezüglich seiner Angst wie auch die elterliche Einschränkung seiner Beeinträchtigung dokumentieren den Behandlungserfolg, der auch nach der Behandlung anhielt. Die Schulleistungen des Jungen verbesserten sich deutlich, und er wurde in die nächste Klasse versetzt.

Kasten 10.4
Selbstkontroll-
therapie eines
Jugendlichen mit
der Phobie, in der
Öffentlichkeit
seinen Stuhlgang
nicht kontrollieren
zu können (nach
Eisen/Silverman
1991)

ten zugeschnitten sein. Die Phantasie des Kindes und seine Helden sollten in der Behandlung genutzt werden. Der Therapeut sollte verhaltensbezogene Hinweise auf Angst während des Therapieverlaufs beobachten. Schließlich kann das Vorstellungsvermögen des Kindes angeregt werden, indem die Kinder ihre inneren Bilder beschreiben und über sie berichten.

10.1.5 Modell-Lernen

Mithilfe des Modell-Lernens werden einem Kind neue, angemessene Verhaltensweisen vermittelt und Angstreaktionen gelöscht; ein Kind beobachtet ein Verhalten eines anderen, dessen affektive Reaktionen sowie die Konsequenzen für das angemessene Bewältigungsverhalten (Bandura 1977). Wie bei der systematischen Desensibilisierung kann beim Modell-Lernen eine graduelle Steigerung eingesetzt werden. Dabei kann das Kind das Modell dabei beobachten, wie es sich dem gefürchteten Reiz Schritt für Schritt nähert, bis es schließlich mit dem Objekt oder dem Reiz interagiert. So sind die Ziele des Modell-Lernens Angstreduktion und der Erwerb von Fähigkeiten. Verschiedene Faktoren, die beeinflussen, ob ein Verhalten erlernt wird, umfassen auch die Merkmale des Modells, des Beobachters und der Darstellung.

Modell-Lernen ist über drei Wege möglich, nämlich symbolisch, stellvertretend und teilnehmend. Diese Verfahren umfassen für gewöhnlich auch den Einsatz von Verstärkern, wenn das Kind die nicht-ängstlichen Verhaltensweisen imitiert. Beim *symbolischen* Modell-Lernen beobachtet ein Kind ein anderes oder ein erwachsenes Modell in einem Film; das Filmmodell nähert sich erfolgreich an die gefürchtete Situation oder das gefürchtete Objekt an. *Stellvertretendes* Modell-Lernen bezieht sich darauf, dass ein Kind einem Modell in-vivo zuschaut, wie dieses mit dem angstauslösenden Objekt und Vermeidungsverhalten umgeht. Beim *teilnehmenden* Modell-Lernen imitiert ein Kind ein Verhalten, das eine schrittweise Annäherung an den angstauslösenden Reiz ermöglicht und zuvor von einem Modell gezeigt wurde. Das teilnehmende Modell-Lernen weist gegenüber den anderen Formen verschiedene Vorteile auf: (a) es beinhaltet eine direkte Konfrontation mit dem aversiven Reiz; (b) es findet eine verstärkte Integration von Familienmitgliedern und anderen Personen in den therapeutischen Prozess statt und (c) es hat sich beim Erlernen sozialer Kompetenzen als hilfreicher erwiesen.

Techniken des Modell-Lernens wurden bei der Behandlung verschiedener Kindheitsängste eingesetzt, wie beispielsweise bei der Behandlung der Angst vor Wasser, Hunden und vor medizinischen oder chirurgischen Eingriffen (Ollendick/King 1998). Nach Ollendick (1979) ist das teilnehmende Modell-Lernen das bei der Angstreduktion effektivste Verfahren des Modell-Lernens, gefolgt von stellvertretendem und symbolischem Modell-Lernen.

10.1.6 Der Einsatz von Tokens

Token-Systeme

Der Einsatz von Tokens ist eine therapeutische Technik, bei der zunächst sekundäre Verstärker auf eine zuvor besprochene Weise vergeben werden, die später gegen primäre Verstärker eingetauscht werden können (z. B. Geld, Süßigkeiten). Token-Systeme eignen sich für sehr junge ängstliche Kinder, die am besten auf konkrete, greifbare Verstärker reagieren. Dem Kind wird mitgeteilt, dass es für angemessenes Verhalten eine bestimmte Anzahl von Tokens (z. B. Smiley-Gesichter) erhält. Wenn es in einer bestimmten Zeit genug Tokens bekommt, kann es diese Tokens gegen primäre Verstärker eintauschen. Wenn das Kind in der vereinbarten Zeit nicht genug Tokens sammeln kann, bekommt es auch keine Belohnung. Der Einsatz von Token-Systemen ist hilfreich, weil er die Einbeziehung der Eltern und der Familie ermöglicht und dazu beiträgt, Fortschritte zu dokumentieren und positive, angemessene Verhaltensweisen aufzubauen.

10.2   Kognitive Interventionen: Selbstinstruktions-Training

kognitive Verzerrungen

Der kognitive Ansatz betrachtet Angststörungen als das Ergebnis von Defiziten und Verzerrungen im Denken des Kindes (Kendall 2000). Wie in Kap. 9.3 beschrieben, wurden bei Kindern mit Angststörungen kognitive Verzerrungen und die Neigung zu bestimmten Attributionen festgestellt. Mögliche Gedankenmuster, die bearbeitet werden können, umfassen kognitive Gedankeninhalte (z. B. falsche Denkweisen und mangelnde Problemlösungsfähigkeiten). Indem die Ansichten des Kindes in Frage gestellt werden und das Kind darin unterstützt wird, rationalere und besser angepasste Denkweisen zu entwickeln, sollte es zu Verhaltensänderungen kommen.

In kognitiven Verfahren lernen Kinder, kognitive Verzerrungen und ihre Auswirkungen auf das Verhalten zu erkennen. Kognitive Verzerrungen beinhalten dysfunktionale Denkprozesse wie negative Glaubenssätze, Fehlwahrnehmungen und Fehleinschätzungen. Ein weiterer wichtiger Bestandteil kognitiver Behandlung besteht darin, dem Kind zu vermitteln, wie es negative Gedankenmuster durch angepasstere ersetzen kann. Während der kognitiven Behandlung wird Kindern die Gelegenheit zu einer „Realitätsprüfung" durch Exposition gegeben. Dabei werden fehlangepasste Überzeugungen widerlegt und die Entwicklung neuer, angepasster Gedankenmuster gefördert.

Das Selbstinstruktions-Training

Das Selbstinstruktions-Training (Meichenbaum 1975) zielt darauf ab, den Kindern zu vermitteln, wie sie ihre negativen, angsterzeugenden Selbstgespräche durch positive Selbstgespräche ersetzen können, die zur Problembewältigung beitragen. Das erfolgt in drei Schritten: Der erste Schritt besteht in der Vorbereitung auf die angsterzeugende Situation, der zweite Schritt beinhaltet die Konfrontation mit der Situation, und der dritte Schritt besteht in der Bewältigung der Angstgefühle. Während der Therapiesitzungen lernen die Kinder, ihre Gedanken in der Situation durch Vorstellungsübungen zu verändern. Ihnen wird die Anweisung gegeben, sich eine Situation vorzustellen, in der sie für gewöhnlich Angst bekommen, auf ihre negativen Selbstgespräche zu achten und zu versuchen, sie konsequent durch positive Selbstgespräche zu ersetzen.

Um positive Selbstinstruktionen aufzubauen, wird ein Kind trainiert, Selbstgespräche zu führen, die seine Kompetenz betreffen (Kanfer et al. 1975). Dazu werden die Kinder angeleitet, Verhaltensweisen zu beschreiben, die zur Bewältigung angstauslösender Situationen führen. Zur Behandlung Einfacher Phobien bei Kindern wurden folgende Trainingsstufen entwickelt (Luria 1961):

positive Selbstinstruktion

(a) Der Therapeut setzt sich dem gefürchteten Reiz aus, während er laut mit sich selbst spricht und so seine Angst bewältigt (kognitives Modell-Lernen); das Kind führt dasselbe Verhalten aus und bekommt dabei Anweisungen des Therapeuten (offene, externale Instruktionen);

(b) Das Kind führt dasselbe Verhalten aus und gibt sich dabei selbst laute Anweisungen (offene Selbstinstruktionen);

(c) Das Kind gibt sich selbst geflüsterte Anweisungen (verblassende offene Selbstinstruktionen);

(d) Und schließlich führt das Kind das Verhalten aus, während es sich verdeckte Anweisungen gibt (verdeckte Selbstinstruktion).

10.3 Kognitiv-behaviorale Interventionen

Dieser Ansatz basiert auf dem theoretischen Hintergrund, dass Angststörungen das Ergebnis fehlerhafter Gedankenmuster wie auch fehlerhafter Lern- und Umwelterfahrungen sind. Kognitiv-behaviorale Verfahren umfassen verschiedene Strategien zur Veränderung der Wahrnehmung, Gedanken und Überzeugungen ängstlicher Kinder durch Veränderung und Umstrukturierung ihrer verzerrten, fehlangepassten Kognitionen. Es wird davon ausgegangen, dass diese fehlangepassten Kognitionen zu fehlangepasstem Verhalten führen (z. B. zu Vermeidungsverhalten) und dass kognitive Veränderungen auch zu Verhaltensänderungen führen. Daher bestehen die Hauptziele kognitiv-behavioraler Interventionen darin, fehlangepasste Kognitionen zu erkennen und sie durch besser angepasste zu ersetzen, dem Kind Bewältigungsstrategien für spezifische Situationen zu vermitteln und es dabei zu unterstützen, sein eigenes Verhalten zu steuern.

In kognitiv-behavioralen Interventionen werden grundlegende Elemente verhaltensbezogener und kognitiver Modelle kombiniert. Sie umfassen: kognitive Umstrukturierung, Selbstkontrolltherapie, Training sozialer Kompetenzen, Entspannungstrainings und Problemlösungstrainings. Allgemeine Merkmale dieser Therapie sind u. a. die Struktur, genaue Vorgaben, Hausaufgaben und die Bearbeitung ganz spezieller Ziele. Nach Kazdins Untersuchung ist die am häufigsten angewendete Intervention die kognitive Verhaltenstherapie.

Kognitive Verhaltenstherapie bei Spezifischer Phobie

Matthey (1988) beschrieb die Behandlung eines fünfjährigen Mädchens mit phobischen Reaktionen auf Gewitter (z. B. Schreien und Weinen). Die Behandlung erstreckte sich über einen Zeitraum von drei Monaten und bestand aus sieben Sitzungen (Kasten 10.5). Zwei davon fanden im Gesundheitszentrum statt, drei wurden im Haus des Kindes und zwei in der Schule durchgeführt. Der Behandlungsansatz bestand aus Selbstgesprächen, positiver Verstärkung, Modell-Lernen von Gleichaltrigen, dem Anschauen eines aufgezeichneten Wetterbericht-Videos und dem Hören einer Kassette mit Gewittergeräuschen. Unabhängige Ratings seitens der Mutter des Mädchens und des Lehrers zeigten eine Abnahme des ängstlichen Verhaltens am Ende der Behandlung. Zu einem sieben Monate später Follow-up-Zeitpunkt zeigte das Mädchen keine seiner früheren ängstlichen Verhaltensweisen und war nicht länger ruhig und zurückgezogen, sobald dunkle Wolken aufzogen. Diese Besserung hielt sich bis zum zwölf Monate späteren Follow-up-Zeitpunkt.

Ollendick und seine Mitarbeiter (1991) beschrieben die Behandlung von zwei Mädchen im Alter von zehn und acht Jahren, die an nächtlichen Ängsten litten. Nach einer Beobachtungsphase wurde ein Selbstkontroll-Training (bestehend aus Entspannung, Selbstbeobachtung und verbaler Selbstinstruktion) durchgeführt. Darüber hinaus waren Maßnahmen zum Kontingenzmanagement Bestandteil des Programms. Ein und zwei Jahre nach der letzten Therapiesitzung wurden Follow-up-Untersuchungen durchgeführt. Die Ergebnisse zeigten, dass Selbstkontroll-Verfahren kombiniert mit einer Verstärkung angemessenen nächtlichen Verhaltens ein wirksames Mittel zur Reduzierung nächtlicher Ängste darstellt. Darüber hinaus erfolgte eine signifikante Verringerung „klammernden" Verhaltens der Mutter gegenüber sowie der Beschwerden über körperliche Symptome angesichts einer Trennung von der Mutter. Der Einsatz eines Selbstkontroll-Trainings (ohne Verstärkung) war nur mäßig effektiv bei der Verringerung der Angst des Mädchens.

Heard und Mitarbeiter (1992) setzten bei drei Mädchen mit der Diagnose einer Einfachen Phobie (Angst vor medizinischen Eingriffen, vor der Dunkelheit und vor der Schule) eine Kombination verhaltenstherapeutischer Verfahren ein. Zu Beginn der

Therapie wurde eine Hierarchie angsterzeugender Reize für eine In-vivo-Exposition entwickelt, kombiniert mit Techniken der kognitiven Umstrukturierung und Entspannungsverfahren. Die kognitive Umstrukturierung umfasste das Erkennen verzerrter Kognitionen und Wahrnehmungen phobischer Reize sowie das Einüben einer aktiven Kontrolle während der graduellen Exposition, bei der kompetenzvermittelnde Aussagen eingesetzt wurden. Parallel zum Einsatz von Expositionsverfahren wurde zu Hause ein Kontingenzmanagement phobischen Verhaltens durchgeführt. Im Rahmen dessen wurde die Familie angeleitet, Angstreaktionen so wenig Aufmerksamkeit wie möglich zu schenken und angemessenes Verhalten im Hinblick auf die phobischen Reize positiv zu verstärken. Bei allen drei Jugendlichen zeigte sich eine signifikante Verbesserung im Hinblick auf Angst sowohl auf der Verhaltens- als auch auf kognitiver Ebene. Der Therapieerfolg war auch zu einem drei Monate späteren Follow-up-Zeitpunkt noch nachweisbar.

Die fünfjährige Danielle wurde von ihrem Lehrer an ein Gesundheitszentrum überwiesen. Dieser berichtete, Danielle habe in den vergangenen zwei Jahren große Angst vor Gewitter gezeigt. Diese Angst habe sich in den letzten drei Monaten verschlimmert, und sie habe bei Gewitter ein heftiges hysterisches Verhalten an den Tag gelegt und sich übergeben müssen.

Die Erfassung von Danielles Verhalten beschränkte sich auf Berichte aus der Schule, von ihren Eltern und von ihr selbst. Aus der Schule wurde berichtet, dass Danielle während eines Gewitters schreiend und weinend durch den Klassenraum lief, um sich dann unter einem Stapel Kissen zu verstecken. Die Behandlung umfasste sieben Sitzungen mit dem Therapeuten in einem Zeitraum von drei Monaten und bestand aus sechs Komponenten:

- Selbstinstruktionen: Danielle lernte, zu sagen: „Geh weg, Donner, geh weg Blitz – ihr seid dumm, ihr könnt mir keine Angst machen".
- Positive Verstärkung: Danielle führte ihre eigene „Berichts-Karte", auf der sie Sternchen eintrug, wenn sie ihre Selbstinstruktion einsetzte und sich bei Gewitter nicht unter Kissen oder Bettdecken versteckte. Für die Sternchen bekam sie sekundäre Verstärker wie Süßigkeiten, die Erlaubnis, außer der Reihe fernzusehen, oder die Eltern erzählten ihr eine Geschichte.

- Modell-Lernen von Altersgenossen: Zwei von Danielles Schulfreunden zeigten ihr, wie sie Selbstinstruktionen einsetzten.
- Konfrontation mit einem Videoband eines vom Therapeuten gespielten Wetterberichts. Er bestand aus einer fünfminütigen Gewitterwarnung.
- Konfrontation mit einer Aufnahme der Geräusche von Sturm, Donner und Wind.
- Durchführung eines Wetter-Projektes in der Schule: Danielles Lehrer initiierte ein Wetter-Projekt in der Klasse, bei dem es insbesondere um Stürme und Gewitter ging. Alle Kinder (auch Danielle) malten Bilder davon, die in der Klasse aufgehängt wurden. Dann sprachen die Kinder über das Wetter und beschrieben, wie es ist, wenn es blitzt und donnert.

Vor und nach der Behandlung wie auch zu einem sieben und einem zwölf Monate späteren Follow-up-Zeitpunkt beurteilten der Lehrer und die Eltern Danielles Verhalten auf einer elf Punkte umfassenden Rating-Skala (0–10), wobei 0 für völlig ruhiges und 10 für extrem ängstliches Verhalten stand. Sowohl die Eltern als auch der Lehrer konnten eine deutliche Abnahme ängstlichen Verhaltens feststellen. Sieben Monate nach Therapieende zeigten sich keinerlei fehlangepasste Verhaltensweisen mehr – eine Verbesserung, die sich auch bis zum zwölf Monate späteren Follow-up-Zeitpunkt hielt.

Kasten 10.5
Kognitive Verhaltenstherapie eines fünfjährigen Mädchens mit einer Gewitterphobie (nach Matthey 1988)

10.4   Kombinierte Interventionen

Die Tatsache, dass viele Kinder mit Angststörungen Verhaltens-, soziale und Lernprobleme haben, erfordert einen multidisziplinären Ansatz, um Behandlungs- und Präventionsziele zu erreichen. Daher werden kombinierte Interventionen immer häufiger (Kazdin 1996).

multidisziplinärer Ansatz

Kombinierte Interventionen bestehen im Einsatz von zwei oder mehreren Interventionsverfahren. Manchmal werden Interventionen mit unterschiedlichem konzeptuellen Hintergrund eingesetzt, wie kognitiv-behaviorale Therapie und Familientherapie. In anderen Fällen werden Interventionsverfahren miteinander kombiniert, die auf demselben Ansatz basieren, wie das Training sozialer Kompetenzen mit kognitiver Umstrukturierung.

10.4.1 Das „Coping Cat"

Kendall und Mitarbeiter (1990) von der Temple University Child Anxiety Clinic gehören zu den Vorreitern bei der Entwicklung und empirischen Untersuchung von Programmen zur Behandlung von Angststörungen bei Kindern. Das Programm „Coping Cat" basiert auf einem Manual (Kendall et al. 1990) und wurde für Kinder und Jugendliche konzipiert. Es umfasst 16 bis 20 Behandlungssitzungen. Abb. 10.2 zeigt das Behandlungsmodell des „Coping Cat". Die Behandlungsmodelle beinhalten kognitive Komponenten und Komponenten, in denen Informationen vermittelt werden, sowie Expositionsübungen. Wie die Abbildung veranschaulicht, wird die Exposition als zentraler Punkt für eine Besserung angesehen. Jedoch spielen kognitive (z. B. kognitive Umstrukturierungen) und informationsvermittelnde Komponenten dabei ebenfalls eine wichtige Rolle.

Während des Programms lernt das Kind Fähigkeiten zur Problembewältigung, um in belastenden Situationen besser mit Angst umgehen zu können. Es wird ihm vermittelt, dass Angst eine natürliche Reaktion auf belastende Situationen ist, aber dass es auch Wege gibt, mit den Belastungen fertig zu werden. Die Behandlung verläuft im zwei Phasen: Informationsvermittlung und Exposition. Die einzelnen Komponenten des „Coping Cat" sind:

• *Somatisches Signal für Angst:* Die ersten Sitzungen sind darauf ausgerichtet, dem Kind dabei zu helfen, mehr über die körperlichen Reaktionen (z. B. „Schmetterlinge im Bauch", Erröten, Zittern, etc.) auf Angst zu lernen und seine spezifischen Re-

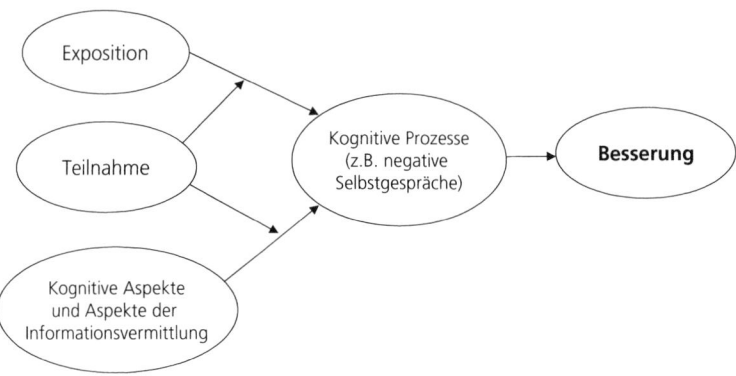

Abb. 10.2:
Das Behandlungs-
modell des
„Coping Cat"
(Kendall et al.
1990)

aktionen auf Angst zu erkennen. Manchmal werden auch gedankliche Vorstellungen eingesetzt, wie z. B.: „Gibt es Zeiten, in denen du dich so fühlst, als würde ein Elefant auf deinem Bauch herumtrampeln?"

• *Entspannung:* Der Therapeut vermittelt dem Kind Techniken, um mit der körperlichen Anspannung umzugehen.

• *Selbstgespräche:* Es werden Cartoons mit leeren Gedankenblasen eingesetzt, um dem Kind zu helfen, die eigenen Selbstgespräche wahrzunehmen.

• *Der „FEAR-Plan":* Nachdem alle Coping-Schritte besprochen wurden, werden sie in einem vierstufigen „FEAR-Plan" zusammengefasst – ein Akronym für die Schritte, die man unternehmen kann, wenn man Belastungen erlebt, die mit Angst verbunden sind:

F: **F**ühlst du dich ängstlich? (Die Angst oder Furcht erkennen)

E: **E**rwartest du, dass schlimme Dinge passieren? (Ängstliche Selbstgespräche erkennen)

A: **A**ktionen, die man unternehmen kann (Copingstrategien entwickeln)

R: **R**esultate und Belohnung (Selbstbewertung und Selbstbelohnung).

Wenn die Kinder die FEAR-Schritte beherrschen, sind die verbleibenden acht bis zwölf Sitzungen dafür vorgesehen, den Copingplan in verschiedenen Situationen einzusetzen, die jeweils auf die Schwierigkeiten des Kindes zugeschnitten sind. Dabei werden Situationen ausgewählt, die in zunehmendem Maße angsterzeugend sind.

• *Exposition:* Expositionsübungen gewährleisten dem Kind eine unterstützende Umgebung, in der es die Fähigkeiten testen kann, die es während der Belohnung gelernt hat.

• *Das Abschlussvideo („commercial"):* Am Ende der Behandlung soll das Kind zusammen mit dem Therapeuten ein Video erstellen. Dabei soll das Kind seine Lernerfahrungen zusammenfassen, die Rolle des Experten übernehmen und anderen berichten, wie man Angst bewältigen kann. Das Kind bekommt als Erinnerung an seine Leistungen eine Kopie dieses Videos.

Empirische Ergebnisse belegen die Wirksamkeit des Programms. So konnte z. B. Kendall (1994) in einer Behandlungsstudie mit angstgestörten Kindern die Wirksamkeit kognitiver Verhaltenstherapie zeigen. Im Vergleich mit Kindern, die einer Wartekontrollgruppe zugeordnet waren, verbesserte sich der Zustand der Kinder der Behandlungsgruppe deutlich; diese Verbesserung konnte auch noch zu einem zwölf Monate späteren (Kendall 1994) sowie einem dreieinhalb Jahre späteren Follow-up-Zeitpunkt (Kendall/Southam-Gerow 1996) bestätigt werden. Das wurde anhand von Berichten der Kinder und Jugendlichen, Eltern und Lehrern, diagnostischen und Beobachtungsverfahren erhoben.

In einer weiteren Studie (Kendall et al. 1997) zeigte sich, dass 71 % der Kinder und Jugendlichen nach der Behandlung Elternberichten zufolge nicht mehr die diagnostischen Kriterien der vor der Behandlung festgestellten Störung hatten. Berichte der Kinder und Jugendlichen, der Eltern und der Lehrer wie auch Verhaltensbeobachtungen belegen die Wirksamkeit des Behandlungsprogramms sowohl unmittelbar nach der Behandlung wie auch ein Jahr später.

10.4.2 Das „Coping Koala"

Angstbewältigungs-strategien Das „Coping Koala" (Barrett et al. 1996; Dadds et al. 1997) ist eine australische Modifikation des Programms „Coping Cat" (Kendall 1990). Es handelt sich um ein zehnwöchiges kognitiv-behaviorales Therapieprogramm, in dem Kinder in Gruppensitzungen Angstbewältigungsstrategien erlernen. Während der ersten vier Sitzungen werden Angstbewältigungsstrategien eingeführt. Diese umfassen Entspannungstraining (Kasten 10.6), das Erkennen positiver und negativer Gedanken (Kasten 10.7), Selbstberuhigung in angstauslösenden Situationen, realistische Selbsteinschätzung und die Entwicklung von Selbstbelohnungsstrategien. Während der verbleibenden acht Sitzungen trainieren die Kinder diese Bewältigungsstrategien anhand von In-vivo-Expositionen, bei denen sie sich den gefürchteten Situationen aussetzen (Kasten 10.8).

Die Elternsitzungen werden in der dritten, sechsten und neunten Woche durchgeführt. In der ersten Sitzung erwerben die Eltern Fähigkeiten im Umgang mit ihren Kindern (z. B. Verstärkung) und lernen, wie sie diese Fähigkeiten einsetzen können, um den Kindern bei der Bewältigung ihrer Angst zu helfen. In der

Manchmal können wir auch durch das Aussehen des Körpers erkennen, ob andere Menschen angespannt sind. Schau dir diese Bilder an. Kannst du einschätzen, wie entspannt sich der Koala fühlt? Schreibe unter jedes Bild, wie angespannt oder entspannt der Koala ist. Schreibe eine „1", wenn der Koala entspannt ist, schreibe eine „4", wenn der Koala angespannt ist.

Kasten 10.6 Beispiel einer Aktivität im Coping-Koala-Arbeitsbuch: Lass uns entspannen (nach Barrett et al. 1990, 18; übers. v. d. Autorin)

In dieser Sitzung werden wir über Gedanken sprechen, die Menschen in verschiedenen Situationen haben. Zum Beispiel: Wenn ich wüsste, dass einer meiner Brüder oder eine meiner Schwestern zu Besuch käme, würde ich wahrscheinlich denken: „Ich bin so aufgeregt, ich kann gar nicht abwarten, sie zu sehen!" In diesen Gedanken „spreche ich zu mir selbst", deswegen nenne ich sie manchmal „Selbstgespräche".

Kasten 10.7 Beispiel einer Aktivität im Coping-Koala-Arbeitsbuch: „Was denke ich gerade?" (nach Barrett et al. 1990, 22; übers. v. d. Autorin)

zweiten Sitzung werden die Eltern darüber informiert, was die Kinder während des Programms lernen und wie die Eltern den Einsatz der erworbenen Strategien fördern können. In der dritten Sitzung lernen die Eltern, wie sie dieselben Strategien im Umgang mit ihrer eigenen Angst einsetzen können.

1. Fühlst du dich ängstlich?
Fühlst du dich nervös? Wie kannst du es ausdrücken? Wie kannst du es „anstellen", dass es dir gut geht?

_____

_____

2. Erwartest du, dass schlimme Dinge passieren?
Achte auf deine Selbstgespräche – was ist es, dass dir in der Situation Sorgen macht? Benutze das Beispiel und schreibe deine Ideen auf, wie du dich dazu bringst, schöne Dinge zu erwarten.

_____

_____

3. Aktionen, die man unternehmen kann
Nun schreibe einige Dinge auf, die du tun könntest. Frage dich: „Was kann ich tun, um die Situation weniger angst- oder besorgniserregend zu machen?

_____

_____

Dann solltest du dir die beste Idee aussuchen. Denk über jede der Möglichkeiten, die du aufgeschrieben hast, nach. Frage dich selbst: „Was würde passieren, wenn ich mich für diese Idee entscheide?"

_____

_____

„Wie würde ich mich fühlen?"

_____

_____

Nun frage dich dasselbe bei jeder anderen Aktivität. Frage dich: „Was würde passieren, wenn ich die zweite (zweitbeste) Idee wählen würde? Wie würde ich mich fühlen?"

4. Resultate und Belohnung
Belohnungen sind nicht nur für perfekte Leistungen gedacht. Manchmal, selbst wenn ich eine gute Leistung erbracht habe, passiert nicht genau das, was geplant war. Oder manchmal denke ich, ich hätte es besser machen können. In diesen Fällen versuche ich trotzdem, mich für das, was ich getan habe, zu belohnen. Was ist schließlich schon perfekt?
    Denke an ein Ergebnis, das o.k., nicht perfekt, aber auch nicht schlecht ist. Was wäre wohl in solch einer Situation in deiner Sprechblase?

_____

_____

Kasten 10.8 Beispiel einer Aktivität im Coping-Koala-Arbeitsbuch: Lass uns einen FEAR-Plan machen (nach Barrett et al. 1990, übers. v. d. Autorin)

Barrett et al. (1996) verglichen die Wirkung eines kognitiv-behavioralen Interventionsprogramms mit und ohne Elternarbeit bei sieben- bis 14-Jährigen mit Überängstlichkeitsstörung, Trennungsangst und Sozialer Phobie. Zu einem zwölf Monate späteren Follow-up-Zeitpunkt erfüllten 70.3 % der Kinder aus der Gruppe, die am kognitiv-behavioralen Programm ohne Elternarbeit teilgenommen hatten, nicht mehr die Kriterien einer Angststörung. Die Kinder der Gruppe, in der neben dem kognitiv-behavioralen Programm zusätzlich Elternarbeit durchgeführt wurde, zeigten zu 95.6 % keine Angststörungen mehr.

Barretts (1998) Evaluation einer kognitiv-behavioralen Familienintervention bei Trennungsangst, Überängstlichkeitsstörung und/oder Sozialer Phobie erbrachte ähnliche Ergebnisse. In dieser Studie wurden ängstliche Kinder per Zufallsauswahl drei Gruppen zugeordnet: Eine Gruppe erhielt eine kognitiv-behaviorale Gruppentherapie ohne Einbeziehung der Familie, die zweite Gruppe erhielt eine ebensolche Therapie unter Einbeziehung der Familie, eine dritte Gruppe wurde auf eine Warteliste gesetzt. Kognitiv-behaviorale Therapien mit und ohne Einbeziehung der Familie erwiesen sich als kurz- und langfristig gleichermaßen effektiv (Barrett et al. 2001).

Der steigende Trend zu Prävention und Frühintervention bei **Frühintervention** Kindern wurde in der Forschung begonnen, um das Potenzial kognitiv-behavioraler Therapie von Frühintervention und Prävention bei ängstlichen Kindern zu untersuchen. Eine der ersten Präventionsstudien mit einer Stichprobe ängstlicher Kinder der Allgemeinbevölkerung wurde von Dadds und Kollegen (1997) durchgeführt. In dieser Studie wurde ein präventiver mit einem frühen Interventionsansatz kombiniert. Ziel war es, eine möglichst große Bandbreite von Kindern zu erreichen, einschließlich derjenigen mit leichten Merkmalen von Angst bis hin zu Kindern, die die diagnostischen Kriterien von Angststörungen erfüllten. Insgesamt 1.787 Kinder von sieben bis 14 Jahren nahmen an einem Screening-Verfahren für Angststörungen teil. 128 Kinder wurden ausgewählt und entweder einer zehnwöchigen psychosozialen Interventionsgruppe unter Einbeziehung der Eltern oder einer Kontrollgruppe zugeordnet. Die Ergebnisse zeigten eine Verminderung bereits bestehender Angst sowie eine präventive Wirkung der Intervention. Das heißt, 58 % der Kinder der Kontrollgruppe wiesen zu einem sechs Monate späteren Follow-up-Zeitpunkt eine Störung auf, in der Interventionsgruppe waren es lediglich 16 %.

10.4.3 Das FREUNDE-Programm

Das FREUNDE-Programm ist ein gut untersuchtes Programm zur Angstprävention, das in Australien entwickelt wurde und nun in deutscher Fassung vorliegt (Barrett et al. 2000a, b; deutsche Version: Essau/Conradt 2003a, b). Es besteht aus zehn (ca. 45–60-minütigen) Sitzungen mit den Kindern und vier Sitzungen mit den Eltern sowie zwei Auffrischungssitzungen mit den Kindern. Die Kinder lernen, mit Schwierigkeiten umzugehen, Konflikte zu lösen, sich gegenseitig zu unterstützen und Strategien zur Angstbewältigung zu erproben (Tab. 10.3). Gruppenprozesse werden dazu genutzt, den Kindern zu helfen, positive Strategien voneinander zu lernen sowie individuelle Bemühungen und Veränderungen zu verstärken. In den Elternsitzungen lernen die Eltern die Programminhalte kennen und werden in die Lage versetzt, diese in ihr Erziehungsverhalten zu integrieren.

Das theoretische Modell, das dem FREUNDE-Programm zugrunde liegt, bezieht sich auf physiologische (Körper), kognitive (Verstand) und Lernprozesse (Verhalten), die bei der Entwicklung, Aufrechterhaltung und Erfahrung von Angst zusammenwirken (Abb. 10.3):

a) Physiologische oder körperliche Reaktionen: Diese Trainingskomponente beinhaltet die Vermittlung des Bewusstseins von Körpersignalen, indem die Teilnehmer lernen, was mit ihrem Körper passiert, wenn sie besorgt oder nervös sind (z. B. Schmetterlinge im Bauch, verschwitzte Handflächen, flache Atmung, trockener Mund). Dabei wird darauf hingewiesen, dass die Kinder zunächst ihre Nervosität oder Besorgnis erkennen müssen, bevor sie etwas dagegen unternehmen können. Sie lernen auch tiefes Atmen sowie Übungen zur progressiven Muskelentspannung, da ängstliche Kinder im Allgemeinen angespannt und nicht in der Lage sind, sich zu entspannen.

b) Kognitive Prozesse: Im FREUNDE-Programm lernen die Teilnehmer, besorgniserregende oder schwierige Situationen zu bewältigen, indem sie ihre negativen Gedanken durch positive Gedanken ersetzen. Eine weitere Fähigkeit, die vermittelt wird, ist die Fähigkeit zur Selbstbelohnung, denn ängstliche Kinder haben die Tendenz, sich hohe persönliche Perfektionsstandards zu setzen. Um sich selbst positiver und realistischer einzuschätzen, lernen die Teilnehmer, sich für Teilerfolge zu belohnen.

c) Lern- und behaviorale Fertigkeiten: Diese Komponente beinhaltet unterschiedliche Problemlösungsstrategien. Die Kinder lernen, eine gefürchtete oder besorgniserregende Situation in kleine Schritte zu zerlegen, die zu bewältigen sind.

Tab. 10.3 Inhalt des FREUNDE-Programms (nach Essau/Conradt 2003a)

Sitzungen	Ziele
1. Sitzung	**Einführung in die Gruppe** Das Hauptziel der ersten Sitzung ist es, die Teilnehmer miteinander bekannt zu machen. Des Weiteren sollen die Ziele und die allgemeine Philosophie des FREUNDE-Programms dargestellt und Richtlinien für die Zusammenarbeit in der Gruppe aufgestellt werden. **Wichtige Lerninhalte** • Jeder Mensch fühlt sich von Zeit zu Zeit ängstlich oder besorgt: Angst ist eine normale emotionale Erfahrung. • Man kann lernen, mit schwierigen oder beängstigenden Situationen umzugehen.
2. Sitzung	**Einführung in Gefühle** Ziel dieser Sitzung ist es, den Teilnehmern das Konzept von Gefühlen vorzustellen. Dies ist eine Vorbereitung darauf, später zu lernen, negative Gefühle in positivere Gefühle umzuwandeln. **Wichtige Lerninhalte** • Wir können die Gefühle anderer Menschen erkennen, wenn wir ihren Gesichtsausdruck und ihre Körpersprache aufmerksam beobachten.
3. Sitzung	**Die Beziehung zwischen Gedanken und Gefühlen** Die Teilnehmer sollen mit der Idee vertraut gemacht werden, dass unsere GEDANKEN unsere GEFÜHLE und unser VERHALTEN bestimmen. **Wichtige Lerninhalte** • Durch bewusste positive Gedanken können wir unsere Gefühle und unser Verhalten kontrollieren. • Die Teilnehmer sollen beginnen, ihre Gedanken in verschiedenen Situationen zu beobachten.

4. Sitzung	**Lernen, mit Sorgen umzugehen: Schritte 1 und 2** Ziel dieser Sitzung ist es, die Teilnehmer mit den Schritten 1 und 2 des FREUNDE-Bewältigungsplans bekannt zu machen. **Wichtige Lerninhalte** • Schritt 1 besteht in der Beantwortung der Frage: „Fühlst du dich besorgt?" Das heißt, die Teilnehmer lernen wahrzunehmen, was mit ihrem Körper geschieht, wenn sie besorgt, nervös oder ängstlich sind. • Schritt 2 steht unter dem Motto: „Relax und lass es dir gut gehen". Die Teilnehmer lernen, zwischen angespannten und entspannten Muskeln zu unterscheiden sowie Entspannungstechniken anzuwenden. Darüber hinaus lernen sie, sich mit angenehmen Aktivitäten zu beschäftigen, wenn sie sich besorgt, angespannt oder beunruhigt fühlen.
5. Sitzung	**Lernen, mit Sorgen umzugehen: Schritt 3A** Ziel dieser Sitzung ist es, die Teilnehmer mit Schritt 3 des FREUNDE-Plans vertraut zu machen. **Wichtige Lerninhalte** • Schritt 3 trägt den Titel: „Eigene Gedanken". Hier soll das Konzept des Selbstgesprächs vermittelt werden. Das ist wichtig, da viele junge Menschen sich ihrer eigenen inneren Gedanken nicht bewusst sind, insbesondere, wenn sie besorgt oder nervös sind. • Die Teilnehmer sollen erkennen, dass man auf viele unterschiedliche Arten über dieselbe Situation denken kann, dass manche Arten zu denken hilfreicher sind als andere, und dass es möglich ist, negative Gedanken in positivere oder hilfreiche Gedanken zu verwandeln.
6. Sitzung	**Lernen, mit Sorgen umzugehen: Schritte 3B und 4A** Ziel dieser Sitzung ist es, Schritt 3 des FREUNDE-Plans abzuschließen und die Teilnehmer mit Schritt 4 bekannt zu machen. **Wichtige Lerninhalte** • Steuerung der Aufmerksamkeit: Die Dinge, auf die wir unsere Aufmerksamkeit richten, beeinflussen, wie wir uns fühlen. • Schritt 3B: „Eigene Gedanken": Die Teilnehmer lernen, negative Gedanken durch hilfreiche Gedanken zu ersetzen.

	• Schritt 4A: „Untersuche, was du tun kannst!" Strategien des Problemlösens: bereits verfügbare Strategien bewusst machen.
7. Sitzung	**Lernen, mit Sorgen umzugehen: Schritt 4B** Ziel dieser Sitzung ist es, die Teilnehmer weiter mit Schritt 4 des FREUNDE-Plans vertraut zu machen, um mit Sorgen fertig zu werden. **Wichtige Lerninhalte** • Schritt 4B: „Untersuche, was du tun kannst!" Erwerb weiterer Problemlösungsfähigkeiten: • Der Sechs-Block-Problemlösungsplan: die Teilnehmer lernen, Probleme zu erkennen, verschiedene Lösungen zu erarbeiten, die Konsequenzen abzuwägen, die beste Lösung – auf der Basis ihrer Konsequenzen – auszuwählen, sie umzusetzen, und ihre Effektivität zu beurteilen. • Der Stufenplan: Wie man schwierige Situationen in kleine Schritte zerlegt, die zu bewältigen sind.
8. Sitzung	**Lernen, mit Sorgen umzugehen: Schritt 5** Ziel dieser Sitzung ist es, die Teilnehmer einen eigenen Stufenplan erarbeiten zu lassen, und ihnen Schritt 5 des FREUNDE-Plans vorzustellen. **Wichtige Lerninhalte** • Schritt 5: „Nach dieser guten Arbeit kannst du dich belohnen!" Die Teilnehmer lernen, sich selbst zu belohnen, wenn sie sich angestrengt haben.
9. Sitzung	**Lernen, mit Sorgen umzugehen: Schritte 6 und 7, und Üben des FREUNDE-Plans** Die Teilnehmer lernen Schritte 6 und 7 des FREUNDE-Plans kennen und werden ermutigt, ihn im täglichen Leben einzusetzen. **Wichtige Lerninhalte** • Schritt 6: „Das Üben nicht vergessen!" • Schritt 7: „Entspannt und ruhig bleiben!" • Entwicklung praktischer Fähigkeiten bei der Umsetzung der sieben Schritte des FREUNDE-Plans.

| 10. Sitzung | **Rückschau und Party**
Das Ziel dieser Sitzung ist es, Strategien zu entwickeln, mit denen die Fähigkeiten zur Problembewältigung gefördert werden. Den Gruppenmitgliedern wird zu ihrer Teilnahme und ihrem Einsatz gratuliert.

Wichtige Lerninhalte
• Lernen, wie man die erworbenen Fähigkeiten beibehalten kann.
• Es ist wichtig, bei der Anwendung des FREUNDE-Plans und der Problemlösungsstrategien ausdauernd zu sein und sich nicht entmutigen zu lassen. |
| Auf-frischungssitzungen 1 und 2 | **Rückschau und Übung**
Den Teilnehmern sollen die Problemlösungsschritte des FREUNDE-Programms in Erinnerung gerufen und die Anwendung des Programms auf reale Lebenssituationen gefördert werden.

Wichtige Lerninhalte
• Die Vorteile einer positiven Herangehensweise und mutigen Verhaltens zu erkennen.
• Alternative Lösungen und Ideen zu finden, wenn sich Probleme bei der Anwendung des FREUNDE-Plans ergeben sollten. |

Lernfertigkeiten
Problemlösungsdefizite, Mangel an positiven Bewältigungsstrategien, negative Erfahrungen mit sozialem Lernen etc.

Kognitive Prozesse
Negative Selbstgespräche, Unrealistische Selbsteinschätzung, Hilflosigkeit und Hoffnungslosigkeit etc.

Fertigkeiten, die im FREUNDE-Programm vermittelt werden:
Problemlösungsfähigkeiten, Erkennung angenehmer Ereignisse, Bewältigungsfähigkeiten etc.

Physiologische Reaktionen
Körperliche Störungen (z. B. Essen, Schlafen), Veränderungen der Erregung (z. B. weinerlich, aggressiv), Atemnot etc.

Fertigkeiten, die im FREUNDE-Programm vermittelt werden:
Erkennen innerer Gedanken, Selbstbelohnung etc.

Fertigkeiten, die im FREUNDE-Programm vermittelt werden:
Bewusstsein von Körperhinweisen, Entspannungsübungen etc.

Abb. 10.3: Theoretisches Modell zur Prävention von Angst (nach Essau/ Conradt 2003a)

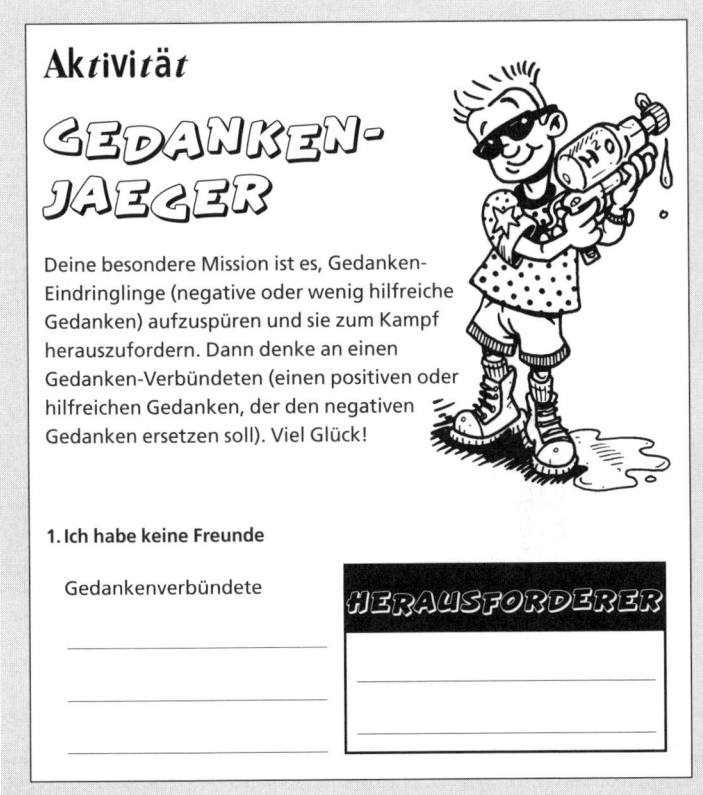

Ak*t*ivi*t*ä*t*

GEDANKEN-JAEGER

Deine besondere Mission ist es, Gedanken-Eindringlinge (negative oder wenig hilfreiche Gedanken) aufzuspüren und sie zum Kampf herauszufordern. Dann denke an einen Gedanken-Verbündeten (einen positiven oder hilfreichen Gedanken, der den negativen Gedanken ersetzen soll). Viel Glück!

1. Ich habe keine Freunde

Gedankenverbündete

HERAUSFORDERER

Kasten 10.9
Beispiel einer
Aktivität im
FREUNDE-
Arbeitsbuch (nach
Essau/Conradt
2003b)

In verschiedenen Ländern (z. B. Australien, USA, Holland, Deutschland) wurde die Wirkung des FREUNDE-Programms bereits untersucht und als sehr wirkungsvoll beurteilt. In Studien zeigte sich, dass Angststörungen in der Kindheit und frühen Jugend sowohl in Einzelsitzungen (Barrett et al. 1996) als auch in Gruppen (Barrett 1998) effektiv behandelt werden können. Des Weiteren wurde deutlich, dass durch Elternarbeit signifikante Verbesserungen der Interventionsergebnisse erzielt werden (Barrett et al. 1996).

In einer neueren Studie untersuchten Shortt et al. (2001) die Effektivität des FREUNDE-Programms zur Behandlung von Kindern mit verschiedenen Angststörungen im Alter von sechs bis zehn Jahren. Nach Beendigung des Trainings erfüllten 69 %

Kasten 10.10 Beispiel einer Aktivität im FREUNDE-Arbeitsbuch (nach Essau/Conradt 2003b)

Kasten 10.11 Beispiel einer Aktivität im FREUNDE-Arbeitsbuch (nach Essau/Conradt 2003b)

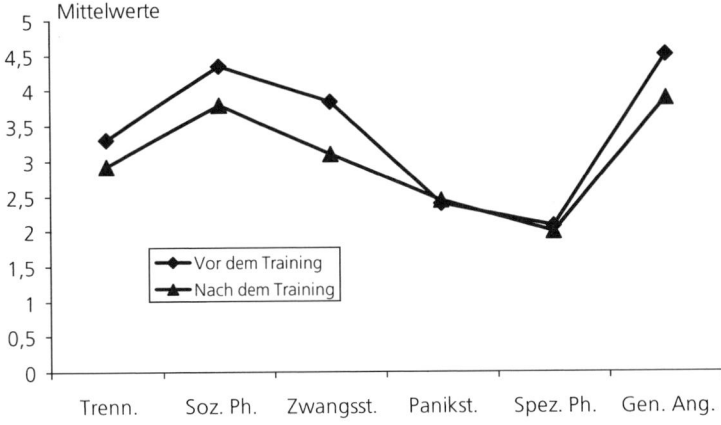

Abb. 10.4:
Angstsymptome
vor und nach dem
Training (nach Essau
2002)

der Kinder, die zuvor an Trennungsangst, Generalisierter Angst oder Sozialer Phobie gelitten hatten, nicht mehr die diagnostischen Kriterien dieser Angststörungen im Vergleich zu 6 % der Kinder der Wartekontrollgruppe. Zwölf Monate später waren 68 % der Kinder, die am FREUNDE-Programm teilgenommen hatten, diagnosefrei. Sowohl die Eltern wie auch die Kinder berichteten eine hohe Behandlungszufriedenheit.

Das FREUNDE-Programm wurde auch in Gruppen aus unterschiedlichen Kulturen erfolgreich eingesetzt, beispielsweise mit jugendlichen Flüchtlingen aus dem ehemaligen Jugoslawien (Barrett et al. 2000b), aus China und in Gruppen mit unterschiedlichem kulturellem Hintergrund der Teilnehmer (Barrett et al. 2001). Erhebungen vor und nach dem Training zeigten, dass die Teilnehmer der Interventionsgruppe ein geringeres Maß an Angst aufwiesen als die Teilnehmer der Wartekontrollgruppe.

Die deutsche Fassung des FREUNDE-Programms wurde vor kurzem in einer Pilotstudie getestet (Essau 2002). Seine Durchführbarkeit mit deutschen Kindern wurde an fünf Schulen in Münster untersucht. Da das Programm in einem anderen kulturellen Kontext entwickelt wurde, ist es wichtig, seine Durchführbarkeit im deutschen Sprachraum zu überprüfen und sicherzustellen, dass die Aktivitäten und ihre Bedeutung von den Kindern auch verstanden werden. Insgesamt nahmen 124 Grundschulkinder (50 Mädchen und 74 Jungen) an dem Gruppentraining teil. Es zeigte sich, dass das Programm auch im deutschen Sprachraum gut durchführbar ist. Im Hinblick auf das Verständnis der Programminhalte traten keine spezifischen Probleme auf. Unsere ersten Ergebnisse zeigten eine signifikante Verringerung von Angstsymptomen nach der Teilnahme am Trainingsprogramm (Abb. 10.4). Die Kinder, die am Training teilgenommen hatten, verbesserten darüber hinaus ihre soziale Kompetenz und waren in schwierigen Situationen besser in der Lage, effektive Problemlösungen anzuwenden.

10.4.4 Training sozialer Kompetenzen: Förderung sozialer Kompetenz bei Kindern und Jugendlichen

soziale Kompetenzen

Es handelt sich dabei um ein integriertes kognitiv-verhaltenstherapeutisches Programm, das soziale Kompetenzen, Entspannungstechniken, soziales Problemlösen, positive Selbstinstruktionen, kognitive Herausforderungen und stufenweise Konfrontation mit sozialen Situationen umfasst (Spence 1995). Das Programm besteht aus zwölf wöchentlichen Sitzungen und zwei Auffrischungssitzungen, die drei und sechs Monate nach Abschluss des Programms durchgeführt werden. Jede Behandlungssitzung dauert etwa eine Stunde, an die sich eine halbe Stunde anschließt, in der die erworbenen Fähigkeiten spielerisch in die Praxis umgesetzt werden sollen. In dieser Spiel-Sitzung haben die Kinder Gelegenheit, ihre sozialen Kompetenzen in einer sicheren Umgebung zu üben, in der die Therapeuten weiterhin Hilfestellung geben und die Teilnehmer verstärken können. Diese Behandlungskomponente soll die Generalisierung der in der Trainingssitzung gelernten Fähigkeiten erleichtern.

Die Komponente des Trainings vermittelt den Kindern verschiedene Aspekte sozialkompetenten Handelns anhand von Modell-Lernen, Rollenspielen, Anregungen und Verstärkung. Zunächst lernen die Kinder, auf Augenkontakt, Haltung, Gesichtsausdruck, den Ton ihrer Stimme und ihre Lautstärke zu achten. Diese Fähigkeiten werden dann in komplexere Verhaltensweisen integriert, wie Gespräche führen, zuhören, Fragen stellen, zeigen, dass man aufmerksam zuhört und wie man signalisiert, an einer anderen Person interessiert zu sein. Im Anschluss daran lernen Kinder prosoziales Verhalten, wie jemandem Hilfe anbieten, teilen, jemanden einladen und Komplimente machen – Fähigkeiten, die notwendig sind, um Freundschaften aufzubauen.

Im Problemlösungstraining wird die „DETEKTIV TECHNIK"   **DETEKTIV TECHNIK**
eingesetzt, um mit Konflikten umzugehen, „nein" zu sagen, sich
durchzusetzen, darauf zu reagieren, geärgert zu werden, und
Freundschaften zu beginnen (Tab. 10.4; Kasten 10.11). Die Kinder
lernen, positive Selbstinstruktionen anzuwenden, um sich in sozialen Dilemmata zurechtzufinden.

Das „Detektiv-Spiel" besteht aus mehreren Schritten. Der erste Schritt – „ERKENNEN" – umfasst ein Innehalten und Überlegen, worin genau das Problem besteht. Das zielt darauf ab,
impulsive Reaktionen zu verhindern und der Person die Möglichkeit zu verschaffen, einen angemessenen Weg zu finden, mit dem
Problem umzugehen. Um herauszufinden, was das Problem ist,
müssen die Gefühle jeder Person in der Situation überdacht
werden. Im zweiten Schritt – „UNTERSUCHEN" – wird das
Kind angeleitet, sich zu entspannen, sich alternative Lösungs-
möglichkeiten zu überlegen, ihre Folgen zu überdenken und sich
für die beste Lösung zu entscheiden. Während dieses Schrittes
lernen die Kinder auch die Technik der kognitiven Umstrukturierung, um „nicht hilfreiche" Gedanken zu erkennen und durch
hilfreiche Gedanken zu ersetzen. Schritt 3 – „LÖSEN" – besteht
schließlich darin, einen Plan zur Ausführung der Lösung zu machen, daran zu denken, die sozialen Kompetenzen einzusetzen,
die Lösung in die Tat umzusetzen und das Ergebnis zu beurteilen.
Dabei werden – was sehr wichtig ist – die Kinder dazu ermutigt,
sich selbst dafür zu loben, dass sie versucht haben, ihr Problem zu
lösen.

Am Ende jeder Sitzung bekommen die Kinder Hausaufgaben,
die darin bestehen, die neuerworbenen Fähigkeiten außerhalb der
Gruppe zu üben. Sie umfassen auch stufenweise Konfrontationsübungen, im Laufe derer die Kinder an einen graduell
schwieriger werdenden sozialen Schwerpunkt auf einem bestimmten Bereich herangeführt werden, der für die Kinder eine
Herausforderung darstellen könnte (z. B. Hilfe anbieten, um Hilfe
bitten). Obwohl das Thema der Hausaufgabe für alle Gruppenmitglieder gleich ist, setzt jedes Kind in Absprache mit dem Therapeuten seine eigene Aufgabe im Rahmen dieses Themas fest.

Spence et al. (2000) verglichen die Effektivität zweier unterschiedlicher Therapieverfahren: eine Gruppe, in der eine kognitive Verhaltenstherapie ohne Elternarbeit durchgeführt wurde
(CBG; N = 17), und eine Gruppe, in der eine kognitive Verhaltenstherapie mit Elternarbeit durchgeführt wurde (CBGPC; N =

Tab. 10.4 Das Detektiv-Spiel (nach Spence 1995)

Schritt 1: Erkennen	• Stopp! • Was ist das Problem?
Schritt 2: Untersuchen	• Entspannen • Was könnte ich tun? • Was würde dann passieren? • Achte auf nicht-hilfreiche Gedanken (für ältere Kinder und Jugendliche)
Schritt 3: Lösen	• Einen Plan machen • An die sozialen Kompetenzen denken • Den Plan ausführen • Wie habe ich das gemacht?

19) mit einer Warte-Kontrollgruppe (N = 14). Kinder im Alter von sieben bis 14 Jahren wurden per Zufallsauswahl einer der Gruppen zugeordnet. Sie waren von Ärzten, Vertrauenslehrern und Eltern auf dieses Programm verwiesen worden. Die behandelten Kinder nahmen an zwölf wöchentlichen Therapiesitzungen von einer Stunde Dauer teil sowie an zwei Auffrischungssitzungen, die drei und sechs Monate nach Abschluss des Programms stattfanden.

Die Eltern der CBGPC-Gruppe nahmen zwölf Wochen lang an 30-minütigen Sitzungen teil und hatten die Gelegenheit, die Übungen ihrer Kinder durch einen Einwegspiegel zu beobachten. Die Einbeziehung der Eltern hatte zum Ziel, ihnen zu vermitteln, wie sie ihrem Kind ein Vorbild sein können, wie sie das Zielverhalten anstatt sozial ängstliches Verhalten außerhalb der Trainingssitzungen verstärken, wie sie ihr Kind ermutigen, an sozialen Aktivitäten teilzunehmen, an die Hausaufgaben erinnern und selbst als Modelle für sozial proaktives Verhalten fungieren. Signifikant weniger Kinder der beiden aktiven Behandlungsgruppen erfüllten nach dem Training die Kriterien einer klinischen Diagnose der Sozialen Phobie, im Vergleich mit der Kontrollgruppe nur 7 %. Diese Erfolge blieben bis zur Follow-up-Erhebung bestehen. Eine Messung allgemeiner und sozialer Angst zeigte eine signifikante Verringerung nach der Behandlung im Vergleich zur Kontrollgruppe. Auch berichteten die Eltern der Kinder beider Behandlungsgruppen eine Zunahme der sozialen Kompetenzen ihrer Kinder.

Situation
Du spielst mit einer Freundin/einem Freund in seinem/ihrem Haus, und sie/er hört nicht auf, dich zu ärgern und dich ein Baby zu nennen.

Schritte	Techniken	Beispiele
Schritt 1: Erkennen	• Stopp • Was ist das Problem?	• Ich bin wütend, weil mein Freund/ meine Freundin mich ärgert
Schritt 2: Untersuchen	• Entspannen • Was könnte ich tun?	• Ich könnte es seiner/ihrer Mutter erzählen • Ich könnte weinen • Ich könnte nach Hause gehen • Ich könnte ihr/ihm höflich sagen, dass sie/er aufhören soll • Ich könnte ihr/ihm eins auf die Nase geben
	• Was würde dann passieren?	• Wenn ich es ihrer/seiner Mutter erzähle, könnte es sein, dass sie mir nicht glaubt • Wenn ich weine, könnte es sein, dass sie/er mich noch öfter Baby nennt • Wenn ich nach Hause gehe, werde ich Ärger mit meinen Eltern bekommen
	• Welche Lösung wäre am besten?	• Ich denke, es wäre am besten, wenn ich ihn/sie höflich bitte, damit aufzuhören
Schritt 3: Lösen	• Einen Plan machen	• Ich werde ihn/sie höflich bitten, damit aufzuhören
	• An die sozialen Kompetenzen denken	• Daran denken, ein freundliches Gesicht zu machen und in freundlichem Ton zu sprechen
	• Den Plan ausführen	• Vielleicht hört er/sie jetzt damit auf, mich zu ärgern
	• Wie habe ich das gemacht?	• Ich habe es richtig gut gemacht.

Kasten 10.12 Der Einsatz des „Detektiv-Spiels" (nach Spence 1995; übers. v. d. Autorin)

Diese Übung sollte damit beginnen, Elemente eines erfolgreichen Gespräches zu benennen. Dabei wird die Bedeutung von Augenkontakt, einer angemessenen Haltung, Gesichtsausdruck und eines freundlichen Tons hervorgehoben.

Beispiele für Fähigkeiten für ein erfolgreiches Gespräch:

Kasten 10.13
Basisfähigkeiten:
Gespräch (nach
Spence 1995;
übers. v. d. Autorin)

- Augenkontakt
- Freundliche Haltung
- Freundlicher Ton
- Freundlicher Gesichtsausdruck
- Überlegen, was man sagen will
- „Hallo" sagen

- Zeigen, dass man zuhört (Nicken, „hmm", „ja")
- Fragen stellen
- Die richtigen Themen ansprechen
- Beim Thema bleiben
- Zeigen, dass man am anderen Menschen interessiert ist

Diese Übung soll dazu dienen, den Kindern die Bedeutung des Gesichtsausdrucks zur Vermittlung von Gefühlen nahe zu bringen. Bei dieser Übung kann die so genannte Pantomimen-Aufgabe eingesetzt werden. Dabei liest der Trainer ein Skript vor, in der verschiedene Emotionen vorkommen. Die Gruppe wird zweigeteilt, die eine Hälfte der Gruppe sieht zu und versucht herauszufinden, welche Emotionen dargestellt werden. Die darstellende Gruppe sollte das Skript nicht vorher erhalten, sondern die nonverbalen Signale in Übereinstimmung mit der Geschichte während des Vorlesens pantomimisch zum Ausdruck bringen. Um diese Signale zu diskutieren, unterbricht der Trainer das Spiel von Zeit zu Zeit, in dem er „STOPP" ruft.

Die Pantomimen-Aufgabe
Trainer: Sarah und David sind im Urlaub. Sie gehen herunter zum Strand. Beide sind wirklich glücklich. Es ist ein schöner, sonniger Tag. Sie haben ihre Handtücher und Badesachen dabei. Sie legen sich an den Strand und spüren die warme Sonne auf ihrer Haut. Beide fühlen sich friedlich und entspannt.

STOPP! [Diskussion der Emotionen, Haltung, Gesten, Gesichtsausdrücke]

Trainer: Plötzlich fühlen beide Sand auf ihrer Haut. Sie schauen auf und sehen zwei ältere Kinder, die sie absichtlich mit Sand bewerfen.

David und Sarah sind wütend. Wie können diese Kinder es wagen, einfach daherzukommen und sie so zu ärgern! Sie setzen sich auf und sagen ihnen, dass sie damit aufhören sollen.

STOPP! [Diskussion der Emotionen, Haltung, Gesten, Gesichtsausdrücke]

Trainer: Die Kinder gehen weg, aber als Sarah sich wieder hinlegt, merkt sie, dass ihr Portemonnaie nicht mehr da ist. Sie sucht es unter ihrem Handtuch und überall im Sand. Jetzt machte sie sich wirklich Sorgen. Sie muss es wiederfinden, all ihr Geld für die Ferien ist darin. Sie ist wirklich beunruhigt.

STOPP! [Diskussion der Emotionen, Haltung, Gesten, Gesichtsausdrücke]

Kasten 10.14 Training von Basis-fähigkeiten – Gesichtsausdruck (nach Spence 1995, 137; übers. v. d. Autorin)

Der erste Schritt besteht darin, den Kindern zu vermitteln, warum es wichtig ist, zu anderen freundlich zu sein. Im nächsten Schritt lernen sie, die Dinge zu erkennen, die dazu führen, dass sie anderen freundlich oder unfreundlich erscheinen. Der Trainer schreibt eine Liste mit freundlichem und unfreundlichem Verhalten an die Tafel.

Freundlich	Unfreundlich
Lächeln	Starrer Blick/finsteres Gesicht
Freundliche Stimme	Schreien, ärgerliche Stimme
Einladen	Wegschubsen
Mitmachen	Ignorieren
Teilen	Allein sein
Helfen	Nicht teilen
Nette Dinge sagen	Unfreundliche/verletzende Dinge sagen
Sich nach anderen erkundigen	Nur über sich selbst reden
Anderen zuhören	Andere herumkommandieren
Sich abwechseln	Zudringlich sein

Kasten 10.15 Fähigkeiten, um Freundschaften zu schließen: freundliches Verhalten erkennen (nach Spence 1995, 156; übers. v. d. Autorin)

Benutze das „Detektiv-Spiel", um dieses Problem zu lösen. Du bist mit einer Gruppe von Freunden zusammen, einer von ihnen hat eine Schachtel Zigaretten. Einige Kinder nehmen welche und zünden sie an. Du möchtest eigentlich „nein" sagen, hast aber Angst, die anderen könnten über dich lachen.

Schritt 1:
Erkennen

- Stopp
- Was ist das Problem? _____

Schritt 2:
Untersuchen

- Entspann dich!
- Was könnte ich tun? (Überlege dir drei verschiedene Dinge. Es spielt keine Rolle, ob du glaubst, es wären die richtigen Dinge)

_____

_____

- Was könnte dann passieren?

_____

_____

- Was wäre die beste Lösung?

_____

_____

Schritt 3:
Lösen

- Mache einen Plan.
  Was wirst du sagen?

- Denk' an die sozialen Kompetenzen.
  Woran muss ich denken?

_____

- Wie habe ich das gemacht?
- Was könntest du zu dir selbst sagen, nachdem du „nein" gesagt hast?

_____

Kasten 10.16
Beispiele von Hausaufgaben zum Thema – „Nein" sagen (nach Spence 1995; übers. v. d. Autorin)

10.4.5 Behandlung der Sozialen Phobie

Social Effectiveness Therapy for Children (SET-C)

Die „Social Effectiveness Therapy for Children" (SET-C) ist ein **soziale Kompetenz** behaviorales Programm zur Vermeidung sozialer Ängste, zur Verbesserung von Fähigkeiten des zwischenmenschlichen Umgangs und zur Förderung sozialer Aktivitäten, die für das Kind angenehm sind (Beidel et al. in Druck). Kurz, das Programm wurde konzipiert, um soziale Kompetenz in verschiedenen Bereichen zu verbessern.

Die erste Komponente des Programms besteht darin, Eltern und Kinder über Angst im Allgemeinen und soziale Angst im Besonderen zu informieren. Die zweite Phase beinhaltet ein Training sozialer Kompetenzen. In dieser Phase erwirbt das Kind Fähigkeiten in zwischenmenschlichem Umgang und erhält auch die Gelegenheit, diese zu üben. Ein wichtiges Element des Trainings sozialer Kompetenzen sind strukturierte Übungen mit Gleichaltrigen („Peer Generalization Program"). Nach den wöchentlich stattfindenden Sitzungen zum Training sozialer Kompetenzen bilden die Kinder mit Sozialer Phobie Paare mit Gleichaltrigen, die nicht an einer Angststörung leiden, und gehen 90 Minuten lang nach draußen. Dadurch ergeben sich für das Kind mit Sozialer Phobie natürliche Gelegenheiten, die neu erworbenen sozialen Kompetenzen mit einem nicht-ängstlichen Altersgenossen zu üben.

Gleichzeitig mit dem Training sozialer Kompetenzen finden ergänzend Expositionsübungen statt. Dabei handelt es sich um Einzelsitzungen unter Anleitung des Therapeuten. Je nach Art der Ängste des Kindes können diese Sitzungen in der Klinik und/oder in einer natürlichen Umgebung stattfinden.

Das SET-C besteht aus 24 Behandlungssitzungen, die gewöhnlich innerhalb eines Zeitraums von drei Monaten stattfinden. Das Programm umfasst zwölf Sitzungen im Training sozialer Kompetenz/Übung mit Gleichaltrigen und zwölf Expositionssitzungen. Die Informationsvermittlungsphase findet während des ersten Gruppentreffens statt, an dem die Eltern und die Kinder teilnehmen. Das Training sozialer Kompetenzen, die Übungen mit Gleichaltrigen sowie die Expositionsübungen erstrecken sich über einen Zeitraum von zwölf Wochen. Das Training sozialer Kompetenzen wird in wöchentlich stattfindenden Kleingruppensitzungen durchgeführt (4–6 Kinder). Im Anschluss an die wöchentliche Sitzung nehmen die Kinder an Aktivitäten mit Gleichaltrigen teil. Die Expositionsübungen finden in wöchentlichen Einzelsitzungen statt.

Das Training sozialer Kompetenzen. Ziel der zwölf SET-C-Sitzungen zum Training sozialer Kompetenzen ist die Vermittlung von Fähigkeiten zu befriedigenden sozialen Interaktionen. Diese Trainingsphase besteht aus zwei Kompetenzen: Wahrnehmung der sozialen Umgebung („Social Environment Awareness") und Förderung der Interaktionsfähigkeiten („Interactional Skill Enhancement").

In der Phase der „Wahrnehmung der sozialen Umgebung" lernen die Kinder in Einzelheiten wann, wie und warum zwischenmenschliche Interaktionen aufgenommen und beendet werden. Die Komponente zur „Förderung der Interaktionsfähigkeiten" beinhaltet die Vermittlung verbaler und nonverbaler Mechanismen erfolgreicher sozialer Begegnungen. Dabei wird insbesondere auf die Bereiche eingegangen, die für Kinder mit Sozialer Phobie von Bedeutung sind (z. B. in eine Gruppe von Kindern kommen, Freundschaften schließen und aufrechterhalten, Durchsetzungsfähigkeit; Kasten 10.17 bis 10.19). Die fünf Verfahren, die in diesem Trainingsmodell sozialer Kompetenzen eingesetzt werden, umfassen:

• Vermittlung der bestimmten Fähigkeit (d. h. den Kontext schaffen, sie zu erlernen);
• Die Komponenten des Verhaltens modellhaft darstellen (d. h. dem Kind die Gelegenheit geben, das entsprechende Verhalten ausgeführt zu sehen);
• Üben des Verhaltens, bis die Gruppenmitglieder es beherrschen (d. h. die Gelegenheit, die Fähigkeit in einer kontrollierten Umgebung zu üben);
• Konstruktives Feedback (d. h. das Kind wird in die Lage versetzt, zwischen richtigem und falschem Verhalten zu unterscheiden);
• Positive Verstärkung.

Übungen mit Gleichaltrigen. Um eine Generalisierung des Trainings sozialer Kompetenzen zu fördern und Gelegenheiten für Interaktionen mit Gleichaltrigen zu schaffen, enthält das SET-C eine Komponente, die aus Übungen mit Gleichaltrigen besteht.

Diese Komponente soll sicherstellen, dass die Kinder die Gelegenheit haben, ihre Fähigkeiten mit sozial kompetenten Gleichaltrigen in Situationen des realen Lebens umzusetzen. Wenn beispielsweise die in der didaktischen Sitzung behandelte Fähigkeit war, „unbekannte Menschen zu begrüßen", könnte die Aufgabe in der Übungssitzung mit Gleichaltrigen darin bestehen, dass das sozial phobische Kind fünf Menschen begrüßt. Dabei soll der Gleichaltrige das Kind bei der Bewältigung seiner Aufgabe unterstützen. Alle diese Sitzungen werden von dem Therapeuten, der das Training sozialer Kompetenzen durchführt, geplant und supervidiert.

In-vivo-Exposition. Ein weiterer Aspekt des SET-C ist die In-vivo-Konfrontation mit angsterzeugenden Reizen. Der Zweck der In-vivo-Exposition besteht darin, das Kind systematisch und wiederholt in Kontakt mit der gefürchteten Situation zu bringen, und zwar so lange, dass das Kind neue Erfahrungen mit dieser Situation machen kann. Diese Einzelsitzungen finden im gleichen Zeitraum statt wie das Training soziale Kompetenzen und die Übungen mit Gleichaltrigen.

Kinder
Du nimmst seit einigen Wochen Tanzunterricht (Kunst-/ Karate-). Jede Woche sprichst du mit _____, die/den du vorher noch nicht gekannt hast. Du findest _____ sehr nett und möchtest sie/ihn zur Freundin/zum Freund haben.
Du sagst: _____

Jugendliche
Ein neuer Bekannter hat dich ins Kino eingeladen und du willst dich bedanken.
Du sagst: _____

Heterosoziale Interaktionen zwischen Jugendlichen
Du bist auf einer Party und kennst nicht viele Leute dort. Während du gerade dastehst, kommt ein Mädchen auf dich zu und sagt: „Hallo, ich bin _____. Ich scheine hier nicht viele Menschen zu kennen."
Du sagst: _____

Kasten 10.17
Übungsbeispiele:
Freundschaften
schließen und
aufrechterhalten
(Beidel et al.,
i. Druck, übers.
v. d. Autorin)

Du bist gerade von einem Besuch bei deinen Großeltern nach Hause gekommen. Du bemerkst, dass das Laub im Garten zusammengeharkt wurde. Das ist eigentlich deine Aufgabe. Dein(e) Freund(in), die/der nebenan wohnt, sagt: „Ich wusste, dass du nach der Fahrt müde sein würdest und wollte nicht, dass du das ganze Laub noch zusammenharken musst. Daher habe ich es für dich getan. Jetzt kannst du den Abend damit verbringen, dich zu entspannen."
Du antwortest: _____

Du musstest in der Schule eine sehr schwierige Präsentation machen. Du warst gut vorbereitet und der Ansicht, dass die Präsentation gut gelaufen sei. Ein anderer Schüler kommt nach der Präsentation zu dir und sagt. „Super Leistung. Du hast eine großartige Rede gehalten."
Du antwortest: _____

Du warst im Einkaufszentrum und hast eine Reihe von sperrigen Dingen gekauft. Es ist schwierig für dich, sie alle gleichzeitig zum Auto zu bringen. Als du die Autotür erreichst, sagt ein Mädchen: „Oh, es schaut nicht so aus, als ob du das mit dem ganzen Gepäck hinbekommen wirst. Kann ich dir helfen?"
Du antwortest: _____

Kasten 10.18
Übungsbeispiele:
Komplimente
machen (Beidel et
al., i. Druck, übers.
v. d. Autorin)

Du hast dir seit einigen Monaten sehr viel Mühe gegeben, ein Instrument zu erlernen (dir eine neue Position im Fußballteam zu erarbeiten). Dein Lehrer (Trainer) hat dir nie Rückmeldung über deine Leistung gegeben und du dachtest, dass alles zufrieden stellend sei. Eines Tages ruft dich dein Lehrer (Trainer) in sein Büro und sagt: „Deine Leistung ist nicht gut genug. Du kannst bei dem Konzert nicht mitspielen (wir müssen dich aus der Mannschaft nehmen)."
Du antwortest: _____

Deine Mutter schimpft dich aus, weil du dein Zimmer nicht aufgeräumt hast, wie sie dich darum gebeten hat. Was sie nicht weiß, ist, dass du deinen Kleiderschrank aufgeräumt hast.
Du sagst: _____

Kasten 10.19
Übungsszenen:
Interaktionen mit
Autoritätspersonen
(Beidel et al., i.
Druck, übers. v. d.
Autorin)

Beidel et al. (1996b) berichteten erste Ergebnisse über den Einsatz ihres Behandlungsprogramms „Social Effectiveness Therapy for Children" mit einer Stichprobe von jüngeren Kindern mit Sozialer Phobie. In der Pilotstudie, an der 16 Kinder im Alter zwischen acht und zwölf Jahren teilnahmen, wurden 24 Sitzungen im Zeitraum von zwölf Wochen durchgeführt. Nach der Behandlung berichteten die Kinder signifikant weniger Besorgnis im Hinblick auf soziale Ängste als zuvor. Elternberichte zeigten ebenfalls einen signifikanten Rückgang des internalisierenden Verhaltens ihrer Kinder nach der Behandlung. In Verhaltensaufgaben wie Vorlesen und in Rollenspielen wurden die Kinder nach der Behandlung von abhängigen und unabhängigen Beobachtern als signifikant fähiger und mit signifikant weniger beobachtbaren Anzeichen von Angst als vor der Behandlung beurteilt.

Anhand einer Stichprobe von 50 Kindern (8–12 Jahre), bei denen eine Soziale Phobie diagnostiziert wurde, verglichen Beidel et al. (1999) die Wirksamkeit ihrer „Social Effectiveness Therapy for Children" mit der Wirksamkeit einer aktiven, aber unspezifischen Intervention, in der vor allem die Bewältigung von Prüfungen und Lernstrategien geübt wurden. Die beiden Interventionen waren im Hinblick auf die Zeit, die mit dem Therapeuten verbracht wurde, das Verhältnis von Einzel- und Gruppensitzungen, Hausaufgaben und die Anzahl der wöchentlichen Sitzungen parallelisiert. Nach der Behandlung waren 67 % der Kinder der SET-C-Gruppe diagnosefrei, verglichen mit nur 5 % der Kinder aus der Gruppe, die an einer unspezifischen Intervention teilgenommen hatten.

Cognitive-behavioral Therapy for Adolescents (CBGT-A)

Marie Albano und ihre Mitarbeiter (1991) entwickelten ein kognitiv-behaviorales Gruppentherapieprogramm für Jugendliche mit Sozialer Phobie. Das Hauptziel des Programms besteht darin, den Jugendlichen Fähigkeiten zu vermitteln, die ihnen helfen, die Phobie und ihr Vermeidungsverhalten zu beherrschen, indem sie lernen, mit übermäßiger Angst umzugehen. Besondere Fähigkeiten zur Verringerung der aus sozialen Ängsten resultierenden Belastungen werden in diesem Programm gelehrt und in der Gruppe von vier bis sechs Jugendlichen durchgeführt. Jede der 16 Sitzungen dauert etwa 90 Minuten.

In den ersten beiden Sitzungen werden die Teilnehmer über soziale Ängste und die Grundlagen ihrer Behandlung informiert. Die Sitzungen 3 bis 8 beinhalten die Einführung sozialer Kompetenzen, Problemlösungsfähigkeiten, Durchsetzungsfähigkeit und Copingstrategien. Von Sitzung 9 bis 15 werden Rollenspiele und In-vivo-Konfrontationen durchgeführt, die auf die von den Jugendlichen gefürchteten sozialen Situationen individuell zugeschnitten sind. Jedes Mitglied der Gruppe arbeitet seine persönliche Angsthierarchie gefürchteter sozialer Situationen durch und nimmt an den Rollenspielen der Konfrontationsübungen mit anderen Gruppenmitgliedern teil. Während dieser Übungen wird beobachtbares Zielverhalten identifiziert, wie auch angsterzeugende automatische Gedanken und rationale Bewältigungsreaktionen. Sitzung 16 beinhaltet eine abschließende Konfrontationsübung, eine Schlussbesprechung und Pläne für weitere Treffen. Die Behandlung umfasst die folgenden Elemente:

Psychoedukative Aspekte. Den Jugendlichen werden Informationen über das Wesen der Angst vermittelt; sie lernen die Fähigkeit zur Selbstbeobachtung, um Angstauslöser und -reaktionen leichter erkennen zu können. Um den Jugendlichen dabei zu helfen, ihre Symptome zu erkennen, werden sie aufgefordert, sich eine angsterzeugende Situation vorzustellen (beispielsweise zu einer Unterrichtsstunde zu spät zu kommen) und ihre körperlichen, kognitiven und behavioralen Reaktionen zu beschreiben (Kasten 10.20).

Kasten 10.20
Rollenspiel (modifiziert nach Albano et al. 1991; übers. v. d. Autorin)

Therapeut: Was würdest du fühlen? (körperlich)
Jugendlicher: Atemnot, Bauchschmerzen etc.
Therapeut: Was würdest du denken? (kognitiv)
Jugendlicher: Alle werden mich anschauen! Hoffentlich schreit mich der Lehrer nicht an. Ich werde bestimmt rot, und alle werden es sehen.
Therapeut: Was würdest du tun? (behavioral)
Jugendlicher: Die Stunde schwänzen. Oder, wenn ich doch hingehe, niemanden ansehen.

Aufbau von Fähigkeiten. Den Jugendlichen werden Techniken der kognitiven Umstrukturierung, soziale Kompetenzen und Problemlösungsfähigkeiten vermittelt. Sie lernen, kognitive Verzerrungen zu erkennen, wie auch Denkfehler, durch die die Angst aufrechterhalten wird. Es werden rationale Antworten entwickelt, um diese Kognitionen zu ersetzen. Es werden soziale Kompetenzen vermittelt, die für zwischenmenschliche Interaktionen, Aufrechterhaltung von Beziehungen sowie für die Entwicklung von Durchsetzungsfähigkeit von Bedeutung sind. Die Jugendlichen sollen zunächst Verhaltensweisen erkennen, die sich negativ auf soziale Interaktionen auswirken (z. B. nicht lächeln, zu leise sprechen, andere kritisieren), und dann eine „bessere" Form sozialer Interaktion üben.

Problemlösen. Die Jugendlichen lernen ein Modell zur Identifizierung von Problemen und zur Entwicklung realistischer Ziele kennen und üben es. Es wird ihnen vermittelt, proaktiv an Probleme heranzugehen, anstatt sie zu vermeiden. Zwei Therapeuten stellen im Rollenspiel eine Situation dar, die soziale Angst erzeugt. Dabei verbalisieren sie ihre automatischen Gedanken wie auch ihr rationales Copingverhalten, um modellhaft die Stadien

Therapeut 1: Oh nein, das kann ich nicht!
Therapeut 2: O.k., beruhige dich, bleib ganz ruhig. Denk nicht so negativ.
Therapeut 1: Alle werden mich anschauen. Ich bringe bestimmt alles durcheinander.
Therapeut 2: Alle müssen einmal einen Vortrag halten. Wir sind dann alle ein bisschen aufgeregt.
Therapeut 1: Was soll ich bloß sagen? Ich kann nicht denken.
Therapeut 2: O.k. Ich kenne mich mit dem Thema aus. Ich kann klar darüber sprechen.
Therapeut 1: Mein Herz klopft ganz schnell, ich glaube mir wird schlecht.
Therapeut 2: Ich bin aufgeregt, aber ich werde es schaffen. Es wird alles gut gehen.
Therapeut 1: Ich bin froh, dass es vorbei ist. So etwas mache ich nie wieder.
Therapeut 2: Gut. Ich habe es geschafft. Das war in Ordnung. Ich habe es hinter mir.

Kasten 10.21 Szene: Du bist aufgerufen worden, vor deiner Klasse einen kurzen Vortrag zu halten (modifiziert nach Albano et al. 1991; übers. v. d. Autorin)

kognitiver Umstrukturierung darzustellen. Der eine Therapeut spricht die automatischen Gedanken aus, während der andere „rationale Antworten" gibt, wie in Kasten 10.21 dargestellt wird. Im Anschluss besprechen die Therapeuten das Rollenspiel mit der Gruppe, um etwas über die Erfahrung Jugendlicher in ähnlichen Situationen zu erfahren.

Konfrontationsübungen. Die Jugendlichen entwickeln eine Furcht- und Vermeidungshierarchie sozialer Situationen, die während der Therapiesitzungen geübt werden können (Kasten 10.22). Die Therapeuten stellen zusammen mit den Gruppenmitgliedern die Situation im Rollenspiel dar.

Kasten 10.22
Beispiel für eine
simulierte
Konfrontation
(nach Albano et al.
1995, 415; übers.
v. d. Autorin)

Situation
Eine Klassenkameradin anrufen, um sie nach einer Hausaufgabe zu fragen.

Verhaltensziele
(a) Sich vorstellen; (b) nach den Hausaufgaben in Mathe und Sozialkunde fragen; (c) zwei weitere Fragen nach Klassenkameradin und/oder Aktivitäten stellen.

Automatische Gedanken
(a) Sie wird denken, dass ich dumm bin; (b) ich habe sie nie zuvor angerufen, warum sollte sie mit mir reden wollen?; (c) mir fällt bestimmt nicht ein, was ich sagen soll.

Rationale Antworten
(a) Es ist nicht schlimm, wenn ich nervös bin. Ich bin es nicht gewohnt, Leute anzurufen; (b) ich habe sie in der Schule gesehen und sie war immer nett zu mir; (c) ich habe geübt, was ich sagen will; ich weiß, wie man mit Leuten redet; (d) auch wenn sie jetzt keine Zeit zum Reden hat, hat das sicher nichts mit mir zu tun.

Generalisierung und Aufrechterhaltung. Das prosoziale Verhalten und die Bewältigungsstrategien werden von den Jugendlichen in den Pausen geübt. Um eine Generalisierung auch auf die häusliche Umgebung zu erleichtern, enthält das Programm Komponenten, an denen die Eltern teilnehmen.

Albano et al. (1995) führten eine Pilotstudie durch, in deren Rahmen fünf Jugendliche mit Sozialer Phobie an der CBGT-A teilnahmen. Drei Monate nach der Behandlung erfüllten vier der fünf Teilnehmer nicht mehr die diagnostischen Kriterien dieser Störung. Zwölf Monate nach Abschluss der Behandlung erfüllte keiner der Teilnehmer die klinischen Diagnose-Kriterien. Bei einem Jugendlichen wurde eine Soziale Phobie in Teilremission diagnostiziert. Die Auswirkungen der Behandlung auf das Verhalten und die Herzfrequenz wurde nach der Behandlung und zwölf Monate später gemessen. Die Ergebnisse zeigten eine Abnahme subjektiver Angstempfindungen während einer Lese- und Vortragsaufgabe bei allen Teilnehmern nach der Behandlung und eine weitere Abnahme zum zwölf Monate späteren Follow-up-Zeitpunkt. Die subjektiven Angstratings zum Follow-up-Zeitpunkt waren sehr gering, die Herzfrequenz der Teilnehmer blieb unverändert. Negative Kognitionen während der Lese- und „impromptu"-Aufgaben nahmen im Vergleich zum Prätest nach der Behandlung signifikant ab, begleitet von einem signifikanten Anstieg neutraler Kognitionen während des Follow-up-Zeitraums.

Hayward et al. (2000) evaluierten die Wirkung der CBGT-A zur Behandlung der Sozialen Phobie bei weiblichen Jugendlichen, indem sie eine Behandlungsgruppe mit einer unbehandelten Kontrollgruppe verglichen. Nach der Behandlung zeigten sich in der Behandlungsgruppe signifikante Verbesserungen im Vergleich zur Kontrollgruppe (Abb. 10.5). Diagnostische Interviews,

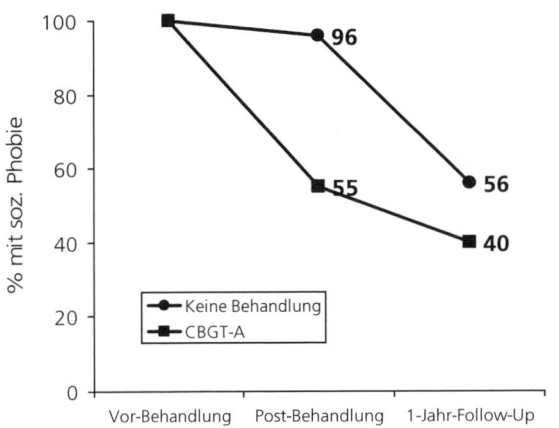

Abb. 10.5: Prozentsatz der Jugendlichen mit Sozialer Phobie nach Behandlungsmethoden (nach Hayward et al. 2000, 724)

die mit den Eltern wie auch mit den Jugendlichen durchgeführt wurden, zeigten Schweregradratings, die fast um 50 % abgenommen hatten. 45 % der Teilnehmerinnen der Behandlungsgruppe erfüllten nach der Behandlung nicht länger die diagnostischen Kriterien der Sozialen Phobie – in der Kontrollgruppe waren es nur 5 %. Trotz dieser vielversprechenden Ergebnisse konnten nach Ablauf eines Jahres zwischen beiden Gruppen keine signifikanten Unterschiede mehr festgestellt werden. Darüber hinaus zeigten die Ergebnisse, dass die Behandlung einer Sozialen Phobie das Rückfallrisiko von Major Depression bei Jugendlichen mit Major Depression in der Vorgeschichte verringert. Die Studie zeigt einen leichten Kurzzeit-Effekt der CBGT-A im Rahmen der Behandlung von Sozialer Phobie bei weiblichen Jugendlichen.

10.5 Training mit sozial unsicheren Kindern

Das Training von Petermann und Petermann (1994) richtet sich an sozial unsichere Kinder und deren Eltern. Es umfasst ein Einzeltraining im Umfang von vier Trainingssitzungen, ein Gruppentraining (sechs Sitzungen) und eine Eltern- bzw. Familienberatung (fünf Elternkontakte).

Das Einzeltraining hat das Ziel, dem Kind anhand von Modell-Lernen, Diskriminationslernen, differenzieller Verstärkung, Selbstbeobachtung und Selbstinstruktion Fertigkeiten und Wissen zu vermitteln (s. u.). Die Ziele des Gruppentrainings sind aus einer hierarchisch aufgebauten Situations-Verhaltens-Matrix abgeleitet, in der beobachtbare Verhaltensbereiche den jeweiligen Interaktionspartnern gegenübergestellt sind. Das heißt, dass jede Gruppensitzung einen bestimmten Verhaltensbereich herausgreift (z. B. „positive Gefühle, Freude zeigen" oder „sich angemessen selbstbehaupten"), zu dem Rollenspiele durchgeführt werden, in dem das Kind den jeweiligen Interaktionspartnern (z. B. vertraute Personen) gegenübersteht. So erlernen die Kinder am Anfang Teilfertigkeiten, die zu immer komplexeren Handlungen ausgebaut werden.

Die Elternberatung umfasst minimal vier Kontakte, die zweistündigen Hausbesuche und ein Nachgespräch zwei Monate nach Trainingsende. Zum einen sollen die Eltern informiert und geschult werden (z. B. Abklären der Trainingsziele; Verhaltensbeobachtungen mitteilen; Verhaltensweisen des Kindes rückmelden; Fähigkeit zur Selbstbeobachtung schulen, Problemlösestrategien aufzeigen); die Eltern können aber auch dabei helfen, Informationen zu gewinnen, um kindspezifische Trainingsziele zu erstellen. Zu jeder Zeit des Trainings können die Gespräche von beiden Seiten genutzt werden, um Veränderungen oder Schwierigkeiten zu besprechen. Der letzte Kontakt nach Ende des Trainings dient dazu, die Stabilisierung des Kindverhaltens und der Familienaktivitäten zu erfragen und eventuell aufgetretene Schwierigkeiten zu besprechen. In diesem Training kommen folgende Methoden zum Einsatz:

• Modell-Lernen mithilfe von Videosituationen: Anhand von Videofilmsituationen lernen die Kinder am Modell, versetzen sich in die Lage anderer sozial unsicherer Kinder und sollen Lösungsvorschläge und Handlungsalternativen finden; die Filme sollen zudem dazu dienen, mit dem Kind über sozial unsicheres Verhalten „ins Gespräch zu kommen".
• Diskriminationslernen mithilfe verschiedener Arbeitsblätter, die Comics, Fotogeschichten u. Ä. enthalten; es soll die Wahrnehmung für gerechtfertigt und ungerechtfertigt bedrohlich erlebte Situationen sensibilisiert sowie Verhaltensmöglichkeiten für eine Situation unterschieden werden.
• Differenzielle Verstärkung (z. B. Lob und Anerkennung, gemeinsame Spielaktivitäten) für angemessene Verhaltensschritte zur Bewältigung einer angstauslösenden Situation.
• Selbstbeobachtung und Selbstinstruktion mithilfe von so genannten Detektivbögen und Instruktionskärtchen.
• Verhaltensübungen mithilfe von Rollenspielen und In-vivo-Aufgaben.

Dieses Trainingsprogramm wurde in verschiedenen Beratungsstellen und Kliniken Deutschlands häufig angewendet.

10.6   Familienbezogene Interventionen

Die Grundthese familienbezogener Interventionen besteht in der Annahme, dass die Angst des Kindes eine Folge gestörter Familienbeziehungen ist (s. Kap. 9.1). Daher wird die ganze Familie oder ein Teil von ihr in die Therapie miteinbezogen. Je nach spezifischem therapeutischen Ansatz konzentriert sich der Therapeut auf Interaktionsprozesse, Kommunikation, Familiendynamik, Grenzen und Bündnis. Dabei ist das Hauptziel der Familientherapie, dysfunktionale, angsterzeugende Verhaltensmuster durch neue, funktionalere zu ersetzen.

10.6.1 Systemische Modelle der Familientherapie

In systemischen Modellen wurde betont, dass Furcht oder Angstsymptome von Kindern im Kontext von Interaktionen mit dem sozialen System des Kindes erworben werden, insbesondere in der Familie, aber auch im größeren sozialen Kontext (z. B. Großeltern, Gleichaltrige). Familien werden als Systeme angesehen, die danach streben, ein Gleichgewicht oder eine Balance aufrechtzuerhalten. Das heißt, wann immer das Familiensystem gestört ist, versucht es, zu einem homöostatischen Gleichgewicht zurückzukehren. Daher haben die Symptome des Kindes möglicherweise die kybernetische Funktion, die Familie zurück zum Gleichgewicht zu bringen (d. h. die Symptome können als homöostatische Mechanismen betrachtet werden; Wells 1988).

Die Familie kann darauf reagieren, indem sie die Herausforderung annimmt und sich auf sie einstellt, bis ein neues homöostatisches Gleichgewicht erreicht wird. Auf der anderen Seite kann die Familie Wege finden, um eine Konfrontation mit der Herausforderung zu vermeiden und damit das gegenwärtige Gleichgewicht aufrechtzuerhalten. Die zwei Hauptansätze der systemischen Familientherapie sind die strukturelle Familientherapie (Minuchin 1974) und die strategische Familientherapie.

10.6.2 Strukturelle Familientherapie

Strukturmodelle

Diese Therapieform hat ihre Wurzeln im Strukturmodell der Familienorganisation (Minuchin 1974). Diesem Modell zufolge weisen Familien eine Struktur auf, die gekennzeichnet ist durch: (a) *Hierarchien*, die die Machtverhältnisse zwischen den Familienmitgliedern definieren; (b) *Subsysteme*, d. h. Gruppierungen innerhalb der Familie, die gebildet werden, um bestimmte Funktionen zu erfüllen (z. B. Geschwister); und (c) *Grenzen*, die das

Ausmaß emotionaler Nähe zwischen den einzelnen Familienmitgliedern und den Subsystemen definieren.

Es wird angenommen, dass Angstsymptome das Ergebnis eines dysfunktionalen Familiensystems sind (Minuchin 1974), und dass die Probleme in Familien, in denen die Kinder Angststörungen aufweisen, darauf zurückgehen, dass die Grenzen übermäßig verschwommen oder übermäßig starr sind. „Enmeshment" ist gekennzeichnet durch Grenzen zwischen den Subsystemen, die leicht von anderen Familienmitgliedern überschritten werden können. „Disengagement" drückt sich darin aus, dass die Familie nicht in der Lage ist, die Grenzen der Subsysteme zu verändern oder zu überschreiten, wenn dies notwendig ist. Es kann auch ein Mangel an gegenseitiger Verbundenheit in der Familie bestehen. Es wird angenommen, dass dysfunktionale Familienstrukturen auf eine Kombination von Stressoren zurückzuführen sind, die die Familie nicht bewältigen kann. Diese Stressoren können von außen kommen (z. B. finanzielle Schwierigkeiten) oder innerhalb der Familie liegen (z. B. die Kinder erreichen die Adoleszenz). Sie können normativ (z. B. entwicklungsbedingte Übergänge des familiären Lebenszyklus) oder idiosynkratisch sein (z. B. ein Unfall; Carter/McGoldrick 1988).

dysfunktionales Familiensystem

Die spezifischen Ziele der Therapie sind es, (a) eine normale Familienhierarchie wieder aufzubauen, in der sich die Rollen der Eltern und Ehepartner klar von der Rolle des Kindes unterscheiden; (b) die Eltern dabei zu unterstützen, einander näher zu kommen; (c) die „enmeshed"-Dyade zu verringern; (d) die Beziehungen des Kindes zu Gleichaltrigen zu verstärken und (e) die problembelastete Sicht der Familie durch eine neue Sicht zu ersetzen, die neue Lösungen beinhaltet. Um diese Ziele zu erreichen, hat der Therapeut folgende Aufgaben:

- Die Interaktionsmuster und Grenzen während der Therapie zu beobachten;
- Hypothesen zu generieren und Therapieziele zu definieren, während er mit der Familie zusammen ist (Minuchin 1974);
- Methoden zu definieren, mithilfe derer die Angststörung im Rahmen von Interaktionsmustern betrachtet werden kann, um die Familiendynamik zu verändern;
- Die alte Struktur umzustrukturieren und neue Strukturen zu bilden, falls dies erforderlich ist. Die Techniken dazu umfassen:

(a) Neustrukturierung des Systems (z. B. der jüngsten Tochter zu vermitteln, wie man mit den Eltern und den Geschwistern verhandelt);
(b) Symptomfokussierung (z. B. ein Symptom so neu benennen, dass es für die Familie eine neue Bedeutung bekommt und das Problem in einem neuen Licht gesehen werden kann);
(c) Strukturelle Modifikationen (z. B. die Unterschiede zwischen den Familienmitgliedern) betonen, so dass individuelle Unterschiede als natürlich angesehen werden, und bestehende Interaktionsmuster außer Kraft setzen, um der Familie zu ermöglichen, neue Interaktionsformen zu finden.

10.6.3 Strategische Familientherapie

Bei der strategischen Familientherapie handelt es sich um einen Problemlösungsansatz, bei dem der Fokus der Therapie auf dem Veränderungsprozess liegt. Ihre Grundthese ist es, dass therapeutische Veränderungen durch „den Interaktionsprozess erreicht werden können, der einsetzt, wenn ein Therapeut aktiv und direktiv auf eine bestimmte Weise" in das Familiensystem eingreift. Strategische Therapie zielt darauf ab, das bestehende Problem zu lösen (d. h. „eine Art des Verhaltens, das Teil einer Folge von Handlungen zwischen verschiedenen Menschen ist"; Haley 1971, 7, übers. v. d. Autorin). Diese Therapieform betont die Bedeutung der Stadien des Zyklus des Familienlebens und das Vorliegen oder Fehlen von altersangemessenem Verhalten in Familien. Die Techniken der strategischen Familientherapie umfassen:

Therapeutische Richtlinien: Das bedeutet, Anweisungen zu geben oder Anforderungen zu stellen, um das gewünschte Ergebnis zu erreichen. So gab Haley (1973) in seiner Arbeit mit einem Kind, das an einer Hundephobie litt, eine Reihe von Richtlinien. Zuerst wurden Vater und Sohn angewiesen, sich in den Therapiesitzungen miteinander über Hunde zu unterhalten und darüber, wie man mit ihnen umgeht. Die Mutter wurde angewiesen, nur am Rande an diesen Gesprächen teilzunehmen. Später bekamen Vater und Sohn den Auftrag, einen Welpen für den Jungen zu kaufen und ihn mit nach Hause zu nehmen. Es sollte ein Welpe sein, der sich vor Menschen fürchtet, und Vater und Sohn hatten die Aufgabe, ihn von seiner Furcht zu heilen. Diese zwei Anweisungen dienten dazu, den distanzierteren Elternteil mehr mit dem Kind in Kontakt zu bringen und den mit dem Kind verschmelzenden („enmeshed") Elternteil mehr vom Kind zu distanzieren. Die zweite Aufgabe sollte darüber hinaus zu einer Wahrnehmungsveränderung des Jungen im Hinblick auf sein Verhältnis zu Angst bewirken. Jetzt war er nicht mehr das Opfer der Angst – er sollte nun dem Welpen helfen, seine Angst zu bewältigen.

Den Weg des geringsten Widerstandes gehen: Die Problembezogenheit der Familie wird auf implizite oder indirekte Weise positiv umgesetzt. Der Therapeut sollte Machtkämpfe mit den Familienmitgliedern vermeiden.

Paradoxe Interventionen werden mit der Erwartung eingesetzt, dass der Patient oder die Familie sich ihr widersetzt. Sie beinhalten eine Verschreibung von Verhaltensweisen, die im Gegensatz zu den Therapiezielen stehen, um einen Veränderungsprozess anzuregen. So gab beispielsweise O'Connor (1983) einem Kind das unter Zwangsgedanken über Erbrechen litt, die Anweisung, täglich eine Stunde lang auf einem Küchenstuhl zu sitzen und sich vorzustellen, wie es wäre zu erbrechen und das Erbrochene aufzuwischen, wenn ihm schlecht würde. Falls die Zwangsgedanken über das Erbrechen zu einer anderen Tageszeit auftreten sollten, war er angewiesen, diese Gedanken auf die dafür vorgesehene Stunde zu verschieben, indem er zu sich selbst sagte: „Ich werde dann darüber nachdenken und mir Sorgen machen." Wenn das Kind in der Lage ist, diese Aufgabe zu erfüllen, würde das bedeuten, dass es seine Symptome kontrollieren kann (Jessee/L'Abate 1980).

„Restraining" wird eingesetzt, um mit Widerstand umzugehen und Verhaltensänderungen zu festigen. Häufig eingesetzte „Restraining"-Techniken umfassen: (a) die Untersuchung der negativen Folgen von Veränderungen (z. B. davon, die Angst aufzugeben); (b) einen Rückfall vorherzusagen und (c) einen Rückfall zu verschreiben (um den Familien zu zeigen, wie leicht sie in die alten dysfunktionalen Muster zurückfallen können, und Wege zu finden, dies zu verhindern).

Strategische „Distanzierung": Diese Technik wird vom Therapeuten eingesetzt, um sich von der Familie zu distanzieren, wenn deutlich wird, dass die Familie sich Veränderungen widersetzt oder versucht, dem Therapeuten die Verantwortung für Veränderungen zu übertragen. Diese Technik kann dazu führen, dass die Familie die Verantwortung für Veränderungen wieder übernimmt, dass sich die Familie gegen den Therapeuten verbündet, so dass sie darauf angewiesen sind, miteinander zu kooperieren, ihre Probleme zu lösen und Veränderungen einzuleiten.

Aus dem Gleichgewicht bringen ("Unbalancing"): Das bedeutet, ein homöostatisches Ungleichgewicht innerhalb der Familie herzustellen. Dabei kann sich der Therapeut dazu entschließen, für ein Elternteil und gegen das andere Partei zu ergreifen, um die Familienmitglieder dazu zu bewegen sich auszutauschen und direkter miteinander zu kommunizieren. Diese Technik zielt auf die Familienstruktur ab (Inhalt) und auf die Art und Weise, in der die Familienmitglieder aufeinander reagieren (Prozess).

10.7   Psychodynamische Interventionen am Beispiel der Spieltherapie

Psychodynamischen Ansätzen zufolge werden Angst- und auch andere psychische Störungen im Kindesalter als von unbewussten und bewussten Konflikten bestimmt betrachtet, die diesen Problemen zugrunde liegen (Lesser 1972). Der Schwerpunkt der Intervention besteht daher darin, dass das Kind bei der Entwicklung des Bewusstseins unbewusster Faktoren, die möglicherweise zu seinem Problem beitragen, unterstützt wird (Galatzer-Levy et al. 2000). Bei kleinen Kindern kann diese Bewusstwerdung durch Spieltherapie gefördert werden (Campbell et al. 2000), bei Jugendlichen durch verbale Interaktionen mit dem Therapeuten. Wenn dieses Ziel erreicht ist, hilft der Therapeut dem Kind dabei, die Konflikte zu lösen und angepasstere Bewältigungsstrategien zu finden.

Spieltherapie   Sigmund Freud war der erste Psychoanalytiker, der die therapeutischen Funktionen des Spiels beobachtete. Er nahm an, dass das Spiel Kindern erlaubte, ihre Erlebnisse als Aktivitäten darzustellen, über die sie die Kontrolle haben. Daher versetzt das Spiel Kinder in die Lage, belastende Erfahrungen, Angst und andere Gefühle zu verarbeiten und zu meistern. Nach Erikson (1976, 475, übers. v. d. Autorin): „Etwas spielerisch darzustellen ist die natürlichste Selbstheilungsmaßnahme der Kindheit". Auf der Basis dieser These versucht der psychodynamisch ausgerichtete Spieltherapeut, spielerisch Aktivitäten zu fördern, die ein Verständnis der Probleme des Kindes und seiner Bewältigungsstrategien ermöglichen. Der Therapeut ist gefordert, eine Sprache des Spiels zu entwickeln, in der er mit dem Kind kommunizieren kann.

Im psychodynamischen Rahmen können die Behandlungsziele in zwei weite Bereiche gefasst werden: *Prozessziele* und *Ergebnisziele*. Die Ergebnisziele der psychodynamischen Spieltherapie beinhalten die Linderung innerer Konflikte durch Bewusstmachung sowie dem Kind zu helfen, bessere Ich-Ressourcen zu entwickeln wie Verständnis, logisches Denken, Änderung der äußeren Umstände und Kontrolle („mastery") anstelle von Rückzug (A. Freud 1965). Diese Ansätze zielen darauf ab, die Fähigkeiten des Kindes zur Angstbewältigung zu fördern, wodurch gleichzeitig übermäßige Abwehrmechanismen sowie die Symptomatik verringert werden. Prozessziele können den Aufbau und die Aufrechterhaltung eines therapeutischen Bündnisses mit dem Kind wie auch mit den Eltern beinhalten, die phasenspezifischen Entwicklungsbedürfnisse des Kindes zu erfüllen, sowie den Einsatz von Techniken, die auf die Entwicklungsverzögerungen oder -defizite abgestimmt sind.

Melanie Klein (1932) setzte das Spiel als Äquivalent des freien Assoziierens ein. In ihrer Arbeit mit ängstlichen Kindern interpretierte sie streng nicht nur das Spielverhalten, sondern auch Unterbrechungen und Hemmungen, die sie während des Spiels bemerkte. Klein interpretierte das Spiel als eine Handlung mit symbolischer Bedeutung, das eingesetzt werden kann, um ödipale Konflikte („issues") und Widerstände aufzudecken. Auch Anna Freud wandte in der Spieltherapie psychoanalytische Prinzipien an. Dabei konzentrierte sie sich mehr auf das „Ich" als auf unbewusste Impulse des „Es". Sie setzte das Spiel ein, um Träume, Tagträume und Gespräche über Schwierigkeiten anzuregen, um zu verstehen, wie das „Ich" mit Konflikten umgeht, die aus Impulsen des „Es" und *Träumen* des „Über-Ichs" entstehen. Sie versuchte auch, die Abwehrmechanismen der Kinder mit Angstsymptomen zu erkennen und zu verstehen.

In der psychodynamischen Spieltherapie erlaubt der Therapeut dem Kind, spontan ohne Unterbrechung zu spielen, fördert die Erarbeitung von Spielthemen des Kindes. Der Therapeut verbalisiert und erklärt beobachtbare Themen oder Verhaltensweisen, um dem Kind vorbewusste Inhalte bewusst zu machen. Solnit

(1987) illustriert dies mit einem Beispiel aus seiner Arbeit mit einem fünfjährigen Kind, das mit einem Teddybär schmust und ihn dann dem Therapeuten gibt. Der Therapeut schmust mit dem Teddy und sagt: „Oh, der Teddy möchte schmusen, weil er das Gefühl hat, dass er sich bei dem, was Mama und Papa Bär gerade tun, ausgeschlossen fühlt" (210). Der Therapeut hilft dem Kind, die Quelle, die Geschichte und die Bedeutung der Abwehrmechanismen und Verhaltensweisen zu verstehen, und wirkt damit unbewussten Handlungen entgegen.

Die nützlichsten Spielzeuge, um das Kind zur Teilnahme an diesem Prozess zu bewegen, sind solche, die interessant oder lustig sind, die phantasievolles Spiel anregen, für das Kind eine kommunikative Bedeutung haben und Informationen hervorrufen, die vom Therapeuten interpretiert werden können (Beiser 1976). Zu den Spielsachen, mithilfe derer sich Kinder in der nondirektiven Spieltherapie ausdrücken können, gehören: Puppenhäuser mit Familie und Möbeln, Pinsel, Sandkasten, Tafel mit farbigen Kreiden, Malbücher, Kaugummi, Kaffeekanne, Seil, Tiere, Holz, Bälle, Malstifte, Damebrett, Schaufel, Spielsoldaten und Wasserfarben.

10.8   Effektivität der psychologischen Intervention

In den USA gibt es ein erhöhtes Bestreben, die Wirksamkeit und den Wert von Interventionen zu fördern, die die klinischen Psychologen entwickelt haben (s. a. Essau 2002). Solches Bestreben umfasst das Gesundheitssystem („managed care") wie auch bundesweit operierende Agenturen und professionelle Organisationen, um Richtlinien zu schaffen (z. B. Munoz et al. 1994).

Die Veröffentlichung des Berichts vom „Wissenschaftlichen Beirat zur Förderung und Verbreitung von psychologischen Verfahren" (Task Force on Promotion and Dissemination of Psychological Procedures) hat Debatten und Diskussionen angeregt über die Notwendigkeit und Methoden, empirisch abgesicherte psychologische Behandlungsmethoden einzuführen.

Wirksamkeits-studien

Die meisten Evaluationsstudien untersuchen die Wirksamkeit und nicht die Effektivität von psychologischen Interventionen. Wirksamkeitsstudien sind darauf gerichtet herauszufinden, ob bestimmte Interventionen funktionieren. In *Wirksamkeitsstudien* (efficacy studies) wird genau erhoben, wie (1) die Stichprobenauswahl, (2) die Vermittlung der Intervention und auch (3) unter welchen Bedingungen die Intervention stattgefunden hat. Einige Merkmale der Wirksamkeitsstudie sind: Die Patienten werden der Behandlungs- bzw. Kontrollgruppe zufällig zugewiesen; es werden Therapienmanuale eingesetzt; die Anzahl der Behandlungssitzungen ist festgelegt; die Zielerreichung ist für eine Untersuchung gut umsetzbar; Patienten mit komorbiden Störungen sind ausgeschlossen; nach Abschluss der Behandlung erfolgt eine Katamnesezeit.

Effektivitätsstudien (effectiveness studies) sind Studien, in welchen früher getestete wirksame Interventionen in einem realitätsnahen Setting (z. B. zu Hause oder in der Schule) oder aber von Klinikern durchgeführt werden. Die Effektivitätsstudien haben also das Ziel zu überprüfen, inwieweit die einzelnen Interventionen in der natürlichen Umgebung und in einem typischen klinischen Setting wirksam sind. Beide Arten von Studien sind für unseren Berufsstand von Bedeutung. Obwohl Wirksamkeitsstudien es ermöglichen, das Ausmaß an Kontrolle über die Wirksamkeit der Intervention zu zeigen, wurden diese Studien kritisiert, weil ihre Ergebnisse möglicherweise nicht generalisierbar sind (z. B. Goldfried/Wolfe 1996). **Effektivitätsstudien**

Wie von Essau (2002) diskutiert wurde, gibt es Unterschiede zwischen Forschungstherapie und klinischer Therapie. Forschungstherapie wird häufig mit nicht-klinisch behandelten Kindern durchgeführt, mit Kindern ohne komorbide Störungen und mit standardisierten Interventionen. Im Gegensatz dazu sind in klinischen Therapien Kinder beteiligt, denen von den Eltern oder Lehrern eine Behandlung nahe gelegt wurde. Interventionen variieren je nach Schweregrad des Problems. Die Unterschiede zwischen klinischer Therapie und Forschungstherapie hat bei vielen Therapeuten dazu geführt, dass ihre Arbeit für die Forschung als wenig nützlich angesehen wurde (Goldfried/Wolfe 1996).

Die Sektion der klinischen Kinderpsychologie (Sektion 1 der „Division 12 of the American Psychological Association" [Klinische Psychologie]) hat 1994 ein Gremium eingerichtet, um die Wirksamkeit von psychologischen Interventionen bei Kindern zu untersuchen (Lonigan et al. 1998). Die Hauptfragestellung des Gremiums lautet: „Welche Behandlung ist bei wem unter welchen Umständen wirkungsvoll?" (Paul 1967, 111, übers. v. d. Autorin). Indem bestimmte psychologische Interventionen für Kinder mit

1. Mindestens zwei von unterschiedlichen Arbeitsgruppen angemessen durchgeführte Studien mit Gruppendesign, aus denen hervorgeht, dass die Behandlungen entweder besser als Placeboeffekte oder andere Behandlungsmethoden oder gleichwertig mit einer bereits etablierten Behandlung ist (mit angemessener statistischer Aussagekraft untersucht).

oder

2. Eine große Anzahl von Einzelfallstudien (N > 9), welche ein gutes Experimentaldesign benutzen und die Intervention mit anderen Behandlungen vergleichen.

und

Kasten 10.23
Kriterien für
„gut etablierte
psychologische
Intervention"
(Lonigan et al.;
übers. v. d. Autorin)

3. Vorzugsweise werden für die Intervention Behandlungsmanuale benutzt.

und

4. Die Stichproben müssen genau spezifiziert sein.

bestimmten Störungen identifiziert werden können, konnte das Gremium die auf wissenschaftlichen Grundlagen beruhende Klinische Psychologie bestätigen und den Praktikern stärker empirische Unterstützung für ihre Arbeit an die Hand gegeben werden.

Kasten 10.23 und 10.24 zeigen die Kriterien für „gut etablierte psychologische Intervention" und die Kriterien für die „möglicherweise effektiven psychologischen Interventionen". Anders als die originalen Kriterien der Division 12 war die Nutzung des Interventionsmanuals kein absolutes Kriterium für „gut etablierte psychologische Intervention" und für die „möglicherweise effektiven psychologischen Interventionen". Das Gremium gab zu bedenken, dass die ausgewählten Kriterien möglicherweise zu restriktiven Charakter haben.

Die Einführung der Kriterien der Division 12 haben zu wichtigen Veränderungen geführt: (a) in der universitären Ausbildung für Psychologie; (b) in der praktischen Anwendung bzw. Finanzierung derselben und (c) in der Forschung bzw. Projektförderung in den USA und in vielen anderen Länder, einschließlich Kanada, Großbritannien, Australien und Neuseeland. Es wäre interessant

1. Zwei Studien, die belegen, dass die Intervention effektiver ist als keine Behandlung (z. B. Vergleichs-Wartegruppe).

   oder

2. Zwei Gruppendesign-Studien, die die Kriterien für eine gut etablierte Behandlung erfüllen und vom gleichen Team durchgeführt wurden.

   oder

3. Eine kleine Anzahl von Einzelfalluntersuchungen (N > 3), die ansonsten die Kriterien von Punkt 2 für gut etablierte Behandlungen erfüllen.

   und

4. Vorzugsweise werden für die Intervention Behandlungsmanuale benutzt.

   und

5. Stichproben müssen spezifiziert werden.

Kasten 10.24
Kriterien für die „möglicherweise effektiven psychologischen Interventionen" (Lonigan et al.; übers. v. d. Autorin)

zu wissen, inwieweit sich diese Konsequenzen auch im deutschsprachigen Raum zeigen werden.

Angesichts der Notwendigkeit effektiver psychologischer Interventionen bei Kindern und Jugendlichen hat Kazdin (1997) eine fundamentale Veränderung, in der Art und Weise wie Evaluationsstudien durchgeführt werden sollen, vorgeschlagen. Kazdin (1997) betonte die Wichtigkeit, die Prozesse bei der Entwicklung von Störungen zu identifizieren und zu untersuchen. Darüber hinaus schlug er vor, die Interventionen in verschiedenen Populationen zu testen. Es ist ebenfalls notwendig, die „besten" Interventionen aus Forschungssetting in der klinischen Praxis zu testen.

Behandlung	Behandlungsstatus
Phobien	
Systematische Desensibilisierung und Abwandlungen • Desensibilisierung in der Vorstellung • In-vivo-Desensibilisierung • Emotive Vorstellung	• „möglicherweise effektiv" • „möglicherweise effektiv" • experimentell
Modell-Lernen und Abwandlungen • Stellvertretendes Modell-Lernen • Symbolisches Modell-Lernen • Teilnehmendes Modell-Lernen	• „möglicherweise effektiv" • „möglicherweise effektiv" • „gut etabliert"
Operante Methode • Kontingenzmanagement	• „gut etabliert"
Kognitiv-behaviorale Methode • Kognitiv-behaviorale Therapie	• „möglicherweise effektiv"
Angststörungen	
Kognitiv-behaviorale Methoden • Kognitiv-behaviorale Therapie • Kognitiv-behaviorale Therapie + Elternarbeit („Family Anxiety Management")	• „möglicherweise effektiv" • „möglicherweise effektiv"

Kasten 10.25
Psychologische
Behandlung
von Phobien und
andere Angst-
störungen bei
Kindern und
Jugendlichen (nach
Ollendick/King
1998, 162)

10.9 Übungsfragen zum 10. Kapitel

85. Auf welchem theoretischen Modell basiert das Expositions-verfahren?

86. Was versteht man unter Kontingenzmanagement?

87. Welche sind die drei Schritte der systematischen Desensibilisierung?

88. Was bedeutet Modell-Lernen?

89. Was bedeutet das Selbstinstruktions-Training?

90. Nennen Sie die Hauptmerkmale kognitiver Verhaltenstherapie!

91. Welches Ziel haben kognitive Interventionen?

92. Wie sieht das Behandlungsprogramm „Coping Cat" aus?

93. Auf welchem theoretischen Modell basiert das FREUNDE-Programm?

94. Warum ist es wichtig, die Eltern in die Sitzungen miteinzubeziehen?

95. Können Sie zwei wichtige Richtungen der Familientherapie nennen?

96. Welche Ziele verfolgt die psychodynamische Spieltherapie?

97. Welche Trends gibt es in der Evaluationsforschung, vor allem in den USA?

11 Zusammenfassung und Ausblick

In der Angstforschung bei Kindern und Jugendlichen sind in den vergangenen zehn Jahren wichtige Fortschritte gemacht worden. Diese Forschritte wurden durch zwei Entwicklungen ermöglicht: die Einführung des DSM-III (APA 1980) und seiner nachfolgenden Fassungen, die den diagnostischen Rahmen für die Untersuchung von Angststörungen geschaffen haben; und die Entwicklung diagnostischer Interviewschemata, durch die es möglich wurde, Angst und andere psychische Störungen systematisch zu erfassen, wie auch Ergebnisse verschiedener Studien miteinander zu vergleichen.

Dennoch gibt es weiterhin eine Reihe ungelöster Fragen und Herausforderungen auf diesem Gebiet, auf die in diesem Kapitel eingegangen werden soll. Um die Diskussion zu erleichtern, wurden diese Themen nach folgenden Bereichen geordnet: Klassifikation, Erhebungsverfahren, Epidemiologie, Komorbidität, Risikofaktoren und Behandlung. Darüber hinaus werden Anregungen für die weitere Forschung diskutiert.

11.1 Klassifikation

Den meisten Studien über Angststörungen bei Kindern und Jugendlichen liegen die Kriterien des Diagnostischen und Statistischen Manuals Psychischer Störungen (DSM) oder der ICD (WHO 1993) zugrunde. Seit der Einführung des DSM-III (APA 1980) liegt eine explizite und klare Beschreibung der diagnostischen Kriterien von Angststörungen im Hinblick auf ihre Symptome, Dauer und Begleitmerkmale vor. Weitere Merkmale des DSM-IV umfassen den multiaxialen Ansatz, seine hierarchische Struktur und die Bemühungen, durch große Feldstudien Reliabilität zu schaffen (Essau et al. 1997a). Der Vorteil eines multiaxialen Systems besteht darin, sowohl verschiedene Störungsarten als auch Umweltaspekte und verschiedene Funktionsbereiche erfassen zu können. Darüber hinaus kommt im DSM-IV das Konzept der diagnostischen Hierarchien zum Tragen, demzufolge bei Personen, die die Kriterien für verschiedene Diagnosen erfüllen, gewöhnlich die in der Hierarchie niedrigere Diagnose nicht vergeben wird.

In der letzten Version des DSM (DSM-IV; APA 1994) wurden einige Veränderungen der diagnostischen Kriterien und der Kategorien von Angststörungen im Kindesalter vorgenommen. Von den drei Angststörungen des Kindesalters blieb nur die Störung mit Trennungsangst in dieser Kategorie, wobei auch einige Kriterien dieser Störung modifiziert wurden. Wie bereits in Kap. 2 beschrieben, beinhaltet das DSM-IV neun weitere Angststörungen, die bei Kindern, Jugendlichen und Erwachsenen diagnostiziert werden können. Allen et al. (1995, 977; übers. v. d. Autorin) formulierten es folgendermaßen: „Der Trend im DSM-IV geht dahin, die Kontinuität von Angststörungen bei Kindern und Erwachsenen zu betonen, es sei denn, dass entwicklungspsychologische Aspekte dem entgegenstehen".

Anders als bei Erwachsenen ist es bei Kindern nicht erforderlich, dass sie ihre Ängste als unvernünftig oder übertrieben erkennen (im Hinblick auf Spezifische Phobien, die Soziale Phobie und die Zwangsstörung). Für die Diagnose einer Spezifischen und einer Sozialen Phobie ist bei Kindern ein Anhalten der Symptome über mindestens sechs Monate erforderlich, um Fehldiagnosen vorübergehender, durch die normale Entwicklung bedingter Ängste zu minimieren. Ein Problem stellt sich jedoch bei der Anwendung der für Erwachsene entwickelten Kriterien für Angststörungen auf Kinder: Ihre Validität und Reliabilität sind in diesem Zusammenhang bisher kaum untersucht.

Ein zukünftiger Forschungsschwerpunkt könnte darin liegen, die Validität und die Reliabilität der Kriterien von Angststörungen, die meistens für Erwachsene entwickelt wurden, beim Einsatz für Kinder und Jugendliche zu überprüfen. Das würde auch bedeuten, Angstsymptome in diesen Altersgruppen zu untersuchen.

11.2 Erhebungsverfahren

Erhebungsverfahren haben verschiedene wichtige Funktionen. Diese umfassen die Einschätzung des Vorliegens bzw. des Fehlens spezifischer Verhaltensweisen bzw. Fähigkeiten, die Zuordnung von Problemen zu einer diagnostischen Kategorie, die Spezifizierung der Symptomstärke und die Überprüfung der Wirkung einer Behandlung von Angst und anderen Störungen. Um diese Funktionen erfüllen zu können, müssen die eingesetzten Instrumente reliabel und valide sein.

Wichtige Beeinträchtigungen der Reliabilität, die sich aus den unterschiedlichen Wegen ergeben, um klinische Informationen zu erhalten und zu diagnostischen Aussagen zu gelangen, konnten durch den Einsatz hochstrukturierter diagnostischer Interviewschemata in großem Maße reduziert werden (Essau et al. 1997b). Der Hauptvorteil eines strukturierten diagnostischen Interviews liegt darin, dass versucht wird, die Informationsvarianz durch eine Spezifizierung und Definition der zu untersuchenden Items zu reduzieren. Andererseits dauert die Durchführung hochstrukturierter Interviews in der Regel länger als ein unstrukturiertes Interview oder das Ausfüllen eines Selbstbeurteilungsfragebogens (s. Kap. 3).

So beträgt die durchschnittliche Dauer des „Diagnostic Interview Schedule for Children" (DISC; Piacentini et al. 1993) ungefähr 90 Minuten. Angesichts der geringeren Aufmerksamkeitsspanne von Kindern ist es fraglich, ob die Kinder überhaupt in der Lage sind, sich über diesen Zeitraum hinweg auf die gestellten Fragen zu konzentrieren und damit auch, ob die Antworten reliabel sind. So fanden z. B. Breton et al. (1995) bei der Untersuchung der Verständlichkeit des DISC für Neun- bis Zwölfjährige, dass die Fragen, die sich auf zeitliche Konzepte bezogen, weniger gut verstanden wurden als die übrigen Fragen. Weniger als 30 % der Kinder verstanden die Fragen, die sich auf einen zeitlichen Rahmen, die Dauer der Symptome und die „Häufigkeit von Verhalten und Emotionen" bezogen.

Für kleine Kinder, deren kognitive Fähigkeiten zur Verbalisierung von Gefühlen noch nicht entwickelt sind, sind Beobachtungsverfahren vielleicht die Methode, mittels derer sich ihre Belastungen mit der größten Objektivität erfassen lassen. Auch strukturierte diagnostische Interviews mit den Eltern und Rating-Skalen der Eltern und Lehrer können sinnvoll sein. Wenn die Kinder älter werden, können diagnostische Interviews und Selbstbeurteilungsinstrumente eingesetzt werden. Aufgrund der schnellen Veränderung der Probleme von Kindern ist es schwierig, Beobachtungsverfahren über die verschiedenen Altersgruppen hinweg zu standardisieren. Da unterschiedliche Erhebungsmethoden und Informanten häufig inkonsistente Informationen liefern, ist es wichtig, sich um die Entwicklung von Kriterien zur Nutzung qualitativer und quantitativer Informationen zu bemühen.

Kinder und Jugendliche unterschiedlichen Alters unterscheiden sich hinsichtlich ihrer Fähigkeiten, über ihre Emotionen, ihre Gefühle und ihr Verhalten Auskunft zu geben. Um ähnliche Merkmale in verschiedenen Altersgruppen zu untersuchen, sind möglicherweise auch unterschiedliche Messinstrumente erforderlich. Jedoch können sich wiederum Veränderungen der Erhebungsverfahren auf die Ergebnisse und die daraus gezogenen Schlüsse auswirken, da dieselben Items von Kindern und Jugendlichen in verschiedenen Entwicklungsstadien möglicherweise unterschiedlich interpretiert werden. Darüber hinaus ist es notwendig, die Altersangemessenheit eines Verhaltens zu kennen, wenn man altersangemessenes von klinisch auffälligem Verhalten abgrenzen will. Es ist eine Herausforderung, „altersangemessenes" Verhalten zu definieren und zu operationalisieren. Dabei ist es wichtig, die Stationen der normalen kindlichen Entwicklung zu kennen, aber auch der Heterogenität der Entwicklungsprozesse Rechnung zu tragen.

Um sich ein umfassendes und genaues Bild der Probleme der Kinder und Jugendlichen zu machen, ist es besonders bei kleinen Kindern erforderlich, Daten unterschiedlicher Quellen zu sammeln. Die Übereinstimmung der Informanten im Hinblick auf Häufigkeit und Schweregrad psychischer Störungen, einschließlich Angststörungen, ist gering (Achenbach et al. 1987). Angesichts dessen ist es wichtig zu entscheiden, welche Informationen von welchen Informanten herangezogen werden sollen. In klinischen Settings wägen die Kliniker für gewöhnlich die Informationen der verschiedenen Informanten gegeneinander ab und treffen Entscheidungen hinsichtlich Diagnose und Behandlung. Auf welche Weise divergierende Informationen gehandhabt werden, bleibt jedoch unklar. In epidemiologischen Studien wurden zahlreiche Methoden eingesetzt, um Daten unterschiedlicher Informanten zu analysieren, einschließlich der separaten Analyse der Daten (Offord et al. 1996), der Identifizierung „optimaler" Informanten für spezifische Störungskategorien (Hart et al. 1994) und der Integration der Daten aller Informanten (Bird et al. 1993).

11.3 Epidemiologie und Beeinträchtigungen

Die Entwicklung hochstrukturierter diagnostischer Instrumente, die von geschulten Laieninterviewern eingesetzt werden können, reduzieren nicht nur Kosten, sondern erlauben auch die Untersuchung großer Stichproben. Durch diese Fortschritte entstand ein großes Interesse an der Durchführung epidemiologischer Studien zu Angst und anderen psychischen Störungen. Diese Studien haben den Vorteil, Ergebnisse von größerer Generalisierbarkeit als Studien mit klinischen Stichproben hervorzubringen. Möglicherweise sind Studien aus klinischen Settings nicht repräsentativ für alle Personen mit Angst oder anderen psychischen Störungen, da Personen, die klinisch behandelt werden, bereits eine besondere Auswahl darstellen (Essau et al. 1997b). Stichproben der Allgemeinbevölkerung unterscheiden sich möglicherweise von klinischen Stichproben auch im Hinblick auf Risikofaktoren, Komorbidität, den natürlichen Verlauf und die Reaktion auf die Behandlung der Angststörung.

Studien mit Stichproben der Allgemeinbevölkerung repräsentieren die Allgemeinbevölkerung zwar besser als Studien mit Stichproben aus klinischen Settings, sie sind aber auch einigen methodischen Problemen unterworfen. Erstens müssen die Kinder per Zufallsauswahl aus der Gesamtpopulation rekrutiert werden. Jedoch besteht die Gefahr, dass bestimmte Gruppen von Kindern nicht erfasst werden, wenn Stichproben in Schulen oder in bestimmten Instituten (z. B. Heimen) rekrutiert werden. Zweitens können Verzerrungen auch dadurch entstehen, dass bestimmte Gruppen von Eltern ihren Kindern nicht erlauben, an der Studie teilzunehmen. Einigen Studien zufolge werden Kinder, deren Eltern an psychischen Störungen leiden, Kinder mit geringer Sozialkompetenz und Kinder, über die aus anderen Quellen eine hohe Anzahl von Symptomen berichtet wird, häufig in Zufallsstichproben nicht erfasst (McGee et al. 1990; Verhulst et al. 1990). Daher stellt die Repräsentativität der Stichproben epidemiologischer Studien ein ungelöstes Problem dar.

Kinder und Jugendliche mit Angst weisen in verschiedenen Lebensbereichen, wie in Kap. 6 beschrieben wurde, in der Schule und in Beziehungen zu anderen Beeinträchtigungen auf. Jedoch sind diese Beeinträchtigungen auch bei anderen Störungen beobachtet worden und scheinen nicht spezifisch für Angst zu sein. Es sind weitere Studien erforderlich, um zu klären, ob diese Beeinträchtigungen Vorläufer oder Folgen von Störungen sind. Andere Faktoren wie Konflikte in der Familie, ein niedriger sozioökonomischer Status und die Tatsache, negativen Lebensereignissen ausgesetzt gewesen zu sein, die oft mit Angst verbunden sind, können ebenfalls psychosoziale Beeinträchtigungen verstärken.

11.4 Komorbidität

Wie in Kap. 5 dargestellt wurde, sind die Komorbiditätsraten innerhalb der Angststörungen wie auch zwischen Angst- und anderen Störungen hoch. Kontroversen bestehen darüber, inwieweit diese Ergebnisse ein Artefakt der Veränderungen im Diagnosesystem (DSM) sind, das bei fast allen neueren Komorbiditätsstudien eingesetzt wurde (Nottelman/Jensen 1999). Seit der Einführung des DSM-III hat sich die Anzahl der diagnostischen Kategorien erhöht und die Anzahl der Ausschlusskriterien verringert. Somit ist eine Zuweisung von multiplen Kategorien möglich, wo früher nur eine Diagnose gestellt wurde. Das Hauptziel der Vergabe multipler Diagnosen ist es, potenziell wichtige differenzierte Informationen zu bewahren (Spitzer/Williams 1985). Es bestehen jedoch auch andere Einschätzungen dieser Problematik: Es könnte sein, dass die Bedeutung von Differenzierungen bei der Diagnosestellung im DSM-IV überbetont wird und sich dadurch die Komorbiditätsraten künstlich erhöhen (Frances et al. 1990).

Eine andere Kontroverse bezieht sich auf eine größere diagnostische Differenzierung seit der Einführung des DSM-III. Einige bevorzugen weniger, aber umfassendere diagnostische Kategorien, die zu geringeren Komorbiditätsraten führen. Andere favorisieren ein System, dessen Diagnosen auf begrenzteren Kategorien basieren, und das nicht so oft Mehrfachdiagnosen verlangt. Nach dem jetzigen Informationsstand lassen sich über den Ausgang dieser Kontroverse keine konkreten Aussagen treffen. Bis dahin ist es wichtig, die Forschung mithilfe eines diagnostischen Systems, welches zu multiplen Diagnosen ermutigt, weiterzuführen. Dies erlaubt uns, mehr über komorbide Störungen und ihre Muster zu erfahren.

11.5   Verlauf

Angststörungen verlaufen oft chronisch (z. B. Essau 2000). Die Ergebnisse der Bremer Jugendstudie zeigten auch eine Heterogenität im Verlauf von Angst, wobei einige Jugendliche verschiedene andere Störungen oder andere Komorbiditätsmuster zum zweiten Zeitpunkt aufwiesen. Dieses Ergebnis lässt ebenfalls annehmen, dass Angst einen Risikofaktor für andere Störungen darstellt oder dass sich andere Störungen wie die Panikstörung möglicherweise stufenweise entwickeln (Wittchen/Essau 1993b).

In dieser Hinsicht wäre es in Zukunft hilfreich, Längsschnittstudien mit mehr und in kürzeren Intervallen stattfindenden Nachuntersuchungen durchzuführen, um genauere Informationen bezüglich des Störungsbeginns und der Dauer der Episoden zu bekommen. Ferner sollte untersucht werden, welche Kombinationen von Faktoren möglicherweise das Fortbestehen von Angst beeinflussen. Wie Abb. 11.1 zeigt, wird angenommen, dass zahlreiche externale sowie internale und biologische Faktoren den Verlauf von psychischen Störungen bei Erwachsenen beeinflussen (Wittchen/Essau 1990). Inwieweit die Kombination dieser Faktoren zu einem negativen Verlauf von Angst bei Jugendlichen führt, muss noch weiter geklärt werden.

Abb. 11.1:
Faktoren, die
möglicherweise
den Verlauf von
Angst beeinflussen
(modifiziert nach
Wittchen/Essau
1990)

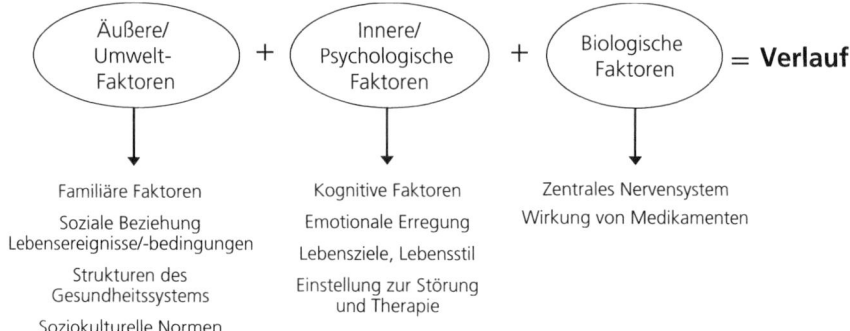

11.6 Risikofaktoren

Familiäre / genetische Faktoren

Angststörungen treten familiär gehäuft auf. Das heißt, Kinder, deren Eltern an Angststörungen leiden, haben ein höheres Risiko, selbst eine Angststörung zu entwickeln, als Kinder, bei denen dies nicht der Fall ist (Essau 2000). Jedoch weisen nicht alle Kinder ängstlicher Eltern ebenfalls eine Angststörung auf. Diese Tatsache wirft die Frage auf, inwiefern Geschwister die Risiken der Entwicklung einer Angststörung teilen. Das heißt, in welchem Maße leben Geschwister in derselben Umwelt? Angesichts der Tatsache, dass sie möglicherweise gemeinsame Risiken haben, bezieht sich die nächste Frage darauf, inwieweit sie ihre Erfahrungen auf dieselbe Weise interpretieren. Daher sollte untersucht werden, in welchem Maße sich Risikofaktoren wie eine Angststörung der Eltern unterschiedlich auf die Kinder auswirken können.

Dabei ist es erforderlich, sowohl eine „within-group" als auch eine „within-individual-Analyse" vorzunehmen (Essau 2000). Die „within-group-Analyse" erlaubt eine Untersuchung von gemeinsamen Faktoren innerhalb der Gruppe, wohingegen die „within-individual-Analyse" auf die Untersuchung des Individuums abzielt. Wie von Pike und Plomin (1996) dargestellt wurde, wirken sich Erfahrungen außerhalb der Familie stärker aus, wenn die Geschwister beginnen, außerhalb des familiären Umfelds Erfahrungen zu machen. Eine weitere Strategie könnte darin bestehen, die Auswirkungen multipler Risikofaktoren gleichzeitig zu untersuchen, da ängstliche Eltern verschiedene andere Risikofaktoren wie Lebensbelastungen, familiäre Dysfunktion oder die Tatsache, allein erziehend zu sein, aufweisen.

Zahlreiche methodologische Fragen sollten bei der Konzeption zukünftiger Familienstudien mit ängstlichen Kindern berücksichtigt werden. Die wichtigste Frage bezieht sich auf die Auswahl der Probanden der Angst- und Kontrollgruppen. Um eine ausreichend hohe Teilnehmerzahl mit Angststörungen zu rekrutieren, wurden viele Familienstudien in klinischen Settings durchgeführt. Jedoch sind diese Daten möglicherweise methodologisch aufgrund des Schweregrades der Störungen, ihrer Chronizität und aufgrund des Selektionsprozesses problematisch. Da einige Probleme klinischer Studien sich in epidemiologischen Untersuchungen nicht stellen, sollte Familienstudien der Allgemeinbevölkerung eine größere Aufmerksamkeit zuteil werden. Hinzu kommt, dass die meisten Familienstudien mit ängstlichen Kindern Querschnittsstudien sind. Längsschnittstudien wären von Vorteil, um die Stabilität von Störungen zu untersuchen und Kausalzusammenhänge im Hinblick auf psychische Störungen, Angststörungen der Eltern und Angststörungen der Kinder zu beleuchten.

Um die spezifischen Wege der Transmission von Angststörungen zu untersuchen, sollten neben Studien der Familiengeschichte auch in stärkerem Maße experimentelle Verfahren entwickelt werden. So könnten beispielsweise frühe Erfahrungen von Unkontrollierbarkeit und ihre Bedeutung für die Entwicklung von Angststörungen untersucht werden, indem man Mutter-Kind-Interaktionen mit einem Längsschnittdesign analysiert.

Kognitive Faktoren

Ängstliche Kinder weisen mehr negative Kognitionen auf als ihre nicht-ängstlichen Altersgenossen. Das wurde oft so interpretiert, dass kognitive Dysfunktionen möglicherweise zu Angst führen können. Jedoch ist diese Interpretation nicht schlüssig, da die meisten Studien zu diesem Thema Querschnittsstudien sind. Des Weiteren ist Angst in hohem Maße mit Depression komorbid, und die dysfunktionalen Kognitionen, die bei ängstlichen Kindern festgestellt wurden, sind möglicherweise nicht allein auf Angst zurückzuführen. Wie die Bremer Jugendstudie zeigt (Essau 2000), treten kognitive Dysfunktionen nicht nur bei Kindern mit Angst, sondern auch bei Kindern mit depressiven Störungen häufig auf.

Zusätzlich zu den methodologischen Problemen, die sich bei der Untersuchung der einzelnen Risikofaktoren ergeben, sollte bei der Interpretation und Generalisierung der vorliegenden Ergebnisse vorsichtig vorgegangen werden. So führen dieselben Risikofaktoren nicht bei allen Betroffenen zur Entwicklung einer Angststörung. Möglicherweise besteht ein Zusammenspiel zwischen den Merkmalen der Person (wie Alter und Geschlecht) und den Risikofaktoren. Eine große Herausforderung besteht in der Erforschung der Beiträge der einzelnen Faktoren und ihres Zusammenwirkens bei der Entstehung von Angststörungen. Hinzu kommt, dass einige Faktoren unterschiedliche Auswirkungen haben können. So können sich beispielsweise Ehestreitigkeiten direkt auf das Kind auswirken, wenn es einer unangenehmen familiären Situation ausgesetzt ist – aber auch indirekt dadurch, dass die Fähigkeit der Eltern beeinträchtigt wird, dem Kind auf konsistente Weise Grenzen zu setzen.

Die meisten Ergebnisse im Hinblick auf Risikofaktoren, die hier vorgestellt wurden, basieren auf Querschnittsstudien. Das Problem solcher Studien ist, dass es nicht gelingt, zwischen statistischen Zusammenhängen und kausalen Mechanismen zu differenzieren. In Zukunft müssen weitere epidemiologische Studien durchgeführt werden, um Informationen über die kausalen Zusammenhänge zwischen Auftretensraten von Störungen und Risikofaktoren herzustellen. In diesen Studien sollte einerseits untersucht werden, wie sich die Prävalenzraten von Angst zeitlich verändern und andererseits, wie sich Veränderungen der Risikofaktoren auf die Prävalenzraten auswirken.

Darüber hinaus sollte erwähnt werden, dass die meisten dieser Faktoren auch mit vielen anderen Störungen zusammenhängen. Deshalb wird zum einen angenommen, dass diese Faktoren keine spezifischen Risikofaktoren für Angst darstellen, zum anderen wird davon ausgegangen, dass sich gerade diese Störungen multifaktoriell erklären lassen. Hinsichtlich der Entwicklung eines ätiologischen Modells unterstreichen die Beziehungen zwischen Angst und verschiedenen Faktoren die Wichtigkeit multidimensionaler, transaktionaler Perspektiven, die eine Konvergenz kognitiver, interpersonaler, familiärer und psychosozialer Ansätze reflektieren.

Lebensereignisse

Ein hoher Anteil der ängstlichen Kinder und Jugendlichen war im Jahr vor Beginn der Angststörung negativen Lebensereignissen ausgesetzt, wobei Unklarheit darüber besteht, wie genau sich diese Ereignisse auswirken. Da nicht alle Personen mit zahlreichen Lebensereignissen krank werden, sollten in zukünftigen Forschungsarbeiten die Mechanismen untersucht werden, durch die diese Lebensereignisse wirksam werden (z. B. Copingstrategien, soziale Unterstützung), sowie die Prozesse, die durch sie ausgelöst werden. Des Weiteren scheinen Lebensereignisse keinen Risikofaktor darzustellen, der spezifisch die Entwicklung von Angststörungen begünstigt. Wie Kendler et al. (1992) zeigten, erhöht der Verlust der Eltern im Alter von 17 Jahren das Risiko für fünf psychische Störungen. In dieselbe Richtung weisen auch die Ergebnisse der Bremer Jugendstudie (Essau 2000), die einen signifikanten Zusammenhang von Lebensereignissen und Angststörungen, aber auch Depression und Störungen durch Substanzgebrauch zeigten. Neben diesen konzeptuellen Schwierigkeiten gibt es verschiedene methodologische Probleme, mit denen in der zukünftigen Forschung umgegangen werden muss:

(a) Die meisten Studien, in denen ein Zusammenhang zwischen Angst und Lebensereignissen berichtet wurde, sind Studien mit Querschnittsdesign, in denen Checklisten eingesetzt wurden, die nur negative Ereignisse der jüngeren Vergangenheit erfassen. Chronische Probleme, die im Allgemeinen nicht als Lebensereignisse definiert werden, wurden selten erfasst, obwohl sie sich wahrscheinlich auch in signifikantem Maß auf die Entwicklung von Angststörungen auswirken. Es sollten Interviewverfahren eingesetzt werden, die eine Differenzierung zwischen negativen und positiven, chronischen und erst vor kurzer Zeit aufgetretenen Ereignissen ermöglichen, sowie zwischen der Art dieser Ereignisse.

(b) Die Lebensereignisforschung sollte sich von der Frage wegbewegen, ob Lebensereignisse die Ursache oder die Folge von Angststörungen sind, und sich mehr in Richtung der Untersuchung der Faktoren orientieren, die Angststörungen aufrechterhalten.

(c) Es gibt kein reliables Verfahren zur retrospektiven Erfassung von Lebensereignissen. In der Bremer Jugendstudie (Essau 2000) zeigte sich eine signifikante Abnahme der Anzahl der von den Jugendlichen berichteten Ereignisse, je länger der Zeitraum zurücklag. In diesem Zusammenhang könnte es sinnvoll sein, zu untersuchen, wie sich der Einsatz von Erinnerungshilfen auf den Erhebungsprozess vergangener Ereignisse auswirkt.

11.7 Behandlung

Psychologische Interventionen zur Behandlung von Angststörungen umfassen für gewöhnlich Verfahren der kognitiven Verhaltenstherapie oder Komponenten eines verhaltensbezogenen Ansatzes. Obwohl kognitive Verhaltenstherapie im Allgemeinen bei der Behandlung von Angststörungen wirkungsvoll ist, besteht eine große Herausforderung darin, diejenigen zu erreichen, die diese Hilfe am meisten benötigen. Eine große Anzahl ängstlicher Kinder und Jugendlicher der Allgemeinbevölkerung bekommt nicht die notwendige professionelle Unterstützung (Essau 2000).

Die Mehrzahl dieser, die sich in Behandlung begaben, wandten sich an Allgemeinmediziner, die mit großer Häufigkeit das Problem der Kinder nicht erkannten. Das wird vielfach durch die Merkmale des Gesundheitssystems erklärt, wie beispielsweise die starke Arbeitsbelastung von Allgemeinmedizinern und die dadurch bedingten kurzen Konsultationszeiten, Einstellung und Erfahrungshintergrund der Ärzte sowie eine unzureichende Ausbildung in der Diagnostik psychischer Störungen (Wittchen/ Essau 1990). Selbst wenn die Kinder behandelt werden, ist damit noch nicht garantiert, dass sie die Behandlung auch abschließen. So ging aus einer Übersichtsarbeit von Kazdin (1997) hervor, dass 40 bis 60 % der Kinder bzw. der Familien die Behandlung vorzeitig abbrechen.

Zur Entwicklung effektiver Behandlungsstrategien auch für Angststörungen sollten folgende Faktoren berücksichtigt werden (Kazdin 1997): (a) Identifizierung der Faktoren, die mit dem Beginn, der Aufrechterhaltung, dem Ende und dem Wiederauftreten der Störung verbunden sind; (b) Entwicklung von Manualen mit spezifischen Anweisungen für jede Sitzung; (c) Untersuchung der Wirkung der Behandlung auf die Angstsymptome und die damit verbundenen Beeinträchtigungen (Identifizierung der Behandlungskomponenten, die Veränderungen bewirken oder fördern) sowie (d) Faktoren, die die Effektivität der Behandlung beeinflussen.

Kendall und Flannery-Schroeder (1998) griffen auch eine Reihe methodologischer Aspekte auf, die für die Behandlung von Angststörungen von Bedeutung sind.

11.8   Fazit

Obwohl bei der Erforschung von Angststörungen bei Kindern und Jugendlichen eine Reihe von Fortschritten erzielt wurde, gibt es noch eine Reihe offener Fragen, von denen einige in diesem Kapitel diskutiert wurden. Diese umfassen (a) Validität und Reliabilität beim Einsatz der Erwachsenenkriterien von Angst-

störungen bei Kindern und Jugendlichen; (b) die geringe Übereinstimmung von Informationen aus unterschiedlichen Quellen
und die Frage, wie damit umzugehen ist. Weitere Probleme im
Zusammenhang mit der Erfassung psychischer Störungen beziehen sich auf die Entwicklung altersgemäßer Fragebögen und Interviewschemata angesichts schneller und individuell unterschiedlich verlaufender Entwicklungsprozesse; (c) die Bedeutung von
Komorbidität zwischen Angst- und anderen psychischen Störungen für Klassifikation und Ätiologie; (d) die Unspezifität von Risikofaktoren für Angststörungen. Diese sind häufig auch Risikofaktoren für andere Störungen; und (e) die geringen Raten der
Inanspruchnahme von Einrichtungen der psychosozialen Versorgung von Kindern und Jugendlichen mit Angststörungen.

In diesem Kapitel wurde versucht, hinsichtlich jeder dieser ungelösten Probleme verschiedene Fragen zu stellen, in der Hoff-
nung, für zukünftige Forschungsarbeiten zum Thema Angst bei
Kindern und Jugendlichen Anregungen zu liefern.

Glossar

Adoleszenz: umfasst die Zeitspanne zwischen dem 14. und dem 21. Lebensjahr.

Affekt: Ein beobachtetes Verhaltensmuster als Ausdruck eines subjektiv empfundenen Gefühlszustandes (Emotion). Geläufige Beispiele für Affekte sind: Ärger, Traurigkeit.

Affektive Störungen: Die Affektiven Störungen sind Störungen, die sich besonders durch eine Veränderung der Stimmungslage auszeichnen. Sie lassen sich in einer groben Einteilung in depressive und bipolare Störungen gliedern.

American Psychiatric Association: Staatliche Vereinigung amerikanischer Psychiater, deren ärztliche Mitglieder sich auf die Diagnose und Behandlung psychischer Störungen spezialisiert haben. Die Ziele dieser Vereinigung umfassen eine Förderung und Verbesserung der Versorgung von Menschen mit psychischen Störungen durch Öffentlichkeitsarbeit und Weiterbildung.

Aufmerksamkeitsdefizit/Hyperaktivitätsstörung: Ein durchgängiges Muster mangelnder Aufmerksamkeit und/oder Hyperaktivität/Impulsivität, das häufiger und schwerwiegender ist, als es bei Personen auf vergleichbarer Entwicklungsstufe typischerweise beobachtet wird.

Ausschlusskriterien: Kriterien, in denen festgelegt wird, dass bestimmte Diagnosen nicht gleichzeitig vergeben werden dürfen, mit dem Ziel, eine einzige Diagnose zu erstellen. Dieser Ansatz wurde häufig kritisiert, da der Ausschluss von Diagnosen zu einem Informationsverlust führen kann, wodurch das Verständnis der Beziehungen zwischen einzelnen Störungen beeinträchtigt wird.

Berksons Verzerrungen: Sie entstehen dadurch, dass Personen mit mehr als einer Störung mit größerer Wahrscheinlichkeit hospitalisiert oder behandelt werden. Diese Verzerrungen sind nach dem Arzt benannt, der sie zuerst beobachtete.

Compliance: das Ausmaß, in dem ärztliche bzw. psychologische Anordnungen und Ratschläge tatsächlich auch befolgt werden.

Copingverhalten: Verhalten, das dem Ziel dient, ein Problem zu bewältigen.

Diagnose: Prozess der Informationssammlung über die Symptome einer Person und die Zuordnung der Symptome zu einem bestimmten Störungsbild.

diagnostische Algorithmen: Algorithmen, die Kriterien spezifischer psychischer Störungen enthalten (z. B. Alter und Anzahl von Symptomen, Dauer und potenzielle Ausschlusskriterien) – basierend auf Kriterien von Klassifikationssystemen – die die Ableitung der diagnostischen Kategorien erlauben.

diagnostische Hierarchien: Rangordnung von Störungen, derzufolge die Diagnose einer Störung, die niedriger in der Hierarchie angesiedelt ist, nicht erfolgt, wenn die Kriterien einer Störung erfüllt sind, die höher in der Hierarchie steht.

Diagnostisches und Statistisches Manual Psychischer Störungen (DSM): Ein kategoriales Klassifikationssystem, das psychische Störungen anhand von Kriterienlisten mit definierten Merkmalen in Typen aufgliedert. In der neuesten Ausgabe, im DSM-IV, sind psychische Störungen in 16 diagnostische Hauptklassen unterteilt, wovon sich die erste Sektion auf Störungen bezieht, die gewöhnlich zuerst im Kleinkindalter, in der Kindheit oder Adoleszenz diagnostiziert werden.

Effektivitätsstudien: sind Studien, in welchen früher getestete wirksame Interventionen in einem realitätsnahen Setting oder aber von Klinikern durchgeführt werden. Die Effektivitätsstudien haben also zum Ziel zu überprüfen, inwieweit die einzelnen Interventionen in der natürlichen Umgebung und in einem typischen klinischen Setting wirksam sind.

Epidemiologie: Die Untersuchung der Häufigkeit einer Störung und ihrer Verteilung innerhalb unterschiedlicher Populationen.

Episode: Vorliegen einer bestimmten Anzahl von Symptomen eines bestimmten Schweregrades während einer bestimmten Anzahl von Tagen.

explizite diagnostische Kriterien: Klare Darstellung der Kriterien diagnostischer Kategorien.

externalisierende Störungen: umfassen aggressive und delinquente Verhaltenssyndrome.

Familienevaluationsmethoden: Methoden zur Beurteilung von Familieninteraktionen (Rating-Skalen oder Interviews), die es dem Kliniker ermöglichen, die Ansichten der Familienmitglieder kennen zu lernen.

Follow-up-Zeitpunkt: Zeitpunkt der Nachuntersuchung bei Längsschnittstudien.

„Global Assessment of Functioning": Mithilfe dessen wird das derzeitige psychische, soziale, berufliche/schulische Funktionsniveau auf der Grundlage der Achse V des DSM IV geratet.

goldener Standard: Ideal eines allgemein akzeptierten Standards, z. B. zum Umgang mit unterschiedlichen Informationen von verschiedenen Informationsquellen.

Hochrisikostudien: Studien, in denen die Prävalenz einer bestimmten Störung bei Personen mit Merkmalen untersucht wird, die die Wahrscheinlichkeit der Entwicklung einer psychischen Störung erhöht. Solche Faktoren umfassen eine psychische Störung der Eltern, Ehekonflikte der Eltern, niedriger sozioökonomischer Status.

Klassifikation: Einteilung oder Einordnung von Phänomenen, die durch bestimmte gemeinsame Merkmale charakterisiert sind, in ein

nach Klassen gegliedertes System. Teil der Klassifikation ist es, einzelne Störungsmuster voneinander abzugrenzen und nach übergeordneten Gesichtspunkten der Ähnlichkeit zu gruppieren.

Klassifikationssysteme: Beschreibungen diagnostischer Kategorien, die es Klinikern und Wissenschaftlern ermöglichen, psychische Störungen zu diagnostizieren, zu untersuchen, zu behandeln und sich darüber zu verständigen. Die zwei gebräuchlichsten Klassifikationssysteme sind die Internationale Klassifikation psychischer Störungen – Kap. V – der 10. revidierten Fassung (ICD-10) und das Diagnostische und Statistische Manual Psychischer Störungen – der 4. revidierten Fassung (DSM-IV).

klinische Studien: Die untersuchten Kinder werden aus Krankenhäusern und psychiatrischen Diensten rekrutiert.

Kodierungsregeln: Regeln zur Protokollierung der Antworten in einem Interview.

Kognitionen: Die Art, wie eine Person eine Situation einschätzt, sowie ihre Auffassung von sich selbst, der Welt, der Vergangenheit und der Zukunft.

kognitive Umstrukturierung: Veränderung fehlangepasster Gedanken und Verhaltensweisen.

Komorbidität: Das Auftreten von mehr als einer Spezifischen Störung bei einer Person in einem bestimmten Zeitabschnitt.

Kontingenz: Verknüpfungshäufigkeit von verschiedenen Ereignissen (Reizen, Reaktionen, Konsequenzen).

Laieninterviewer: Interviewer ohne klinische Qualifikation, die ohne ein standardisiertes Interview nicht in der Lage sind, eine Diagnose zu stellen.

Längsschnittstudien: In Längsschnittstudien wird versucht, Stichproben über einen ausgedehnten Zeitraum zu verfolgen, wobei unterschiedliche Variablen in bestimmten Intervallen untersucht werden.

multiaxiale Systeme: Ein multiaxiales System erfordert eine Beurteilung auf verschiedenen Achsen, von denen jede sich auf einen anderen Bereich von Informationen bezieht, die dem Untersucher bei der Behandlungsplanung und Prognose helfen können. Die Anwendung des multiaxialen Systems erleichtert die umfassende und systematische Beurteilung unter Beachtung der verschiedenen psychischen Störungen und medizinischen Krankheitsfaktoren, der psychosozialen Probleme, der Probleme des Umfelds und des Funktionsniveaus.

„neo-kraepelinisches" Modell: beinhaltet das Konzept verschiedener, voneinander abgrenzbarer psychischer Störungen sowie den Einsatz operationaler Kriterien.

Prävalenz: bezieht sich auf die Anzahl kranker Personen in einer Population. Es gibt verschiedene Arten von Prävalenz. Die *Punktprävalenz* ist der Anteil kranker Personen in einer Population zu einem bestimmten Zeitpunkt. Die *Sechs-Monats-Prävalenz* beschreibt das Vorliegen bestimmter psychischer Störungen innerhalb der sechs Monate, die dem Erhebungszeitpunkt vorausgehen. Die *Lebenszeit-Prävalenz* bezieht sich auf den Anteil von Personen in einer Population, die zu irgendeinem Zeitpunkt ihres Lebens die untersuchte Störung aufwiesen.

psychische Störung: Nach dem DSM-IV ein klinisch bedeutsames Verhaltens- oder psychisches Syndrom oder Muster, das bei einer Person auftritt und das mit momentanem Leiden oder einer Beeinträchtigung oder mit einem stark erhöhten Risiko einhergeht, zu sterben oder Schmerz, Beeinträchtigung oder einen tief greifenden Verlust an Freiheit zu erleiden.

psychologische Interventionen: Alle Maßnahmen, die dazu dienen sollen, psychische Belastung zu lindern, fehlangepasstes Verhalten zu reduzieren, angepasstes Verhalten durch Beratung, Trainingsprogramme oder einen Behandlungsplan zu fördern. Als Beispiele psychologischer Interventionen seien Psychoanalyse, Spieltherapie, Familientherapie, Verhaltenstherapie und kognitive Verhaltenstherapie genannt.

„psychosocial adversity index": Damit wurde die Familienzusammensetzung (Familiengröße, allein erziehender Elternteil) sowie der Ausbildungsstand und das Einkommen der Eltern erhoben.

psychosoziale Beeinträchtigung: Definiert als das Ausmaß, in dem die Symptome oder Störung(en) des Kindes seine Anpassung in verschiedenen Lebensbereichen beeinflussen. Eine Beeinträchtigung kann die Rollenübernahme des Kindes oder seine Funktionsweise in der Familie, der Schule oder bei gemeinschaftlichen Aktivitäten grundlegend einschränken.

Pubertät: Die Entwicklung in der Pubertät bringt die einschneidendsten Veränderungen während der Adoleszenz mit sich. Bei beiden Geschlechtern verändert sich Größe, Fett- und Muskelgewebe. Bei Mädchen Brustentwicklung und Beginn der Menstruation, bei Jungen Tieferwerden der Stimme und Bartwachstum.

Querschnittsstudien: Eine einmalige Untersuchung der an der Studie teilnehmenden Probanden. So können Korrelate psychischer Störungen überprüft werden.

Rate: Quantitative Maßeinheit, die die Häufigkeit einer Störung angibt. Man erhält sie, indem man die Anzahl der Fälle durch die Anzahl der Personen der Gesamtpopulation dividiert – unter Berücksichtigung des Zeitpunktes, zu dem die Fälle aufgetreten sind.

Reliabilität: Die Reliabilität eines Erhebungsinstruments bezieht sich auf seine Konsistenz bzw. Stabilität, d. h. die Möglichkeit, bei einer wiederholten Messung dasselbe Ergebnis zu erhalten.

Remission: Zeitraum, in dem ein Individuum symptomfrei ist oder lediglich minimale Symptome zeigt, unabhängig von der Behandlung.

Risikofaktoren: Bedingungen, die die Wahrscheinlichkeit erhöhen, dass eine Person eine Störung entwickelt.

Screening: Ein Screening-Verfahren ist eine Vorauswahl von Probanden einer Gesamtpopulation, in der ein bestimmtes Merkmal untersucht werden soll. Personen, die auf einer Rating-Skala oder in einem Fragebogen einen vorher festgelegten Score in Bezug auf dieses Merkmal erreichen (den so genannten Cut-off-Wert), werden im Laufe der Erhebung weiter untersucht.

Self-Assessment Manikin (SAM): Das SAM ist eine bildliche Version einer Fünf-Punkte-Ratingskala, auf der ängstliche Erregung in immer größerem Ausmaß abgebildet ist. Die Skala geht von 1 (entspannt) bis 5 (sehr erschrocken oder ängstlich).

Somatoforme Störung: Hauptmerkmal dieser Störung ist das Vorliegen körperlicher Symptome, die einen medizinischen Krankheitsfaktor nahe legen, die aber durch einen medizinischen Krankheitsfaktor, durch die direkte Wirkung einer Substanz oder durch andere psychische Störungen nicht vollständig erklärt werden können.

Sozialisation: Prozess der Persönlichkeitsentwicklung im Zusammenspiel mit kulturellen, sozialen, ökonomischen und ökologischen Faktoren.

soziale Kompetenzen: Fähigkeiten im zwischenmenschlichen Umgang, die befriedigende Interaktionen erhöhen.

Störung des Sozialverhaltens: Ein sich wiederholendes Verhaltensmuster, das die Verletzung grundlegender Rechte anderer sowie wichtiger, altersrelevanter Normen und Regeln umfasst.

Störung mit oppositionellem Trotzverhalten: Ein Muster wiederkehrender, trotziger, ungehorsamer und feindseliger Verhaltensweisen gegenüber Autoritätspersonen.

Störungen durch Substanzkonsum: umfassen sowohl Alkohol- als auch Drogenmissbrauch und -abhängigkeit.

Substanzabhängigkeit: Die Hauptmerkmale dieser Störung sind eine Reihe kognitiver, behavioraler und physiologischer Symptome, die darauf hinweisen, dass die betroffene Person die Substanz weiterhin anwendet, obwohl signifikante Probleme vorliegen, die auf den Substanzgebrauch zurückzuführen sind. Dieser Gebrauch führt gewöhnlich zu Toleranzentwicklung, sozialem Rückzug und zwanghaftem Substanzkonsum.

Substanzmissbrauch: ist ein fehlangepasstes Muster von Substanzgebrauch, das sich durch wiederkehrende und in signifikantem Maße negative Konsequenzen in Zusammenhang mit dem wiederholten Substanzgebrauch manifestiert. Es kann dabei gehäuft zu Nichterfüllung wichtiger Rollenverpflichtungen kommen: wiederholter Substanzgebrauch in Situationen, in denen eine körperliche Gefahr besteht, zahlreiche Probleme mit dem Gesetz sowie wiederkehrende soziale und zwischenmenschliche Probleme.

Temperament: Beschreibt die Art, wie ein Kind mit seiner Umwelt interagiert. Ein „schwieriges" Temperament stellt einen Risikofaktor für die Entwicklung des Kindes dar.

Validität: Definiert als das Ausmaß, in dem ein Test oder Instrument das erhebt, was er zu messen vorgibt.

Vulnerabilität: Anfälligkeit für eine psychische Störung. Beispiele für Vulnerabilitätsfaktoren sind anhaltende Lebensbedingungen, die zu Fehlanpassungen beitragen.

Wirksamkeitsstudien: In „Wirksamkeitsstudien" wird genau erhoben, wie (1) die Stichprobenauswahl, (2) die Vermittlung der Intervention und auch (3) unter welchen Bedingungen die Intervention stattgefunden hat.

Literatur

Achenbach, T. M. (1995). Epidemiological applications of multiaxial empirically based assessment and taxonomy. In Verhulst/Koot (1995), 22–41.

–, McConaughy, S. H., Howell, C. T. (1987). Child/adolescent behavioral and emotional problems: Implications of cross-informant correlations for situational-specificity. Psychological Bulletin 101, 213–232.

–, Edelbrock, C. S. (1983). Manual for the Child Behaviour Checklist and Profile. Burlington: University of Vermont.

Ainsworth, M. D. S., Blehar, M. C., Waters, E., Wall, S. 1978). Patterns of attachment: A psychological study of the Strange Situation. Hillsdale, NJ: Erlbaum.

Albano, A. M., Chorpita, B. F., Barlow, D. H. (1996). Childhood anxiety disorders. In Mash, E. J., Barkley, R. A. (Eds.), Child psychopathology. New York: Guilford Press, 196–241.

–, DiBartolo, P. M., Heimberg, R. G., Barlow, D. H. (1995). Children and adolescents: Assessment and treatment. In Heimberg, R. G., Liebowitz, M. R., Hope, D. A., Schneier F. R. (Eds.), Social phobia: Diagnosis, assessment and treatment. New York: Guilford Press, 387–425.

–, Marten, P. A., Holt, C. S. (1991). Therapist's manual: Cognitive-behavioral group treatment of adolescent social phobia. University of Louisville, Department of Psychology: Unpublished manual.

Alessi, N. E., Magen, J. (1988). Panic disorders in psychiatrically hospitalized children. American Journal of Psychiatry 145, 1450–1452.

–, Robbins, D. R., Dilsaver, S. C. (1987). Panic and depressive disorders among psychiatrically hospitalized adolescents. Psychiatric Research 20, 275–283.

Allen, A. J., Leonard, H., Swedo, S. E. (1995). Current knowledge of medications for the treatment of childhood anxiety disorders. Journal of the American Academy of Child and Adolescent Psychiatry 34, 976–986.

Alloy, L. B., Kelly, K. A., Mineka, S., Clements, C. M. (1990). Comorbidity in anxiety and depressive disorders: A helplessness-hopelessness perspective. In Maser, J. D., Cloninger, C. R. (Eds.), Comorbidity of mood and anxiety disorders. Washington, DC: American Psychiatric Press, 499–542.

American Psychiatric Association (1994). Diagnostic and Statistical Manual of Mental Disorders. 4th ed. Washington, DC: American Psychiatric Association.

– (1987). Diagnostic and Statistical Manual of Mental Disorders. 3rd rev. ed. Washington, DC: American Psychiatric Association.

– (1980). Diagnostic and Statistical Manual of Mental Disorders. 3rd ed. Washington, DC: American Psychiatric Association.

– (1968). Diagnostic and Statistical Manual of Mental Disorders. 2nd ed. Washington, DC: American Psychiatric Association.

– (1952). Diagnostic and Statistical Manual of Mental Disorders. 1st ed. Washington, DC: American Psychiatric Association.

Anderson, J. C., Williams, S., McGee, R., Silva, P. A. (1987). DSM-III disorders in preadolescent children. Prevalence in a large sample from the general population. Archives of General Psychiatry 44, 69–76.

Angold, A., Costello, E. J. (1995). A test-retest reliability study of child-reported psychiatric symptoms and diagnoses using the Child and Adolescent Psychiatric Assessment (CAPA-C). Psychological Medicine 25, 755–762.

–, Prendergast, M., Cox, A. (1995). The child and adolescent psychiatric assessment (CAPA). Psychological Medicine 25, 739–753.

–, Weissman, M. M., John, K., Marikangas, K. R., Prusoff, B. A., Wickramaratne, P., Gammon, G. D., Warner, V. (1987). Parent and child reports of depressive symptoms in children at low and high risk of depression. Journal of Child Psychology and Psychiatry and Allied Disciplines 28, 901–915.

Bandura, A. (1982). Self-efficacy mechanism in human agency. American Psychologist 37, 122–147.
– (1977). Social learning theory. Englewood Cliffs, NJ: Prentice Hall.
Barrett, P. M., Sonderegger, R., Sonderegger, N. L. (2001). Evaluation of an Anxiety-prevention and Positive-coping Program (FRIENDS) for Children and Adolescents of Non-English-speaking Background. Behaviour Change 18, 78–91.
–, Lowry-Webster, H., Turner, C. (2000a). FRIENDS program for children: Participants workbook. Brisbane: Australian Academic Press.
–, Moore, A. F, Sonderegger, R (2000b). The FRIENDS program for young former-Yugoslavian refugees in Australia: A pilot study. Behaviour Change 17, 124–133.
– (1998). Evaluation of cognitive-behavioural group treatments for childhood anxiety disorders. Journal of Clinical Child Psychology 27, 459–468.
–, Dadds, M. R., Rapee, R. M., Ryan, S. (1996). Family treatment of childhood anxiety disorders: A controlled trial. Journal of Consulting and Clinical Psychology 64, 333–342.
–, –, Holland, D., Rapee, R. (1990). The Coping Koala Workbook (Prevention manual). Brisbane: Griffith University.
Barrios, B. A., Hartmann, D. P. (1997). Anxieties and fears. In Mash, E. J., Terdal, L. G. (Eds.), Assessment of childhood disorders. 3rd ed. New York: Guilford Press, 230–327.
Beck, A. T., Emery, G. (1985). Anxiety disorders and phobias: A cognitive perspective. New York: Basic Books.
Beidel, D. C., Turner, S. M., Morris, T. L. (in Druck). Social effectiveness therapy for children and adolescents.
–, –, – (1999). Psychopathology of childhood social phobia. Journal of the American Academy of Child and Adolescent Psychiatry 38, 643–650.
–, –, – (1998). Social Phobia and Anxiety Inventory for Children. North Tonawanda, NY: Mental Health Systems, Inc.
–, – (1997). At risk for anxiety: I. Psychopathology in the offspring of anxious parents. Journal of the American Academy of Child and Adolescent Psychiatry 36, 918–924.
–, Fink, C. M., Turner, S. M. (1996a). Stability of anxious symptomatology in children. Journal of Abnormal Child Psychology 24, 257–269.
–, Silverman, W. K., Hammond-Laurence, K. (1996b). Overanxious disorder: Subsyndromal state or specific disorder? A comparison of clinic and community samples. Journal of Clinical Child Psychology 25, 25–32.
–, Morris, T. L. (1995). Social phobia. In March (1995), 181–211.
–, Neal, A. M., Lederer, A. S. (1991). The feasibility and validity of a daily diary for the assessment of anxiety in children. Behavior Therapy 22, 505–517.
–, Turner, S. M. (1988). Comorbidity of test anxiety and other anxiety disorders in children. Journal of Abnormal Child Psychology 16, 275–287.
Beiser, H. (1976). Play equipment. In Schaefer, C. E. (ed.), Therapeutic use of child's play. Northvale, NJ: Jason Aronson, 423–447.
Bell-Dolan, D., Brazeal, T. J. (1993). Separation anxiety disorder, overanxious disorder, and school refusal. Child and Adolescent Psychiatric Clinics of North America 2, 563–580.
Benedikt, M. (1870). Über Platzschwindel. Allgemeine Wiener Medizinische Zeitung, 15, 488.
Benjamin, R. S., Costello, E. J., Warren, M. (1990). Anxiety disorders in a pediatric sample. Journal of Anxiety Disorders 4, 293–316.
Berg, I., Butler, A., Franklin, J., Hayes, H., Lucas, C., Sims, R. (1993). DSM-III-R disorders, social factors and management of school attendance problems in the normal population. Journal of Child Psychology and Psychiatry 34, 1187–1203.
Berk, L. E. (1991). Child development. Boston: Allyn & Bacon.
Berkson, G. (1983). Repetitive stereotyped be-

haviors. American Journal of Mental Retardation 88, 239–246.

Bernstein, G. A. (1991). Comorbidity and severity of anxiety and depressive disorders in a clinic sample. Journal of the American Academy of Child and Adolescent Psychiatry 30, 43–50.

–, Garfinkel, B. D., Hoberman, H. M. (1989). Self-reported anxiety in adolescents. Journal of Psychiatry 146, 384–386.

Biederman, J., Faraone, S., Mick, E., Lelon, E. (1995). Psychiatric comorbidity among referred juveniles with major depression: Fact or artifact? Journal of the American Academy of Child and Adolescent Psychiatry 34, 579–590.

–, Newcorn, J., Sprich, S. (1991). Comorbidity of attention deficit hyperactivity disorder with conduct, depressive, anxiety, and other disorders. American Journal of Psychiatry 148, 564–577.

–, Rosenbaum, J. F.,Hirshfield, D. R., Faraone, S. V., Bolduc, E. A., Gersten, M., Meminger, S. R., Kagan, J., Snidman, N., Reznick, S. (1990). Psychiatric correlates of behavioral inhibition in young children without psychiatric disorders. Archives of General Psychiatry 47, 21–26.

Bird, H., Gould, M. S. (1995). The use of diagnostic instruments and global measures of functioning in child psychiatry epidemiological studies. In Verhulst/Koot (1995), 86–103.

–, –, Staghezza, B. M. (1993). Patterns of diagnostic comorbidity in a community sample of children aged 9 through 16 years. Journal of the American Academy of Child and Adolescent Psychiatry 32, 361–368.

–, Yager, T., Staghezza, B., Gould, M., Canino, G., Rubio-Stipec, M. (1990). Impairment in the epidemiological measurement of childhood psychopathology in the community. Journal of the American Academy of Child and Adolescent Psychiatry 29, 796–803.

Birmaher, B., Khetarpal, S., Brent, D. A., Cully, M., Balach, L., Kaufman, J., Neer, S. M. (1997). The Screen for Child Anxiety Related Emotional Disorders (SCARED): scale construction and psychometric characteristics. Journal of the American Academy of Child and Adolescent Psychiatry 36, 545–553.

Bornstein, M. R., Bellack, A. S., Hersen, M.

(1977). Social skills training for unassertive children: A multiple-baseline analysis. Journal of Applied Behavior Analysis 10, 183–195.

Bowen, R. C., Offord, D. R., Boyle, M. H. (1990). The prevalence of overanxious disorder and separation anxiety disorder: Results from the Ontario Child Health Study. Journal of the American Academy of Child and Adolescent Psychiatry 29, 753–758.

Bowlby, J. (1988). A secure base: Parent-child attachment and healthy human development. New York: Basic Books.

– (1973). Attachment of loss. Vol. II: Separation, anxiety and anger. New York: Basic Books.

Bradley, S., Hood, J. (1993). Psychiatrically referred adolescents with panic attacks: Presenting symptoms, stressors and comorbidity. Journal of the American Academy of Child and Adolescent Psychiatry 32, 826–829.

Brent, D. A., Perper, J. A., Moritz, G., Liotus, L., Richardson, D., Canobbio, R., Schweers, J., Roth, C. (1995). Posttraumatic stress disorder in peers of adolescent suicide victims: Predisposing factors and phenomenology. Journal of the American Academy of Child and Adolescent Psychiatry 34, 209–215.

Breton, J. J., Bergeron, L., Valle, J. P., Lepine, S., Houde, L., Gaudet, N. (1995). Do children aged 9 through 11 years understand the DISC version 2.25 questions? Journal of the American Academy of Child and Adolescent Psychiatry 34, 946–956.

Brown, G. W., Harris, T. O. (1986). Establishing causal links: The Bedford College studies of depression. In H. Katschnig (Ed.), Life evnts and psychiatric disorders: Controversial issues, 107–187. Cambridge: Cambridge University Press.

Bruch, M. A., Heimberg, R. G. (1994). Differences in perceptions of parental and personal characteristics between generalized and non-generalized social phobics. Journal of Anxiety Disorders 8, 155–168.

Burke, K. C., Burke, J. D., Rae, D. S., Regier, D. A. (1991). Comparing age of onset of major depression and other psychiatric disorders by birth cohorts in five US community populations. Archives of General Psychiatry 48, 789–795.

Campbell, V. A., Baker, D. B., Bratton, S. (2000). Why do children drop-out from play therapy? Clinical Child Psychology and Psychiatry 5, 133–138.

Canals, J., Domenech, E., Carbajo, G., Blade, J. (1997). Prevalence of DSM-III-R and ICD-10 psychiatric disorders in a Spanish population of 18-year-olds. Acta Psychiatrica Scandinavica 96, 287–294.

Cantwell, D. P., Lewinsohn, P. M., Rohde, P., Seeley, J. R. (1997). Correspondence between adolescent report and parent report of psychiatric diagnostic data. Journal of the American Academy of Child and Adolescent Psychiatry 36, 610–618.

–, Baker, L. (1989). Stability and natural history of DSM-III childhood diagnoses. Journal of the American Academy of Child and Adolescent Psychiatry 28, 691–700.

Capps, L., Sigman, M., Sena, R., Henker, B. (1996). Fear, anxiety and perceived control in children of agoraphobic parents. Journal of Child Psychology and Psychiatry 37, 445–452.

Caron, C., Rutter, M. (1991). Comorbidity in child psychopathology: Concepts, issues, and research strategies. Journal Child Psychology and Psychiatry 32, 1063–1080.

Carter, B., McGoldrick, M. (1988). The changing family-life cycle: A framework for family therapy. New York: Gardner.

Center for Mental Health Services (1999). Comprehensive community mental health services for children program. Washington, DC: Author Retrieved, December 17, 1999 from http://www.mentalhealth.org/publications//allpubs/CA-0013/ccmhse.htm#TOP

Chansky, T. E., Kendall, P. C. (1997). Social expectancies and self-perceptions in anxiety-disordered children. Journal of Anxiety Disorders 11, 347–363.

Chess, S., Thomas, A. (1984). Origins and evolution of behavior disorders. New York: Brunner/Mazel.

Chorpita, B. F., Albano, A. M., Barlow, D. H. (1996). Cognitive processing in children: Relation to anxiety and family influences. Journal of Child Clinical Psychology 25, 170–176.

Clark, D. M., Wells, A. (1995). A cognitive model of social phobia. In Heimberg, R. G., Liebowitz, M. R., Hope, D. A., Schneier, F. R. (Eds.), Social phobia: Diagnosis, assessment and treatment. New York: Guilford Press, 69–93.

– (1988). A cognitive model of panic attacks. In Rachman, S., Maser, J. (Eds.), Panic: Psychological perspectives. Hillsdale, NJ: Lawrence Erlbaum, 71–90.

–, L. A., Watson, D. (1991). Tripartite model of anxiety and depression: Psychometric evidence and taxonomic implications. Journal of Abnormal Psychology 100, 316–336.

Cohen, P., Cohen, J., Kasen, S., Velez, C. N., Hartmark, C., Johnson, J., Rojas, M., Brook, J., Streuning, E. L. (1993). An epidemiological study of disorders in late childhood and adolescence: I. Age- and gender-specific prevalence. Journal Child Psychology and Psychiatry 34, 851–866.

Cook, M., Mineka, S. (1991). Selective associations in the origins of phobic fears and their implications for behavior therapy. In Martin, P. R. (Ed.), Handbook of behavior therapy and psychological science: An integrative approach. New York: Pergamon, 413–434.

Croghan, L., Musante, G. J. (1975). The elimination of a boy's high-building phobia by in vivo desensitisation and game playing. Journal of Behavior Therapy and Experimental Psychiatry, 6, 87–88.

Curle, C. E., Williams, C. (1996). Post-traumatic stress reactions in children: Gender differences in the incidence of trauma reactions at two years and examination of factors influencing adjustment. British Journal of Clinical Psychology 35, 297–309.

Dadds, M. R., Spence, S. H., Holland, D. E., Barrett, P. M., Laurens, K. R. (1997). Prevention and early intervention for anxiety disorders: A controlled trial. Journal of Consulting and Clinical Psychology 65, 627–635.

–, Barrett, P. M., Rapee, R. M., (1996). Family process and child anxiety and aggression: An observational analysis. Journal of Abnormal Child Psychology, 24, 715–734.

Dalgleish, T., Taghavi, R., Neshat-Doost, H., Moradi, A., Yule, W., Canterbury, R. (1997). Information processing in clinically depressed and anxious children and adolescents. Journal of Child Psychology and Psychiatry 38, 535–541.

–, Watts, F. N. (1990). Biases of attention and memory in disorders of anxiety and depression. Clinical Psychology Review 10, 589–604.

Darby, B. W., Schlenker, B. R. (1986). Children's understanding of social anxiety. Developmental Psychology 22, 633–639.

Davey, G. C. L. (Ed.) (1997). Phobias – A handbook of theory, research and treatment. Chichester, NY: John Wiley.

– (1992). An expectancy model of laboratory preparedness effects. Journal of Experimental Psychology: General 121, 24–40.

Davidson, J. R. T., Hughes, D. L., George, L. K., Blazer, D. G. (1993). The epidemiology of social phobia: Findings from the duke epidemiological catchment area study. Psychological Medicine 23, 709–718.

Dilling, H., Mombour, W., Schmidt, M. H., Schulte-Markwort, E. (1994). Internationale Klassifikation psychischer Störungen. ICD-10 Kapitel V (F) Forschungskriterien. Bern: Hans Huber.

Dong, Q., Yang, B., Ollendick, T. H. (1994). Fears in Chinese children and adolescents and their relations to anxiety and depression. Journal of Child Psychology and Psychiatry 35, 351–363.

Dubner, A. E., Motta, R. W. (1999). Sexually and physically abused foster care children and post-traumatic stress disorder. Journal of Consulting and Clinical Psychology 67, 367–373.

Dumas, J. E., LaFreniere, P. J., Serketich, W. J. (1995). „Balance of power": A transactional analysis of control in mother-child dyads involving socially competent, aggressive, and anxious children. Journal of Abnormal Psychology 104, 104–113.

Ederer, E. M. (2000). Self- and teacher-reports on mental health problems in young school children. International Journal of Psychology, 35, 395–396.

Eisen, A. R., Kearney, C. A. (1995). Practitioner's guide to treating fear and anxiety in children and adolescents. Northvale, NJ: Jason Aronson.

–, –, Schaefer, C. F. (1995). Clinical handbook of anxiety disorders in children and adolescents. Northvale, NJ: Jason Aronson.

–, Silverman, W. K. (1991). Treatment of an adolescent with bowel movement phobia using self-control therapy. Journal of Behavior and Experimental Psychiatry 22, 45–51.

Emmelkamp, P. M. G., Scholing, A. (1997). Anxiety disorders. In Essau/Petermann (1997a), 219–263.

– (1982). Phobic and obsessive-compulsive disorders. New York: Plenum Press.

Erikson, E. (1976). Play and cure. In Schaefer, C. E. (Ed.), Therapeutic use of child's play. Northvale, NJ: Jason Aronson, 475–485.

Essau, C. A., Groen, G., Conradt, J., Turbanisch, U., Petermann, F. (in Druck). Reliabilität und Validität der Symptomcheckliste SCL-90-R: Ergebnisse der Bremer Jugendstudie. Zeitschrift für Differentielle und Diagnostische Psychologie.

–, Conradt, J. (2003a). FREUNDE für Kinder. Trainingsprogramm zur Prävention von Angst und Depression. Gruppenleitermanual. München/Basel: Ernst Reinhardt.

–, – (2003b). FREUNDE für Kinder. Arbeitsbuch für Kinder. München/Basel: Ernst Reinhardt.

– (2002). Depression bei Kindern und Jugendlichen: Psychologisches Grundwissen. München/Basel: Ernst Reinhardt.

–, Conradt, J., Petermann, F. (2002). Course and outcome of anxiety disorders in adolescents. Journal of Anxiety Disorders 16, 67–81.

–, Barrett, P. (2001). Developmental issues in the assessment of anxiety. In Essau/Petermann (2001), 75–110.

–, Petermann, F. (Eds.) (2001). Anxiety disorders in children and adolescents: Epidemiology, risk factors, and treatment. London: Brunner-Routledge

– (2000). Angst und Depression bei Jugendlichen. Habilitationschrift. Bremen: Universität Bremen.

–, Conradt, J., Petermann, F. (2000). Frequency, comorbidity, and psychosocial impairment of anxiety disorders in adolescents. Journal of Anxiety Disorders 14, 263–279.

–, Merikangas, K. R. (1999). Familial and genetic

factors. In Essau, C. A., Petermann, F. (Eds.). Depressive disorders in children and adolescents: Epidemiology, risk factors, and treatment. Northvale, NJ: Jason Aronson, 261–285.

–, Conradt, J., Petermann, F. (1999a). Frequency of panic attacks and panic disorder in adolescents. Depression and Anxiety 9, 19–26.

–, –, – (1999b). Häufigkeit der Posttraumatischen Belastungsstörung bei Jugendlichen: Ergebnisse der Bremer Jugendstudie. Zeitschrift für Kinder- und Jugendpsychiatrie und Psychotherapie 27, 37–45.

–, –, – (1999c). Häufigkeit und Komorbidität der Generalisierten Angststörung: Ergebnisse der Bremer Jugendstudie. Nervenheilkunde 18, 46–51.

–, Petermann, U. (1998). Angststörungen. In Petermann, F. (Hrsg.), Lehrbuch der Klinischen Kinderpsychologie. 3. rev. Aufl. Hogrefe: Göttingen, 219–240.

–, Conradt, J., Petermann, F. (1998a). Häufigkeit und Komorbidität sozialer Ängste und sozialer Phobie bei Jugendlichen: Ergebnisse der Bremer Jugendstudie. Fortschritte der Neurologie und Psychiatrie 66, 524–530.

–, –, – (1998b). Häufigkeit und Komorbidität von Panikattacken und Panikstörung bei Jugendlichen: Ergebnisse der Bremer Jugendstudie. Nervenheilkunde 17, 393–400.

–, Karpinski, N. A., Petermann, F., Conradt, J. (1998c). Häufigkeit und Komorbidität psychischer Störungen bei Jugendlichen: Ergebnisse der Bremer Jugendstudie. Zeitschrift für Klinische Psychologie, Psychiatrie und Psychotherapie 46, 105–124.

–, Petermann, F (Eds.) (1997a). Developmental psychopathology: Epidemiology, diagnostics and treatment. London: Harwood.

–, – (1997b). Introduction and general issues. In Essau/Petermann (1997a), 1–18.

–, Feehan, M., Üstun, B. (1997a).Classification and assessment strategies. In Essau/Petermann (1997a), 19–62.

–, Petermann, F., Feehan, M. (1997b). Research methods and designs. In Essau/Petermann (1997a), 63–95.

–, Leckman, J. F., Carter, A., Reznick, J. S., Henshaw, D., King, R. A., Pauls, D. (1997). Ritual,

habit and perfectionism: The prevalence and development of compulsive-like behavior. Child Development 68, 58–68.

Federal Register (1993) 29422–29425 (Mai 20).

Federer, M., Margraf, J., Schneider, S. (2000). Leiden schon Achtjährige an Panik?: Prävalenzuntersuchung mit Schwerpunkt Panikstörung und Agoraphobie. Zeitschrift für Kinder- und Jugendpsychiatrie und Psychotherapie 28, 205–214.

Feehan, M., McGee, R., Nada-Raja, S., Williams, S. M. (1994). DSM-III-R disorders in New Zealand 18-year-olds. Australian and New Zealand Journal of Psychiatry 28, 87–99.

Feinstein, A. R. (1970). The pre-therapeutic classification of comorbidity in chronic disease. Journal of Chronic Diseases 23, 455–468.

Fergusson, D. M., Horwood, L. J., Lynskeyl, M. T. (1993). Prevalence and comorbidity of DSM-III-R diagnoses in a birth cohort of 15 year olds. Journal of the American Academy of Child and Adolescent Psychiatry 32, 1127–1134.

Flament, M. F., Koby, E., Rapoport, J. L., Berg, C. J., Zahn, T., Cox, C., Denckla, M., Lenane, M. (1990) Childhood obsessive-compulsive disorder: A prospective follow-up study. Journal of Child Psychology and Psychiatry 31, 363–380.

–, Whitaker, A., Rapoport, J. L,. Davies, M., Bergt, C. Z., Kalikow, K., Sceery, W, Shaffer, D. (1988). Obsessive compulsive disorder in adolescence. An epidemiological study. Journal of the American Academy of Child and Adolescent Psychiatry 27, 764–771.

Foa, E., Kozak, M. (1986). Emotional processing of fear: exposure to corrective information. Psychological Bulletin, 99, 20–35.

Fonesca, A. C., Yule, W., Erol, N. (1994). Cross-cultural issues. In Ollendick, T. H., King, N. J., Yule, W. (Eds.), International handbook of phobic and anxiety disorders in children and adolescents. New York: Plenum Press, 67–84.

Frances, A., Widiger, T., Fyer, M. R. (1990). The influence of classification methods on comorbidity. In Maser, J. D., Cloninger, C. R. (Eds.), Comorbidity of Mood and Anxiety disorders. Washington, DC: APP, 41–59.

Francis, G., Last, C. G., Strauss, C. C. (1992). Avoidant disorder and social phobia in children and adolescents. Journal of the American Academy of Child and Adolescent Psychiatry 31, 1086–1089.

Fredrick, C., Pynoos, R. (1988). The Child Post-Traumatic Stress Disorder Reaction Index. Los Angeles: University of California.

Freud, A. (1965). Normality and pathology in childhood: Assessment of development. New York: International Universities Press.

– (1926). Inhibitions, symptoms and anxiety. In Strachey, J. (Ed.), The standard edition of the complete works of Sigmund Freud. London: Hogarth Press, 87–172.

– (1920). Sammlung kleiner Schriften zur Neurosenlehre. Leipzig, Wien: Deuticke.

– (1909). Analysis of a phobia in a five-year-old boy. Standard Edition 10. London: Hogarth Press, 3–149.

Galatzer-Levy, R. M., Bachrach, H., Skolnikoff, A., Waldron, S. (2000). Does psychoanalysis work? New Haven, CT: Yale University Press.

Garcia-Coll, C., Kagan, J.,, Reznick, J. S. (1984). Behavioral inhibition in young children. Child Development 55, 1005–1019.

Garrison, C. Z., Bryant, E. S., Addy, C. L., Spurrier, P. G., Freedy, J. R., Kilpatrick, D. G. (1995). Posttraumatic stress disorder in adolescents after hurricane Andrew. Journal of the American Academy of Child and Adolescent Psychiatry 34, 1193–1201.

Gesell, A., Ames, L. B., Illg, F. L. (1974). Infant and the child in the culture today. New York: Harper and Row.

Giaconia, R., Reinherz, H. Z., Silverman, A. B., Pakiz, B., Frost, A. K., Cohen, E. (1994). Ages of onset of psychiatric disorders in a community population of older adolescents. Journal of the American Academy of Child and Adolescent Psychiatry 33, 706–717.

Ginsburg, G. S., LaGreca, A. M., Silverman, W. K. (1998). Social anxiety in children with anxiety disorders: Relation with social and emotional functioning. Journal of Abnormal Child Psychology 26, 175–185.

Glennon, B., Weisz, J. R. (1978). An observational approach to the assessment of anxiety in young children. Journal of Consulting and Clinical Psychology 46, 1246–1257.

Goldfried, M. R. (1999). Role of theoretical bias in therapeiutic interventions: to see or not to see? Journal of Clinical Child Psychology, 28, 544–547.

–, Wolfe, B. E. (1992). Psychotherapy practice and research: Repairing a strained relationship. American Psychologist 51, 1007–1016.

Goodyer, I., Wright, C., Altham, P. (1988). Maternal adversity and recent stressful life events in anxious and depressed children and adolescents. Journal of Child Psychology and Psychiatry 29, 651–667.

Gray, J. A. (1982). The neuropsychology of anxiety: An inquiry into the functions of the septohippocampal system. New York: Oxford University Press.

Graziano, A. M., Mooney, K. C. (1982). Behavioral treatment of „nightfears" in children: Maintenance of improvement at 2 1/2 to 3-year follow-up. Journal of Consulting Clinical Psychology 50, 598–599.

Green, B. L., Grace, M. C., Vary, M. G., Kramer, T. L., Gleser, G. C., Leonard, A. C. (1994). Children of disaster in the second decade: A 17-year follow-up of Buffalo Creek survivors. Journal of the American Academy of Child and Adolescent Psychiatry 33, 71–79.

Grills, A. E., Ollendick, T. H. (2002). Issues in parent-child agreement: The case of structured diagnostic interviews. Clinical Child and Family Psychology Review 5, 57–83.

Hadwin, J., Frost, S., French, C. C., Richards, A. (1997). Cognitive processing and trait anxiety in typically developing children: Evidence for interpretation bias. Journal of Abnormal Psychology 106, 486–490.

Haley, J. (1976). Problem solving therapy. San Francisco: Jossey-Bass.

– (1973). Uncommon therapy: The psychiatric techniques of Milton H. Erickson. New York: Ballantine.

– (1971). Changing families. New York: Grune & Stratton.

Hart, E. L., Lahey, B. B., Loeber, R., Hanson, K. S. (1994). Criterion validity of informants in the diagnosis of disruptive behavior disorders in children: A preliminary study. Journal of Consulting and Clinical Psychology 62, 410–414.

Hautzinger, M., Bopp, C., Gomez, Y., Kopp, A., Müller, K., Reis, A., Wershofen, S. (1992). Strukturiertes Klinisches Interview für Kinder. Mainz: Johannes Gutenberg-Universität Mainz.

Haynes, S. N. (1978). Principles of behavioural assessment. New York: Gardner.

Hayward, C., Essau, C. A. (2001). Panic attacks and panic disorder. In Essau/Petermann (2001), 145–161.

–, Varady, S., Albano, A. M., Thienemann, M., Henderson, L., Schatzberg, A. E. (2000). Cognitive-behavioral group therapy for social phobia in female adolescents: Results of a pilot study. Journal of the American Academy of Child and Adolescent Psychiatry 39, 721–726.

–, Killen, J. D., Kraemer, H. C., Taylor, C. B. (1998). Linking self-reported childhood behavioral inhibition to adolescent social phobia. Journal of the American Academy of Child and Adolescent Psychiatry 37, 1308–1316.

–, –, –, Blair-Greiner, A., Strachowski, D., Cunning, D., Taylor, C. B. (1997). Assessment and phenomenology of nonclinical panic attacks in adolescent girls. Journal of Anxiety Disorders 11, 17–32.

–, –, Hammer, L. D., Litt, I. F., Wilson, D. M., Simmonds, B., Taylor, C. B. (1992). Pubertal stage and panic attack history in sixth- and seventh-grade girls. American Journal of Psychiatry 149, 1239–1243.

Heard, P. M., Dadds, M. R., Conrad, P. (1992). Assessment and treatments of simple phobias in children: A clinical study. Behaviour Change 9, 73–82.

Hekmat, H. (1987). Origins and development of human fear reactions. Journal of Anxiety Disorders 1, 197–218.

Henin, A., Kendall, P. C. (1997). Obsessive-compulsive disorder in childhood and adolescence. Advances in Clinical Child Psychology 19, 75–131.

Hoagwood, K., Jensen, P. S., Petti, T., Burns, B. J. (1996). Outcomes of mental health care for children and adolescents: I. A comprehensive conceptual model. Journal of the American Academy of Child and Adolescent Psychiatry 35, 1055–1063.

Hodes, R. L., Cook, E. W., Lang, P. J. (1985). Individual differences in autonomic response: Conditioned association or conditioned fear? Psychophysiology 22, 545–560.

Hodges, K., Gust, J. (1995). Measures of impairment for children and adolescents. Journal of Mental Health Administration 22, 403–413.

Hofmann, S., Albano, A. M., Heimberg, R. G., Tracey, S., Chorpita, B. F., Barlow, D. H. (1999). Subtypes of social phobia in adolescents. Depression and Anxiety 9, 15–18.

Jensen, P. S., Hoagwood, K., Petti, T. (1996). Outcomes of mental health care for children and adolescents: II. Literature review and application of a comprehensive model. Journal of the American Academy of Child and Adolescent Psychiatry 35, 1064–1077.

Jersild, A. T., Holmes, F. B. (1935). Children's fears. New York: Columbia University.

Jessee, E., L'Abate, L. (1980). The use of paradox with children in an inpatient setting. Family Process 19, 59–64.

Kagan, J., Snidman, N., Arcus, D., Reznick, J. S. (1994). Galen's prophecy: Temperament in human nature. New York: Basic Books.

–, Reznick, J. S., Snidman, N., Gibbons, J., Gersten, M., Biederman, J., Rosenbaum, J. F. (1990). Origins of panic disorder. In Ballenger, J. C. (Ed.), Neurobiology of panic disorder. New York: Alan R. Liss, 71–87.

– (1989). Temperamental contributions to social behavior. American Psychologist 44, 668–674.

–, Reznick, J. S., Snidman, N. (1988). The physiology and psychology of behavioral inhibition in children. Child Development 58, 1459–1473.

–, –, – (1987). The physiology and psychology of behavioural inhibition. Child Development 58, 1459–1473.

–, –, Clarke, C., Snidman, N. (1984). Behavioral inhibition to the unfamiliar. Child Development 55, 2212–2225.

Kanfer, F. H., Karoly, P., Newman, A. (1975). Reduction of children's fear of the dark by competence-related and situational threat-related verbal cues. Journal of Consulting and Clinical Psychology 43, 251–258.

Kashani, J. H., Orvaschel, H. (1990). A community study of anxiety in children and adolescents. American Journal of Psychiatry 147, 313–318.

–, Beck. N. C., Hoeper, E. W., Fallahi, C., Corcoran, C. M., McAllister, J. A., Rosenberg, T. K., Reid, J. R. (1987). Psychiatric disorders in a community sample of adolescents. American Journal of Psychiatry 144, 584–589.

Kazdin, A. E. (2000). Developing a research agenda for child and adolescent psychotherapy. Archives of General Psychiatry 57, 829–835.

– (1997). A model for developing effective treatments: Progression and interplay of theory, research, and practice. Journal of Clinical Child Psychology 26, 114–129.

– (1996). Combined and multimodal treatments in child and adolescent psychotherapy: Issues, challenges, and research directions. Clinical Psychology: Science and Practice 3, 69–100.

Kearney, C. A. (2000). School refusal behavior in youth: A fundamental approach to assessment and treatment. Washington, DC: American Psychological Association.

–, Silverman, W. (1993). Measuring the function of school refusal behaviour: The school refusal assessment scale (SRAS). Journal of Clinical Child Psychology 22, 85–96.

Keller, M. B., Lavori, P., Wunder, J., Beardslee, W. R., Schwartz, C. E., Roth, J. (1992). Chronic course of anxiety disorders in children and adolescents. Journal of the American Academy of Child and Adolescent Psychiatry 31, 595–599.

Kendall, P. C. (2000). Guiding theory for therapy with children and adolescents. In Kendall, P. C. (Ed.), Child and adolescent therapy: Cognitive-behavioral procedures. 2nd ed. New York: Guilford Press, 3–27.

–, Flannery-Shroeder, E. C. (1998). Methodological issues in treatment research for anxiety disorders in youth. Journal of Abnormal Child Psychology 26, 27–38.

–, –, Panichelli-Mindel, S. P., Southam-Gerow, M. A., Henin, A., Warman, M. J. (1997). Treating anxiety disorders in youth: A second rando-

mized clinical trial. Journal of Consulting and Clinical Psychology 65, 366–380.

–, Southam-Gerow, M. A. (1996). Long-term follow-up of a cognitive-behavioral therapy for anxiety-disordered youth. Journal of Consulting and Clinical Psychology 64, 724–730.

– (1994). Treating anxiety disorders in youth: Results of a randomized clinical trial. Journal of Consulting and Clinical Psychology 62, 100–110.

– (1990). The coping cat workbook. Ardmore, PA: Workbook Publishing.

–, Kane, M., Howard, B., Siqueland, L. (1990). Cognitive-behavioral treatment of anxious children: Treatment manual. Philadelphia, PA: Temple University.

– (1985). Toward a cognitive-behavioral model of child psychopathology and a critique of related interventions. Journal of Abnormal Child Psychology 13, 357–372.

Kendler, K. S., Neale, M. C., Kessler, R. C., Heath, A. C., Eaves, D. K. (1992). Generalized Anxiety Disorder in women: A population-based twin study. Archives of General Psychiatry 49, 267–272.

Kessler, R. C., McGonagle, K. A., Zhao, S., Nelson, C. B., Hughes, M., Eshleman, S., Wittchen, H.-U., Kendler, K. S. (1994). Lifetime and 12-month prevalence of DSM-III-R psychiatric disorders in the United States: Results from the National Comorbidity Survey. Archives of General Psychiatry 51, 8–19.

King, N., Ollendick, T. H., Mattis, S. G., Yang, B., Tonge, B. (1996). Nonclinical panic attacks in adolescents: Prevalence, symptomatology, and associated features. Behaviour Change 13, 171–183.

–, Gullone, E., Tonge, B. J., Ollendick, T. H. (1993). Self-reports of panic attacks and manifest anxiety in adolescents. Behaviour Research and Therapy 31, 111–116.

–, –, Ollendick, T. H. (1992). Manifest anxiety and fearfulness in children and adolescents. Journal of Genetic Psychology 153, 63–74.

–, Ollendick, T. H., Gullone, E. (1991). Negative affectivity in children and adolescents: Relations between anxiety and depression. Clinical Psychology Review 11, 441–459.

–, –, Ollendick, T. H. (1988). Children's phobias:

A behavioural perspective. Chichester, NY: John Wiley.

Klein, D. F. (1981). Anxiety reconceptualized. In D. F. Klein, J. G. Rabkin (Eds.), Anxiety: New Research and changing concepts. New York: Raven Press.

Klein, M. (1932). The psychoanalysis of children. London: Hogarth Press.

Kleinknecht, R. A. (1994). Acquisition of blood, injury, and needle fears and phobias. Behaviour Research and Therapy 32, 817–823.

Klerman, G. L. (1990). Approaches to the phenomena of comorbidity. In Maser, J. D., Cloninger, C. R. (Eds.), Comorbidity of mood and anxiety disorders. Washington, DC: American Psychiatric Press, 13–40.

Kohlmann, C.-W., Schumacher, A., Streit, R. (1988). Trait anxiety and parental child-rearing behavior: Support as a moderator variable? Anxiety Research 1, 53–64.

Kopp, C. (1989). Regulation of distress and negative emotions: A developmental view. Developmental Psychology 21, 343–354.

Kortlander, E., Kendall, P. C., Panichelli-Mindel, S. M. (1997). Maternal expectations and attributions about coping in anxious children. Journal of Anxiety Disorders 11, 297–315.

Kovacs, M. (1996). Presentation and course of major depressive disorder during childhood and later years of the life span. Journal of the American Academy of Child and Adolescent Psychiatry 35, 705–715.

–, Gatsonis, C., Paulauskas, S. L., Richards, C. (1989). Depressive disorders in childhood: IV. A longitudinal study of comorbidity with and risk for anxiety disorders. Archives of General Psychiatry 46, 776–782.

Krohne, H. W., Hock, M. (1994). Elterliche Erziehung und Angstentwicklung des Kindes. Untersuchungen über die Entwicklungsbedingungen von Ängstlichkeit und Angstbewältigung. Bern: Hans Huber.

–, – (1991). Relationships between restrictive mother-child interactions and anxiety of the child. Anxiety Research 4, 109–124.

Kutcher, S., Reiter, S., Gardner, D. (1995). Pharmacotherapy: Approaches and applications. In March (1995), 341–385.

LaGreca, A. M. (1998). Manual for the social anxiety scales for children and adolescents. University of Miami, Coral Gables, FL: Author.

–, Stone, W. L. (1993). Social anxiety scale for children-revised: Factor structure and concurrent validity. Journal of Clinical Child Psychology 22, 17–27.

Lang, P. J., Lazovik, A. D. (1963). Experimental desensitization of a phobia. Journal of Abnormal and Social Psychology 66, 519–525.

Lapouse, R., Monk, M. A. (1959). Fears and worries in a representative sample of children. American Journal of Orthopsychiatry 19, 803–818.

Laraia, M. T., Stuart, G. W., Frye, L. H., Ballenger, J. C. (1994). Childhood environment of women having panic disorder with agoraphobia. Journal of Anxiety Disorders 8, 1–17.

Last, C. G., Hansen, C., Franco, N. (1997). Anxious children in adulthood: A prospective study of adjustment. Journal of the American Academy of Child and Adolescent Psychiatry 36, 645–652.

–, Perrin, S., Hersen, M., Kazdin, A. E. (1992). DSM-III-R anxiety disorders in children: Sociodemographic and clinical characteristics. Journal of the American Academy of Child and Adolescent Psychiatry 29, 31–35.

–, Hersen, M., Kazdin, A. E., Orvaschel, H., Perrin, S. (1991). Anxiety disorders in children and their families. Archives of General Psychiatry 48, 928–934.

–, Strauss, C. C. (1989). Panic disorder in children and adolescents. Journal of Anxiety Disorders 3, 87–95.

–, Hersen, M., Kazdin, A. E., Francis, G., Grubb, H. (1987). Psychiatric illness in the mothers of anxious children. American Journal of Psychiatry 144, 1580–1583.

Lazarus, A. A., Abramovitz, A. (1962). The use of emotive-imagery in the treatment of children's phobias. Journal of Mental Science 108, 191–195.

Leaf, P. J., Alegria, M., Cohen, P., Goodman, S. H., Horwitz, S. M., Hoven, C. W., Narrow, W. E., Vaden-Kiernan, M., Regier, D. A. (1996). Mental health service use in the community and schools: Results from the four community MECA-Study. Journal of the American Academy of Child and Adolescent Psychiatry 35, 889–897.

Leckman, J. F., Walker, D., Goodman, W., Pauls, D., Cohen, D. J. (1994). „Just right" perceptions associated with compulsive behavior in Tourette's syndrome. American Journal of Psychiatry 151, 675–680.

Leonard, H. L., Swedo, S., Lenane, M. C., Rettew, D. C., Hamburger, S. D., Bartko, J. J., Rapoport, J. L. (1993). A 2- to 7-year follow-up study of 54 obsessive-compulsive children and adolescents. Archives of General Psychiatry 50, 429–439.

Lesser, S. T. (1972). Psychoanalysis with children. In Wolman, B. B. (Ed.), Manual of child psychopathology. New York: McGraw-Hill, 847–864.

Leung, A. W., Heimberg, R. G., Holt, C. S., Bruch, M. A. (1991). Social anxiety a perception of early parenting among American and Chinese American, and social phobic samples: A test of etiological hypotheses. New York: Paper presented at the annual meeting of the American for Advancement of Behavior Therapy.

Lewinsohn, P. M., Gotlib, I. H., Lewinsohn, M., Seeley, J. R., Allen, N. B. (1998). Gender differences in anxiety disorders and anxiety symptoms in adolescents. Journal of Abnormal Psychology 107, 109–117.

–, Zinbarg, R., Seeley, J. R., Lewinsohn, M., Sack, W. H. (1997). Lifetime comorbidity among anxiety disorders and between anxiety disorders and other mental disorders in adolescents. Journal of Anxiety Disorders 11, 377–394.

–, Hops, H., Roberts, R. E., Seeley, J. R., Andrews, J. A. (1993). Adolescent psychopathology: I. Prevalence and incidence of depression and other DSM-III-R disorders in high school students. Journal of Abnormal Psychology 102, 133–144.

Lewis, A. (1971). The ambiguous word „anxiety". International Journal of Psychiatry 9, 62–110.

Lick, J. R. , Unger, T. E. (1975). External validity of laboratory fear assessment: Implications from two case studies. Journal of Consulting and Clinical Psychology 43, 864–866.

–, S. O., Waldman, I. D., Israel, A. C. (1994). A critical examination of the use of the term and concept of comorbidity in psychopathology research. Clinical Psychology: Science and Practice 1, 71–83.

Loeber, R., Farrington, D. P. (1995). Longitudinal approaches in epidemiological research of conduct problems. In Verhulst/Koot (1995), 307–336.

Lonigan, C. J., Elbert, J. C., Johnson, S. B. (1998). Empirically supported psychosocial interventions for children: An overview. Journal of Clinical Child Psychology 27, 138–145.

Luria, A. (1961). The role of speech in the regulation of normal and abnormal behavior. New York: Liveright.

Macaulay, J. L., Kleinknecht, R. A. (1989). Panic and panic attacks in adolescents. Journal of Anxiety Disorders 3, 221–241.

Manassis, K., Hood, J. (1998). Individual and familial predictors of impairment in childhood anxiety disorders. Journal of the American Academy of Child and Adolescent Psychiatry 37, 428–434.

–, Bradley, S. J. (1994). The development of childhood anxiety disorders: Toward an integrated model. Journal of Applied Developmental Psychology 15, 345–366.

Mannuzza, S., Schneider, F. R., Chapman, T. F., Liebowitz, M. R., Klein, D. F., Fyer, A. J. (1995). Generalized social phobia: Reliability and validity. Archives of General Psychiatry 52, 230–237.

March, J. S., Albano, A. M. (1998). New developments in assessing pediatric anxiety disorders. Advances in Clinical Child Psychology 20, 213–241.

–, Amaya-Jackson, L., Terry, R., Costanzo, P. (1997). Posttraumatic symptomatology in children and adolescents after an industrial fire. Journal of the American Academy of Child and Adolescent Psychiatry 36, 1080–1088.

– (Ed.) (1995). Anxiety disorders in children and adolescents. New York: Guilford Press.

–, Leonard, H. L., Swedo, S. E. (1995). Obsessive-compulsive disorder. In March (1995), 251–275.

Marks, I. M. (1969). Fears and phobias. London: Heinemann Medical Books.

Martin, M., Horder, P., Jones, G. V. (1992). Integral bias in naming of phobia-related words. Cognition and Emotion 6, 479–486.

Matchett, G., Davey, G. C. L. (1991). A test of a disease-avoidance model of animal phobias. Behaviour Research and Therapy, 29, 91–94.

Matthey, S. (1988). Cognitive-behavioural treatment of a thunder phobic child. Behaviour Change 5, 80–84.

Mattis, S. G., Ollendick, T. H. (1997). Children's cognitive responses to the somatic symptoms of panic. Journal of Abnormal Child Psychology 25, 47–57.

McGee, R., Feehan, M., Williams, S., Partridge, F., Silva, P. A., Kelly, J. (1990). DSM-III disorders in a large sample of adolescents. Journal of the American Academy of Child and Adolescent Psychiatry 29, 611–619.

McLeer, S. V., Deblinger, E., Henry, D., Orvaschel, H. (1992). Sexually abused children at high risk for posttraumatic stress disorder. Journal of the American Academy of Child and Adolescent Psychiatry 31, 875–879.

Meichenbaum, D. H. (1975). Self-instruction methods. In Kanfer, F. K., Goldstein, A. P. (Eds.), Helping people change. Elmsford, NY: Pergamon, 357–391.

Melfsen, S., Florin, I., Walter, H.-J. (1999). Die deutsche Fassung des Social Phobia and Anxiety Inventory for Children (SPAI-C-D): Psychometrische Eigenschaften und Normierung. Diagnostica 45, 95–103.

– (1998). Die deutsche Fassung des Social Anxiety Scale for Children Revised (SASC-R-D): Psychometrische Eigenschaften und Normierung. Diagnostica 44, 153–163.

Menzies, R. G., Clarke, J. C. (1993). The etiology of childhood water phobia. Behaviour Research and Therapy 31, 499–501.

Merikangas, K. R., Dierker, L. C., Szatmari, P. (1998). Psychopathology among offspring of parents with substance abuse and/or anxiety disorders: A high-risk study. Journal of Child Psychology and Psychiatry 39, 711–720.

– (1989). Comorbidity for anxiety and depression: Review of family and genetic studies. In Maser, J. D., Cloninger, C. R. (Eds.), Comorbidity of mood and anxiety disorders. Washington, DC: American Psychiatric Press, 331–348.

Messer, S. C., Beidel, D. C. (1994). Psychosocial Correlates of Childhood anxiety disorders. Journal of the American Academy of Child Psychiatry 33, 975–983.

Miller, L. C., Barrett, C. L., Hampe, E. (1974). Phobias of childhood in a prescientific era. In Davids, A. (Ed.), Child personality and psychopathology: Current topics. Chichester, NY: John Wiley, 89–134.

Minuchin, S. (1974). Families and family therapy. Cambridge, MA: Harvard University Press.

Moore, F. J. (1974). Thailand: Its people, its society, its culture. New Haven, CT: Hraf Press.

Moos, R. H., Moos, B. S. (1986). Family Environment Scale manual. 2nd ed. Palo Alto, CA: Consulting Psychologists Press.

Moreau, D. L., Follet, C. (1993). Panic disorder in children and adolescents. Child and Adolescent Psychiatric Clinics of North America 2, 581–602.

–, Weissman, M., Warner, V. (1989). Panic disorder in children at high risk for depression. American Journal of Psychiatry 146, 1059–1060.

Morris, R. J., Kratochwill, T. R. (Eds.) (1998). The practice of child therapy. 3rd ed. Needham Heights, MA: Allyn & Bacon.

–, – (1991). Childhood fears and phobias. In Kratochwill, T. R., Morris, R. J. (Eds.), The practice of child therapy. 2nd ed. New York: Pergamon, 76–114.

Mowrer, O. H. (1969). Learning theory and behavior. Chichester, NY: John Wiley.

Mufson, L., Weissman, M. M., Warner, V. (1992). Depression and anxiety in parents and children: A direct interview study. Journal of anxiety disorder 6, 1–13.

Munoz, R. F., Hollon, S. D., McGrath, E., Rehm, L. P., Vanden-Bos, G. R. (1994). On the AHCPR Depression in primary care guidelines: Further considerations for practitioners. American Psychologist 49, 42–61.

Muris, P., Merckelbach, H., Gadet, B., Moulaert, V. (2000). Fears, worry, and scary dreams in 4- to 12-year-old children: Their content, development pattern, and origins. Journal of Clinical Child Psychology 29, 43–52.

–, Meesters, C., Merckelbach, H., Sermon, A., Zwakhalen, S. (1998). Worry in normal children. Journal of the American Academy of Child and Adolescent Psychiatry 37, 703–710.

Najarian, L. M., Goenjlan, A. K., Pelcovitz, D., Mandel, F. Najarian, B. (1996). Relocation after a disaster: Posttraumatic Stress Disorder in Armenia after the earthquake. Journal of the American Academy of Child and Adolescent Psychiatry, 35, 374–383.

Nay, W. R. (1979). Multimethod clinical assessment. New York: Gardner Press.

Nelles, W. B., Barlow, D. H. (1988). Do children panic? Clinical Psychology Review 8, 359–372.

Nolen-Hoeksema, S. (1987). Sex differences in unipolar depression. Psychological Bulletin 101, 259–282.

Nottelmann, E. D., Jensen, P. S. (1999). Comorbidity of depressive disorders in children and adolescents: Rates, temporal sequencing, course and outcome. In Essau, C. A., Petermann, F. (Eds.), Depressive disorders in children and adolescents: Epidemiology, risk factors, and treatment. Northvale, NJ: Jason Aronson, 137–191.

O'Connor, J. J. (1983). Why can't I get hives: Brief strategic therapy with an obsessional child. Family Relations 22, 201–209.

Offord, D. R., Boyle, M. H., Racine, Y., Szatmari, P., Fleming, J. E., Sanford, M. N. (1996). Integrating assessment data from multiple informants. Journal of the American Academy of Child and Adolescent Psychiatry 35, 1078–1085.

Olfson, M., Guardino, M., Struening, E., Schneider, F. R., Hellman, F., Klein, D. F. (2000). Barriers to the treatment of social anxiety. American Journal of Psychiatry 157, 521–527.

Ollendick, T. H., King, N. J. (1998). Empirically supported treatments for children with phobic and anxiety disorders: Current status. Journal of Clinical Child Psychology 27, 156–167.

–, King, N. J., Yule, W. (Eds.) (1994), International handbook of phobic and anxiety disorders in children and adolescents. Boston: Allyn & Bacon.

–, – (1991). Origins of childhood fears: An evaluation of Rachman's theory of fear acquisition. Behaviour Research and Therapy 29, 117–123.

–, Matson, J. L., Helsel, W. J. (1985). Fears in children and adolescents: Normative data. Behaviour Research and Therapy 23, 465–467.

– (1983). Reliability and validity of the revised Fear Survey Schedule for Children (FSSC-R). Behaviour Research and Therapy 21, 685–692.

– (1979). Fear reduction techniques with children. In Hersen, M., Eisler, R., Miller, P. M. (Eds.), Progress in behavior modification. New York: Academic Press, 127–168.

Olson, D. H., McCubbin, H. I., Barnes, H. (1985). Family inventories. St. Paul, MN: Family Social Sciences.

Orton, G. L. (1982). Comparative study of children's worries. Journal of Psychology 110, 153–162.

Öst, L.-G. (1991). Acquisition of blood and injection phobia and anxiety response patterns in clinical patients. Behaviour Research and Therapy 29, 323–332.

Panse, W., Stegmann, W. (1998). Kostenfaktor Angst. Wie Ängste in Unternehmen entstehen. Landsberg: Verlag Moderne Industrie.

Parker, G. (1981). Parental representations of patients with anxiety neurosis. Acta Psychiatrica Scandinavica 63, 33–36.

Paul, G. L. (1967). strategy of outcome research in psychotherapy. Journal of Consulting and Clinical Psychology 64, 88–91.

Perrin, S., Last, C. G. (1997). Worrisome thoughts in children clinically referred for anxiety disorder. Journal of Clinical Child Psychology 26, 181–189.

Petermann, U., Petermann, F. (1994). Training mit sozial unsicheren Kindern. Weinheim: Psychologie Verlags Union, 5. veränd. Auflage.

Piacentini, J., Bergman, R. L. (2000). Obsessive-compulsive disorder in children. Psychiatric Clinics of North America, 23, 519–616.

–, Shaffer, D., Fisher, P., Schwab-Stone, M., Davies, M., Gioia, P. (1993). The Diagnostic Interview Schedule for Children-Revised Version (DISC-R): III. Concurrent criterion validity.

Journal of the American Academy of Child and Adolescent Psychiatry 32, 658–665.

Piaget, J. (1952). The origins of intelligence in the child. New York: Basic Books.

Pike, A., Plomin, R. (1996). Importance of non-shared environmental factors for childhood and adolescent psychopathology. Journal of the American Academy of Child and Adolescent Psychiatry 35, 560–570.

Pine, D. S., Cohen, P., Gurley, D., Brook, J., Ma, Y. (1998). The risk for early-adulthood anxiety and depressive disorders in adolescents with anxiety and depressive disorders. Archives of General Psychiatry 55, 56–64.

Plomin, R., Rowe, D. C. (1979). Genetic and environmental etiology of social behavior in infancy. Developmental Psychology 15, 62–72.

Quay, H. C., Peterson, D. R. (1987). Manual for the Revised Behavior Problem Checklist. Miami, FL: Authors.

Rachman, S., Hodgson, R. J. (1980). Obsessions and compulsions. Englewood Cliffs, NJ: Prentice Hall.

– (1977). The conditioning theory of fear acquisition: A critical examination. Behaviour Research and Therapy 15, 375–387.

Rapee, R. M., Craske, M., Barlow, D. H. (1996). Psychoeducation. In Lindemann, C. G. (Ed.), Handbook of the treatment of the anxiety disorders. 2nd ed. Northvale, NJ: Jason Aronson, 311–322.

Rapoport, J. L., Inoff-Germain, G., Weissman, M. M., Greenwald, S., Narrow, W. E., Jensen, P. S. et al. (2000). Childhood obsessive-compulsive disorder in the NIMH MECA study: Parent versus child identification of cases. Journal of the American Academy of Child and Adolescent Psychiatry, 14, 535–548.

Regier, D. A., Meyer, J. K., Kramer, M., Robins, L. N., Blazer, D. G., Hough, R. L., Eaton, W. W., Locke, B. Z. (1984). The NIMH Epidemiologic Catchment Area (ECA) Program: Historical context, major objective, and study population characteristics. Archives of General Psychiatry 41, 934–941.

Reinherz, H. Z., Giaconia, R. M., Lefkowitz, E. S., Pakiz, B., Frost, A. K. (1993). Prevalence of psychiatric disorders in a community population of older adolescents. Journal of the American Academy of Child and Adolescent Psychiatry 32, 369–377.

Reynolds, C. R., Richmond, B. O. (1978). What I think and feel: A revised measure of children's manifest anxiety. Journal of Abnormal Child Psychology 6, 271–280.

Rice, D. P., Miller, L. S. (1998). Health economics and cost implications of anxiety and other mental disorders in the United States. British Journal of Psychiatry 173, 4–9.

Robins, L. N., Helzer, J. E., Cottler L., Goldring, E. (1989). NIMH Diagnostic Interview Schedule version III revised. St. Louis, MO: Washington University.

Rohde, P., Lewinsohn, P. M., Seeley, J. R. (1991). Comorbidity of unipolar depression: II. Comorbidity with other mental disorders in adolescents and adults. Journal of Abnormal Psychology 100, 214–222.

Rosenbaum, J. F., Biederman, J., Hirshfield, D. R., Bolduc, E. A., Faraone, S. V., Kagan, J., Snidman, N., Reznick, S. J. (1991). Further evidence of an association between behavioral inhibition and anxiety disorders: Results from a family study of children from a non-clinical sample. Journal of Psychiatric Research 25, 49–65.

–, Biederman, J. Gersten, M., Hirshfield, D. R., Meminger, S., Herman, J. B., Kagan, J., Reznick, S., Snidman, N. (1988). Behavioral inhibition in children of parents with panic disorder and agoraphobia. Archives of General Psychiatry 45, 463–470.

Rutter, M. (1994). Comorbidity: Meanings and mechanisms. Clinical Psychology: Science and Practice 1, 100–103.

Salkovskis, P. M., Hackmann, A. (1997). Agoraphobia. In Davey (1997), 27–61.

Saß, H., Wittchen, H.-U., Zaudig, M. (1996). Diagnostisches und Statistisches Manual Psychischer Störungen. Göttingen: Hogrefe.

Schechter, D. S., Tosyali, M. C. (2001). Posttraumatic stress disorder. In Essau/Petermann (2001), 285–322.

Sechrest, L., McKnight, P., McKnight, K. (1996). Calibration of measures for psychotherapy outcome studies. American Psychologist 51, 1065–1071.

Seligman, M. E. P. (1991). Phobias and preparedness. Behavior Therapy 2, 307–320.

Shannon, M. P., Lonigan, C. J., Finch, A. J. Jr., Taylor, C. M. (1994). Children exposed to disaster: I. Epidemiology of post-traumatic symptoms and symptom profiles. Journal of the American Academy of Child and Adolescent Psychiatry 33, 80–93.

Shortt, A., Barrett, P., Fox, T. (2001). A family-based cognitive behavioral group treatment for anxious children: An evaluation of the FRIENDS program. Journal of Clinical Child Psychology 30, 525–535.

Silverman, W. K., Serafini, L. T. (1998). Assessment of child behavior problems: Internalizing disorders. In Bellack, A. S., Hersen, M. (Eds.), Behavioral assessment:A practical handbook. 4th ed. Boston, USA: Allyn & Bacon, 342–360.

–, Ginsburg, G. S. (1995). Specific phobia and generalized anxiety disorder. In March (1995), 151–180.

–, La Greca, A. M., Wasserstein, S. (1995). What do children worry about? Worries and their relation to anxiety. Child Development, 66, 671–686

–, Fleisig, W., Rabian, B., Peterson, R. A. (1991). Childhood Anxiety Sensitivity Index. Journal of Clinical Child Psychology 20, 162–168.

–, Cerney, J. A., Nelles, W. B. (1988). The familial influence in anxiety disorders: Studies on the offspring of patients with anxiety disorders. Journal of the American Academy of Child and Adolescent Psychiatry 27, 779–784.

Solnit, A. J. (1987). A psychoanalytic view of play. Psychoanalytic study of child. New Haven, CT: Yale University Press.

Solomon, R. L., Kamin, L. J., Wayne, L. C. (1953). Traumatic avoidance learning: The outcomes of several extinction procedures with dogs. Journal of Abnormal and Social Psychology 48, 291–302.

Spence, S. H., Donovan, C., Brechman-Toussaint, M. (2000). The treatment of childhood social phobia: The effectiveness of a social skills training-based, cognitive-behavioural intervention, with and without parental involvement. Journal of Child Psychology and Psychiatry 41, 713–726.

– (1998). A measure of anxiety symptoms among children. Behaviour Research and Therapy 36, 545–566.

–, Dadds, M. R. (1996). Preventing childhood anxiety disorders. Behaviour Change 13, 241–249.

– (1995). Social skills training: Enhancing social competence with children and adolescents. Windsor, UK: NFER-Nelson.

Spielberger, C. (1973). Manual for the State-trait Anxiety Inventory for Children. Palo Alto, CA: Consulting Psychologists Press.

Spitzer, R., Williams, J. B. W. (1985). Classification of mental disorders. In Kaplan, H., Sadock, B. (Eds.), Comprehensive textbook of psychiatry. Vol. 1. 4th ed. Baltimore: Williams & Wilkins.

Srebnik, D., Uehara, E., Smukler M. (1998). Field test of a tool for level-of-care decisions in community mental health systems. Psychiatric Services 49, 91–97.

Stark, K. D., Humphrey, L. L., Cook, K., Lewis, K. (1990). Perceived family environment of depressed and anxious children: Child's and maternal figure's perspectives. Journal of Abnormal Child Psychology 18, 527–547.

Steinhausen, H.-C., Winkler Metzke, C., Meier, M., Kannenberg, R. (1998). Prevalence of child and adolescent psychiatric disorders: The Zürich epidemiological study. Acta Psychiatrica Scandinavica 98, 262–271.

Strauss, C. C., Last, C. G. (1993). Social and simple phobias in children. Journal of Anxiety Disorders 7, 141–152.

–, Lahey B. B., Frick, P., Frame, C. L., Hynd, G. W. (1988a). Peer social status of children with anxiety disorders. Journal of Consulting and Clinical Psychology 56, 137–141.

–, Lease, C. A., Last, C. G., Francis, G (1988b). Overanxious disorder: An examination of developmental differences. Journal of Abnormal Psychology 16, 433–443.

Suvanhathat, C. (1979). The inculcation of values in Thai children. International Social Science Journal 31, 477–485.

Swedo, S. E., Rapoport, J. L., Leonard, H., Lenane, M., Cheslow, D. (1989). Obsessive compulsive disorder in children and adolescents. Archives of General Psychiatry 46, 335–341.

Task Force on Promotion and Dissemination of Psychological Procedures (1995). Training in and dissemination of empirically-validated psychosocial treatments: Report and recommendations. The Clinical Psychologist 48, 3–23.

Thomsen, P. H. (2001). Obsessive-compulsive disorder. In Essau/Petermann (2001), 261–284.

– (1994). Obsessive-compulsive disorder in children and adolescents. A study of phenomenology and family functioning in 20 Danish cases. European Child and Adolescent Psychiatry 3, 29–36.

Toro, J., Gervera, M., Osejo, E., Salamero, M. (1992). Obsessive-compulsive disorder in childhood and adolescence: a clinical study. Journal of Child Psychology and Psychiatry 33, 1025–1037.

Turner, B. G., Beidel, D. C., Hughes, S., Turner, M. W. (1993). Test anxiety in African American school children. School Psychology Quarterly 8, 140–152.

–, S. M., Beidel, D. C., Wolff, P. L. (1996). Is behavioral inhibition related to the anxiety disorders? Clinical Psychology Review 16, 157–172.

–, –, Costello, A. (1987). Psychopathology in the offspring of anxiety disorders patients. Journal of Consulting and Clinical Psychology 55, 229–235.

Ultee, C. A., Griffioen, D., Schellekens, J. (1982). The reduction of anxiety in children: A comparison of the effects of „systematic desensitization in vitro" and „systematic desensitization in vivo". Behaviour Research and Therapy 20, 61–67.

Valla, J.-P., Bergerson, L., Smolla, N. (2000). The Dominic-R: A pictorial interview for 6- to 11-year-old children. Journal of the American Academy of Child and Adolescent Psychiatry, 39, 85–93.

Vasey, M. W., Daleiden, E. L., Williams, L. L., Brown, L. (1994). Biased attention in childhood anxiety disorders: A preliminary study.

Journal of Abnormal Child Psychology 23, 267–279.

Verhulst, F. C., Ende, J. van der, Ferdinand, R. F., Kasius, M. C. (1997). The prevalence of DSM-III-R diagnoses in a National sample of Dutch adolescents. Archives of General Psychiatry 54, 329–336.

– (1995). The epidemiology of child and adolescent psychopathology: Strengths and limitations. In Verhulst/Koot (1995), 1–21.

–, Koot, H. M. (Eds.) (1995). The epidemiology of child and adolescent psychopathology. Oxford: Oxford University Press.

–, Ende, J. van der (1993). Comorbidity in an epidemiological sample: A longitudinal perspective. Journal of Child Psychology and Psychiatry 34, 767–783.

Vitiello, B., Behar, D., Wolfson, S., McLeer, S. V. (1990). Diagnosis of panic disorder in prepubertal children. Journal of the American Academy of Child and Adolescent Psychiatry 29, 782–784.

Wachtel, J. R., Strauss, C. C. (1995). Separation anxiety disorder. In Eisen, A. R., Kearney, C. A., Schaefer, C. E. (Eds.), Clinical handbook of anxiety disorders in children and adolescents. Northvale, NJ: Jason Aronson, 53–81.

Warren, R., Zgourides, G. (1988). Panic attacks in high school students: implications for prevention and intervention. Phobia Practice and Research Journal 1, 97–113.

Warren, W. (1960). Some relationships between the psychiatry of children and of adults. Journal of Mental Science, 106, 815–826.

Watson, J. B., Rayner, P. (1920). Conditioned emotional reactions. Journal of Experimental Psychology 3, 1–14.

Weems, C. F., Silverman, W. K., LaGreca, A. M. (2000). What do youth referred for anxiety problems worry about? Worry and its relation to anxiety and anxiety disorders in children and adolescents. Journal of Abnormal Child Psychology 28, 63–72.

Weissman, M. M. (1990). Epidemiology of panic disorder and agoraphobia. Psychiatric Medicine 8, 3.

Weisz, J. R., Rudolph, K. D., Granger, D. A., Sweeney, L. (1992). Cognition, competence, and coping in child and adolescent depression: Research findings, developmental concerns, therapeutic implications. Development and Psychopathology 4, 627–653.

–, Suwanlert, S., Chaiyasit, W., Weiss, B., Walter, B. R., Anderson, W. W. (1988). Thai and American perspectives on over- and undercontrolled child behavior problems: Exploring the threshold model among parents, teachers, and psychologists. Journal of Consulting and Clinical Psychology 56, 601–609.

–, –, –, –, Achenbach, T. M., Walter, B. A. (1987). Epidemiology of behavioral and emotional problems among Thai and American children: Parent reports for ages 6–11. Journal of Child Psychology and Psychiatry 26, 890–898.

Wells, A., Clark, D. M. (1997). Social phobia: A cognitive approach. In Davey (1997), 3–26.

–, K. C. (1988). Family therapy. In Matson, J. (Ed.), Handbook of treatment approaches in childhood psychopathology. New York: Plenum Press, 45–61.

Whitaker, A., Johnson, J., Shaffer, D., Rapoport, J. L., Kalikow, K., Walsh, B. T., Davies, M., Braiman, S., Dolinsky, A. (1990). Uncommon troubles in young people: Prevalence estimates of selected psychiatric disorders in a non-referred population. Archives of General Psychiatry 47, 487–496.

Widiger, T. A., Ford-Black, M. M. (1994). Diagnoses and disorders. Clinical Psychology: Science and Practice 1, 84–87.

Winter, J. T. van, Stickler, G. B. (1984). Panic attack syndrome. Journal of Pediatrics 105, 661–665.

Wittchen, H.-U., Nelson, C. B., Lachner, G. (1998). Prevalence of mental disorders and psychosocial impairments in adolescents and young adults. Psychological Medicine 28, 109–126.

– (1996). Critical issues in the evaluation of co-morbidity of psychiatric disorders. British Journal of Psychiatry 168, 9–16.

– (1995). Comorbidity of mood disorders-diagnosis and treatment. Depression 3, 131–133.

–, Essau, C. A. (1993a). Epidemiology of anxiety disorders. In Wilner, P. J. (Eds.), Psychiatry. Philadelphia: J. B. Lippincott, 1–25.

–, – (1993b). Epidemiology of panic disorder: Progress and unresolved issues. Journal of Psychiatric Research 27, 47–68.

–, –, Zerssen, D. von, Krieg, C., Zaudig, M. (1992). Lifetime and six-month prevalence of mental disorders in the Munich Follow-up Study. European Archives of Psychiatry and Clinical Neuroscience 241, 247–258.

–, – (1990). Epidemiology of panic attacks, panic disorder, and agoraphobia. In Walker, J. R., Norton, R., Ross, C. (Eds.), Panic disorder and agoraphobia. A guide for the practitioner. Chicago, Ill.: Brooks/Cole, 103–149.

–, –, Hecht, H., Teder, W., Pfister, H. (1989a). Reliability of life event assessments: Test-retest reliability and fall-off effects of the Munich Interview for the Assessment of Life Events and Conditions. Journal of Affective Disorders 16, 77–91.

–, Hand, I., Hecht, H. (1989b). Prävalenz, Komorbidität und Schweregrad von Angststörungen: Ergebnisse der Münchner Follow-up Studie (MFS). Zeitschrift für Klinische Psychologie 18, 117–133.

Woodward, L. J., Fergusson, D. M. (2001). Life course outcome of young people with anxiety disorders in adolescence. Journal of the American Academy of Child and Adolescent Psychiatry 40, 1086–1093.

World Health Organization (1993). International Classification of Mental and Behavioral Disorders. Geneva: World Health Organization.

Sachverzeichnis

Cecilia A. Essau
Depression bei Kindern und Jugendlichen

Psychologisches
Grundlagenwissen

2002. 224 Seiten 21
Abb. 41 Tab.
UTB-M
(3-8252-2294-2) kt

Dieses Lehrbuch gibt einen systematischen Überblick über den aktuellen Forschungs- und Erkenntnisstand zur Depression im Kindes- und Jugendalter. Es führt systematisch in Klassifikation, Diagnose, Prävention und Psychotherapie der Störung ein und schildert theoretische Erklärungsmodelle zur Entstehung von Depression. Gezeigt wird außerdem, wie man depressive Kinder und Jugendliche wirkungsvoll therapieren und der Entstehung von Depression vorbeugen kann.

Ein Standardwerk zur Prüfungsvorbereitung mit didaktischem Aufbau, Marginalienspalte, Übungsaufgaben und einem Glossar.

P. Barrett / H. Webster / C. Turner
FREUNDE für Kinder

Trainingsprogramm zur
Prävention von Angst
und Depression

Gruppenleitermanual
2003. DIN A4. ca. 239 S.
Mit Kopiervorlagen
(3-497-01640-3) kt

Arbeitsbuch für Kinder
2003. DIN A4. 82 S.
(3-497-01641-1) geh

Aus dem Australischen Engl.
übersetzt und bearbeitet von
C. A. Essau und J. Conradt

„FREUNDE für Kinder" ist ein kognitiv-verhaltenstherapeutisches Trainingsprogramm zur Vorbeugung und Intervention bei Angst und Depression bei Kindern im Alter von 7 bis 12 Jahren. Das Programm zeigt u.a., wie Kinder mit Angst umgehen und Probleme lösen können; es baut emotionale Widerstandsfähigkeit auf und schafft Netzwerke gegenseitiger Unterstützung.

Das Programm umfasst zwei Hefte: Das Gruppenleitermanual führt in den theoretischen Hintergrund und die Durchführung des Programms ein. Anschaulich erklärt es die Struktur der Sitzungen und zeigt, an welcher Stelle Übungen mit dem Kind erforderlich sind.

Das Arbeitsbuch für die Hand der Kinder enthält Übungsblätter mit vielen lustigen Zeichnungen, die gemeinsam in der Gruppe oder auch zu Hause bearbeitet werden.

Ɽ/ reinhardt

Ernst Reinhardt Verlag • München Basel
E-Mail: info@reinhardt-verlag.de
http://www.reinhardt-verlag.de